소주의 세계사

소주의 세계사

초판 1쇄 발행 2023년 5월 20일
초판 2쇄 발행 2024년 1월 31일

지은이 박현희

펴낸곳 서울대학교출판문화원
주소 08826 서울 관악구 관악로 1
도서주문 02-889-4424, 02-880-7995
홈페이지 www.snupress.com
페이스북 @snupress1947
인스타그램 @snupress
이메일 snubook@snu.ac.kr
출판등록 제15-3호

ISBN 978-89-521-3127-0 93900

소주의 세계사

SOJU

박현희 지음

서울대학교출판문화원

한국어판 발간에 부쳐

유학길에 오른 뒤 20년 넘게 한국을 떠나 있었는데, 이렇게 한국의 독자들을 만나게 되어 감개무량합니다. 이 책은 제가 케임브리지대학교 출판부에서 2021년에 출간한 *Soju: A Global History*를 번역한 것으로, 번역까지 직접 맡게 되어 뜻깊게 생각합니다. 저는 원래 중세 유라시아의 교류와 지리 지식 전파의 역사를 탐구해 왔습니다. 연구 초점을 다양한 종류의 정보 및 기술 전파에 관한 주제로 점차 확대해 나가던 중에 동료들이 주도한 술의 역사에 관한 비교 프로젝트에 '한국 소주의 사례연구'로 참여한 것이 계기가 되어 이 책을 쓰게 되었습니다.

한국 술에 대해 그간 서구의 언어로 발표된 연구가 없어서, 한국에서 일군 연구 성과를 영어로 소개하는 것만으로도 의의가 있겠다고 생각하여 집필을 시작했습니다. 그런데 뜻밖에 한국에서도 증류주에 관한 연구가 면밀하게 이루어지지 않았다는 사실을 알게 되었습니다. 그래서 이 주제를 원 사료부터 검토하고, 특히 중국 문헌과 아랍어로 된 사료를 비교하면서 최근의 역사 연구 성과를 분석함으로써 소주의 역사를 세계사적 관점에서 새롭게 논의했습니다. 특히 중동의 증류주인 아락arak의 기원은 전 세계 학자들 사이에서도 명쾌한 해답을 얻지 못한 주제인데, 이를 처음으로 몽골 시대의 아락 및 아르히arkhi

의 전파와 연결시켰고, 이용 가능한 사료 분석을 바탕으로 설득력 있는 해석을 제공했다는 평가를 받았습니다. 술과 음식을 오래 연구해 온 여러 전문가는 다양한 방식으로 이 책의 새로운 성과를 평가하고 건설적인 비평을 해주었습니다. 『아시아 역사 저널 *Journal of Asian History*』에 서평을 써준 데릭 샌드하우스Derek Sandhaus는 "동아시아 증류주의 기원에 관심 있는 독자들에게 이 책은 계시적이다"라고 평하며 중국 술의 이해에 도움이 되는 최고의 책 다섯 권 가운데 이 책을 올려 주었습니다.

세계 증류주 발전의 역사를 이해하기 위한 핵심 요소로 아시아의 증류주를 최초로 제시했다는 것이 이 책의 중요한 성과라 하겠습니다. 그리고 그 퍼즐의 중심에 한국의 소주가 있다는 것은 놀랍고도 즐거운 발견이었습니다. 소주의 전파와 발전을 살펴볼 수 있는 1차 사료가 문서 형태로 잘 남아 있는 편이기 때문에, 이 사례연구는 몽골 시대에 폭발적으로 이루어진 증류주의 세계사적 발전에 대한 중요한 단서가 될 것입니다. 따라서 이 책은 외국의 학계와 독자뿐 아니라 한국의 학계와 독자에게도 유익한 논의를 제공하리라 생각합니다. 그 가능성을 인지하고 영문 원서가 출간된 직후에 한국어판 출간을 결정하고 마지막까지 심혈을 기울인 편집을 통해 멋진 책으로 출간해 주신 서울대학교출판문화원에 깊이 감사드립니다.

이 책은 국제 학계와 독자를 위해 쓴 것이기 때문에, 한국사를 잘 몰라도 내용을 쉽게 이해할 수 있도록 한국의 역사와 문화에 대한 설명에도 노력을 기울였습니다. 따라서 이 책에서 이미 아는 내용을 만나더라도, 외국인 독자들에게 세계사적 관점으로 한국의 역사와 문화를 소개하는 사례로 이해해 주기를 바랍니다.

세계적으로 유행하는 한류 덕분에 한국 문화 전반에 대한 관심이 최근 부쩍 늘었습니다. 이와 함께 소주도 수출이 급격히 증가하면서 세계적인 술이 되었습니다. 그런데 외국 학계에서는 한국의 근현대사나 현대 미디어 분야 쪽 연구가 우세하고, 전근대의 역사와 문화 관련 출판물은 아직 많지 않습니다. 여러 학문 분야가 세계적인 관점과 학제 간 연구로 범위를 넓혀 나가는 추세임을 고려할 때, 한국의 전근대 역사와 문화에 대한 연구와 출판의 확대가 절실하다고 하겠습니다. 영어로 된 연구가 충분하지 않으면 세계사 담론에 한국의 사례가 포함되지 않아 고립될 수 있기 때문입니다.

이 책은 소주의 역사를 전 지구적 관점에서 논의함으로써 한국사를 전근대부터 현대까지 글로벌하게 연결하는 사례를 제공했는데, 앞으로 더 다양한 사례연구가 이루어져서 역사를 이해하는 데 새로운 통찰을 주기를 희망합니다. 또한 세계적 논의를 위해 필수적인 한국어 관련 사료와 연구들을 영어로 소개해 앞으로 이루어질 연구에 도움과 자극을 주고자 했습니다. 외국 독자들이 접근하기 쉬운 자료를 우선적으로 인용했고, 지면 제한으로 미처 인용하지 못한 유익한 연구서와 논문이 많다는 점도 덧붙이고 싶습니다.

뉴욕시립대학교에서 십수 년간 세계사 관련 강의와 연구를 해오면서 다양성으로 가득한 사회에서 세계사적 이해가 구성원의 교양과 사회 발전에 얼마나 중요한지를 깨달았습니다. 그 길지 않은 시간 동안 한국에 대한 이미지가 눈에 띄게 제고된 것과 한국이 국제 사회의 주요 구성원으로서 세계 문화를 함께 만들어 가는 과정을 보게 되어 기쁩니다.

그 과정이 장기적이어서 한눈에 보이지 않았을 뿐 이미 우리도 세계사의 일원이었음을 소주의 역사는 여실히 보여 줍니다. 한국 문화가 글로벌한 흐름에 하나의 결을 이루어 합류하는 것을 보며 세계와 교류하고 만나 주체가 되고, 그리하여 다른 주체도 존중하고 관심을 갖는 진정한 쌍방향의 교류를 경험할 수 있었습니다. 이는 소주의 세계사에 국한된 일은 아닐 것입니다. 세계는 상상하는 것보다 더 넓고 미지의 세계가 많은 것처럼 우리의 과거 역시도 그렇습니다. 정치·역사적 발전뿐 아니라 많은 사람이 교류하며 새로운 지식과 물품을 창조하고 발전시켜 온 것을 보며 감사함을 느낍니다. 앞으로도 한국의 학계 및 독자와 교류하며 배워 나가기를 희망합니다.

2023년 3월
박현희

소주의 세계사

SOJU

머리말

필자가 술에 대한 연구를 시작하자, 술을 얼마나 좋아하면 그럴 수 있느냐며 의아해하는 사람도 있었다. 동료인 폴 뷰얼Paul Buell 박사의 '증류 기술, 와인 생산 및 발효 제품의 비교 조사' 프로젝트에 참여하여 한국 소주의 사례를 조사해 줄 것을 제안받았을 때, 이렇게 연구서까지 쓸 줄은 상상도 못했다. 하지만 소주를 더 깊이 파고들면서 이 주제에 잠재한 풍부한 이야기에 놀라움을 금치 못했다. 특히 술이 음식과 의약품의 핵심 구성 요소로서, 고대부터 인간의 삶과 문화에서 차지하는 중요성에 관심을 가지게 되었다. 그러면서 술의 역사에서 증류 기술의 발명이 발효주뿐만 아니라 다른 음식과 의약품을 더 오래 보존하게 만든 혁신이었다는 사실을 발견했다. 또한 건조와 같은 전통적인 보존 방법 외에 냉동이나 다른 안정적인 보존 방법이 없던 전근대 사회의 기술 교류를 이해하는 데도 도움이 되었다. 증류의 역사를 만난 것은 그야말로 '유레카(발견)'의 순간이었다.

서로 다른 문화 간에 있었던 교류의 역사를 연구하는 것은 스스로를 겸허히 돌아보게 한다. 소주라는 새로운 주제를 접하게 된 것도 필자에게 큰 영향을 미쳤다. 무엇보다 한국의 대표 증류주인 소주의 역사를 통해 전근대 아프로·유라시아 전역에 걸쳐 이루어진 다문화 간 교류의 세계사 속에 한국을 위치시킬 수 있다는 사실에 놀랐다.

이는 현재 사회가 과거의 발전과 교류의 유산에 얼마나 많은 혜택을 받고 있는지 시사한다.

그런 맥락에서 이 새로운 주제를 탐구할 수 있도록 필자에게 제안하고 지속적으로 지원해 준 동료들이 없었다면 이 책을 쓸 수 없었다는 사실을 밝힌다. 2013년에 처음으로 이 연구 주제를 제안한 폴 뷰얼 박사에게 가장 깊은 감사를 드린다. 이 프로젝트에 참여한 이래, 뷰얼 박사는 아낌없는 지원을 제공하며 내 질문에 신속하게 답변하고 중요한 생각과 통찰력을 공유해 주었다. 또한 앙겔라 숏튼햄머, 아나 발렌수엘라, 마리아 데 라 파스 솔라노-페레즈, 밧도르지 바쳐르갈, 다쉬돈독 바야르사이칸, 몰디르 오스켄베이 등 초기 공동 연구 프로젝트 멤버들의 도움에도 감사를 표한다. 이들은 2015년 유라시아 퍼시픽 유니넷 보조금으로 연구비를 지원받아 잘츠부르크대학교에서 열린 첫 학술회의에서 만난 후로 다양한 지원과 영감을 주었다.

음식사와 한국사에 대한 진지한 연구를 처음으로 시작한 것이기 때문에 관련 분야 전문가들의 실질적인 지원이 중요했다. 한국과 동아시아 음식사의 저명한 전문가인 주영하 교수는 민족주의적 수사로 과장될 수 있는, 최근 한국 소주의 발전을 비롯한 관련 주제에 비판적으로 접근할 수 있도록 도와주었다. 이 책의 주제가 과학과 기술의 역사와도 관련이 있기에 해당 분야 전문가의 지원을 얻는 것도 중요했다. 2015년 파리에서 열린 제14회 동아시아과학사 국제학술대회 International Conference on the History of Science in East Asia (ICHSEA)와 2019년 전주에서 열린 제15회 ICHSEA에서 과학기술사 방면으로 연구를 발표했을 때, 신동원 교수와 임종태 교수의 따뜻한 지지와 격려를 받은 것은 정말 큰 행운이었다. 그들의 날카로운 통찰력과 귀중한 의견은 초기 원고를 발전시키는 데 귀중한 도움이 되었다. 또한 모리스 로사비, 유진 앤더슨, 알렉산더 고로코프스키, 린다 평, 설배환, 아나 발렌수엘라, 마리아 데 라 파스 솔라노-페레즈, 리모르 융만, 기드온 셸라크-라비 등 이 원고를 읽고 중요한 조언과 피드백을 주신 많은 학자에게도 감사드린다. 또한 당황스러운 실수를 최소화하도록 여러 제안과 수정, 사료에 관한 조언을 해준 익명 심사자 두 분에게도 감사드린다. 남아 있는 문제와 실수에 대한 책임은 전적으로 필자 본인에게 있다.

한창 준비 중인 원고를 학술대회에서 발표했을 때 여러 지혜로운 아이디어, 통찰, 사료 정보, 유용한 비평을 아낌없이 제공한 많은 동료에게도 감사드리고 싶다. 김호동, 이은정, 카베 헤마트, 마이클 호프, 오영주, 김충현, 윤성제, 조지프 리, 강인욱, 미칼 비란, 유리 파인스, 이정, 서정민, 앤 게리센, 심재훈, 김영제, 최덕경, 주경철, 정정기, 정명현, 김장구, 이강한, 성백용, 남종국, 박용진, 조원희, 책과 구술의 음식사 연구소ITOHF, 전북대학교 한국과학문명학연구소KRISTC, 뉴욕대학교 대서양세계 워크숍의 동료들이 그들이다. 또한 뉴욕시립대학교 존 제이 칼리지의 친애하는 동료들, 특히 앨리슨 케이비와 데이비드 먼스의 변함없는 조언과 격려에 감사의 마음을 전한다. 이 연구가 이어지도록 귀한 재정과 지원을 받은 것으로는 한국국제교류재단 현장연구 펠로우십, 서울대학교 인문학연구원 중앙유라시아연구소의 펠로우십, 뉴욕시립대학교의 PSC-CUNY 보조금, CUNY 인센티브 장학금, 존 제이 칼리지 고등연구진흥부의 출판 보조금 등이 있다. 초기 연구 주제를 케임브리지대학교 출판부의 아시아 커넥션 시리즈에 추천해 준 탄센 센과 루시 라이머, 수준 높은 영어 학술 편집을 해준 다니엘르 맥클렐런, 독자가 필자의 주장을 쉽게 따라갈 수 있도록 전문적인 그림과 지도를 그려 준 마틸데 그리말디에게 감사드린다.

마지막으로 가족 모두에게 깊은 사랑의 말씀을 전한다. 아버지 박동호, 어머니 최봉화, 남동생 박준희, 올케 오연정의 격려가 없었다면 연구를 수행할 수 없었을 것이다. 2014년 여름 한국에 머무는 동안 안동소주 박물관을 방문해 보라는 동생 준희의 제안은 이 프로젝트를 실제로 시작하는 데 결정적인 도움을 주었다. 그 여행에 준희는 동행할 수 없었지만, 부모님은 기꺼이 나와 함께하며 이 프로젝트를 진행하도록 격려해 주었다. 일본의 시댁 식구들도 진정한 격려와 지원의 원천이었다. 남편의 동생 다카히코와 그의 아내 리에 덕분에 일본 이와키시 현지 사케 공장과 박물관을 방문할 수 있었다. 마지막으로 항상 나와 함께하면서 귀중한 아이디어와 통찰력, 행복을 준 남편 후미히코 고바야시에게 감사드린다.

차례

일러두기

1. 참고문헌에서 한국어 자료과 외국어 자료를 함께 알파벳순으로 정리한 원서와 달리, 한국어판에서는 한국어 자료와 아시아어 자료(중국어와 일본어), 서구어 자료(영어와 기타 유럽, 중동어 자료)로 나누어 정리했다. 서구어 자료를 인용할 때는 원서에 기재된 방식대로 제목과 저자명을 표기했다.
2. 『조선왕조실록』과 같은 일부 한국 공식 사료의 인용에는 날짜(재위년, 음력 월일로 표기)와 온라인 데이터베이스의 관련 문서 번호를 제시했다(웹 주소는 참고문헌 참고).
3. 본문에서 인명과 지명 등은 국립국어원의 표기에 따르는 것을 기본으로 하였고 관행에 따라 예외를 두기도 했다.

서론

SOJU

한국의 '국민적' 증류주인 소주는[1] 케이팝K-pop과 한국 드라마, 한식으로 대표되는 대중문화에서의 한류 현상 덕분에 세계적으로 인기 있는 술이 되었다.[2] 투명하고 무색이며 보드카와 맛이 비슷한 소주는 발효된 물질에 들어 있는 알코올을 물과 기타 성분으로부터 분리하는 증류 기술을 통해 알코올 비율을 높인 술인데, 아직 위스키와 보드카만큼 유명하지는 않지만 널리 보급되고 있다. 다른 현대 증류주

---

1 누가 '국민주'를 합법적으로 정의할 수 있는지 의문이 생길 수 있지만, 보드카를 러시아의 국민주로 보듯 한국 및 국제 언론을 비롯해 많은 사람들이 소주를 한국의 '국민주'로 언급한다. 예로 Sam Dangremond, "Here's Everything You Need to Know about Soju, the National Drink of South Korea," *Town & Country*, February 8, 2018, www.townandcountrymag.com/leisure/drinks/a16752958/soju-korean-liquor (접속일: 2019. 9. 25) 참고.

2 예로 Tom Dreisbach, "Move over Vodka: Korean Soju's Taking a Shot at America," *National Public Radio* online, September 22, 2013, www.npr.org/sections/thesalt/2013/09/22/224522548/move-over-vodka-korean-soju's-taking-a-shot-at-america (접속일: 2016. 5. 18) 참고. 2014년에 출간된 세계에서 가장 유명한 증류주 가이드북에서는 소주를 "세계에서 가장 많이 소비되는 증류주"라고 소개한다. Joel Harrison and Neil Ridley, *Distilled: From Absinthe & Brandy to Vodka & Whisky, the World's Finest Artisan Spirits Unearthed, Explained & Enjoyed* (London: Mitchell Beazley, 2014), p. 206.

와 마찬가지로, 많은 주류 회사는 현대적 기술을 사용하여 소주를 공장에서 대량으로 생산한다. 그 결과 오늘날에는 소주의 고대 기원과 한국에서 소주가 어떻게 인기를 얻게 되었는지 아는 사람이 많지 않을 뿐 아니라,[3] 소주의 풍부한 역사를 아는 이를 찾는 것은 더욱 어려운 일이 되었다. 실제로 소주의 기원에 대한 탐구는 소주 발전의 토대를 마련한 전근대 아프로·유라시아 세계에서 활성화된 무역, 제국의 발전, 과학과 기술의 전파, 기타 다양한 문화 간 상호 교류라는 거대하고 복잡한 세계로 인도한다. 즉, 소주를 통해 한국이 전 세계, 특히 아프로·유라시아와 깊은 관계를 맺어 왔음을 알 수 있다. 더 중요하게는 이러한 상호 교류가 한국 사회와 문화에 영향을 미쳤고, 그 결과 소주가 오늘날 한국을 대표하는 술이 된 것을 볼 수 있다.

증류 기술은 다양한 의약품, 증류액 및 팅크 생산과 관련되어 있기 때문에 이 책은 전 세계 증류 역사라는 더 큰 연구의 일부라 하겠다. 소주처럼 도수 높은 술은 의학적·정신적 용도로 쓰였을 뿐만 아니라 기타 사회적 관습에 다양하게 사용되었다. 많은 사회가 보존 기간이 길고 도수가 높은 술을 만들고자 했고, 이는 증류 기술의 개선으로 이어졌다. 증류주 개발은 꽤 일찍부터 시작되었지만, 증류주가 널리 인기를 누린 것은 13세기와 14세기 동안 대부분의 유라시아를 지배한 몽골제국 시대에 와서다. 증류주 연구에서 한국은 특히 중요한데, 여러 문헌 사료를 보면 중국을 통치한 몽골인을 통해 소주와 그 증류

---

3 한 미국 언론인이 미국에서 소주를 파는 한식당 주인들에게 술의 기원을 물었는데, 그 내용은 Joshua Schenkkan, "What Is 'Traditional' Soju? A Spirited Debate," *Serious Eats*, October 3, 2017, www.seriouseats.com/2017/10/what-is-traditional-soju-korea-tokki-brandon-hill.html (접속일: 2018. 10. 2) 참고.

기술이 한반도에 유입되었고, 또 다른 증류 기술이 아시아에서 다른 지역으로 전파된 단서를 확보할 수 있기 때문이다. 이러한 연구는 소주의 역사뿐만 아니라 세계사 속에서 한국의 역할도 밝혀 준다. 그러나 소주의 역사적 중요성이 나날이 높아지고 있지만 서구어로 발표된 연구는 아직 없을 뿐 아니라, 상세한 비교연구는 그 어떤 언어로도 이루어지지 않았다. 따라서 이 책에서는 소주의 역사에서 그간 간과되었던 부분을 바로잡고자 한다.

소주의 역사를 보기에 앞서서 그 이름의 유래를 살펴보는 것은 소주의 초기 발전과 연관된 복잡한 역사적 맥락을 파악하는 데 도움을 준다. 한국어로는 '소주'로 발음되지만 중국의 증류주인 샤오쥬우shaojiu와 동일하게 한자로는 '燒酒'로 표기하며, 이는 일본 증류주인 쇼츄shōchū; 焼酎(영어로 shochu로도 알려짐)의 한자와도 거의 비슷하다.[4] 한자명도 동일하고 제조법도 유사한 전통주의 세 가지 변형이 동아시아에 존재한다는 것은 이들이 문화 간 교류를 통해 기원을 공유하고 있음을 암시한다. 실제로 이러한 제조법과 관련 기술이 전파되었다는 증거를 전근대의 어느 시점에서 발견할 수 있다.

소주의 정체성과 역사를 살펴볼 때 '소주'가 이러한 증류주를 지칭하는 유일한 명칭은 아니다. 한국·중국·일본에서는 이러한 형태의 증류주를 '아락'이라고도 불렀다.[5] 문헌 자료에서 볼 수 있듯이, '아락'이라는 이름이 동아시아에 전해지자 현지 주민들은 이 외국어의 발

4 石毛直道, 「東ユーラシアの蒸溜酒: 蒸溜器を求めて」, 玉村豊男 編, 『焼酎: 東回り西回り』(東京: 紀伊國屋書店, 1999), p. 122.

5 현대 한국 소주의 브랜드명 중에도 '아락'이 있다. www.thinkfood.co.kr/news/articleView.html?idxno=43694 (접속일: 2017. 4. 20) 참고.

음을 한자로 음역했다. '땀'을 의미하는 아랍어 '아라끄araq'(일명 아락 arak)에서 유래한 것으로 보이는 '아락'이라는 명칭은 중동과 남아시아 및 동남아시아에서 발견되는 여러 유사한 형태의 증류주를 지칭하는 데 사용된다. 몽골과 중앙아시아에서 인기 있는 증류주의 한 형태인 아르히arkhi('arikh'로 발음됨)는 그 기원과 주조酒造 기술 등 모든 면에서 아락과 관련이 있다. 역사적으로 무역로를 통해 전파된 이 명칭은 아시아의 여러 사회에서 개발되고 소비되는 다양한 증류주가 또 하나의 동일한 기원을 공유하고 있음을 나타내며, 또한 세계의 증류주가 어느 정도 공통된 역사적 기원과 발전 과정을 지니고 있음을 시사한다. 실제로 아락이라는 증류주를 처음 소개한 몽골 시대의 중국어 요리책이 증명하듯이, 몽골 시대에 아락의 소비가 확산되기 시작했음을 볼 수 있다. 따라서 아락은 소주의 발전에서 선구·원형의 역할을 한다.

현존하는 문헌 사료와 고고학 사료를 면밀히 검토하면 소주가 한반도로 전파된 경로를 파악할 수 있다. 예를 들어, 학자들이 세계화 역사의 첫 단계로 간주하는 몽골 시대(1206-1368)에 중국에서 한반도로 증류 기술이 유입된 것을 탐구하면 이를 알 수 있다.[6] 중세 시대에 중국에서 아락과 샤오죠우의 증류법이 개발되어 한국에 전해졌다는 사실은 정황적 증거와 다양한 사료로 확인할 수 있다. 아락은 술이라는 특성 때문에 이슬람 사회에서 종교적 이유로 금지되었으므로

---

6 몽골제국을 세계사적 관점에서 검토한 연구서로 다음을 들 수 있다. Timothy May, *The Mongol Conquests in World History* (London: Reaktion Books, 2012); Morris Rossabi, *The Mongols: A Very Short Introduction* (Oxford: Oxford University Press, 2012).

전근대의 발전 과정이 잘 기록되어 있지 않지만,[7] 중국과 한국에서는 비교적 잘 기록되어 전해진다. 즉, 소주의 기원을 탐구하는 것은 이러한 증류주들과 새로 개발된 기술이 점진적이고 지속적으로 접촉했을 뿐 아니라, 간혹 몽골 시대처럼 더 큰 규모로 집중적으로 이루어진 문화 간 교류를 통해 아프로·유라시아 대륙의 먼 지역까지 확산되었을 가능성에 대한 구체적인 사례를 제공한다.

요컨대 몽골 시대에 이루어진 괄목할 만한 문화 전파의 규모는 이 시기에 소주가 한반도로 전파되었을 가능성이 크다는 역사적 상황을 설명해 준다. 여러 증류주가 공유하는 기원을 찾기 위해서는 먼저 소주를 전근대 아프로·유라시아 역사의 맥락에 위치시키는 것이 중요하다. 이러한 유라시아의 맥락은 한국에서 소주와 아락의 부상을 이해하는 데 도움이 된다. 반대로 한국의 역사는 특정 형태의 물질문화가 전근대 유라시아 전역에 확산되는 방향을 추적하고 소주나 아락의 생산 기술과 방법, 용어가 지역화되는 과정을 이해하는 데 유용한 관점을 제공한다. 반구형 관점은 다음과 같은 측면에서도 도움이 된다. 기술적 도구, 방법, 명칭의 전파뿐만 아니라 중동과 동아시아 지역에 적합하게 변모해 가면서 진행된 현지화에 대한 기록은 동시대 한국 사회에서도 비슷하게 일어난 현상을 설명해 준다. 한국에서 소

7 다른 가능한 요인으로 (문서로 기록되지 않은) 지역, 가정 또는 소수민족에 의한 생산을 들 수 있으며, 이는 아락이 중동에서 역사적으로 기독교인이 모여 살던 중요한 지역(레바논, 시리아, 이집트, 이라크)에서 주로 인기를 얻은 이유일 수 있다. 그러나 아락에 대한 기록이 많이 남아 있지 않은 것은 이슬람 세계의 종교로부터 주된 영향을 받은 결과라는 사실은 분명하다. 이 내용은 리모르 융만(Limor Yungman)과 나눈 개인적인 대화를 기반으로 한다.

주의 발전은 기술과 문화의 상호작용을 보여 준다. 우선 기술은 문화적 변화를 주도하는데, 예를 들어 새로운 형태의 술이 등장하면 의약 부문, 선물이나 의식 같은 사회적 관행에 영향을 미치기 마련이다. 한편 새로운 유형의 주류 소비 경향은 다른 문화와 교류를 통해 관련 기술의 수출과 수입은 물론이고 추가 개발을 촉진함으로써 지역적 맥락에서 새로운 기술을 주도적으로 발전시켜 나가기도 한다.[8]

이 책은 일반적으로 생각하는 소주에 관한 이야기가 아니다. 이 책은 증류주와 관련된 특정 역사적 맥락 속에서 관련 사회의 구성원들이 문화 요소를 어떻게 만들고 소비하며 그로부터 혜택을 받았는지 살펴보고, 증류주와 함께 관련 문화적 아이디어와 기술이 아프로·유라시아의 다른 지역들로 어떻게 전파되었는지 보고자 한다. 이러한 전근대 사회들 간의 연결과 교류는 궁극적으로 지금의 글로벌 사회가 형성되는 데 기여한 바가 크다. 따라서 이 책은 '전파'와 '현지화'라는 두 가지 문제에 중점을 둔다. 증류주 전파의 흔적을 찾기 위해서는 전근대 유라시아 역사 전체에서 그 기원과 발전을 보면서 문화 교류와 관행, 기술의 전파 가능성이 새로워진 몽골 시대까지 추적해 봐야 한다. 특히 원나라와 고려에 동시에 퍼진 소주는 전근대에 문화

8 이는 우리가 물질문화의 특정 사례를 통해 기술과 문화의 상호관계를 숙고하는 데 도움을 준다. 멜빈 크란츠버그(Melvin Kranzberg)가 개발한 학제간 접근 방법을 사용하여 기술과 문화의 상이한 요소 간 관계에 중점을 두면서 기술의 역사에 대한 학술적 연구의 촉진을 주도한 이후, 역사 속 기술과 문화의 관계를 논한 많은 연구가 출간되었다. Melvin Kranzberg, "At the Start," *Technology and Culture* 1, no. 1 (Winter 1959), pp. 1-10을 참고하라. 다양한 이론적 관점에서 기술이 문화에 끼친 영향을 탐색한 논의로는 Andrew Murphie and John Potts, *Culture and Technology* (New York: Palgrave Macmillan, 2003)를 참고하라.

간 교류를 통해 유라시아에서 한반도로 전파된 물품의 대표적인 사례연구를 제공한다. 소주가 한국 사회에 정착한 후 증류주를 만드는 재료와 방법은 현지화되었다. 이는 소주가 독특한 한국적 특성을 가진 증류주로 발전하게 했고, 20세기와 21세기에 더 넓은 세계로 역전파되도록 촉진하는 데 기여했다. 요컨대, 한국 음식문화의 대표 주자인 소주는 유라시아를 횡단하는 문화와 기술의 교류가 번성하는 환경에서 처음 발전했고, 이러한 특성 덕분에 소주는 세계사적 관점에서 관찰하기에 이상적인 문화적 품목이다. 궁극적으로 소주의 사례는 세계화 과정이 서구보다 아시아에서 더 일찍 이루어졌음을 시사한다. 소주 연구는 세계사 분야의 선구자 제리 벤틀리Jerry H. Bentley가 주장한 바, 즉 전근대시대에 커다란 역사적 동향에서 문화 간 만남이 다양한 사회의 문화적 패턴에 미친 영향과 그로 인해 재편된 새로운 형태를 살펴볼 수 있는 유용한 사례연구가 된다.[9] 이제 기존 연구의 한계와 문제점을 명확히 이해하기 위해 특정 문제들을 집중적으로 검토하고, 이 책의 핵심 내용과 구성을 설명하고자 한다.

식품, 의학, 과학/기술 그리고 문화의 관점에서 본 술의 세계사

이 책에서는 술이 주로 음식으로 다뤄지기 때문에, 우선 음식의 역사

9 Jerry H. Bentley, *Old World Encounters: Cross-Cultural Contacts and Exchanges in Pre-modern Times* (New York: Oxford University Press, 1993).

적 맥락에서 이야기해 보겠다. 특히 음식과 문화적 변화를 인류학의 영역을 넘어 '역사적 변화와 관련된 체제'에 위치시켜 직접적인 역사적 분석으로 이끈 데버라 발렌체Deborah Valenze가 제안한 '음식의 문화사'라는 방법론적 틀을 차용하여 살펴보고자 한다.[10] (발렌체는 또한 콜럼버스의 교환에 대한 앨프리드 크로즈비Alfred W. Crosby의 연구가 세운 선례를 언급하면서, 미래 연구를 위한 새로운 방법으로서 세계사 속에서 음식과 사람들의 이동이 갖는 중요성을 강조한다.)[11] 발렌체는 음식사 연구의 길을 개척하는 한편, 세계사에서 세계화 문제를 다루는 많은 학제간 접근 방법이 개발되고 연구가 이루어지도록 이끌었다.[12]

소주는 세계화 시대에 전통문화가 어떻게 살아남아 국가 정체성의 상징이 되었는지를 이해하는 유용한 수단으로 주목을 받고 있다. 한국의 김치, 일본의 스시, 이탈리아의 파스타, 인도의 카레는 국가적인 음식에서 세계적 요리로 발전했다.[13] 민족국가로 이루어진 현대 사회에서는 국가 정체성을 확보하려는 노력의 하나로 국가를 상징하는

10 Deborah Valenze, "The Cultural History of Food," *Routledge International Handbook of Food Studies*, edited by Ken Albala (London: Routledge, 2013), pp. 101-102.

11 Deborah Valenze, "The Cultural History of Food," pp. 108-109.

12 Raymond Grew, "Food and Global History," *Food in Global History*, edited by Raymond Grew (Boulder, CO: Westview Press, 2000), pp. 1-32.

13 Emiko Ohnuki-Tierney, "We Eat Each Other's Food to Nourish Our Body: The Global and the Local as Mutually Constituent Forces," *Food in Global History*, edited by Raymond Grew (Boulder, CO: Westview Press, 2000), pp. 271-272. 파스타와 카레의 경우 Silvano Serventi and Françoise Sabban, *Pasta: The Story of a Universal Food*, translated by Antony Shugaar (New York: Columbia University Press, 2002); Colleen Taylor Sen, *Curry: A Global History* (London: Reaktion Books, 2009) 참고.

식품의 역사에 관심이 높아지고 있다.[14] 물론 다른 역사적 주제와 마찬가지로, 특정 음식문화가 서로 다른 문화 간 교류에서 더 큰 역사적 맥락의 역동적인 영향으로 발전한 경우를 많이 볼 수 있으며,[15] 소주는 그런 실례를 제공한다. 마찬가지로, 사료 증거는 문화 간 전파와 영향이 반대 방향으로 이동한 사례, 즉 한반도 사회가 전근대 동아시아의 음식문화 패턴 변화에 기여한 여러 사례도 보여 준다. 최근에 한국은 그동안 외부로부터 받아 온 영향력의 경로를 바꿔 한식을 세계화하고자 노력해 성공을 거두고 있으며, 정부 차원에서 책을 출판하는 등 전 세계에 한식을 알리고 있다. 학계에서는 마이클 페티드Michael J. Pettid와 같은 학자들의 연구서[16]를 비롯해 한국 음식에 대한 한국어 책들이 출판되고 있다. 그러나 소주를 포함해 세부적인 층위에서 음식문화의 기원과 역사는 한국사 분야에서 아직 다루어지지 않은 주제다.

한국의 사례는 세계 음식 연구의 일반적인 상황을 반영한다. 음식의 역사에 대한 글로벌한 비교 접근은 최근에야 학자들의 폭넓은 관심을 받기 시작했으며, 음식과 의약품을 포함한 물질문화의 교류에 학자들이 더 많은 관심을 기울이기 시작한 것도 최근의 일이다.[17] 세

14 주영하, 『음식인문학: 음식으로 본 한국의 역사와 문화』(서울: 휴머니스트, 2011), p. 457.

15 예를 들어, 2016년에 라이덴대학교에서 '글로벌 식품사'라는 주제로 1일 심포지엄이 열렸다. 소주에 관한 필자의 논문을 포함하여 그곳에서 발표된 여러 논문은 사람의 이동, 기술의 순환, 세계적 문화 상호 교류 등 다양한 문제를 다루었다.

16 Michael J. Pettid, *Korean Cuisine: An Illustrated History* (London: Reaktion Books, 2008).

17 예로 다음의 연구들을 보라. Paul Buell, Eugene Anderson, and Charles Perry, *A*

계사에서 음식문화와 요리 기술의 전파에 대한 관심이 커지고 관련 주제를 연구하는 다양한 분야의 학자들이 노력한 덕분에 '음식학food studies'이라는 학제 간 분야도 발전하고 있다.[18] 식품인류학자 주영하에 따르면, 인문학적 관점에서 음식문화를 논의하는 경향이 전 세계로 확대되고 있다. 미국의 학술 단체인 음식과사회연구회Association for the Study of Food and Society (ASFS)가 주최한 1987년 학술회의와 같이 지난 수십 년 동안 식품과학을 다룬 국제 학술대회, 그리고 유럽의 식품역사및문화연구소Institut européen d'histoire et des cultures de l'alimentation (IEHCA)에서 2001년에 개최한 학술회의는 이러한 연구 분야의 확장에 계기를 제공했다.[19] 최근 몇 년 동안 학자들은 다채로운 음식과 음식문화를 분석한 중요한 논문과 책을 출판했으며, 그중 많은 연구가 음식과 음식문화가 인간의 삶에 미치는 전반적인 영향에 주목하고 있다. 이 학

Soup for the Qan: Chinese Dietary Medicine of the Mongol Era as Seen in Hu Sihui's Yinshan Zhengyao, introduction, translation, text, notes, appendix by Charles Perry, 2nd revised and expanded edition, Sir Henry Wellcome Asian Series 9 (Leiden and Boston: E. J. Brill, 2010); John Kieschnick, *Impact of Buddhism on Chinese Material Culture* (Princeton: Princeton University Press, 2003).

18 해당 분야의 주요 개념의 정의, 방법론 및 이론적 접근 방식을 제공하는 최근의 종합적 연구에 대해서는 Ken Albala, ed., *Routledge International Handbook of Food Studies* (London: Routledge, 2013) 참고.

19 예를 들어, 1985년에 설립된 ASFS는 식품과 사회에 관한 학제 간 연구를 목표로 한다(www.food-culture.org 참고). 그들은 이 새로운 연구 분야를 촉진하기 위해 매년 학술대회를 열고 학술지 *Food, Culture & Society*를 발행하고 있다. 이에 상응하는 유럽의 IEHCA는 2001년 설립 이후 활발히 활동해 왔으며, 연례 학술회의 개최 및 2003년부터 다국어로 출판하는 *Food & History*를 통해 식품 연구를 둘러싼 국제 및 학제 간 연구 단체를 핵심적으로 이끌어 오고 있다. 주영하는 이러한 학문적 경향의 배경으로 1980년대 이후 미국의 소비 경제에서 각국의 민족적 음식문화가 성장해 온 것을 든다. 주영하, 『음식인문학』, p. 31.

자들은 사람들이 특정 장소와 시기에 무엇을 먹었는지에 대한 단순한 조사를 넘어, 서로 다른 문화 간 교류로 도입된 새로운 음식 재료와 요리 방법 등과 관련하여 역사적·사회적 맥락에서 문화, 물질 및 기술 전파 사례를 연구했다. 한국에서는 주영하가 음식과 인문학 연구에 초점을 맞춘 연구 기관인 '책과 구술의 음식사연구소'를 창설하고, 문화인류학 분야로 연구를 확대하여 음식 연구의 주제를 발전시키는 데 기여했다. 그는 한식의 역사에 관한 여러 저작을 한국어로 출판했으며, 그중 일부는 중국어로 번역되었다. 또한 학제간 학술 교류를 촉진하기 위해 끊임없이 노력하며, 그 연구가 지속적으로 발전할 수 있도록 장려하고 있다.[20]

그러나 식품 연구 프로젝트는 한계에 직면해 있다. 서구 언어로 쓰인 음식문화에 관한 거의 모든 책과 논문이 서양 학자들에게 친숙한 서양 음식문화에 초점을 맞추고 있으며, 그 밖의 음식문화는 비교를 위한 경우에 한정되어 소개되고 있기 때문이다.[21] 대조적으로 아시아 언어로 쓰인 연구에서는 아시아의 음식문화에만 초점을 맞추는 경향이 있다. 세계적인 주제를 연구하는 학계에서 아시아 국가의 음식사 연구는 독자층이 제한되어 있다는 점 또한 이 연구가 균형 잡힌 세계적 관점으로 발전하는 데에 제약으로 작용한다. 따라서 이 주제에 대

20 중국어로 번역된 다음의 연구서를 포함하여 주영하의 많은 선구적인 작품을 참고하라. 주영하, 『한국인은 왜 이렇게 먹을까: 식사 방식으로 본 한국 음식문화사』(서울: 휴머니스트, 2018).

21 예컨대, Raymond Grew, ed., *Food in Global History* (Boulder, CO: Westview Press, 2000); Adam Rogers, *Proof: The Science of Booze* (Boston: Houghton Mifflin Harcourt, 2014) 참고.

한 세계적 접근을 더욱 넓히기 위해서는 광범위한 비교 관점에서 수행된 연구가 서구 언어로 발표될 필요가 있다.[22] 소주에 관한 이 책은 공간과 시간의 더 큰 맥락, 즉 먼 과거로부터 현재까지 이어지는 유라시아의 긴 역사에 술을 위치시킴으로써 광범위한 비교연구를 촉진하고자 한다.

술은 음식의 역사에서 중요한 부분을 차지한다. 술은 언제나 음식문화의 핵심 요소였기 때문에, 인간 사회에서 중요한 문화 항목으로 기능해 왔다. 예를 들어, 중국 술의 역사에 관한 책에서 허만쯔何滿子는 술이 고대부터 잔치와 의식에 음식과 함께 자리했으며, 수많은 문학 및 예술 작품에 영감을 주었다고 주장한다.[23] 발효주는 전근대 시대에 약으로도 유용했다. 실제로 술은 민속의학과 전통의학 영역에서 모두 중요한 역할을 해왔다. 알코올을 기반으로 한 치료법이 없었다면 현대의 삶은 비교할 수 없을 정도로 달라졌을 것이다. 술이 질병 예방과 치료에 효과가 있다는 전제하에 술을 인체의 외부 및 내부적으로 모두 사용하는 동양의학에서 특히 그렇다.[24]

최근 세계화에 대한 학문적 관심이 술의 세계사에 대한 여러 연구로 이어졌다. 주로 서양의 사례에 초점을 맞추고 있지만, 패트릭 맥거번Patrick E. McGovern의 『술의 역사*Uncorking the Past*』 같은 최근 연구들은

---

22 몇몇 선구적인 작품으로는 Eugene N. Anderson, *The Food of China* (New Haven: Yale University Press, 1988); Paul D. Buell, Eugene N. Anderson, Montserrat de Pablo Moya, and Moldir Oskenbay, *Crossroads of Cuisine: The Eurasian Heartland, the Silk Roads and Food* (Leiden: Brill, 2020)를 들 수 있다.

23 何滿子, 『醉乡日月: 中国酒文化』(上海: 上海古籍出版社, 1991), pp. 35-41, 50-61.

24 何滿子, 『醉乡日月: 中国酒文化』, pp. 62-69.

중국의 황하 유역, 실크로드, 아메리카 대륙 및 아프리카와 같은 비서구 사례를 소개하는 등 전 세계적 범위에서 비교하여 이해하려는 시도로 주목할 만하다.[25] 지나 헤임스Gina Hames는 『술의 세계사*Alcohol in World History*』에서 술의 발전을 총체적이고 세계적인 관점에서 분석하고자 했는데, 술이 세계의 서로 다른 사회에서 공통된 패턴에 따라 지속적으로 발전했다고 주장한다.[26] 헤임스의 연구서는 일반적 범위에 집중했기 때문에, 술의 문화적 기원을 깊이 있게 세부적으로 검토하는 데에 한계를 보였지만, 관련 주제들에 대해 더 깊게 논의할 수 있는 방향을 제시했다.

비교 및 연결의 관점에서 술의 역사를 더욱 깊이 검토하면 관련 쟁점들을 고찰하는 데 도움이 될 것이다. 그러한 쟁점 중 하나는 세계사를 이해하는 데 있어서 서로 다른 사회 간의 장거리 연결이라는 주제가 갖는 중요성이다. 고대부터 많은 사회에서 서로 유사한 술, 특히 와인이나 맥주 같은 발효주를 개발했다. 그러나 시간이 지남에 따라 사람들은 문화 간 접촉을 통해 들어온 새로운 술을 즐기기 시작했으며, 그중 일부는 (일본에서 생산되는 프랑스 스타일 와인처럼) 인기를 얻고 현지화되었다. 이러한 현상은 현대에 더 자주 볼 수 있지만, 전근대에서도 비슷한 사례를 찾아볼 수 있다. 또한 사람들은 기존 발효주를 더욱 발전시키기 위해 증류와 같은 기술을 개발했으며, 그 결과

---

25 Patrick E. McGovern, *Uncorking the Past: The Quest for Wine, Beer and Other Alcoholic Beverages* (Berkeley: University of California Press, 2009). 맥거번의 이 책은 한국에서 『술의 세계사』라는 제목으로 번역 출간된 바 있다.

26 Gina Hames, *Alcohol in World History* (London: Routledge, 2012), pp. 1-4, 129-134.

새로운 종류의 술이 더 넓은 지역으로 확산되었다. 그리고 특정 시기에 이르면 사람들은 각 지역의 환경에 적합하게 변모된, 유사하지만 다른 방식의 증류 기술로 만든 증류주를 공유하기 시작했다.

여기서 우리는 또 다른 쟁점인 문화와 과학기술의 상호작용을 볼 수 있다. 증류주의 역사는 물질문화와 과학 및 기술과 긴밀히 연결되어 여러 주류 간의 상호작용을 설명하는 명확한 예를 제공한다. 서로 다른 사회에서 과학기술의 발전은 대부분 균일하게 이루어지지 않으며, 증류 기술도 마찬가지다. 이 주제는 세계사적인 비교 검토가 필요하다. 식품 연구 분야의 특정한 주제인 증류주의 역사를 연구하기 위해서는 연구자들이 관련된 1차 사료를 다루는 능력뿐 아니라, 여러 시기와 지역에 걸친 연속성과 차이점을 밝혀 내기 위해서 끓는점과 응축의 원리로 물질의 성분을 분리하는 증류기와 증류 기술 등 관련 세부 사항에 대한 전문 지식을 갖출 필요가 있다. 이는 이 책이 직면한 중요한 도전이기도 하다.

증류와 증류주의 세계사 연구

학자들은 인간이 자연적으로 발효된 포도 또는 곡물을 접하면서 우연히 술을 알게 되었다고 가정해 왔다.[27] 술의 기원에 대한 다채로운 신화와 전설을 보유한 중국에서도 고대부터 술에 대한 현실적인 이

27 Rogers, *Proof*, p. 20.

해를 발전시켜 갔다. 이는 2세기 초의 한자 사전인 『설문해자說文解字』에서 분명히 드러난다. "술의 색깔이 하얗게 변하면 수醙(백주)라고 부르는데,[28] 이는 쌀이 상해서 변형되었기 때문이다."[29]

고대인은 다양한 재료로 술을 만들었다. 대부분의 농업 사회에서는 주로 곡물을 사용하여 술을 빚었는데, 모든 주류를 통틀어 가장 긴 역사를 가진 맥주가 그러하다. 고대인들도 자신들이 사는 지역에서 재배되는 포도, 코코넛, 아가베 같은 과일과 식물을 기반으로 와인을 만들었다.[30] 대초원의 유목 사회에서는 동물의 젖을 발효하여 술을 만들었다.[31] 글로벌 네트워크가 본격적으로 성장한 근대 초반(약

---

28 최근에는 세금과 규제로 인해 술에 관한 용어가 엄격하게 정의되어 있다. 예를 들어, 와인(이는 아마도 그루지야어 *ghvino*로부터 라틴어 *vinum*을 통해 파생되었을 것이다. 히브리어 *wainos*도 참고하라)이라는 용어는 역사적으로 모든 과일로 만든 발효주를 가리킨다. 따라서 유진 앤더슨은 '주(酒)'라고 하는 중국의 술을 보통 '미주(米酒)'라는 용어로 통칭하지만 이는 정확하지 않다고 주장한다. Anderson, *The Food of China*, p. 120. 그러나 이 책에서는 때때로 '와인'이라는 용어를 모든 종류의 발효주를 지칭하는 데 사용하는데, 그 이유는 일부 기존 연구(특히 중국과 한국의 연구)에서 이를 일반적인 용어로 사용했기 때문이다. 일례로 한국의 청주(清酒, 곡물 발효주)를 'clear strained wine'이라고 번역하는 경우를 들 수 있다.

29 『설문해자』는 후한(後漢) 시대에 기록되었다. 중국 문헌에서 술의 발명 및 개발을 다룬 이야기와 이론에 대한 자세한 내용은 何满子, 『醉乡日月: 中国酒文化』, pp. 8-34 참고.

30 何满子, 『醉乡日月: 中国酒文化』, pp. 121-124. 최근 연구에 따르면 포도주는 고대부터 이미 세계 여러 곳, 심지어 중국에서도 독립적으로 발전했으며, 서양으로부터 포도주가 전파되었다는 기존 이론을 반박한다. Björn Kjellgren, "Drunken Modernity: Wine in China," *Anthropology of Food* (online) 3 (2004. 12), p. 12, http://journals.openedition.org/aof/249 (접속일: 2018. 12. 3); Hsing-tsung Huang, *Science and Civilization in China*, vol. 6: *Biology and Biological Technology*, part 5: *Fermentation and Food Science* (Cambridge: Cambridge University Press, 2000), pp. 153, 243.

1500년)부터는 전 세계 사람들이 증류주를 선호했다. 포도주를 증류한 브랜디, 곡물을 증류한 샤오죠우/소주 등 모든 증류주는 증류라는 과학적 과정을 거치면서 알코올 성분을 분리하여 고농도 알코올을 함유한 증류주를 만드는 공통된 특성을 공유해 왔다.

많은 사람이 증류주를 즐겨 마시지만 그것이 어떻게 만들어졌는지 잘 아는 사람은 많지 않다. 증류기를 기반으로 하는 증류 기술은 구성 요소들의 끓는점 차이를 이용하여 액체에서 고농도의 알코올 성분을 분리해 낼 수 있다. 오늘날에는 이와 같은 증류 원리를 발효주에 적용해 알코올 성분을 분리해 낸다.[32] 산업식 증류주의 경우에는 증류 단계에 앞서 효모와 같은 발효제를 사용해 술밑을 발효시킨다. 학자들은 열이 아닌 냉기를 사용하여 발효된 액체에서 증류주를 추출하는 전통적 동결 증류법에도 주목한다. 원료를 차가운 슬러시로 냉각시킨 다음 여기서 얼거나 응고되지 않은 부분을 분리해 내는 동결 증류법은 북아시아 또는 중앙아시아와 같이 추운 대초원 지역에서 오랫동안 사용되었다.[33] 가열 또는 냉동이라는 다른 과정을 거치지만, 두 방법 모두 초기 발효를 준비하는 단계가 필요하다. 일반

31 何滿子,『醉乡日月: 中国酒文化』, pp. 122-123.

32 영어에서 발효주를 'fermented wine'이라고 하듯이, '와인(wine)'은 종종 '증류되지 않은 술'의 의미로 사용된다. 그런데 '와인'이라는 용어가 포도주만을 의미할 수 있으므로 사용에 주의해야 한다. 이 책에서는 포도를 재료로 한 발효주를 언급하기 위해 간혹 '와인'이라는 용어를 사용한다.

33 Joseph Needham, Ho Ping-Yü, and Lu Gwei-djen, *Science and Civilisation in China*, vol. 5: *Chemistry and Chemical Technology*, part 4: *Spagyrical Discovery and Invention: Apparatus, Theories and Gifts* (Cambridge: Cambridge University Press, 1980), p. 133; Buell and Anderson, *A Soup for the Qan*, pp. 120-121 참고.

적으로 자연 발효되어 효모나 발효제가 필요하지 않은 과일이나 열매를 사용하는 경우에도 마찬가지다.[34] 알코올 함량이 10퍼센트 전후인 비증류주와 달리 증류주는 대부분 알코올 함량이 20퍼센트 이상이다. 실제로 전통 증류주의 알코올 함량은 40퍼센트에서 70퍼센트 사이이다. 물론 알코올 함량이 높은 증류주는 인기도 많지만, 증류주를 만든 데에는 실용적인 이유도 있다. 발효주와 증류주는 곡물, 과일, 우유를 포함한 다양한 식재료로 만들기 때문에 식품 소비의 효율성을 높여 잉여 식품을 활용하고 낭비를 방지하도록 만들어 준다.

증류주들은 독특한 특징과 함께 음식 역사 전반에 중요성을 지니고 있음에도 아직 학문적 관심을 충분히 받지 못하고 있으며, 그 결과 현재까지 출판된 술의 역사에 큰 공백이 보인다. 증류 역사에 대한 기존 연구는 주로 유럽에 초점이 맞춰져 있었다. 이 분야의 한 권위자는 증류가 유럽에서 발명된 후 다른 문화로 전파되었다고 주장하며, 증류를 전적인 유럽의 발명으로 간주하기까지 했다.[35] 그러나 조지프 니덤Joseph Needham은 유명한 저작 『중국의 과학과 문명*Science and Civilisation in China*』에서, 일찍이 아시아에서 발전한 증류 기술과 증류기가 나선관의 통을 사용하는 유럽의 단식 증류기와 완전히 달랐다는 사실을 보여 주며 그러한 단선 전파의 견해가 적절하지 않음을 제시함으로써 현재와 같은 글로벌하고 세계사적인 접근 방식의 토

34 Paul D. Buell, "Mongol Empire and Distillation: Technology and Popularization," an unpublished paper presented at the Science and Technology Transfer workshop held at the Hebrew University of Jerusalem, June 10-11, 2015.

35 Robert James Forbes, *Short History of Distillation: From the Beginnings up to the Death of Cellier Blumenthal* (Leiden: E. J. Brill, 1948).

대를 마련했다.[36]

세계 증류주의 역사에 대한 탐구를 위해서는 다음과 같은 점에 유념해야 한다. 첫째, 증류 기술의 기원에 대한 상충하는 많은 이론이 확산되고 있는데, 이를 판단하기 위해서는 비교연구를 수행해야 한다. 둘째, 해당 사회에서 새로운 증류주가 유행한 시점을 식별할 수 있도록 실마리를 제공하는 특정 용어를 다시 검토해서 그 기원을 파악해야 한다. 예를 들어 증류 기술을 사용한 시기는 고대로 거슬러 올라가지만, 증류주는 14세기와 15세기까지는 역사 서술에 나타나지 않는다. 그러나 이 술의 증류에 대한 구체적인 기록이 보이는 시점이 13세기와 14세기에 걸친 몽골제국 시대와 겹친다는 점에서 중요하다. 최근에 폴 뷰얼은 몽골 시대의 기술 교류 측면에서 본 유라시아 증류의 초기 역사에 초점을 맞춘 협동 연구 프로젝트를 제안했는데, 이는 지역, 범위 및 다문화 간 영향이라는 면에서 전례 없는 시도였다.

이 책은 독일, 몽골, 멕시코를 포함한 여러 학술 기관 소속의 동료들과 2014년부터 2017년까지 3년 동안 수행한 '증류 기술, 와인 생산 및 발효 제품의 비교 조사'라는 뷰얼의 초기 협동 연구 프로젝트에 참여하면서 영감을 받았다.[37] 코냑이나 보드카와 같은 세계적으로 유명한 증류주의 역사도 앞으로 더 연구해야 할 주제다. 모든 증류주는 고대가 아니라 몽골 시대라는 공통된 기원을 공유하는 듯하다.

---

36 Needham, *Science and Civilisation in China*, vol. 5, parts 2, 3, 5; Huang, *Science and Civilisation in China*, vol. 6, part 5.

37 폴 뷰얼과 필자를 포함하여 이 프로젝트에 참여한 학자들은 파리에서 열린 ICHSEA에서 연구성과를 발표하고 *Crossroads* 등 학술 저널에 다수의 논문을 게재했다.

유라시아 대륙을 거쳐 한반도까지 증류를 전파한 몽골의 역할

증류의 역사를 연구하는 것은 중요하다. 증류주와 기타 증류 추출액은 거의 모든 지역의 역사 발전에 큰 영향을 미쳤다. 이러한 점에서 증류의 역사는 세계 사회 사이에 발생하는 크고 작은 문화적 상호작용 패턴에 대한 지식과 이해를 넓히는 수단이 될 수 있다. 예를 들어, 증류는 흥망성쇠를 포함하는 독특하고 역동적인 역사를 가지고 있으며, 이는 눈에 띄진 않지만 사회 전반에 중요한 영향을 끼쳤다. 증류의 발전에서는 중세 이슬람 세계에서 발달한 연금술을 주목해야 하는데, 이는 아랍인들이 향수 및 알코올 팅크처를 이용해 기타 제품들을 만드는 데 사용한 증류법의 기본 유형이다. 아흐마드 Y. 알-하산Ahmad Y. al-Hassan은 최근 연구에서 초기 아랍인은 '아라끄' 혹은 기타 명칭으로 불리는 증류주를 만들기 위해 증류법을 사용했다고 확신한다.[38] 13세기 대초원에서 일어나 세계를 변화시킨 몽골인들은 아마도 스스로 증류법을 발명하지는 않았으나, 13세기와 14세기 동안 그들이 건설한 제국과 후계 국가들에 아랍어 '아락'으로 잘 알려진 다양한 증류주를 대중화하는 데 기여했다.

몇몇 연구에서는 아시아에서 '아락'이라는 증류주의 발전과 확산에 몽골이 어떤 역할을 했는지 탐구한다. 폴 뷰얼은 자신의 선구적인

38 Ahmad Y. al-Hassan, "Alcohol and the Distillation of Wine in Arabic Sources from the 8th Century," *Studies in Al-Kimya': Critical Issues in Latin and Arabic Alchemy and Chemistry* (Hildesheim: Georg Olms, 2009), pp. 283-298.

프로젝트에서, 좀 더 쉽게 운반할 수 있는 증류기를 개발해 유라시아 전역에 보급하고 현지 재료를 사용해 현지 증류주의 개발을 장려하는 환경을 조성함으로써 기존 증류 기술을 개선하는 데 몽골인이 수행한 핵심 역할을 검토한다. 14세기 중국 문서를 시작으로 이슬람 세계, 아프로·유라시아 세계 전역에 걸쳐 여러 문헌에 증류주 아락에 대한 언급이 등장하기 시작한다. 이는 몽골제국하에서 교역로를 통해 촉진된 상호 연결의 결과일 것이다.[39] 수 세기 동안 중국에서 독한 술로 존재해 온 샤오죠우가 외국에서 들어온 아락과 함께 증류주로서 문헌 기록에 처음 등장한 것은 바로 이때다. 이들은 얼마 지나지 않아 고려의 사료에도 소주와 아락으로 등장한다. 이것은 샤오죠우/소주의 기원과 당시 중국과 유라시아 전역으로 퍼진 아락 전통 사이의 명확한 연관성을 시사한다.

이러한 연관성을 살펴볼 때, 몽골 시대에 증류 기술의 확산을 촉진하고 증류주 전파에 중요한 역할을 한 몽골인의 관습을 고려할 필요가 있다. 그중에는 술과 음주 의식이 있다. 뷰얼의 가정에 따르면, 몽골인은 처음에는 마유로 만든 쿠미스kumiss와 낙타 젖으로 만든 슈바트shubat를 마시다가 다른 문화로부터 포도주와 같은 주류도 받아들이고 증류주도 만들어 마셨다.[40] 성공적인 통치자 또는 족장은 가신

39 1장에서는 원나라 황실을 위해 집필된 공식 식단 설명서『음선정요(飮膳正要)』(1330)에 나오는 alaji(阿剌吉, 몽골어로는 'araji'로, 이는 아락이라는 용어가 튀르크어의 구개음화의 영향을 받아 변형된 형태임), 2장에서는 고려 말의 문신 이색(李穡)의 alaji주(阿剌吉, 현대 한국어 음역으로 '아라길/아랄길'), 6장에서는 18세기 일본의 '아라키슈(荒木酒)'(현대 중국어로 '황무죠우'로 발음됨) 또는 '아라키슈(阿剌吉酒)'(현대 중국어로 '알라지죠우'로 발음됨)에 대한 묘사들을 논한다.

40 그중 하나로 사회적 명성을 위해 준비한 쿠미스를 보존해야 할 필요성을 들 수 있다

들에게 전리품을 비롯해 적절한 음식(예를 들어, 연회용 국)과 술을 공급해야 했으며, 여기에는 매우 많은 사회적 의식이 포함되었다. 예를 들어, 원나라 황실의 음주 관행에 대한 마르코 폴로의 생생한 묘사는 몽골인들의 사회적 의식을 이해하는 데 도움이 된다.[41] 몽골인이 통치한 중국과 몽골의 원나라 황실 친위병 중에는 상당수의 고려인이 있었는데, 그들은 몽골인과 통합 의례의 하나로 음주 의식에도 참여했으리라고 짐작할 수 있다. 많은 페르시아어 필사본의 그림들에는 몽골인들이 자신들이 통치하던 이란에서 잔치를 벌이고 술을 마시는 모습이 묘사되어 있다. 이러한 유물을 통해 몽골 치하의 중국과 문화적 동화가 이루어진 몽골 영역 내의 다른 지역들을 문화적으로 비교해 볼 수 있다.

한편으로 몽골인들이 주로 유목 생활 방식을 영위한 점을 고려하면, 그들이 정치적 확장 과정에서 다다른 곳에서 증류주를 생산하는 것에 적극적인 관심을 보였을 것이라고 추측할 수 있다. 인류학자들에 따르면, 과거에 목재로 만든 증류기가 이제는 금속으로 바뀌었지만, 몽골인이 사용한 증류기는 쉽게 휴대할 수 있었다.[42] 몽골인은 수십 년간 이어진 군사 확장 기간에 증류기의 제작 속도와 휴대성을 극대화하기 위해 중국인이 사용하던 증류기를 변형하여 단순화된 증류

(1장 참고).

41 Marco Polo, *The Description of the World*, translated by Sharon Kinoshita (Indianapolis: Hackett Publishing Company, 2016), p. 77.

42 폴 뷰얼과 몬세라트 데 파블로(Montserrat de Pablo)는 2015년 몽골 중부 지역에서 현장 조사를 하던 중 최근에 사용하지 않게 된 구식 목조 증류기와 큰 야크를 발견했다. 이는 뷰얼과의 개인적인 대화를 바탕으로 한다.

기를 만들어 냈다. 결과적으로 몽골의 증류기는 한반도를 포함한 유라시아 전역으로 쉽게 전파되었다. 니덤은 홈멜Hommel의 증류기 분류법을 채택하여 몽골인이 전파한 증류기를 몽골 유형으로 분류한다. 이는 관을 사용하여 솥에서 증류된 알코올을 외부로 추출해 내는 복잡한 중국식 증류기와는 달리, 솥단지 안에 둔 컵으로 증류된 알코올을 받는 형태다.[43] 역사와 종류가 다른 증류기들이 서로 어떤 관련이 있는지 자세히 알 수 없지만, 대체로 몽골식 증류기가 다른 증류기의 영향을 받아 개선되었다고 추측할 수 있다. 확실히 몽골식 증류기는 그 쓰임새 덕분에 다른 종류보다 더 보편적으로 사용되어 왔다. 정치적으로 몽골 통치자는 가신들에게 쿠미스를 제공하지 않으면 영향력을 잃었다. 문화적으로 술은 몽골인들 사이에서 인기가 있었고, 음료 역할을 했기 때문에 유용하고 실용적이라고 여겨졌다. 또한 쿠미스가 제철이 아니어도 증류된 쿠미스를 제공할 수 있었기 때문에, 쿠미스의 인기가 올라갈수록 증류주의 중요성이 커졌다. 다음 장에서 유라시아 전역에서 발전한 증류기의 종류에 대해 논의하기 전에, 몽골 통치하에 중국에서 한국으로 기술이 전파된 것과 관련된 다른 중요한 사례들을 니덤이 조사하지 못했다는 점에 주목해야 한다. 여기서 누락된 이 사례는 이후 서구 언어로 이루어진 후속 연구들에서 계속 간과되었으며, 이후 소주의 역사에 대한 상세한 연구는 한국과 일본 학자들에 의해서만 이루어졌다.[44]

---

43 홈멜의 분류법을 바탕으로 니덤이 재구성한 분류표를 참고하라. Needham, Ho, and Lu, *Science and Civilisation in China*, vol. 5, part 4, pp. 62–63; Huang, *Science and Civilisation in China*, vol. 6, part 5, p. 216.

44 니덤과 헤임스의 연구서를 포함하여 서구 언어로 발표된 술과 증류의 역사에 관한

한국의 경우는 다른 사례와 달리, 몽골의 침략(1231-1258) 이후 중국을 비롯해 더 넓은 몽골 세계와의 직접 교류를 통해 증류 기술이 한반도로 전파된 것을 설명해 주는 문헌 사료가 상대적으로 많을 뿐 아니라 잘 보존되어 있어서 비교연구를 위해 특히 주목할 가치가 있다. 이를 통해 13세기와 14세기 아시아 전역에서 이루어진 전례 없는 수준의 문화 교류와 한국에서 이루어진 소주의 대중화를 연결해 이해할 수 있다. 당시 몽골 통치자들은 수많은 기술, 아이디어, 상품 등과 함께 증류 기술의 전파를 적극적으로 추진했다. 소주는 갑자기 부상한 후 다른 술과 차별화되어 한국형 증류주로 발전했다. 그럼에도 비한국적인 기원의 흔적이 남아 있다. 특히 몽골 시대에 중국과 유라시아를 넘어 널리 확산된 특별한 기술로 만들어졌다는 점에서, 한반도에서 개발된 다른 주류와 다르다. 이 때문에 소주의 역사는 더욱 복잡하고 역동적이며 글로벌한 특성을 지닌다. 그 후에도 소주는 세계사의 더 큰 변화에 대응해 나가면서 지속적인 현지화 과정을 거쳤다.

세계사적 맥락에서 본 한국사

이 책은 주로 세계사 속에서 음식의 역사와 기술 전파 및 혁신의 구체적인 예로서 증류 기술의 전파에 초점을 맞추고 있으며, 이 주제

연구들에서는 한국의 사례를 언급하지 않는다. 영어로 번역하여 소개할 만한 한국과 일본의 연구로 이성우, 주영하, 이시게 나오미치의 연구서를 들 수 있다. 자세한 내용은 뒤따르는 장들을 참고하라.

를 보다 넓은 세계사적 맥락에서 고찰한다. 이 책은 몽골 시기와 그 이후에 한국, 중국, 그리고 전 세계에 걸쳐 이루어진 문화 간 물품 및 사상 교류의 맥락 속에서 소주를 탐구하는데, 이는 궁극적으로 글로벌 사회의 형성에 공헌한, 유라시아에서 이루어진 상호 교류 작용의 장대한 역사의 일환이다. 역사가들이 몽골제국 및 중국과 몽골을 통치한 원나라의 역사를 새롭게 조명해서 몽골의 역사와 세계사적 의미에 대한 해석을 근본적으로 수정해 왔듯이,[45] 이와 동시대인 고려 시대도 의미 있는 재평가를 받을 가치가 있다.[46] 이 책은 타 문화 간의 교류 요소를 중시하는 세계사적 관점에서 한국의 역사를 검토함으로써 앞으로 이와 같은 연구가 지속적으로 이루어지는 데 기여하고자 한다.[47] 이와 유사한 노력을 기울인 기존 연구는 주로 한국의 정치적·경제적 관계에 초점을 맞추어 왔으므로, 이 책에서는 사회적·문화적 부분을 강조하여 한국 문화사의 특징을 연구하는 것도 동등

---

45 예를 들어, Morris Rossabi, ed., *Eurasian Influences on Yuan China* (Singapore: Institute of Southeast Asia Studies, 2013); 邱轶皓, 『蒙古帝国视野下的元史与东西文化交流』(上海: 上海古籍出版社, 2019) 참고.

46 선구적인 연구로 David M. Robinson, *Empire's Twilight: Northeast Asia under the Mongols* (Cambridge, MA: Harvard University Press, 2009) 참고.

47 지난 수십 년 동안 한국사에 관한 여러 연구서와 교과서가 서구 언어로 출판되었다. 영어로 번역된 한국사에 대한 가장 권위 있고 종합적인 연구는 Lee Ki-baik, *A New History of Korea*, translated by Edward W. Wagner and Edward J. Shultz (Cambridge, MA: Harvard University Press, 1984)이다. 최근의 책들은 세계화의 속도에 발맞추어 세계사적 관점에서 한국사에 접근하기 시작했다. 외국 독자들에게 고대부터 현재까지 한국의 오랜 역사 발전과 최근의 학문적 발견에 대한 거시적 통찰을 제공하는 한국 역사 개설서로 Kim Jinwung, *A History of Korea: From "Land of the Morning Calm" to States in Conflict* (Bloomington: Indiana University Press, 2012) 참고.

하게 중요하다는 것을 보여 그 방면의 연구 발전에 기여할 것이다.

음식의 역사와 세계사 외에도 한국 역사, 특히 몽골 시대와 거의 일치하는 고려 후기에 이루어진 소주의 발전을 이해하는 것은 중요하다. 소주와 아락 같은 증류주에 대한 한국 최초의 기록은 고려 후기에 쓰인 문헌에서 찾을 수 있다. 한국에서는 고려 시대에 대한 연구가 활발하게 이루어진 반면, 서방 국가들에서 출판된 책과 연구는 더 많은 사료가 남아 있는 조선 시대를 다룬 것들이 대부분이다. 이는 한국사 서술에서 두 학계 간의 간극을 만들었다. 그러나 세계사적 관점에서 지역사를 다시 검토하는 학계의 경향을 고려할 때 고려 시대, 특히 한반도 사람들이 전근대 유라시아 네트워크와 가장 밀접하게 연결된 고려의 마지막 세기에 주목해야 한다. 다시 말하면, 역으로 한국사에서 몽골제국의 위치를 이해하지 않고서는 한반도를 세계사적 맥락에서 이해할 수 없다.

통일신라가 10세기에 멸망한 후, 다시 한반도를 통일한 고려는 영토를 북쪽으로 확장하여 한반도 대부분을 영토로 확보했다. 조선을 건국한 이성계에 의해 멸망한 1392년까지 수 세기 동안 지속된 고려 시대에는 불교의 발흥과 문학의 발달 등 많은 중요한 문화적 발전이 이루어졌는데, 이는 고려 시대와 그 이전의 고대 한국사를 이해하는 데 도움을 준다. 특히 고려의 무신정권(1170-1270) 시기에 여러 역동적인 정치적 변화를 겪었고, 몽골 침략과 이후 원나라가 내정을 간섭한 시기(1216-1356)에 가장 큰 국가적 위기와 도전에 직면한 것은 말할 것도 없다.[48] 이 기간에 고려는 고려 왕자와 몽골 공주의 혼인을 통해 원나라의 가까운 '가신' 국가가 되었고, 그 결과 더 넓은 몽골 세계의 중요한 지역이 되었다. 고려 왕실이 가진 특별한 지위 때문에 이 시기에 다양한 정치·경제·문화 교류가 이어졌고, 단기간에 많은 전통과 혁신을 가져올 수 있었다.

고려 시대는 아직 서구의 한국사 학자들에게 덜 익숙한 영역이지만, 최근 몇 년 동안 한국어, 중국어 등 관련 연구에 필수적인 언어에 능숙한 데이비드 로빈슨David M. Robinson 같은 역사가들이 중요한 연구를 해내면서 관심이 높아지고 있다. 이러한 새로운 시도들은 정치적·사회적·경제적 관점에서 고려와 세계의 관계에 대한 검토를 이끌었다. 이러한 성과들은 이 책에서 고려의 문화적 측면을 탐구하기 위한 노력을 뒷받침해 준다.[49] 일부 연구는 당시 고려와 원나라 사이에 존재했던 무역 관계의 일반적인 상황을 검토한 반면,[50] 다른 연구는 천문학을 포함한 과학 및 기술 전파에 대한 사례를 제공했다. 이 기간에 발생한 물품 및 기술의 전파를 충분히 이해하려면 더 많은 사례연구가 필요하다. 이 책은 그러한 요구를 충족시키기 위한 작은 첫 발판이며, 고려의 마지막 세기에 중국에서 고려로 증류 등의 기술 이전을 용이하게 한 당시의 역사적 배경을 이해하도록 도울 것이다.

1392년 고려가 멸망한 이후에도 소주는 계속 발전하여 조선 시대를 거쳐 근대에 이르러 대한민국의 국민주가 되었다.[51] 최근에 소주

---

48 Michael J. Seth, *A History of Korea: From Antiquity to the Present* (Lanham: Rowman & Littlefield Publishers, 2011), pp. 103-125.

49 예를 들어, Robinson, *Empire's Twilight*을 참고하라. 중국과 한반도에서 기록된 많은 원사료는 고려와 원 사이의 활발한 정치적·문화적 관계를 보여 준다. 고려에 대해 기록한 중국의 문헌들에 대해서는 장동익의 『元代麗史資料集錄』(서울: 서울대학교 출판부, 1997)을 참고하라.

50 고려와 원제국의 무역 관계에 대해서는 이강한의 『고려와 원제국의 교역의 역사: 13-14세기 감춰진 교류상의 재구성』(서울: 창비, 2013)을 참고하라.

를 대량으로 생산하는 대기업은 대부분 소줏고리라는 한국의 전통 증류기 대신 첨단 기술을 기반으로 한 연속식 증류기를 사용하고 있다. 그러나 산업적으로 소주를 생산하는 이 현대적인 방식도 결국은 전통적이고 고전적인 방법에서 진화한 것이고, 동시에 한국 전통주와 그 제조 방법에 대한 관심도 소주의 인기와 함께 높아졌다는 사실을 주목해야 한다. 따라서 이 책은 "전통 기술의 회복: 유라시아의 과거와 현재의 발효 및 관련 증류 기술에 대한 비교연구"라는 더 큰 프로젝트를 함께한 공동 연구원들의 연구 성과와 더불어, 과학사와 세계사를 융합한 학문 분야에서 동아시아의 과학과 기술에 대한 연구를 장려하기 위해 임종태 교수가 제안한 과제인 "전근대 과학과 근대 과학의 역사 사이의 내부적인 '큰 간극'을 메우는 것"에 기여한다.[52]

---

51 뒤에서 근세부터 현재까지 한국에서 소주의 발전을 살펴볼 것이다.

52 Lim Jongtae, "Historiographical Dependency and a Prospect beyond It: EAHSTM's Position in Regard to Ever-Changing Trends of HPS," unpublished paper presented at the 14th International Conference on the History of Science in East Asia (ICHSEA), École des hautes études en sciences sociales(EHESS), Paris, France, July 6-10, 2015. 이 책의 방향은 폴 뷰얼과 필자가 이 학술대회 참여를 위해 준비한 "전통 기술의 회복: 유라시아의 과거와 현재의 발효 및 관련 증류 기술에 대한 비교연구"라는 제목의 패널에서 커다란 영감을 받았다. 이는 또한 2014년부터 2017년까지 필자를 포함하여 독일과 멕시코의 학술 기관에서 일하는 여러 동료가 함께 시작한 종합 연구인 '증류 기술, 와인 생산 및 발효 제품의 비교 조사'라는 프로젝트 일부다.

책의 방법론과 구조

음식 연구, 과학기술사, 한국사와 세계사 등을 아우르는 학제간 접근 방법을 활용한 소주의 역사 연구는 새롭게 떠오르는 분야, 즉 세계사에서 음식의 역사, 특히 전근대 유라시아에서 음식과 의약 기술의 전파가 더 넓은 사회적 맥락에서 사람들의 삶에 얼마나 큰 영향을 미칠 수 있었는가에 대한 풍부한 사례연구를 제공한다. 이 책은 두 가지 방식으로 소주의 역사를 살펴본다. 첫째는 소주를 증류의 세계사 분야에서 규명하는 것이고, 둘째는 한국이 유라시아 세계와 연결되면서 진행된 타 문화와의 교류 역사에서 소주를 주목해 보는 것이다. 이 책은 학문적 엄격함을 기하면서도, 세계사에 관심 있는 학자와 일반 독자 모두에게 도움이 되는 구체적인 예와 폭넓은 통찰을 제공하는 것을 목표로 한다. 또한 몽골 시대의 사회·문화적 교류에 초점을 맞추고 있는데, 이는 세계사에서 증류주 전파에 대한 소주의 중요성과 직접적으로 관련이 있다. 이 책은 시기와 주제에 따른 여섯 장으로 구성되어 있다.

1장에서는 증류주의 기원과 초기 발달에 대해 오늘날 진행되고 있는 학문적 논쟁을 짚어 보고 그리스, 중동, 남아시아, 동남아시아, 중국과 몽골을 포함한 고대 아프로·유라시아의 주요 사회로 이어진 지식의 전파에 초점을 맞추면서 증류주의 역사를 간략하게 소개하는 것으로 논의를 시작한다. 이를 통해 우리는 한국 소주의 기원과 발흥을 분석할 수 있는 역사적 맥락을 확립할 수 있다. 지금까지의 증거는 증류가 한 지역에서만 발전한 것이 아니라는 것을 보여 준다. 신뢰할 문헌 사료가 많지 않기 때문에 단언하기는 어렵지만, 여러 지역에서 증류 기술이 발달한 것으로 보인다. 그러나 여러 곳에서 동시에 동일한 수준으로 발달하기보다 일부 지역에서 증류 문화가 먼저 번성하고 그 기술과 노하우를 다른 지역으로 전파했을 가능성이 높다. 이러한 이동 패턴은 전근대에 서로 다른 문화나 문명 사이에서 발생한 교류가 잘 문서화되어 있는 유라시아에서 나타났을 가능성이 더 높다. 그러한 증거는 지금까지 고대 서아시아, 남아시아 및 중국에서 확인되었다. 중동, 남아시아, 중국 및 중앙아시아의 증류 생산 공정을 면밀히 조사한 결과, 재료와 증류 방법에서 서로 다른 특성을 가지고 있음을 알 수 있다. 그러나 이들 사회에서 발전한 모든 증류주가 원래 '아락'이라고 불렸다는 사실을 간과할 수 없는데, 이는 몽골인들이 전파의 공통 대리인이었음을 암시한다. 아랍인들이 아락을 포함한 증류주를 개발했을 가능성이 있지만, 몽골인들은 휴대용 증류기로 아락의 대량생산에 기여했고 그 용어를 대중화시켰다. 이러한 가능성을 고려하여 한반도를 포함한 유라시아의 여러 지역에 아락형 증류주를 널리 보급한 몽골인의 역할에 대한 개관으로 마무리한다.

2장에서는 고대부터 발전한 한국 술의 역사를 살펴보고, 14세기 고려 말에 소주, 아락 등의 증류주가 갑자기 등장한 과정을 현존 사료를 통해 검토한다. 마유주馬乳酒와 같은 주류가 중국에서 외교적 경로를 통해 한국으로 직접 수입된 경우와는 달리, 한반도의 사료에 갑자기 등장한 증류주는 문화 간 교류를 통해 전파되었지만, 그 경로를 명시한 문헌 사료를 찾아볼 수 없다. 그럼에도 고려 말의 소주에 관한 몇몇 문헌 기록은 그러한 증류주의 전파가 중국의 몽골 통치 시기에 일어났음을 강력하게 암시한다. 이러한 현상을 좀 더 집중적으로 살펴보기 위해, 소주의 기원과 한반도에서의 발전 과정에 관한 학자들의 논의를 장기적 관점에서 비교연구하여 살펴본다. 이러한 확장된 지평에서 20세기 후반 한국 증류주의 역사에 대한 초기 학술 담론과 선구적 연구에 대한 비판적 검토는 연구의 토대를 강화한다. 초기 연구는 논의에 크게 기여했으나 두 가지 한계에 직면해 있다. 첫째, 주로 문헌 사료에만 중심을 두었고 그 이후의 연구들에서는 이전 연구를 단순히 재사용했다. 둘째, 한국에서 소주의 전파와 급부상을 촉진한 몽골 시대의 역사적 맥락을 충분히 검토하지 않았다. 최근 역사학, 고고학 및 인류학 연구에서의 선구적인 노력으로 얻은 새로운 증거들은 유라시아 증류 기술 전파에 대한 논의에 중요한 실마리를 제공하고 있으며, 이는 새로운 사료들과 학제간 연구 방법을 활용함으로써 한국의 증류 기술 역사에 대한 기존의 접근 방식을 수정할 때가 되었음을 시사한다.

3장에서는 고려와 몽골(및 더 넓은 몽골제국) 사이의 문화 교류를 검토해서, 고려로 증류주가 전파된 역사적 맥락을 분명히 이해하고자 한다. 이러한 시각은 고려와 몽골 세계를 함께 보도록 관점을 확장시킨다. 몽골은 거의 150년 동안 고려에 상당한 영향력을 행사하면서, 여러 음식과 문화적 유물(한국의 민족의상까지도)은 말할 것도 없고 소주와 같은 유산을 남겼다. 고려 시대에 증류법이 한반도로 전파될 수 있던 조건은 분명하다. 맥락을 확장하여 이해하면, 특히 소주와 관련된 문화 교류의 분석은 선명해진다. 이러한 사례는 고려에서 몽골제국의 다른 지역으로 전파된 유사한 아이디어와 도구의 흐름에 대한 단서도 제공한다. 원과 고려의 상호 교류가 고려인으로 하여금 유라시아의 국제적 사회에 진정으로 접근할 수 있게 했다는 연구 결과가 점차 많아지고 있다. 몽골제국을 연구하는 역사가들은 고려 시대의 물질문화를

더 잘 이해함으로써 팍스 몽골리카의 유라시아에서 고려의 위치를 좀 더 명확하게 파악할 수 있다.[53]

4장에서는 기술과 문화적 관습의 현지화를 특징으로 하는, 조선 시대에 이루어진 소주의 발전 과정을 살펴본다. 조선 시대에 소주가 한반도 전역에 급속히 퍼져 고대부터 소비되어 온 다른 종류의 술과 함께 중요한 한국의 전통술로 자리 잡았기 때문에 이 시기는 소주의 역사에서 특히 중요하다. 가정 대대로 전수되는 제조법이 담긴 요리책, 소주의 의료적 활용법을 알려 주는 의학 서적, 전근대 왕조에서 중요한 정치 활동을 위해 소주를 국내 및 외교 선물로 제공했음을 증명하는 왕실 기록 등 다양한 문헌 사료에서 소주의 기록을 확인할 수 있다. 국가 차원에서 기록된 사료들을 보면, 소주가 한반도의 기본적인 주식인 쌀을 주원료로 했기 때문에 소주의 소비 규모가 국가 경제에 부담을 줄 정도로 커질 때마다 이를 문제시하여 왕실에서는 가뭄 시 술, 특히 소주에 대한 금주령을 내렸다. 왕실 기록과 의학 서적에서도 증류주 과음과 관련된 내용이 기록되어 있다.[54] 소주는 외교 선

---

53 여기에서는 팍스 몽골리카를 13세기와 14세기 동안 몽골제국의 비호 아래 지속된 평화가 제국 전역과 그 밖의 국가들과의 문화 간 교류를 촉진한 상황으로 정의한다. 여기에는 제국의 느슨한 정치적 장벽 및 후계 칸국 간의 갈등 속에서도 이들의 영토를 통과해서 이루어진 육로 및 해상 교통로의 호황 덕분에 몽골인들이 정복한 사회들에서 온 여러 상품 및 정보의 유통을 포함한다. Thomas T. Allsen, *Commodity and Exchange in the Mongol Empire: A Cultural History of Islamic Textiles* (Cambridge: Cambridge University Press, 1997), p. 6; May, *The Mongol Conquests in World History*, pp. 109-129, 232-256; Hyunhee Park, *Mapping the Chinese and Islamic Worlds: Cross-cultural Exchange in Pre-modern Asia* (New York: Cambridge University Press, 2012), pp. 19, 193.

54 왕실 기록으로는 『조선왕조실록』과 『승정원일기』가 있다.

물과 무역상품으로 일본과 같은 다른 나라로 전해지기도 했다. 다양한 영역의 관련 자료들이 이 기간에 소주가 발전했다는 사실을 뒷받침하므로, 여기서는 대표적인 사례들에 초점을 맞출 것이다.

5장에서는 20세기와 21세기에 걸쳐 한국의 소주가 겪은 큰 변화와, 그 변화가 사회에 미친 결과를 살펴본다. 일제강점기에 일본으로부터 도입된 대형 기계를 사용한 연속식 증류법은 전통적 증류기를 사용한 증류법을 근본적으로 대체했다. 일제강점기와 한국전쟁 이후에도 한국 정부는 곡물 부족을 이유로, 감자를 원료로 공장에서 대량생산한 소주를 지원했다. 정부는 1980년대에 가서야 민족문화진흥정책의 일환으로 전통 증류 방식의 소주를 민속주로 홍보하기 시작했다. 동시에 공장에서 생산된 현대식 소주는 꾸준히 발전하여 저렴한 가격, 다양한 도수와 맛으로 대중화에 기여했다. 이러한 발전이 이어지면서 소주 생산자들은 소주를 수출하기 시작했고, 장기적으로 소주는 글로벌 브랜드로 자리매김했다.[55] 이러한 생산, 유통, 소비의 급격한 변화와 함께 전통 소주란 무엇인가에 대해서도 논쟁이 일어났는데, 이를 검토하는 것으로 이 장의 논의를 마무리한다.

6장에서는 일본과 멕시코의 사례를 비교하여, 소주에 대한 연구를 확장해 나가기 위한 기반을 구축한다. 수 세기 동안 한반도와 중국의 이웃 국가들과 교류해 온 일본은 오래전에 한국, 중국과 비슷한 음주 문화를 발전시켰다. 일본에서는 발효주인 사케가 대표 주류로 인기 있지만, 소주에 상응하는 '쇼츄燒酎'로 알려진 증류주도 독특한 형

---

55 예로 Dreisbach, "Move over Vodka"를 보라.

태로 발전했다. 이러한 증류주가 일본에서 어떻게 발전했는지에 대해서는 다양한 이론이 있다. 여기서 우리는 중국과 한국, 일본 사이에 증류주와 증류법의 전파 가능성을 살펴본다.[56] 흥미롭게도 비슷한 형태의 증류주가 유라시아에서 꽤 먼 곳에 위치한, 이후에 멕시코가 되는 미주 지역에서도 나타났다. 따라서 이 장에서는 몽골 시대에 유라시아에서 발전하기 시작한 소주 제조에 사용된 특정 유형의 동아시아형 증류기가 1500년 이후 세계 해상 네트워크의 부상으로 번창한 '콜럼버스의 교환'을 통해 멕시코에 유입되었을 가능성을 포함하여, 멕시코의 증류주 발전에 관한 기존 이론을 검토한다. 유라시아에서 기원한 몽골식 증류기와 유사한 증류기를 사용한 멕시코의 밀주 생산에 대한 인류학적 현장 연구는 아프로·유라시아의 증류법이, 유럽인들이 온 이후 (또는 아마도 그 이전에) 그 지역의 증류주 개발에 영향을 미쳤을 가능성을 강력하게 시사한다.[57] 메소아메리카에서 증류가 어느 정도 독립적으로 발전했을 가능성을 완전히 배제할 수는 없

56 중국, 한국, 일본 간의 외교 및 상업 관계에 대해서는 David C. Kang, *East Asia before the West: Five Centuries of Trade and Tribute* (New York: Columbia University Press, 2012)를 참고하라. 최근 출판된 중국의 역사를 지역적 맥락에서 한국을 비롯한 주변국과의 관계에 초점을 맞춘 연구서로 다음을 참고하라. Robinson, *Empire's Twilight*; Evelyn S. Rawski, *Early Modern China and Northeast Asia: Cross-Border Perspectives* (Cambridge: Cambridge University Press, 2015).

57 Ana G. Valenzuela-Zapata et al., "'Huichol' Stills: A Century of Anthropology-Technology Transfer and Innovation," *Crossroads: Studies on the History of Exchange Relations in the East Asian World* 8 (2013), pp. 157-191을 보라. 헨리 브루만(Henry J. Bruman)의 몇몇 선구적인 작품도 참고하라. 그의 박사학위논문은 1940년에 나온 이후 50여 년 후에 새로운 제목인 *Alcohol in Ancient Mexico* (Salt Lake City: University of Utah Press, 2000)로 출판되었다.

더라도, 세계 여러 지역에서 증류주의 부상에 대한 비교 조사는 가치 있는 시도가 될 것이다. 초기 메소아메리카의 경우는 고고학적 증거 이외의 다른 증거를 찾을 수 없기 때문에, 문서로 잘 기록된 소주 발전의 사례는 비교 관점에서 훨씬 더 나은 단서를 제공할 수 있다. 요컨대, 문서화가 잘 되어 있는 한국에 초점을 맞춘 연구는 아시아에서부터 멕시코, 몽골 침략 당시 자체적인 몽골식 증류기로 밀주 제조자들이 독주를 만들어 왔던 유럽을 포함해 세계 여러 지역으로 전파된 증류 기술의 비슷하거나 다른 패턴을 식별하는 데 기여할 수 있다. 이러한 문화적 비교를 통해 전 지구적으로 연결된 세계에서 진화된 기본 네트워크를 구축한 전근대의 서로 다른 문화 간 교류의 광범위한 차원을 풍부하게 이해할 수 있다.

마지막 장에서는 대규모의 비교적 분석으로 1장에서 논의된 주제, 즉 증류주의 세계사 문제를 더 확장된 수준에서 재검토한다. 그 다음, 그 기원이 몽골 시대와 가까운 시기로 거슬러 올라가는 증류주들(유럽 브랜디와 러시아 보드카 등)의 유사한 역사적 전파 과정 및 그 발전의 세계사적 맥락에 대한 추가 연구를 촉구하며 결론을 내린다. 증류주의 사례는 문화적 품목과 기술이 다른 지역으로 전파됨으로써 결과적으로 새로운 전통과 혁신이 지속적으로 이루어졌음을 보여 준다. 우리는 술과 같은 음식문화의 전파와 교환이 계속되고 있음을 확인할 수 있다. 이를 통해 현대화, 세계화 및 이러한 변화의 영향을 받아 사람들의 입맛이 바뀌는 여러 중요한 문제에 대해 더 많이 논의할 수 있다. 사람들의 입맛은 종종 변하며, 그에 따라 전통도 변화하기 마련이다.

제1장

소주와 아락

유라시아 역사에서 증류주의 기원

SOJU

소주의 기원은 깊고 넓다. 오늘날과 같은 소주는 한국에서 시작되었으며, 시간이 지남에 따라 현지의 요구와 취향에 맞춰 발전해 왔다. 그러나 소주의 발명은 한국 사회의 경계를 넘어 몽골제국이 만들어낸 유례없는 유라시아의 정치적 통합 시기의 다문화 환경과 경제로 거슬러 올라간다. 다음 장에서 사료 분석을 통해 살펴보겠지만, 오늘날의 소주의 조상이 되는 술은 현재 바이죠우baijiu로 더 잘 알려진 중국의 '샤오죠우shaojiu'('탄 술' 또는 '증류된 술')로, 중국에서 한반도로 들어왔다는 것은 의심할 여지가 없다.

기록에 따르면, 몽골 시대부터 소주는 다른 증류주와 연결되어 있었으며, 심지어 그와 동일시되기도 했다. 예를 들어, 소주는 사료들에서 아랍어에 기원을 둔 별칭인 '아락'으로 종종 언급되는데, 이는 소주가 발전한 배후에 역동적이고 복잡한 과정이 있었음을 시사한다. 중국 및 한국 사료에 처음 등장한 이후로, 샤오죠우와 소주는 종종 '아락'(또한 다양한 음역에서 아라키araki)으로 식별되었다. 아락은 샤오죠우, 소주와 마찬가지로 알코올 도수가 높은 증류주로, 오늘날 중동, 중앙아시아, 지중해 지역에서 인기가 높다. 표면적으로 봤을 때 소주, 샤오죠우, 아락 사이에 직접적인 관계가 있는지는 단정하기 어렵다.

일단 소주와 현대 브랜드 아락의 구체적인 관계는 아직 충분히 연구되지 않았다.[1] 또한 이들 증류주를 만들 때 사용되는 재료가 달라서 유사성을 즉각적으로 식별하기 어렵다. 유라시아 서부의 아락은 과실주로 만들고, 전통적인 중국의 샤오죠우와 한국의 소주는 수수, 쌀과 같은 곡물 발효주를 사용한다. 현대 몽골과 중앙아시아에서 발전한 '아르히'라는 유사한 이름의 증류주(특히 연한 우유를 사용한 술인 시밍 아르히shimiin arkhi)는 발효된 우유나 마유로 만들어진다.[2] 이름과 기타 특징들에서 보이는 이러한 유사성은 이들이 문화 간 교류를 통해 연결되어 있을 뿐 아니라 공통의 기원을 공유한다는 증거이기 때문에, 이들을 비교해 볼 가치가 있다. 따라서 1장에서는 다양한 증류주들 간의 역사적 관계를 탐구하기 위해 중세의 관련 사료들에서 그 기원

---

1 다양한 지역 브랜드의 웹사이트에서 아락에 대한 주요 정보를 얻을 수 있었지만, 최근 몇몇 학문적 연구에서 비상업적 관점에서 증류주의 역사를 검토하기 시작했다. Joseph El-Asmar, *The Milk of Lions: A History of Alcohol in the Middle East* (London: Gilgamesh Publishing, 2020); 중세 이슬람 세계의 증류주에 대한 획기적인 연구로는 Ahmad Y. al-Hassan, *Studies in Al-Kimya': Critical Issues in Latin and Arabic Alchemy and Chemistry* (Hildesheim: Georg Olms, 2009)와 "The Return of Arak," *New York Times*, December 15, 2018, www.nytimes.com/2005/01/25/travel/the-return-of-arak.html (접속일: 2018. 12. 9) 등이 있다. 스테파니 브링크만(Stefanie Brinkmann)은 이슬람 연구의 학문적 경향이 "문헌 자료에 기반한 학문적 담론과 지배 엘리트"에 집중되었고 또 다양한 요인으로 술에 대한 중요한 연구가 거의 시도되지 않았다고 주장한다. Stefanie Brinkmann, "Wine in Hadīth: From Intoxication to Sobriety," *Wine Culture in Iran and Beyond*, edited by Bert G. Fragner, Ralph Kauz, and Florian Schwarz (Vienna: Verlag der Österreichischen Akademie der Wissenschaften, 2014), pp. 79-80.

2 현재 아르히는 공장에서 몽골 보드카로 대량생산되고 있으며, 러시아 보드카의 영향으로 곡물을 발효시켜 만든다. 그 한 예로, 2009년부터 생산되고 있는 몽골의 가장 대표적인 보드카 브랜드 Chinggis를 참고하라(www.chinggisvodka.ch).

을 조사해 보고자 한다.

유라시아, 특히 중국에서 술을 묘사한 문헌은 풍부하지만, 증류주의 기원을 보여 주는 상호 관계를 밝히기 위해서는 비교 분석을 신중히 수행해야 한다. 아락에 대한 현존하는 아주 오래된 기록 하나는 이라크의 이븐 쿠타이바Ibn Qutayba(828-889)가 저술한 『술의 책*Kitāb al-Ashriba*』에서 볼 수 있지만,[3] 증류주로서의 아락(기타 명칭으로 불린 증류주는 더 오래되었다)에 대한 최초의 명시적인 설명은 14세기에 작성된 중국 문헌에서 찾아볼 수 있다. 중국 문헌에 나오는 오랜 명칭인 샤오죠우와 아락에 대한 기록은 이후에 한국과 일본에서 편찬된 문헌에서도 보인다. 중국 사료 일부는 샤오죠우의 또 다른 별칭인 한죠우汗酒를 명시적으로 소개하는데, 이는 '땀주'를 의미한다.[4] 이것은 중국의 샤오죠우와 서아시아의 아락(아랍어로 '땀'을 의미함) 사이의 강한 연관성을 암시한다. 14세기의 중국 사료는 아락주가 중국에서 유래한 것이 아니라 해상 교류를 통해 외국에서 중국으로 들어왔다고 주장함으로써 이 점을 뒷받침한다. 특정 사료에 따르면, 샤오죠우와 아락으로 불리는 증류주가 몽골 원왕조(1276-1368) 시기에 인기를 얻기 시작했다. 실제로 증류주가 외국에서 중국으로 수입되었다면 증류법도 마찬가지로 외부에서 들어온 것일까?

---

3 이븐 쿠타이바는 베드윈을 인용하며 "우리는 아라끄 병에 남은 것을 마셨다."라고 기록하고 있다. Ibn Qutayba, *Kitāb al-Ashriba*, edited by Yāsīn Muḥammad al-Sawwās (Damascus: al-Maṭbaʻa al-ʻilmiyya, 1420/1999), p. 125.

4 원대의 양유정(楊維楨)이 자신의 저서 『무제효상은체(無題效商隱體)』에 수록한 시를 참고하라. https://m.gushici.com/t_1150981 (접속일: 2019. 5. 30). 또한, 청대의 작가 적호(翟灝)는 원대에 사람들이 '샤오죠우'를 '한죠우'라고 불렀다고 말한다. 翟灝, 『通俗编』(臺北: 國泰文化事業有限公司, 1980), 卷27, 飲食, "燒酒" 참고.

[지도 1.1] 아프로·유라시아에서 발달한 다양한 증류주와 주요 증류 기술의 추정 전파 경로

폴 뷰얼, 앙겔라 숏튼햄머 등 일부 학자들은 증류에 대한 아이디어를 처음 생각해 낸 사람이 누구인지는 불확실하지만, 적어도 고대에 근동, 중국, 인도 등 여러 지역에서 증류 기술이 독립적으로 발명되었을 가능성이 크다고 주장한다(지도 1.1 참조).[5] 이전 연구에서도 이러한 여러 지역에서 개발된 증류 기술 사이에 약간의 차이가 있음은 입증되었다.[6] 그러나 학자들은 유라시아에서의 증류 기술 전파에 대한 다

5 예로 Angela Schottenhammer, "Distillation and Distilleries in Mongol Yuan China," *Crossroads: Studies on the History of Exchange Relations in the East Asian World* 14 (2016), pp. 146-147 참고.

6 조지프 니덤이 고대 시대부터 여러 지역에서 발전한 다양한 유형의 증류기를 비교 관점에서 재구성한 것을 참고할 수 있다. Joseph Needham, Ho Ping-Yü, and Lu Gwei-djen, *Science and Civilisation in China*, vol. 5, part 4 (Cambridge: Cambridge University Press, 1980), pp. 80-81.

양한 이론을 지속적으로 제안해 왔다. 많은 학자가 증류 기술이 서쪽에서 동쪽으로 전파되었다고 주장했지만,[7] 조지프 니덤과 그의 동료들은 고대 중국에서 더 일찍 발전했음을 보여 주었다. 주요 지역에서 개발된 다양한 증류기들을 독특한 유형과 특징에 따라 철저하게 비교 분석하여 구성한 분류표(그림 1.1 참조)를 통해 니덤과 그의 동료들은 증류가 중국에서 서양으로 전파되었을 수 있다고 주장했는데, 그와 같은 주장을 뒷받침하는 증거를 제시하지는 못했다.[8]

우리가 이용할 수 있는 사료들과 고고학 발굴에 대한 새로운 비교 조사는 증류 발전의 실제 상황이 단순한 선형 전파가 아니라 보다 역동적이었음을 시사한다. 즉, 수 세기에 걸쳐 서로 다른 문화 간의 교류와 무역 관계를 통해 아이디어와 무역품을 주고받는 과정에서 다양한 전통이 상호작용했다. 증류 발전에 참여한 모든 지역은 전근대 무역로를 통해 연결되었고 지중해 지역의 아락, 남아시아 및 동남아시아의 아락arak/arrack, 중국/한국/일본의 샤오죠우/소주/쇼츄(아락이라고도 함) 및 몽골과 중앙아시아의 아르히 등 유사하면서도 독특한 증류주 전통을 발전시켰다.

우리는 이러한 전통들을 하나씩 탐구하고, 증류 기술의 기원과 기

---

7 Adam Rogers, *Proof: The Science of Booze* (Boston: Houghton Mifflin Harcourt, 2014), pp. 84-90; Kevin R. Kosar, *Whiskey: A Global History* (London: Reaktion Books, 2010), pp. 53-55; R. J. Forbes, *A Short History of the Art of Distillation: From the Beginnings up to the Death of Cellier Blumenthal* (Leiden: E. J. Brill, 1948), pp. 9-11.

8 예로 Thomas O. Höllmann, *The Land of the Five Flavors: A Cultural History of Chinese Cuisine*, translated by Karen Margolis (New York: Columbia University Press, 2013), p. 96 참고.

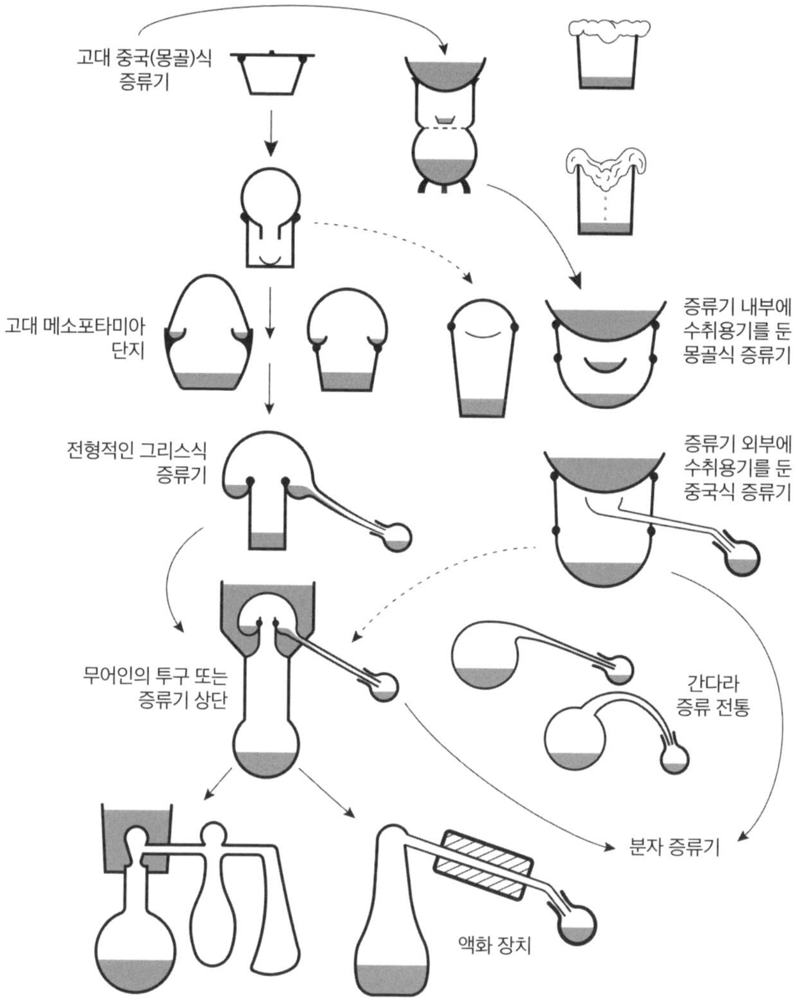

[그림 1.1] 조지프 니덤이 독특한 지역적 특징에 따라 분류한 다양한 증류기의 발전 (Needham, 1980, Fig. 1454에 의거해 그린 것으로, 원 그림은 이 증류기의 유형에 대한 더 자세한 내용을 제공한다.)

타 물질적 특성 그리고 13세기와 14세기 몽골 시대에 이르기까지 존재했던 이러한 증류주 전통 사이의 연관성을 조사할 것이다. 여기서 음식문화와 기술 전파의 관점에서 전근대 유라시아의 아락주 발전의 성격은 풀어야 할 가장 중요한 문제인데, 아락이 몽골 시대부터 확산된 증류주에 대한 거의 보편적인 이름이 되었기 때문이다.[9]

따라서 소주의 역사, 한국사에서 소주의 위치 혹은 최근 소주의 세계화 과정에 대해 이야기하기 전에, 소주의 창조에 기여한 증류와 증류주의 글로벌 역사라는 근본적인 맥락을 먼저 살펴보아야 한다. 이러한 세계사적 맥락을 이해함으로써 고대부터의 증류 발전과 13세기 한반도와 같은 지역에서 나타난 증류주의 부상 사이에 존재하는 간격을 식별할 수 있을 것이다. 이렇게 향상된 이해를 바탕으로, 한국에서 소주의 부상을 인지하는 데 유용하고 적절한 역사적 맥락을 확립할 수 있을 것이다.

증류 및 증류주 기원에 대한 이론들: 선형 전파 대 다지역 발명 및 보급

증류는 끓임과 응축(또는 대체 방법으로 정밀한 증발과 동결)으로 액체 성분을 분리하는 데 사용되는 기술이다. 증류주를 만드는 방법으로 널리 알려져 있지만 의료용 알코올 용액의 생산을 포함하여 산업적으

9 이 책 전체에 걸쳐 araki, arrack 등 arak의 여러 대체 명칭이 등장하는데, 이 명칭들 자체는 서로 다른 문화 간에 이루어진 교류의 다양한 지리적 위치를 시사한다.

로 쓰이고, 연금술의 용도로도 많이 사용된다. 끓이는 방법은 구성 요소의 다양한 끓는점을 활용하여 가열함으로써 불순물이 없는 증기를 생성한 다음 액체 상태로 만들어 이를 수집한다. 동결 증류는 동일한 논리를 적용하여 혼합 농축액에서 목표한 성분을 분리하기 위해 액화시킬 정도로 온도를 적절하게 설정한다. 증류 기술은 발효주의 증류뿐 아니라 다양한 재료에 적용될 수 있다. 사실, 고고학 발굴에서 발견된 가장 초기의 증류기 일부는 향수와 수은을 증류하는 데 사용되었다.

술을 만들기 위한 증류 기술이 전 세계적으로 확산된 중세 말과 근대 초까지 사람들은 맥주와 와인 같은 알코올 함량이 낮은 발효주를 증류주보다 훨씬 더 자주 마셨던 것으로 보인다. 대부분의 사회에서는 증류주를 중요하게 간주해 왔지만, 근대 이전의 증류주 생산에 대한 문헌 기록은 흔치 않다. 특정 사료의 구절에서 인용된 일부 술은 증류주로 식별될 수 있으나, 그 묘사는 모호하여 학술적 논쟁의 대상이 되곤 한다. 학자들은 고대의 증류 및 그 부산물을 입증하는 증거로 사용되는 문헌을 발견하고 분석하기 위해 노력해 왔지만, 특정 지역 및 시대에서의 증류주 생산과 그것이 널리 소비되도록 촉진한 역사적 조건에 주목하여 연구한 이들은 많지 않다.

증류는 그 과정 자체와 기술적 도구를 모두 아우르는 과학 이론에 기반한 화학적 기술이기 때문에, 전근대 기간 동안 충분한 과학 및 기술 지식을 갖추지 못한 사람들이 이를 발전시키기란 쉽지 않았을 것이다. 생성 원인을 자연에서 관찰하고 모방해서 만들 수 있는 발효주와 달리, 증류주의 생산은 일반적으로 다양한 성분의 끓는점 계산뿐만 아니라 증류 장치의 개발을 필요로 한다.(추운 지역, 특히 북부 유라시아의 사람들은 특별한 장비가 필요 없는 동결 증류를 사용하여 증류주를 만들었지만, 이 책에서는 주로 끓이는 방법에 중점을 둔다.) 애덤 로저스는 베스트셀러 『프루프: 술의 과학*Proof: The Science of Booze*』에서 2천 년 동안 인간의 필요를 충족시켜 온 과학과 기술의 축적에 의해 이룩한 문명 세계에서 증류가 부상했음을 강조한다.[10]

증류기는 여러 부분으로 구성된다. 바닥에는 열원이 있고, 그 위에 열을 가해 유기물(곡물 등)을 발효한 매시mash(곤죽물)를 담는 용기가 있다. 유럽식 단식 증류기에는 발효된 매시 위에 증기가 형성될 수 있도록 끓는 공간이 있으며, 이는 차가운 물을 담은 웜통worm tubs과 연결된다(그림 1.2의 A 참조). 중국식 증류기에는 발효된 매시 바로 위에 응축기가 있는데, 이는 응축된 증기를 수용하며 증류기 바로 위의 냉수 용기와 연결되어 있다(그림 1.2의 B 참조). 두 경우 모두에서 차가운 물은 증기를 냉각시키는 역할을 하여, 증기가 응축기 내부에서 응축되어 생긴 액체를 별도의 수취용 그릇으로 내려받을 수 있다. 따라서 이 공정에서는 냉각수를 지속적으로 주입해야 한다.[11]

주영하와 몇몇 학자가 지적했듯이, 다른 과학기술에 비해 증류의 개념은 그 발명 자체에 상당히 높은 수준의 기술을 필요로 하지 않는

10 Rogers, *Proof*, pp. 5-7, 84.

11 Forbes, *A Short History of the Art of Distillation*, p. 291, Figure 143A; Luo Feng, "Liquor Still and Milk-Wine Distilling Technology in the Mongol-Yuan Period," *Chinese Scholars on Inner Asia*, edited by Xin Luo and Roger Covey (Bloomington: Indiana University, Sinor Research Institute for Inner Asian Studies, 2012), p. 491, Figure 4. 증류 전문가들에 따르면 증류 공정을 통해 불순물이 포함되지 않은 순수한 증류액을 생산하는 것이 매우 중요하다. 증류 기술의 발전에 대한 더 많은 내용은 Forbes, *A Short History of the Art of Distillation*을 참고하라.

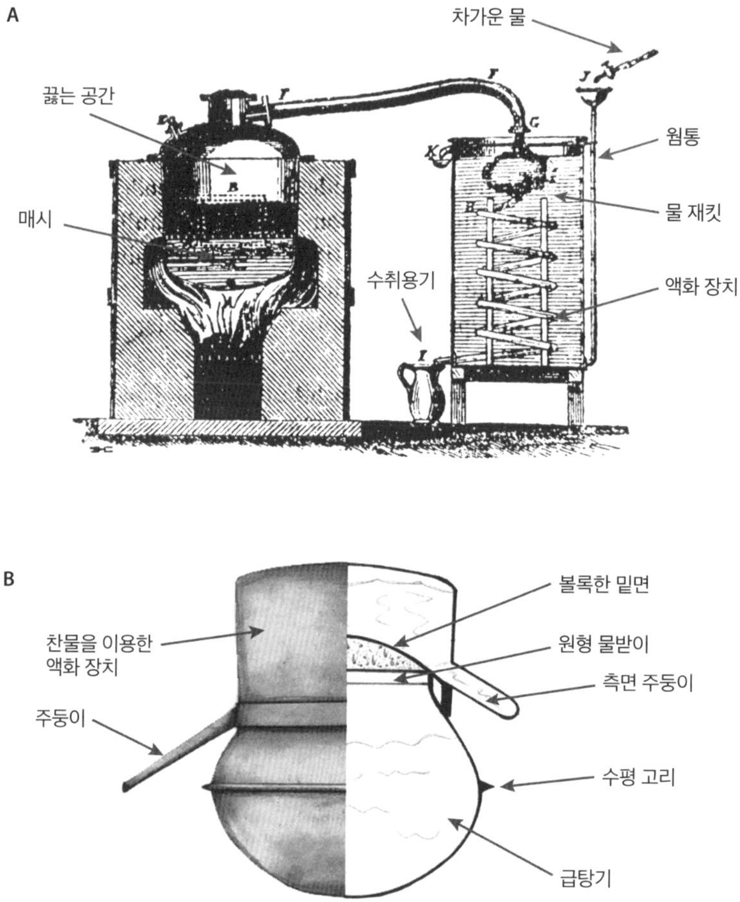

[그림 1.2] A: 위스키 또는 코냑을 증류하는 데 사용되는 웜통이 있는 전통식 단식 증류기 (Forbes, 1948), B: 허베이성 칭롱에서 발굴된 13세기경 중국의 기본형 증류기(Luo, 2012, Fig. 4에 의거해 그림)

다. 이들은 기초 과학 지식을 보유한 고대인들이 증류의 기본 원리를 밝혀낸 후에 이론을 발전시켜 나가고 단순한 기구들을 사용하여 증류 공정을 고안하는 것은 그리 어렵지 않았을 것이라고 주장한다.[12] 이러한 관점은 한 사회에서 다른 사회로 기술이 선형적으로 전파되었다는 것보다 여러 지역에서 이 아이디어가 싹텄을 가능성에 더 큰 비중을 두는 최근의 주장을 뒷받침한다.

여기서 "고대 사람들은 왜 증류주를 개발했을까?"라는 근본적인 질문이 제기된다. 증류주를 개발하는 데는 "술에 취하기 위한 것" 말고도 여러 이유가 있을 수 있지만, 대부분의 사회에서는 증류주를 약의 하나로서 환영했고, 나중에 가서야 여가를 위해서도 활용할 수 있다는 것을 알게 되었다. 중세 초기 이슬람 세계와 유럽의 문헌을 보면, 필수 의약 성분을 얻기 위해 팅크 및 용액을 증류했으며, 이후 장미 오일 같은 향수용 향유를 얻기 위해 증류에 관심을 가졌다.[13] 중세의 연금술사들은 증류주를 만병통치약이라고 생각하기도 했다.[14] 그뿐만 아니라 증류주는 보존성과 운송성이 좋아서 단순 발효주나 발효유보다 인기가 높았다. 사람들은 축적된 집단적 경험을 바탕으로 알코올 함량을 높이면 술을 더 오래 보존할 수 있다는 것을 배웠을 것이다. 냉장고가 발명되기 전에는 인도양과 중동 주변의 덥고 습한 지역이나 육상 무역로를 따라 장거리 여행을 하고 이동하면서 많은 교류를 나눈 상인 집단에서 술의 보존성을 향상시키는 것은 삶의 질을

---

12 주영하를 비롯한 여러 학자와 나눈 개인적인 대화를 바탕으로 한다.

13 Forbes, *A Short History of the Art of Distillation*, pp. 101–111.

14 Zahary A. Matus, *Franciscans and the Elixir of Life: Religion and Science in the Later Middle Ages* (Philadelphia: University of Pennsylvania Press, 2017), pp. 40–69.

높이는 데 필수적이었다.

얼마나 많은 사회에서 증류 기술이 독자적으로 발명되었는지는 알 수 없지만, 더 중요한 점은 소수가 특정 시점에서 증류의 개념을 발견했다가 널리 퍼지기 전에 잊혀진 경우에는 발명의 의미가 그만큼 축소된다는 것이다. 따라서 사람들이 특정 지역에서 술을 증류하는 좀 더 체계적인 방법을 개발하여 증류주를 널리 보급시켰는지를 고려하는 것도 중요하다. 오랫동안 전문가들은 그리스인들이 발명한 증류법이 중국 등 다른 곳으로 보급되었다고 주장했다. 조지프 니덤과 그 동료들의 업적 덕분에 이제는 서양보다 중국에서 먼저 수은을 정제하는 데 증류 기술을 사용했고, 서로 독립적으로 개발되었을 가능성이 있는 두 가지 일반적인 증류법에 본질적인 차이가 있음을 알게 되었다. 중국인들은 서양에서 인기 있는 고전적인 단식 증류기의 표준 구성 요소이자 증류액을 응축하고 수집하는 웜통을 사용하지 않았으며(그림 1.2의 A와 B를 비교하라), 동아시아와 중앙아시아의 증류기들도 마찬가지였다(이 장의 뒷부분에서 논의하겠지만, 볼가강 인근에 살았기 때문에 서구 문화권에 속한 칼무크족은 예외다). 인도의 증류법도 중국식 또는 서양식 증류법과 기술적으로 다르며, 더 오래되었을 수 있다. 최근에 한 학자는 신대륙의 사람들이 도기로 된 증류기를 이용한 증류법을 독립적으로 개발했다는 그럴듯한 주장을 발전시켰다. 그들이 독립적으로 처음 개발했을 수 있지만, 그보다는 시간이 지남에 따라 전근대 무역 네트워크를 통해 사람, 아이디어 및 상품이 이동하고 전파되면서 영향을 주고받는 가운데 다양한 증류 기술이 개발되었을 가능성이 더 크다. 의견 교환이 이루어지고, 증류의 기능과 이점 및 그 중요성이 의료, 사회적 의식의 메커니즘 그리고 취함의 수

단으로 확대되면서 새로운 기술이 전통 기술에 지속적으로 적용되었다. 따라서 한반도에서 볼 수 있듯이, 시간이 지남에 따라 교류의 범위가 확대된 특정 시기와 사회에서 사람들이 새로운 기술과 재료를 혼합하여 지속적으로 새로운 증류 기술과 증류기를 만들어 낸 것은 놀라운 일이 아니다. 전근대 유라시아에서 타 문화 간 접촉이 대규모로 발생해 역동적으로 전개되었음을 보여 주는 유례없이 많은 연구가 최근 이뤄진 덕분에, 증류주 발전을 촉진한 영향과 상호작용을 연구하기가 이전보다 더 유리해졌다. 이러한 배경을 염두에 두고, 증류의 세계사적 발전을 탐구하기 위해 먼저 고대 기록과 고고학적 유물을 통해 알 수 있는 술의 간략한 역사를 개관해 보도록 하자.

중동, 남아시아, 동남아시아의 증류 기술과 증류주: '아락'이라는 명칭과 증류 기술의 기원

마틴 레비Martin Levey를 비롯해 몇몇 학자는 증류의 가장 이른 증거로 고대 메소포타미아 북부에서 발굴된 도기를 제시한다.[15] 이 유물은 언뜻 보면 다른 도기들와 비슷하지만, 자세히 살펴보면 상단 가장자리에 움푹 들어간 흔적이 있는 독특한 구조로 되어 있다(그림 1.3 참조).

레비와 에다가와 고이치枝川公一 등 후대 학자들은 이것이 내용물

15 Martin Levey, *Chemistry and Chemical Technology in Ancient Mesopotamia* (Amsterdam: Elsevier, 1959), pp. 31-36; Needham, Ho, and Lu, *Science and Civilisation in China*, vol. 5, part 4, p. 82.

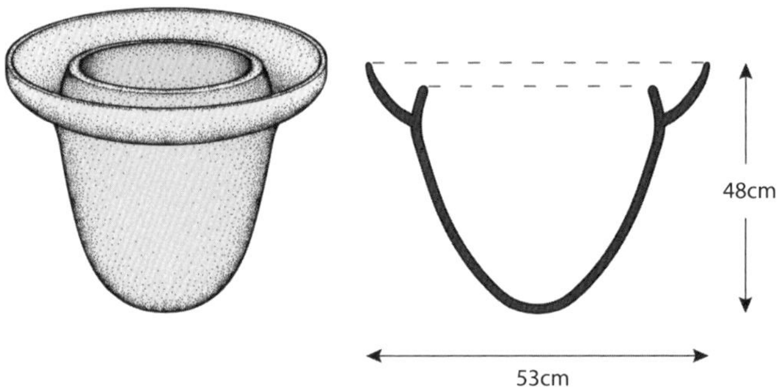

[그림 1.3] 고대 메소포타미아 북부에서 발굴된 도기(Ishige, 1999, Fig. 7에 의거해 그림)

을 끓인 후 용기의 상단 가장자리에 응축된 알코올 방울을 얻기 위해 사용한 원시적인 증류기라고 주장했다. 그들은 이 고대 메소포타미아의 용기와 그 증류 구조의 연대를 기원전 3500년경으로 추정했으며, 증류가 이곳에서 기원했다는 증거로 간주한다. 한편 유진 앤더슨Eugene Anderson을 포함한 다른 학자들은 이 유물이 술을 발효시킬 때 생기는 가스를 뽑아내는 발효전醱酵栓을 나타내며, 증류 기능에 대한 증거는 아니라고 주장하며 회의적인 견해를 보인다.[16] 이것이 증류기의 일종이었을 것이라고 제안한 레비, 에다가와도 당시 증류주에 대한 증거가 없기 때문에 술 대신 장미 오일이나 향수를 만드는 데 이 도

16 개인적인 대화에서 유진 앤더슨은 메소포타미아 증류기로 추정되는 이 도구를 사용한 이가 용기의 가장자리 골에 물을 채우고 그 위에 항아리를 거꾸로 올려 덮어서, 고인 물이 내부의 발효 물질을 밀봉하면서도 가스가 빠져나가도록 할 수 있었다고 말했다. 요컨대, 그는 이 유물이 역사적으로 적절하게 사용된 훌륭한 기술의 발전을 보여 주지만 증류에 대한 증거는 아니라고 주장한다.

구가 사용되었을 것이라고 가정했다.[17] 예를 들어, 레비는 고대 메소포타미아의 화학 기술에 관한 그의 연구서에서 향수 공정 작업으로 수메르-바빌로니아의 증류를 기록한 기원전 1200년경의 아카드어 서판을 문서 증거로 갖고 있지만, 사료 속 이 시기의 술과 맥주에 관한 장에서 당시의 증류주에 대한 기록을 발견하지 못했다고 논했다.[18]

고대 메소포타미아의 용기가 발굴된 이 지역은 몇몇 학자가 역사상 가장 오래된 발효주를 발견한 지역과도 근접하다. 1978년부터 펜실베이니아대학 고고학팀은 이란 서부에 위치한 고고학 유적지 고딘 테페Godin Tepe에서 기원전 4000년에서 3000년경에 사용되었던 잘 보존된 와인병과 맥주병을 발굴했다. 이 유적지는 서쪽과 동쪽으로 향하는 여행 경로를 모두 연결하는 광범위한 교역 네트워크에 접해 있다.[19] 연구자들은 맥주의 역사를 재구성하는 과정에서 고대 수메르의 보리 맥주를 복원하는 데 성공했다.[20] 이는 엄밀히 말해 증류주가 아니라 발효주로, 증류주 또는 증류기와 관련된 증거는 발견되지 않았다. 요컨대, 이 지역에서 발견된 고대 유물의 양이 너무 적기 때문에, 이곳에서의 주류 발전에 대한 일반화는 이 지역 사람들이 술을 증류하기 위해 기술적으로 더 정교한 증류기를 개발했다는 구체적인 증

---

17 Levey, *Chemistry and Chemical Technology in Ancient Mesopotamia*, pp. 36-41, 132-146; 枝川公一, 「蒸溜酒, 東回り西回り」, 玉村豊男 編, 『焼酎: 東回り西回り』(東京: 紀伊國屋書店, 1999), pp. 23-24.

18 Levey, *Chemistry and Chemical Technology in Ancient Mesopotamia*, pp. 36, 55-58.

19 Patrick E. McGovern, *Uncorking the Past: The Quest for Wine, Beer, and Other Alcoholic Beverages* (Berkeley: University of California Press, 2009), pp. 60-71.

20 McGovern, *Uncorking the Past*, p. 69.

거를 찾을 때까지 기다려야 한다.[21]

유라시아 서부의 증류에 대한 좀 더 구체적인 기록은 그리스에서 가장 초기 형태의 과학적 증류 이론과 기술이 발전한 기원전 4세기로 거슬러 올라간다. 예를 들어, 아리스토텔레스는 알코올 증류 개념에 대해 다음과 같이 논했다. "바닷물은 증발시킨 후 마실 수 있다. 술과 기타 액체물도 증기로 변환된 후 액체로 다시 응축될 수 있기 때문에 동일한 과정을 적용할 수 있다."[22] 3세기 후 플리니우스는 로진rosin을 가열하여 만들어진 기름을 증류기 윗부분에 놓인 양모 조각에 모으는 원시적인 응축 방법을 설명했다. 1세기에 살았던 또 다른 그리스인 의사 페다니우스 디오스코리데스는 수은을 가열하는 항아리의 뚜껑에서 물방울이 맺히는 현상을 발견했고, 이로부터 증류 과정을 설명해 낼 수 있었다. 이러한 이론들을 바탕으로 고대 그리스의 발명가들은 모양이 유사하여 고대 그리스어로 '컵' 또는 '주둥이가 넓은 큰 잔beaker'을 의미하는 암빅스ambix라는 기구를 만들었다. 이는 이슬람 과학의 황금기 동안 암빅스의 이름과 그 기술을 차용해 장미수 증류를 위한 특수 기구인 알-인비끄al-inbīq를 개발한 자비르 이븐 하이얀 Jābir ibn Hayyān(라틴어 이름 '게베르'로도 알려짐) 같은 이슬람 학자들에게 영향을 미쳤다(그림 1.4 참조).[23]

---

21 枝川公一, 「蒸溜酒, 東回り西回り」, pp. 23-24.

22 *Meteorology* (c. 350 BCE), Book 2, 2. Joseph William Mellor, *A Comprehensive Treatise on Inorganic and Theoretical Chemistry*, vol. 1 (London and New York: Longmans, Green and Co., 1922), p. 37 참고.

23 M. Plessner, "al-Anbīḳ," *The Encyclopaedia of Islam*, vol. 1, 2nd edition (Leiden: E. J. Brill, 1986), p. 486.

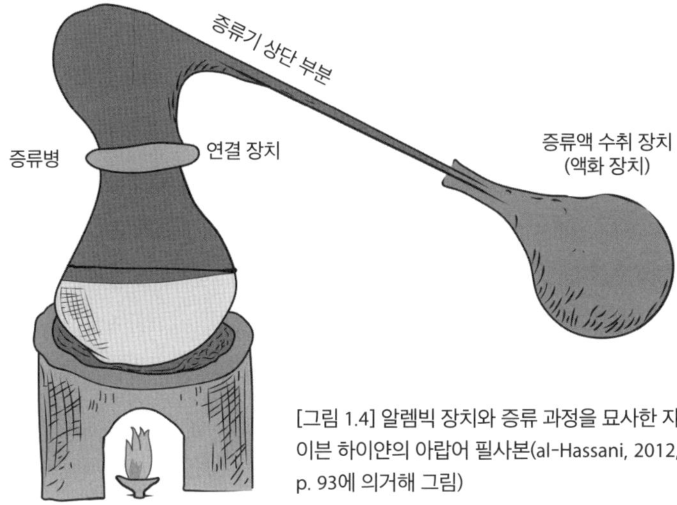

[그림 1.4] 알렘빅 장치와 증류 과정을 묘사한 자비르 이븐 하이얀의 아랍어 필사본(al-Hassani, 2012, p. 93에 의거해 그림)

아랍 무슬림들이 중동을 정복한 후, 아랍과 페르시아 학자들은 고대 그리스·로마의 과학 이론과 기술을 수용하고 보존했으며, 이를 사용하여 화학 및 연금술 같은 과학 분야를 더욱 발전시켰다. '알-인비끄'라는 명칭을 분석해 보면 아랍인들이 그리스어 '암빅스'에 아랍어의 정관사인 '알al'을 붙여 만들었음을 알 수 있다. 그리고 12세기에 스페인을 통해 유럽으로 그 명칭이 전파된 이후 알-인비끄에서 라틴어 이름 알렘빅alembic으로 바뀐 것을 분명히 알 수 있다.[24] 이슬람교도 과학자들이 이끄는 중세의 이슬람 중동에서 증류 기술이 지속적

24 아랍어의 단모음 a는 아랍어 방언들과 유럽 언어들에서 e가 되고, x는 c로 바뀐다. 아마도 서유럽 사람들은 복수형 -s가 있다고 믿었기 때문일 것이다. 따라서 영어 단어 alembic은 본래 이슬람 세계에서 전파된 지식과 기술을 기반으로 만들어졌다.

이고 체계적으로 발전했음을 보여 주는 충분한 문헌이 축적되어 있다. 즉, 현존하는 많은 문헌 사료에 중동에서 개발된 다양한 알렘빅 장치에 대한 기록이 있다.[25] 대부분은 약초 침출 알코올과 향수를 증류하는 데 사용되었다. 그런데 로버트 포브스Robert Forbes는 아랍인들이 증류 기술을 알고 있었지만 중세 시대에 이를 적용해 술을 증류하지는 않았다고 주장한다. 반면 아흐마드 Y. 알-하산Ahmad Y. al-Hassan은 아랍어 비밀 서적과 군사 논문에서 술병에 대한 다양한 설명을 볼 수 있다는 것이, 무슬림 화학자들이 8세기부터 술의 증류법과 알코올의 특성을 알고 있었음을 시사한다고 주장한다.[26]

실제로 증류주가 중세 이슬람 세계에서 발전하고 인기를 얻었을까? 이는 가능성 측면에서 고려해 볼 수 있다. 14세기 유럽에서 시작된 브랜디와 같은 증류주 개발에 알렘빅이 영향을 끼친 것처럼, 알렘빅이 이슬람 세계에서 개발된 이후에 증류 기술과 술을 증류한다는 아이디어가 더 동쪽으로 이동하여 그곳의 음주 문화를 변화시켰다고 추측해 볼 수도 있다.[27] 유라시아 동부에서 증류 기술이 독립적

---

25 Forbes, *A Short History of the Art of Distillation*, pp. 31-54; al-Hassan, *Studies in al-Kimya'*, pp. 283-298.

26 Forbes, *A Short History of the Art of Distillation* pp. 29-54; al-Hassan, *Studies in al-Kimya'*, pp. 283-298.

27 Forbes, *A Short History of the Art of Distillation*, pp. 101-102. 페르낭 브로델은 그의 명저 『물질문명과 자본주의』에서 1500년 이후부터 유럽의 여러 지역에서 브랜디와 럼을 포함한 증류주가 대중적으로 소비되고 산업적으로 생산되기 시작했음을 보여 주었다. 브로델은 이러한 유럽의 발전이 당시 유럽 이외의 지역에서 발견된 증류주에 영향을 미쳤는지 여부에 대한 질문을 제기한 후 비유럽 사회에서의 증류 발전 가능성을 간략히 검토했을 뿐 이에 답하거나 깊이 있게 논의하지는 못했다. 그 당시 브로델은 니덤의 저작들을 포함한 아시아의 증류에 대한 주요 연구를 접할 수 없었

으로 개발되었을 가능성을 고려하면서도, 중세 후기(아시아에서의 몽골 시대와 겹침)에 확산된 증류주가 모두 '아락'이라고 불렸거나 '아락'이라는 별칭을 사용했다는 사실에 주목해야 한다. 앞서 말했듯이 '아락'은 '땀'을 의미하는 아랍어 '아라끄'에서 유래했을 가능성이 높은데, 이 땀은 증류 과정에서 증기가 응집되어 만들어지는 술 방울을 가리킨다. 이 용어는 오늘날 중동, 중앙아시아, 남아시아, 동남아시아에서 발견되는 유사한 형태의 증류주 이름으로 여전히 쓰이고 있다. 알타이 언어들에서 보이는 '아락'이라는 단어의 여러 형태를 분석하면, 중앙아시아에서 이 용어가 오래전, 몽골 시대부터 사용된 것을 볼 수 있다.[28] 몇몇 학자는 '아락'이라는 용어가 '땀'을 의미하는 아랍어에서 온 것이 아니라, 다양한 아락arrack의 재료로 오랫동안 사용되어 온 동남아시아의 아레카넛areca-nut(아레카 야자의 씨앗)에서 유래했을 가능성을 제안했다.[29] 아라끄araq라는 단어는 더 정확하게 *ʿaraq*로 표기하는데(이 단어 앞에 있는 역 아포스트로피는 아랍어로 유성 인두 마찰음을 나타내는 셈어 문자 ʿain의 음역 역할을 함), 이는 '땀을 흘리다'를 의미하는 *ʿ-r-q*라는 아랍어 단어의 어근이다.[30] 따라서 이 단어는 남아시아의 단어

을 것이다. Fernand Braudel, *Civilization and Capitalism, 15th–18th Century*, vol. 1, translated by Siân Reynolds (New York: Harper & Row, 1981), pp. 241–249.

28 뒤에 나오는 언어학자 람스테드(G. J. Ramstedt)의 논의를 참고하라.

29 Samuel Morewood, *A Philosophical and Statistical History of the Inventions and Customs of Ancient and Modern Nations in the Manufacture and Use of Inebriating Liquors* (Dublin: William. Curry, jun. and Company, and William. Carson, 1838), pp. 140–141. 이는 *Encyclopaedia Britannica: A Dictionary of Arts, Sciences, Literature and General Information*, vol. 2, 11th edition (New York: The Encyclopædia Britannica Company, 1910), p. 642에 인용되었다.

30 이에 대한 유진 앤더슨의 통찰력에 감사를 표한다.

에서 파생된 것이 아니다. 한편, 일부 중국 사료에도 증류주를 지칭하는 별칭으로 '땀주(한주汗酒)'라는 단어가 표기되어 있기에 '땀'을 의미하는 아랍어 '아락'이 어떤 과정을 거쳐 중국으로 전파되었을 가능성이 높다.[31] 아흐마드 Y. 알-하산은 중세 이슬람 세계에서 '아라끄'가 대중 사이에서 증류주를 가리키는 일반적인 명칭으로 사용되었는지 여부를 더 조사할 필요는 있지만, 11-16세기의 일부 사료에서 증류주를 아라끄 혹은 아라끼'araqi라고 언급한다고 주장한다.[32] 이러한 맥락을 고려하면서, 아락주가 독자적으로 발전한 서아시아와 중동의 음주 문화를 검토해 보자.

우선, 이슬람이 음주를 금한다는 점을 감안할 때, 이슬람교도들이 술을 생산하기 위해 증류 기술을 자주 사용했는지 의문을 던질 수 있다. 그러나 여러 연구에서 지적했듯 많은 이슬람교도, 특히 이란인들은 실제로 어느 정도 술을 마시는 것을 즐겼다.[33] 더욱이 중동의 많은 비이슬람교도 민족은 (금주를 할 필요가 없었을 뿐만 아니라) 중동의 넓은 지역에 흩어져 살았다. 따라서 우리는 이슬람이 지배적인 사회에 살던 사람들이 발효주를 증류하여 도수가 높은 술을 만들고자 했고, 이를 '아락'이라고 명명했을 가능성을 받아들일 수 있다. 통치자들이 술

---

31 1장의 각주 4를 참고하라.

32 al-Hassan, *Studies in al-Kimya'*, pp. 285-286.

33 예로 Rudi Matthee, "Alcohol in the Islamic Middle East: Ambivalence and Ambiguity," *Past and Present* 222, supplement 9 (2014), pp. 100-125; Willem Floor, "The Culture of Wine Drinking in Pre-Mongol Iran," *Wine Culture in Iran and Beyond*, edited by Bert G. Fragner, Ralph Kauz, and Florian Schwarz (Vienna: Verlag der Österreichischen Akademie der Wissenschaften, 2014), pp. 165-209 참고.

을 공공연하게 마셨던 것을 감안할 때, 아락에 대해 공개적으로 말하기가 어려웠다고 생각하는 것은 설득력 없는 해석일 수 있다. 그러나 아락이 적어도 문헌 증거를 많이 남기지 않은 사람들 사이에서 점진적으로 퍼졌다고 가정할 수 있다. 사람들이 증류주가 장기 보존에 뛰어나다는 중요한 이점을 발견함에 따라, 술의 증류는 중세 시대에 군사 원정이나 장거리 무역을 위해 먼 곳으로 여행하는 중동의 병사와 상인에게 특히 유용했을 수 있다.

많은 학자는 중동에서 생산된 증류주 가운데 일부가 실크로드와 인도양 무역 네트워크를 통해 동쪽으로 전해졌을 수 있다고 가정했다. 14세기 중국의 한 사료에 따르면, 아락주는 '남해', 즉 서아시아와 동아시아를 연결하는 인도양 해로를 통해 중국으로 전파되었다.[34] 이 가설은 일리 있어 보인다. 이를 고려하면, 아락이 이슬람 세계인 중동에서 증류주로서 문헌에 기록되지 않았지만, 남아시아와 동남아시아로 전파되고 동아시아에 이르기 전에 그곳에서 현지화되어 현재까지도 인기 있는 아락이 되었다고 가정해 볼 수 있다.[35] 이와 같은 아락 전파의 시나리오는 이슬람이 부상한 직후 서아시아로부터 많은 이슬람 상인이 인도양을 가로질러 동쪽으로 이동해 무역과 개종을 밀어붙인 점을 감안할 때, 가능성이 매우 높다. 중세 해상무역의 호황으로 중동과 남아시아 및 동남아시아의 연결이 긴밀해진 점을 고려할

---

34 뒤에 나오는 『거가필용사류전집』 속의 '알리치(阿里乞)'라고 불리는 남번소주(南番燒酒)에 대한 논의를 참고하라.

35 오늘날 두 지역의 아락에는 차이점이 있다. 이는 같은 음료가 보급되는 과정에서 생긴 현지화의 결과일 수도 있지만, 두 가지 증류주가 독립적으로 발전했을 가능성도 시사한다.

때, 아락에 관한 기술적 또는 언어적 정보도 함께 이동했을 가능성은 충분하다.

그러나 앞서 언급한 중동의 아락과 남아시아 및 동남아시아에서 사용되는 아락 사이의 직접적인 연관성 그리고 아락과 그 증류 기술이 동쪽 방향으로 이동했을 것이라는 추측은 문제를 야기한다. 중세에 아락이 서방에서 남아시아와 동남아시아로 전파되기 훨씬 전인 고대에 두 지역에서 증류가 발전했을 수 있기 때문이다.[36] 고대 인도의 증류기에 대한 프랭크 알친Frank Allchin의 분석을 포함해 여러 연구는 증류 기술과 별도의 아락 전통이 고대에 이 지역에서 독자적으로 개발되어 현재까지 이어졌을 가능성을 알려 준다.[37] 사실 현대 남아시아와 동남아시아에서 인기 있는 몇몇 유명한 아락arak/arrack 브랜드는 포도와 아니스로 만든 서아시아의 아락 전통과 직접적인 관련이 없다. 문헌적인 증거는 거의 없지만, 지난 2세기 동안 이루어진 인류학적 연구에 따르면, 야자수로 만든 증류주는 서아시아가 아니라 인도와 동남아시아에서 개발되었다고 한다. 또한 학자들은 아락 등 주류 목록이 포함된, 자바에서 만들어진 10세기 비문도 발견했다. 이는 태국의 차오프라야강 지역 사람들이 술을 소비했음을 시사하는데, 이 술이 언제부터 동남아시아 본토와 중국 내륙에 존재했는지는 명확하지 않다.[38]

---

36 뒤에 나오는 고대 인도와 중국의 증류 발전에 대한 논의를 참고하라.

37 Frank R. Allchin, "India: The Ancient Home of Distillation?," *Man*, new series 14, no. 1 (1979), pp. 55-63.

38 高山卓美, 「東南アジア大陸部の蒸留酒」, 『第五回国際酒文化学術研討会論文集』(東京: 日本釀造協会, 2006), p. 282; 이상훈, 「우리나라 강화발효주의 전개와 특징: 배경과

남아시아와 동남아시아에서 증류가 독립적으로 발전했을 가능성에 대한 구체적이고 중요한 증거로 고고학자들이 고대 간다라 지역(오늘날 아프가니스탄과 파키스탄에 걸쳐 있음)에서 발굴한 유물 일부를 들 수 있다. 하나는 펀자브의 탁실라에서 발굴된 것으로 기원전 1세기에서 1세기의 것으로 추정되고, 다른 하나는 기원전 2세기에서 4세기 사이의 것으로 샤이칸 데리에서 발굴되었다. 학자들은 상상력을 바탕으로 전체 증류 장치를 재구성한 후(그림 1.5 참조), 이것이 그 지역에서 발전한 전형적인 형태의 증류기이며, 서아시아 및 동아시아의 증류기 유형과는 다르다고 결론을 내렸다.[39] 이는 조지프 니덤이 제시한 증류기 발전 과정 분류표의 간다라식 증류기 유형에 포함되었는데, 이 분류법은 후대 학자들의 연구 과정에 종종 차용되었다(그림 1.1 참조).[40] 이시게 나오미치石毛直道는 14세기 중국 요리책에 설명된 증류기 및 증류 기술을 관찰하면서 중국식 증류기가 남아시아 및 동남아시아의 증류기와 닮았다고 주장한 바 있는데, 중국식 증류기가 서아시아 증류기의 특성을 더 많이 보여 준다고 보는 학자들도 있다.[41]

어떤 주장이 더 설득력이 있든, 주어진 증거들에 따르면 적어도 아

특수성에 대한 일고찰」(서울벤처대학원대학교 석사학위논문, 2014), p. 33에서 재인용.

39 Allchin, "India: The Ancient Home of Distillation?," pp. 58, 60의 그림 3과 5 참고.

40 Needham, Ho, and Lu, *Science and Civilisation in China*, vol. 5, part 4, pp. 86-87; 石毛直道, 「東ユーラシアの蒸溜酒: 蒸溜器を求めて」, 玉村豊男 編, 『焼酎: 東回り西回り』(東京: 紀伊國屋書店, 1999), pp. 100-107.

41 石毛直道, 「東ユーラシアの蒸溜酒: 蒸溜器を求めて」, p. 106; Huang Hsing-tsung, *Science and Civilisation in China*, vol. 6, part 5 (Cambridge: Cambridge University Press, 2000), pp. 227-228.

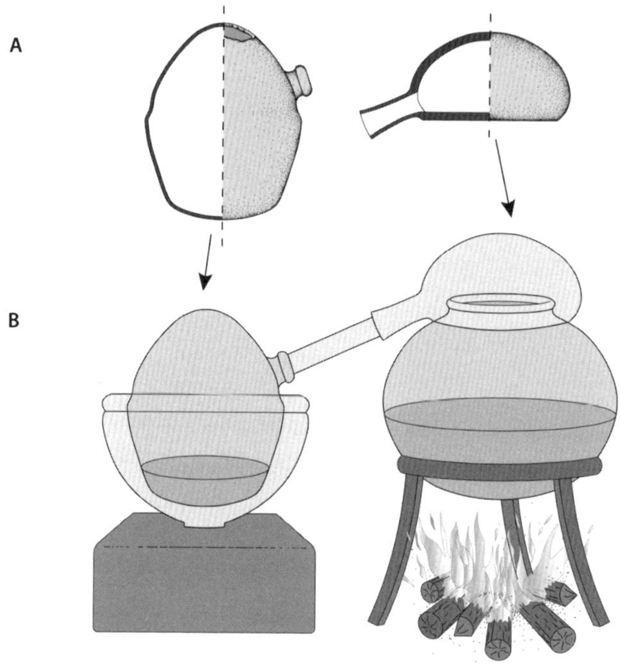

[그림 1.5] A: 펀자브의 탁실라에서 발굴된 유물의 윗부분, B: 상상력에 기초해 복원한 증류기(Ishige, 1999, Fig. 9에 의거해 그림)

락과 관련된 어떤 것이 해상을 통해 서아시아, 남아시아 및 동남아시아에서 중국으로 이동했음을 시사한다. 이시게 나오미치는 또한 중국의 증류주를 설명하는 것으로 보이는 몇 안 되는 기존 문헌 대부분이 중국의 북동쪽 수도권 지역이 아니라 남서부 지방인 쓰촨성과 윈난성에 집중되어 있다고 지적한다. 따라서 그는 아락의 증류 기술이 동남아시아와 접한 윈난의 육로로 동남아시아에서 중국으로 이동하여 전파되었을 수 있다고 주장한다.[42] 다른 일본 학자들은 1000년대에 접어

들면서 남부에서 개발되기 시작한 중국의 증류기들이 고체와 반고체 발효를 사용하여 술을 만드는 남아시아 또는 동남아시아 양식과 유사하다고 주장한다. 이 방법은 벼, 강피, 옥수수 또는 밀과 같은 고체 배양 기질에 미생물을 파종한 후 평지에 퇴적시키는 것으로, 발효주나 발효유를 사용하는 액체 또는 수중 발효와 다르다.[43] 이는 증류가 동남아시아에서 중국으로 전파되었다는 이론에 신빙성을 부여한다.

이러한 고고학적 증거에도 불구하고 관련 지역의 문헌 사료가 부족해 남아시아와 동남아시아의 증류 발전에 대해 더 자세히 논의하기는 어렵다.[44] 당시의 증류 기법과 기술의 발전 가능성을 증언하는 가장 좋은 사료는 동시대의 중국 문헌으로, 이는 이들 지역으로부터 중국으로 어떤 형태로든 증류 기술이 전파되었음을 분명히 시사한다. 일부 사료가 중국 증류주의 기원이 서구와의 교류와 연관성이 있음을 암시하는 반면, 기타 증거는 동아시아의 증류가 독립적으로 발전했을 가능성을 뒷받침함으로써 이해를 더 복잡하게 만든다. 이를 고려하여 다음 절에서는 동아시아에서 증류의 기원 가능성에 유용한 단서를 제공하는 중국의 증류 사례들 그리고 중국에서 발전하고 대중화된 증류주 명칭, 즉 아락과 같은 증류 관련 요소의 추가적인 교류를 검토할 것이다.

---

42 石毛直道, 「東ユーラシアの蒸溜酒: 蒸溜器を求めて」, pp. 125-127.

43 小崎道雄, 「東南アジアの酒」, 『第五回国際酒文化学術研討会論文集』(東京: 日本醸造学会, 2005), p. 271; 이상훈, 「우리나라 강화발효주의 전개와 특징」, pp. 33-34, 44-45에서 재인용.

44 인도/파키스탄 증류를 논하기 위해 고고학 및 문헌 증거를 활용하는 것에 회의적인 학자들도 있다.

중국의 증류 기술과 증류주 그리고 샤오죠우(소주)와 아락의 유래

허만쯔何滿子가 역사상 가장 오랜 전통을 지닌 중국의 술 문화에 대해 논의한 것처럼 중국은 4천 년 넘게 술을 빚고 마셔 온 역사를 가지고 있으며, 술 마시는 관행에 대한 가장 풍부한 역사적 기록을 남겼다.[45] 새로운 고고학적 발견을 바탕으로 기드온 셸라크-라비Gideon Shelach-Lavi는 후기 신석기 시대의 관계를 중시하는 권력 집단이 명성과 권력을 얻기 위해 장례식과 같은 의례적 만찬 행사에서 술을 사용했다고 주장한다.[46] 누가 술을 발명했는지에 대한 숱한 신화는 차치하더라도 많은 역사적 문헌은 술이 고대에서 기원한 것임을 시사하는데, 꽃이나 약초를 곡물 발효주에 담가 만든 '국화주'와 '대추술' 같은 약용주를 포함하여 서력 이전에 만들고 마신 다양한 술이 기록되어 있다.[47] 신석기 시대에 사용한 솥단지의 파편에서 나온 잔류물을 분석한 결과 쌀, 꿀, 다양한 과일 등을 사용하여 발효주를 양조한 증거가 나왔다.[48] 그러나 검출된 술의 잔해물은 독한 술 종류를 포함하더라

45 何滿子,『醉乡日月: 中国酒文化』(上海: 上海古籍出版社, 1991), pp. 200-201.

46 Gideon Shelach-Lavi, *The Archaeology of Early China: From Prehistory to the Han Dynasty* (New York: Cambridge University Press, 2015), pp. 157-158.

47 何滿子,『醉乡日月: 中国酒文化』, p. 13.

48 Shelach-Lavi, *The Archaeology of Early China*, p. 158; Patrick E. McGovern, et al., "Chemical Identification and Cultural Implications of a Mixed Fermented Beverage from Late Prehistoric China," *Asian Perspectives* 44, no. 2 (2005), pp. 249-275; Li Liu, Jiajing Wang, and Huifang Liu, "The Brewing Function of the First Amphorae in the Neolithic Yangshao Culture, North China," *Archaeological and Anthropological Sciences* 12, no. 118 (2020), pp. 1-15.

도 10퍼센트 이하의 낮은 알코올 함량을 보였다.[49]

1956년의 고고학적 발굴은 중국에서 증류주의 기원에 대한 학술적 논쟁을 불러일으켰다.[50] 당시 발굴 과정에서 발견된 고대의 증류기에 대해 몇몇 학자는 한왕조(기원전 206-220) 시기에 제작되었다고 주장했다. 많은 사람이 이 가설을 바탕으로 중국의 증류 기술은 고대에서 기원한다고 주장한다.[51] 하지만 1950년경에 이것이 일반 지역이 아닌 건설 현장의 쓰레기 더미와 근접한 지역에서 발견되었기 때문에 이 증류기의 기원에 대한 논쟁이 일었다.[52] 만일 한왕조 기원설을 받아들인다 해도, 크기가 너무 작아서 작은 컵 분량 이상 증류할 수 없기 때문에, 이것이 술을 만드는 기구였을 것 같지는 않다. 이 기술이 당시에 널리 사용되었는지 여부도 알 수 없다. 그 후 연구자들은 정확한 연대를 뒷받침하는 문서 증거가 부족하지만 안후이성 등 중국의 다른 지역에서 이 청동 증류기와 유사한 증류기들을 계속 발굴했다.

이슬람 세계인 중동에서 볼 수 있듯이, 증류 아이디어를 보유한 것과 실제로 증류한 것의 차이에 주목해야 한다. 니덤과 그의 동료들은 중국의 고대 도교 신자들이 연금술을 발전시키는 과정에서 증류법을 개발했다고 주장한다. 그들이 비밀리에 제한된 양의 증류주를 만들었을 수 있지만, 불로장생약을 발명하기 위해 수은을 증류했을 가

49 何满子,『醉乡日月: 中国酒文化』, p. 29.

50 Huang, *Science and Civilisation in China*, vol. 6, part 5, pp. 209-213.

51 학자들은 이것이 증류기로 기능할 수 있는지 논쟁을 벌였지만, 직접 실험을 해본 후 이를 사용해 술을 증류할 수 있다는 사실을 발견해 냈다. Huang, *Science and Civilisation in China*, vol. 6, part 5, pp. 213-214.

52 石毛直道,「東ユーラシアの蒸溜酒: 蒸溜器を求めて」, p. 110.

능성이 더 크다.[53] 관련된 많은 중국 문헌 가운데 고대에 증류주가 일반적으로 소비되었다는 기록을 찾기는 어렵다. 예를 들어, 북위(386-534)의 관료인 가사협賈思勰이 저술한 『제민요술齊民要術』과 북송(960-1127)의 주굉朱肱(주익중朱翼中)이 편찬한 『북산주경北山酒經』처럼 잘 보존된 농업 및 요리 서적에는 발효주를 빚는 법이 소개되어 있으나, 증류주에 대한 설명은 없다.[54] 술에 대한 많은 전문 기록은 중국에서 오랜 기간 동안 발효주 제조 기술이 발전했음을 보여 주며, 또 기타 사료들은 중국 전역에 주류 시장이 존재했음을 입증해 준다. 이 사료들에 따르면 이들 시장에서는 좋은 누룩과 물을 사용하여 우수한 곡물로 빚어진 다양한 종류의 술 그리고 문인과 술 애호가 모두가 호평할 만큼 향상된 술 제조 기술을 찾아볼 수 있었다.[55] 그러나 기원후 1000년 이전에 중국에서 증류주가 널리 소비되었다는 기록은 찾기 어렵다.

니덤의 『중국의 과학과 문명』 시리즈에서 황싱종黃興宗이 저술한 부분 중 술의 변화 과정에 관한 장에 따르면, 중국 증류의 고대 기원 가능성이 주목을 받기 시작하자 연구자들은 당나라(618-907)로 거슬러 올라가는 이른 시기부터 증류주가 존재했을 가능성을 암시하는 기록들을 발견했다고 한다.[56] 예를 들어, 그 시대에 쓰인 여러 시에는 샤오죠우와 그 별칭인 샤오춘燒春이 언급되어 있다. 사실 샤오춘은 후

53 Huang, *Science and Civilisation in China*, vol. 6, part 5, p. 207.

54 Huang, *Science and Civilisation in China*, vol. 6, part 5, pp. 169, 191.

55 何满子, 『醉乡日月: 中国酒文化』, p. 32.

56 Needham, Ho, and Lu, *Science and Civilisation in China*, vol. 5, part 4, pp. 144-146; Huang, *Science and Civilisation in China*, vol. 6, part 5, pp. 221-224.

에 쓰촨성에서 인기 브랜드로 명성을 얻었다.[57] 그러나 일부 학자들은 증류주가 그렇게 인기를 누렸다면, 술을 빚고 마시는 것을 즐긴 전설적인 당나라 시인 백거이白居易가 그의 시에서 증류주를 찬양하지 않은 이유는 무엇인지 의문을 제기한다.[58] 이들은 당시 증류주가 존재했다면 분명히 백거이가 기록했을 것이라고 말한다. 다른 학자들은 자신의 시에서 샤오춘을 언급한 또 다른 위대한 당나라 시인 이백李白을 들어 당나라 말기에 중국인들이 샤오죠우를 만들고 마시기 시작했다고 주장한다.[59] 그러나 실제 역사적 발전 경로가 어떠했든 간에 당시 중국에서 증류주를 개발하고 보급시켰는지에 대해서는 의심의 여지가 있다.

반면에 송나라 시기의 증류주 생산에 대한 증거가 풍부한데, 그럼에도 몇몇 학자는 여전히 이에 의구심을 가진다. 류광딩劉廣定은 원나라 이전 시기의 문헌에 알코올 함량이 높다고 묘사된 술이 반드시 증류되어 만들어진 것은 아니라고 주장한다. 마찬가지로 왕사이시王赛时는 중국 전근대 문헌에 보이는 샤오죠우 명칭의 변천을 논한 논문에서 유사한 주장을 했다.[60] 황싱종은 고대 중국인들이 샤오죠우라고 부르는 도수 높은 술을 만들기 위해 증류 이외의 수단을 사용했음을

57 쓰촨성에서 생산되는 술 검남춘(劍南春)에 대해서는 Wang Yanfang, "Top 10 Chinese Wines," *China.org.cn*, June 20, 2011, http://china.org.cn/top10/2011-06/20/content_22822126_5.htm (접속일: 2018. 12. 4) 참고.

58 이상훈, 「우리나라 강화발효주의 전개와 특징」, pp. 17-18.

59 尚秉和, 『中国社会風俗史』, 秋田成明 譯(東京: 平凡社, 1969), p. 221; 이상훈, 「우리나라 강화발효주의 전개와 특징」, p. 21에서 재인용.

60 劉廣定, 『中國科學史論集』(臺北: 國立臺灣大學出版中心, 2002), pp. 318-333; 王赛时, 「中国烧酒名实考辨」, 『历史研究』 6, no. 3 (1994), pp. 73-85.

상기시킨다.[61] 다양한 문헌 사료를 살펴보면, 당나라 시대에 일반적으로 더 많이 소비된 청주와 같은 발효주 외에 도수가 더 높고 저온 살균된 술이 있었음은 분명하다.

또 다른 문학작품들은 송나라 때 증류주를 생산했다는 주장에 힘을 보태 준다. 예를 들어, 유명한 송나라 관리이자 문인인 소식蘇軾은 불이 붙으면 파란 천으로 덮어 끌 수 있는 술을 묘사한 바 있는데, 이는 불이 붙으면 타오를 정도로 알코올 도수가 높은 증류주였던 것으로 보인다.[62] 다른 사료들은 사람들이 샤오죠우를 마신 후 갑자기 죽었다고 증언하는데, 이는 발효주가 아닌 증류주라야 가능한 일이다. 이러한 부작용에도 샤오죠우라는 술이 송대에 인기를 얻었다는 사실은 부인할 수 없다. 마지막으로, 남송(1127-1279) 때 쓰인 『몽양록夢粱錄』은 중국 남부에서 만들어진 순한 샤오죠우의 인기를 증명한다.

다음으로 문학작품에 묘사되고 회화로도 남겨진 샤오죠우를 최근 고고학적 발견에 반영된 증류 기술의 형태와 연결해 보자. 한나라 때 사용한 증류기가 발견된 이후, 고고학자들은 중국 북부를 포함한 중국의 여러 지역에서 12세기와 13세기까지 거슬러 올라가는 증류기와 증류주 제조소를 발굴했다. 이 사실은 중요한 시사점을 제공하는데, 당시 중국이 남북으로 나뉘어 북쪽은 거란의 요나라(907-1125)와 여진의 금나라(1115-1234)가 차례로 통치하고, 남쪽은 960년에 창시된 송을 이은 남송이 통치했기 때문이다.[63] 발굴된 증류기와 증류주

61 Needham, Ho, and Lu, *Science and Civilisation in China*, vol. 5, part 4, p. 133.

62 Huang, *Science and Civilisation in China*, vol. 6, part 5, p. 206.

63 이 시기에 대해서는 Morris Rossabi, ed., *China among Equals: The Middle Kingdom and Its Neighbors, 10th-14th Centuries* (Berkeley: University of California Press,

제조소는 1975년에 허베이성 칭룽현 청더시 근처 금왕조의 무덤에서 발견된 청동 증류기, 중국 남부 장시성 난창시의 리두李渡라는 고대 마을에 있는 700년 된 증류주 제조소, 2006년에 발견된 중국 북부 지린성의 다안大安 증류주 제조소 유적지 등이다.[64]

이러한 발굴과 후속 연구들은 송대 초부터 중국 전역에 증류주가 널리 퍼졌다는 사실뿐 아니라 당시의 증류주 제조소와 증류 기술에 대한 귀중한 통찰력을 제공한다. 아래에서 자세히 살펴보겠지만, 주로 주거지였던 리두 유적지의 남송 후기 유물은 남송 초기 증류주의 상업적 생산을 확인하는 데는 별반 도움이 되지 않는다. 그러나 다안에서 발굴된 대규모 증류주 제조소는 가정용 주방이나 군사용으로 적합하지 않기 때문에 요왕조와 금왕조가 중국 북부를 통치했을 때 상업적 생산이 발달했음을 시사한다. 이곳은 중국 남부에서보다 상업화가 일찍 일어났다. 펑언쉬에冯恩学는 샤오죠우가 냉기를 쫓고 혈액순환을 좋게 하여 에너지 흐름을 증가시키기 때문에 북동부에서 더 많이 마셨고, 상업화를 통해 빠르게 퍼져 나갔다고 주장했다.[65]

전문가들은 한왕조의 것으로 추정되는 고대 증류기에서 볼 수 있는 중국의 전통적인 증류 기술과 도교도들이 개발한 수은 증류 기술

1983); Valerie Hansen, *Open Empire: A History of China to 1800*, 2nd edition (New York: Norton, 2015), pp. 237-307 참고.

64 허베이성 칭룽현의 청동 증류기에 대해서는 Huang, *Science and Civilisation in China*, vol. 6, part 5, pp. 208-210; 리두 증류주 제조소 유적지에 대해서는 Schottenhammer, "Distillation and Distilleries in Mongol Yuan China," pp. 153-155; 지린성의 다안(大安) 증류주 제조소 유적지에 대해서는 冯恩学, 「中国烧酒起源新探」, 『吉林大学社会科学学报』 55, no. 1 (2015), pp. 163-170 참고.

65 冯恩学, 「中国烧酒起源新探」, p. 170.

이 시간이 지남에 따라 증류주 생산에 어떠한 방식으로 적용되었는지 설명해 주는 상세한 증거를 발견하지 못했다. 그러나 다안에서 여러 형태로 사용된 화로와 증류에 사용된 솥의 증거를 고려해 보면, 중국인들이 다양한 증류 기술을 개발했다고 가정할 수 있다.

중국은 이에 더해 해상 교류를 통해 다른 나라로부터 새로운 증류법을 도입했다. 송나라 문헌 『국본초麴本草』에 동남아시아로부터 증류주가 전파되었음을 암시하는 증류주 명칭이 등장하는데, 바로 '태국 술'을 의미하는 섬라주暹羅酒다.[66] 문헌에서는 증류주의 특성을 자세히 설명하는데, 물에 끓이거나 기름에 튀기는 대신 고열을 직접 가하는 굽기와 비슷한 조리를 의미하는 '소燒'라는 과정, 즉 증류에 기반하는 생산 과정을 묘사한다. 증류를 두 번 반복하고 향을 첨가하여 얻어진 증류액을 2-3년 동안 땅에 묻어서 나쁜 냄새를 제거하고, 그 후 파내면 마실 수 있다. 이 술은 술을 잘 마시는 사람이라도 2-3잔만 마셔도 취할 정도로 도수가 높았고, 가격은 일반 주류보다 수십 배나 비쌌지만, 사람들은 항해하는 동안 이 술을 즐겨 마셨다고 한다. 다카야마 다쿠미高山卓美는 태국과 해상무역을 하는 상인들이 항해 중에 이 술을 많이 마셨고, 11세기 당시 국제 항구였던 광저우로 운송했다고 주장한다.[67] 중국의 대외무역이 번성했던 당송 시대에 서·남·동남아시아의 상인들이 중국의 주요 항구도시를 자주 방문했기 때문에, 이러한 증류주가 해외무역을 통해 중국으로 전파된 사실을 자연스럽게

66 Needham, Ho, and Lu, *Science and Civilisation in China*, vol. 5, part 4, pp. 144-145.

67 高山卓美, 「東南アジア大陸部の蒸溜酒」, p. 282; 이상훈, 「우리나라 강화발효주의 전개와 특징」, p. 28에서 재인용.

받아들일 수 있다. 서아시아 출신의 이슬람교도 상인들은 인도양의 긴 항로를 항해해 와서, 중국의 항구에 거주하면서 중국인들에게 향료를 팔고 비단과 도자기를 사고자 했는데 아락이 이들 화물의 일부였음을 추정할 수 있다. 이상하게도 '아락'이라는 이름은 송대의 해상무역 안내서, 특히 조여괄趙汝适의 『제번지諸蕃誌』(1225)와 기타 이른 시기의 중국 사료에는 나타나지 않는다.[68] 증류주를 암시하는 명칭조차 대외무역에 관한 송대 또는 그 이전 기록에서 찾아볼 수 없다.

그러나 이후 원나라 또는 명나라 초기인 14세기에 기록된 『거가필용사류전집居家必用事類全集』(이하 『거가필용』)은 남아시아 또는 동남아시아에서 온 '태국 술(섬라주)'이라는 증류주가 아락과 관련 있을 수 있으며, 송나라 때 상인들이 활발하게 이용한 해로를 통해 중국으로 실어 날랐을 가능성을 암시한다. 또한 '아락'이라는 이름의 변형인 '알리치阿里乞'로 음역되는 중국 술에 대해서도 설명한다. '남번소주법南番燒酒法'이라는 제목의 외국 술 제조법에 대한 절에서는 아락의 명칭 및 그 무역에 대한 유력한 단서를 발견할 수 있다. 즉, 당시 해상로를 통해 중국으로 온 '남부 이민족들'이라고 불린 외국인(남아시아, 동남아시아 및 서아시아 사람)들로부터 전파된 증류법을 설명한다.[69] 이 절에서는 이 증류주의 외국 명칭이 '알리치죠우阿里乞酒'라는 것을 명시

---

68 영문 완역본은 Zhao Rugua (趙汝适), *Chau Ju-Kua: His Work on the Chinese and Arab Trade in the Twelfth and Thirteenth Centuries, Entitled Chu-fan-chï* (Description of Foreign Peoples), translated by Friedrich Hirth and W. W. Rockhill (St. Petersburg: Printing Office of the Imperial Academy of Sciences, 1911) 참고. '조여괄'의 정확한 표기는 'Zhao Rukuo'이나 여러 문헌에서 'Zhao Rugua'로 표기되어 있다.

69 石毛直道, 「東ユーラシアの蒸溜酒: 蒸溜器を求めて」, pp. 123-124.

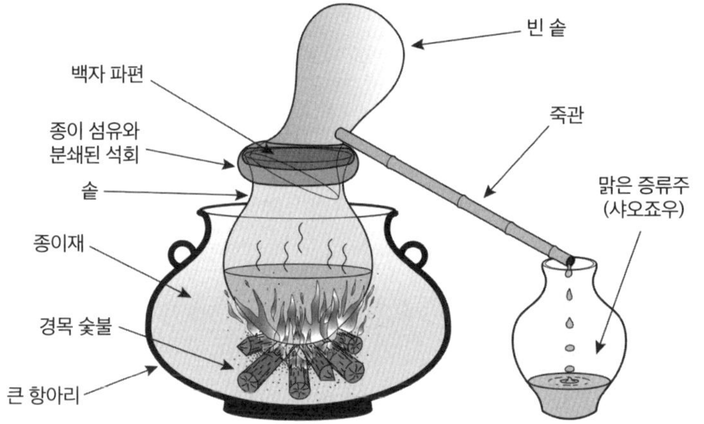

[그림 1.6] 알리치(아락)라고 하는 '남부 이민족'식 샤오죠우를 만드는 데 사용된 증류기(『거가필용』의 설명에 기반한 것으로 Takayama, 2007, Fig. 15에 의거해 그림)

하면서, 초보적인 아랍 방식의 원통형 증류기를 묘사하고 있다. 다음 조리법을 보면, 이 증류법이 최소한 서방에서 어느 정도 영향받았다는 것을 짐작할 수 있다(그림 1.6 참조).

> **남부 이민족의 샤오죠우를 만드는 방법**(남번소주법)
> 이민족 샤오죠우의 이름은 알리치(아락)이다. 재료는 신맛이든 단맛이든 무미건조하든 묽든 상관없다. 풍미가 없는 술이면 어떤 것이든 사용할 수 있다. 이를 솥에 8할 채운 다음 그 위에 다른 빈 솥을 거꾸로 비스듬히 덮고 두 솥을 다음과 같이 이어 붙인다. 먼저 위에 덮은 솥 옆에 구멍을 뚫고 주둥이 역할을 할 죽관(竹管)을 끼운다. 빈 솥의 하단을 단단히 고정하고, 솥에 뚫은 구멍에 대나무

주둥이를 붙여 메운다. 두 솥의 주둥이 주위에 있는 틈을 백자 파편 조각으로 메우고 이들을 덮어서 꼭 맞춘다. 이를 위해 토기 조각을 사용할 수도 있다.

종이 섬유와 분쇄된 석회를 손가락 네 개 정도의 두께로 듬뿍 바른 다음 큰 항아리 안에 넣어 둔다. 종이재를 채우고 약 2-3카티의 달아오른 목탄을 솥 옆에 두고 가열한다[1카티는 약 600그램이다]. 솥에 술을 넣고 끓이면 그 증기는 위의 빈 솥으로 올라갈 것이다. 그런 다음 그 솥에 부착된 죽관을 통해 채워진 것을 빼내는데, 그 색은 매우 투명하고, 맑은 물과 다르지 않다. 신맛의 술은 달콤씁쓸해지고, 무미건조한 맛의 술은 달게 변할 것이다. 이로써 [원래 술에서] 3분의 1 분량의 '좋은 술'을 얻을 수 있다. 이 방법을 사용하여 겨울에 모든 술을 달여 증류할 수 있다.[70]

인용한 사료에서 두 가지 사실을 주목할 수 있다. (1) 14세기 중국인들은 이미 송나라 문학작품들에서 종종 발견되는 곡물로 만든 샤오쥬우를 마셨는데, 이는 아락과 비슷한 증류주다. (2) 그들은 해상무역을 통해 해외에서 수입한 신기술로 '남부 이민족의 샤오쥬우'라는 새로운 증류주를 만들었는데, 이것의 원래 외국 이름은 '아락'이었다. 인용한 문헌의 저자는 아마도 이 특별한 증류법을 중국의 증류법과 구별하기 원했을 것이다. 앞에서 언급했듯이, 한 일본 학자는 이것이 남아시아와 동남아시아에서 개발된 간다라형 증류의 사례일 수

70 『居家必用事類全集』(東京: 書籍文物流通會, 1973), 12:42b-43a.

있다고 주장했다. 니덤의 『중국의 과학과 문명』 시리즈의 저자 중 한 명인 황싱종은 중국어 사료들에 '아락'이라는 단어가 여러 번 나온다고 소개하지만, 이것이 동남아시아, 남아시아 및 서아시아의 아락 전통과 어떻게 관련될 수 있는지를 역사적으로 더 추적하지는 않았다. 니덤과 그의 동료들은 반유럽중심주의적 관점을 관철하기 위해 중국의 고유한 증류 전통 탐구에 초점을 맞추려 했기 때문에 중국 증류주가 서구의 비슷한 것과 연관이 있었을 가능성에는 신경을 덜 쓴 것 같다. 하지만 이는 중대한 누락이다.

『거가필용』은 아락을 외국산 샤오죠우로 논의하는 한편, '자주煮酒'라는 또 다른 증류법을 소개한다.

> 술을 증류할 때마다 두斗당 밀랍 2전錢, 댓잎 5장, '표준적인' 동백나무 열매의 반을 곱게 빻은 것을 사용한다. 이를 발효시켜 술에 넣는다. 정해진 방법대로 단단히 밀봉해 탕기에 넣는다.(주: 가을과 겨울에는 동백나무의 '환약'을 사용하고, 봄과 여름에는 밀랍과 댓잎을 사용한다.) 그런 다음 불을 지피고 술의 향기가 탕기의 구부러진 부분으로 스며들 때까지 기다린다. 술이 끓어오르면 탕기를 다시 올린다. 그다음 [술와 함께] 솥 전체를 꺼내서 [그것을] 열어 봤을 때 술이 끓으면 준비가 된 것이다. 오랫동안 끓인다. 그것을 내려놓을 때 석회 위에 놓는다. 계속해서 옮기면 안 된다. [증류된] 투명한 술을 얻기 위해 [순서대로] 흰 술을 먼저 배출시킨다. 그 후 몇 차례 더 증류할 때 뽕나무 잎을 잠시 넣어 두면 향기가 나는 기[증기]가 멈추는 것을 방지할 수 있다.[71]

여기서 설명하는 방법은 술을 증류하는 다른 방법이 있던 것으로 해석될 수 있다. '탕기의 구부러진 부분'은 증류기를 암시할 수 있지만, 그 모양을 확실히 짐작하기는 어렵다. 이는 앞서 본 외국 샤오죠우('아락'을 의미) 증류법이 도입되기 전에 오랫동안 사용된 전통적인 증류기일 수 있다. 이를 통해 증류가 14세기 후반에 널리 퍼져서 변형된 방식이 많이 개발되었으며, 그 과정에서 다양한 증류 기술과 명칭이 혼재되었다고 가정할 수 있다. 이러한 설명은 우리가 사용할 수 있는 정보를 바탕으로 내릴 수 있는 가정으로, 빙산의 일각이다. 최근에 출간된 원나라 시대의 역사를 개관한 연구서는 몽골인과 유목민 사회에서 쿠미스(몽골에서는 아이락airag이라고도 함)와 같은 외국 주류를 포함하여 당시 양조 산업이 번성했음을 밝혀 준다.[72]

요컨대, 중국의 증류주 발전에 대한 연구를 통해 증류의 기원 논쟁을 재점화한 사람은 황싱종이다. 이 논쟁에서 학자들은 증류가 어떻게 보편화되었는가에 대해서보다는 증류의 기원 문제에 더 많은 관심을 기울였다. 몽골 시대의 증류 확산과 그 확산을 촉진한 역사적 맥락이 중요함에도 황싱종은 그에 대해 충분히 논의하지 않았다. 유라시아에서의 증류가 고대 중국, 인도, 헬레니즘 세계에서 독자적으로 발전했을지 모르지만, 기술을 전파하고 제품을 널리 보급한 이들은 몽골인이었다. 몽골인들의 경우를 살펴보자.

---

71 『居家必用事類』, 11: 35a, 폴 뷰얼이 번역함. 참고로 전(錢)은 오늘날 3.13그램이고, 두(斗)는 5161.9밀리리터다.

72 楊印民, 『帝国尚饮: 元代酒业与社会』(天津: 天津古籍出版社, 2009); Christopher P. Atwood, *Encyclopedia of Mongolia and the Mongol Empire* (New York: Facts on File, 2004), pp. 321-322.

몽골인과 증류: 아락, 샤오죠우, 아르히

증류주에 대한 최초의 명확한 설명과 중국 전역에서 일어난 증류주 소비 붐에 대한 증거는 13세기에서 14세기 사이, 즉 몽골 시대로 거슬러 올라간다. 앞서 언급했듯 술의 증류를 보여 주는 최초의 분명한 증거는 원나라 황실의 공식 식사 설명서인 『음선정요飮膳正要』에서 찾을 수 있다. 홀사혜忽思慧가 저술해서 1330년에 황실에 진상한 『음선정요』는 '아락'이라는 용어를 기록한 현존하는 최초의 사료다.

> 아라지(Arajhi)는 맛이 달콤하고 자극적이다. 그것은 매우 뜨겁고 강한 독기를 만들어서 언 몸을 녹이는 데 좋고, 냉기를 제거한다. 좋은 술을 증류해 술 방울을 얻는데, 이것이 아라지다.[73]

이 구절에는 증류 과정을 통해 양질의 술을 기화하여 알코올 함량이 높은 술 방울을 축적해 얻은 증류주의 특징이 명확하게 묘사되어 있다. 『음선정요』에서는 아락을 '阿剌吉'로 칭하는데, 몽골어 발음으로는 '아라지Arajhi'(혹은 araji)이며, 이는 아락이 튀르크어의 구개음화의 영향을 받아 변형된 발음이다.[74] 이러한 구개음화된 표기는 『음선정요』에서 보이는 전형적인 특색이며, 이는 저자가 튀르크어의 영향을 상당히 받았음을 나타낸다. 몽골 황실에서 일했던 많은 외국인이

---

73 Paul Buell, Eugene Anderson, and Charles Perry, *A Soup for the Qan*, 2nd revised and expanded edition (Leiden: Brill, 2010), p. 499.

74 Buell, Anderson, and Perry, *A Soup for the Qan*, p. 499.

위구르인이었고, 이 문헌은 아마도 그들이 적극적으로 참여해 썼기 때문에, 이러한 튀르크어의 영향을 보이는 것은 자연스럽다.

‘아락’이라는 용어는 동시대 사료들에서 여러 음사 표기 형태로 나타난다. 예를 들어, 주덕윤朱德潤은 원나라 말기의 작품인 “얄라이지(아락)술에 관한 시軋賴機酒賦”에서 동음이의어 한자 조합인 얄라이지軋賴機를 사용하여 이 술을 지칭한다.[75] 이 술의 좋은 향기에 대해 설명한 후, 응축된 증류주를 모으는 부분과 냉각시키는 부분으로 구성된 솥 모양의 증류기로 증류주를 얻는 방법을 생생하게 묘사하고 있다.[76] 앞서 『거가필용』에서 이와 다른 중국어 음사 표기어인 알리치阿里乞를 사용하여 아락을 소개한 것을 보았다. 이 저서에서는 외국에서 유래한 증류주가 이미 중국에 소개되었고 ‘남부 이민족의 샤오죠우’라는 중국 명칭으로 불린 것을 시사하는데, 이 알리치는 송대 사료에 ‘태국 술’이라고 등장한 술이거나 혹은 이와 관련 있는 어떤 것이었을 수 있다.

중국이 몽골의 통치를 받은 지 1세기가 지난 때부터 ‘아락’이라는 이름이 중국 문헌에 주기적으로 등장했다. 그 무렵에 몽골 통치자들이 궁정에서 여러 외국인 집단을 고용하여 일을 시켰는데, 그중 상당수는 중앙아시아 출신의 위구르인과 페르시아인이었다. 아랍어에서 유래한 외국 명칭인 ‘아락’으로 통칭된 증류주는 당시에 틀림없이 상류층을 통해 유통되었을 것이다. 동시에 이들이 샤오죠우를 둘러싼

---

75 杜石然, 『中国科学技术史』(北京: 科学出版社, 1984), p. 317.

76 Luo Feng, “Liquor Still and Milk-Wine Distilling Technology in the Mongol-Yuan Period,” pp. 513-514; Huang, *Science and Civilisation in China*, vol. 6, part 5, p. 229.

문화를 포함하여 술을 만드는 중국 전통문화에 매혹되었다는 증거가 있다.

고고학적 유물은 중국의 증류 전통이 몽골 시대 1-2세기 전에 북부 유목 사회에 영향을 끼쳤음을 보여 준다. 다안 증류주 제조소에서 발굴된 것 외에도 청동 증류기 두 점이 발견되었다. 하나는 1975년 중국 북부 허베이성 서산취西山嘴 마을에서, 다른 하나는 1983년 내몽골의 십이단十二段 마을에서 발견된 것이다.[77] 기본 형태는 한왕조 시기의 위아래가 붙어 있는 증류기와 유사하다. 한왕조의 크기가 작은 증류기와 달리 이 증류기들은 술을 충분히 증류할 수 있을 만큼 크다. 이와 관련된 문헌 사료는 중국에서의 증류주 확산이 감지되기 시작한 송나라 시대로 거슬러 올라간다.[78] 이 증류기들이 중국 북부에서 발견되었다는 사실은 증류가 중국 북부로 점진적으로 퍼졌고, 몽골인과 여진인 등 더 북쪽에 사는 유목민과 준유목민에게도 영향을 미쳤을 가능성을 암시한다.

샤오죠우의 소비가 송대에서 나타나기 시작했다는 증거는 많기 때문에 샤오죠우 생산에 사용된 증류 기술이 중국의 송나라에서 거란인, 여진인, 몽골인에게로 점차 전파되었을 가능성을 추측해 볼 수 있다. 이러한 발견은 많은 질문을 제기한다. 송대의 중국식 증류 기

77 1983년 내몽골 바린좌기(巴林左旗)의 룽창(隆昌)현, 십이단 마을에서 발굴된 증류기에 관해서는 罗丰, 「蒙元时期的酿酒锅与蒸馏乳酒技术」, 『考古』 450(2008), p. 66; 1975년 허베이성 칭룽(青龍)현 서산취 마을에서 발견된 것은 罗丰, 「蒙元时期的酿酒锅与蒸馏乳酒技术」, 『考古』 450(2008), p. 69 참고. Schottenhammer, "Distillation and Distilleries in Mongol Yuan China," pp. 144-145에서 재인용.

78 Schottenhammer, "Distillation and Distilleries in Mongol Yuan China," pp. 150-152.

술에 기반한 이 증류기는 중국 북부에서 처음 발전한 뒤 북부 유목민들의 증류 관행에 영향을 미쳤을까? 이 논의는 주요 이민족들이 10세기 이후 송나라를 남쪽으로 밀어낸 후 중국 북부를 점령하고 통치하기 시작한 점을 고려할 때 특히 설득력이 있는 것 같다. 그들 대부분은 거란인, 여진인 그리고 몽골인이었지만, 튀르크인도 상당수 존재했다. 이들은 증류주 제조소에서 이 증류기를 사용해 어떤 재료로 증류주를 만들었을까? 나중에 북쪽 유목민들이 발전시킨 증류기와 어떤 관련이 있을까? 유목민의 배경을 가진 중국 북부 거주민들이 중국식 증류기로 술을 만들었다면, 아마도 그들은 발효 곡물 대신 말이나 낙타의 젖과 같은 현지 재료를 사용해서 증류했을 것이다.

황싱종은 중국과 주변 지역 유목민들(몽골인 포함)의 증류 역사에는 큰 관심을 기울이지 않았지만, 그들 사이에서 인기를 누렸던 동결 증류법을 소개한다. 한편 니덤은 세계의 전통 증류기 분류표에서 중동식(그리스식) 증류기와 다른 동아시아형 증류기를 몽골식과 중국식으로 나눠 작성했다. 전자는 솥 안에 증류액을 받는 그릇을 매단 원시적인 형태며, 후자는 좀 더 복잡하고 발전된 방식으로 "속이 빈 자루를 가진 큰 숟가락을 통해 증류액을 다른 병으로 옮기는" 형태다. 니덤은 이 분류표와 함께 16세기 무굴 제국 시기의 인도에서 작성된 기술에 관한 저작을 인용하면서, 앞서 설명한 몽골식과 중국식 증류기, 관 2개와 수취용 그릇dibikos 2개를 사용하는 그리스식 증류기의 형태를 함께 설명한다.[79] 그런 다음 그는 16세기 이전에 다른 지역으로의

---

79 Needham, Ho, and Lu, *Science and Civilisation in China*, vol. 5, part 4, pp. 106-107.

증류 기술 전파는 가능하지 않았다고 결론을 내린다. 그러나 니덤의 분류에 따르면, 몽골 주변에서 발견된 증류기 2개는 중국식 증류기로서 외취식 유형에 속한다. 이것은 증류 기술의 발전에서 니덤이 가정한 것보다 전파의 영향력이 더욱 역동적이었음을 보여 준다. 오늘날에는 타 문화 간 교류를 통해 시간이 지남에 따라 증류의 개념과 증류기를 주고받았을 가능성을 받아들이기가 훨씬 더 쉽기 때문에, 이러한 니덤의 고정된 분류법을 고수할 필요가 없다. 다양한 몽골식 및 중국식 전통 증류 기술이 중국과 한국에서 함께 발전했으므로, 이 전통 증류기의 분류표는 몽골 유형과 중국 유형으로 분류하는 니덤의 방식에서 내취식과 외취식으로 수정할 필요가 있다. 후자의 분류 방식이 서로 다른 증류 전통들 사이의 더 사실적이고 덜 편향된 상호연결성을 반영하기 때문이다.[80]

최근에 학자들은 곡물의 고체 발효(중국)와 우유의 액체 발효(유목민), 또는 알코올 방울을 증류기 안이나 밖에서 받아 내는 것과 같은 다양한 방법 간의 특정한 기능적 차이로 증류기의 추가 변형들을 분석하고 구별했다. 따라서 이 책에서는 전근대의 증류기 유형을 구별하는 데 유용하기에 때때로 니덤의 분류표를 사용하지만, 그 기저에 깔린 서로 다른 문화 간 기술 이전의 깊고 복잡한 구조를 기억해야 한다.

역사를 살펴보면, 몽골인을 비롯한 유목민들은 농경 사회에서 볼 수 있는 것과는 상당히 다른 음주 문화를 발전시킨 것으로 보인다.

---

80 한국에서 발전한 증류기에 대해서는 4장을 보라.

이를 이해하기 위해서는 아르히라는 술의 발전을 둘러싼 역사적 맥락을 살펴보아야 한다. 중국 역사에 따르면, 고대 중국 북부의 유목민들은 경작하지 않고 소, 말, 낙타의 젖과 소고기와 양고기를 비축해 소비했다. 젖은 일단 발효시킨 후 알코올 함량이 1-3퍼센트 정도인 음료로 만들었다. 그들은 내몽골과 외몽골, 중앙아시아에서 오랫동안 보편적으로 마신 마유뿐 아니라 이와 유사한 발효 유제품을 항상 준비해 두고 있었다(그리고 오늘날에도 그렇다).[81] 예를 들어, 기원전 94년경 사마천이 쓴 『사기』의 전기 부분에 흉노에 대한 장이 있는데, 여기에서 고대 중국 서부 국경 지역에 살던 이들은 가장 많은 적군 병사를 죽이거나 포획한 군인에게 상으로 술 한 잔을 수여했다고 한다. 또 다른 일화를 보면, 중국의 변절자는 흉노왕에게 한왕조의 황제가 공물로 보낸 곡물로 만든 술을 거부함으로써 젖으로 만든 술이 곡주보다 우월함을 보여 줄 것을 권고했다고 전한다. 이러한 문헌 기록으로 볼 때, 말과 낙타의 젖으로 만든 술은 유목민의 식생활에서 중요한 부분을 차지했음을 분명히 알 수 있다.[82]

따라서 몽골인을 비롯해 유목민들이 증류 기술을 배워 만들고자 했던 것은 젖으로 만든 술을 활용한 증류주가 분명하다. 몽골인들은 알코올 함량이 낮게 발효된 암말의 젖을 선호했으며, 이것의 보편적인 명칭인 '쿠미스'는 몽골어가 아닌 튀르크어에서 유래했다.[83] 생물

81 Moldir Oskenbay, "Fermented Dairy Products in Central Asia: Methods for Making Kazakh Qurt and Their Health Benefits," *Crossroads: Studies on the History of Exchange Relations in the East Asian World* 14 (2016), pp. 205-218 참고.

82 何满子, 『醉乡日月: 中国酒文化』, pp. 122-123.

83 발효된 암말의 우유는 몽골어로 '아이락(airag)'이라고 한다. Joseph A. Kurmann,

학자인 바트도르지 바트자르갈이 보여 주듯이, 몽골 유산의 필수적인 부분을 구성하면서 오랜 기간에 걸쳐 발전해 온 다양한 발효유 제품은 몽골 사회에서 사회적·종교적·문화적·경제적·의학적 중요성이 매우 높다.[84] 몽골인들은 13세기 초에 정치적 세력을 유라시아 전역으로 점차 확장해 나가면서 쿠미스와 같은 술을 들고 다녔다. 다쉬돈독 바야르사이칸은 중세 몽골인의 음주 습관과 음주 문화를 조사하면서 몽골인의 과음이 그들의 생활 방식과 출산 그리고 수명에 현저한 영향을 미쳤다고 주장한다.[85] 쿠미스는 알코올 함량이 낮아서 알코올 중독을 일으키지는 않는다. 그러나 윌리엄 루브룩William Rubruck이 몽골인들의 행동 방식에 대해 묘사한 바에 따르면, 몽골인들은 다른 술은 말할 것도 없고 쿠미스를 많이 마셨다.[86] 모리스 로사비Morris

---

et al., *Encyclopedia of Fermented Fresh Milk Products: An International Inventory of Fermented Milk, Cream, Buttermilk, Whey, and Related Products* (New York: Springer, 1992), p. 174.

84 다른 종류의 발효유에는 소, 염소 또는 양의 우유로 만든 타락(요구르트)이 있다. 또 다른 하나는 케피어의 일종으로 '쿠어목(khoormog)'이라는 낙타의 우유를 발효시킨 것이다. 발효 식품의 프로바이오틱 효과에 대한 과학적 설명과 고대부터 몽골 식단에서 수행한 중요한 역할에 관해서는 Batdorj Batjargal, "Probiotic Properties of Lactic Acid Bacteria Isolated from Mongolian Fermented Mare's Milk," *Crossroads: Studies on the History of Exchange Relations in the East Asian World* 14 (2016), pp. 257-268 참고.

85 Bayarsaikhan Dashdondog, "Drinking Traits and Culture of the Imperial Mongols in the Eyes of Observers and in a Multicultural Context," *Crossroads: Studies on the History of Exchange Relations in the East Asian World* 14 (2016), pp. 161-172 참고.

86 미국 역사가 존 스미스(John Masson Smith, Jr.)가 윌리엄 루브룩의 유명한 여행기를 자세히 분석하면서, 1254년 6월 24일에 몽케 칸(Möngke Khan)이 주최한 축제에서 손님들이 마신 술의 양을 계산하고 각 손님에게 제공된 술이 80프루프(proof) 위스키의 19샷에 해당한다는 사실을 발견했다. John Masson Smith, Jr., "Dietary

Rossabi는 몽골제국의 쇠퇴 원인으로 꼽히는 과음과 방종은 알코올의 영향을 과장한 것이라고 지적한다. 그는 많은 몽골 지도자가 군사 작전 중 음주에 주의를 기울였기 때문에, 제국의 쇠퇴 요인을 과음보다는 사회적·경제적 요인에서 찾아야 한다고 설득력 있게 주장한다.[87] 실제로 몽골제국의 두 번째 대칸인 오고타이Ögedei(대략 1185-1241년 통치)가 알코올 중독으로 사망한 반면,[88] 칭기즈 칸과 같은 통치자들은 술을 덜 마셔서 더 오래 살았고, 원왕조의 마지막 황제인 토곤 테무르Toghon Temür는 중국 사료에서 음주를 절제하는 군주로 묘사되고 있다.[89] 술을 과음하지 않도록 주의를 기울였지만 몽골인들은 제국 설립 이후에도 쿠릴타이(주요 문제를 결정하고 새로운 통치자를 선출한 몽골 황실 대회大會)와 같은 황실 의식, 잔치, 축제 때에 쿠미스와 아이락을 필수로 여겼다.[90] 카르피니Giovanni de Plano Carpini와 윌리엄 루브룩을 비롯해 몽골제국 시대에 몽골인의 특성을 관찰한 이들은 몽골 생활 방식에서 술은 필수적이었음을 밝히고 있다. 몽골인들은 군사적으로 유

Decadence and Dynastic Decline in the Mongol Empire," *Journal of Asian History* 34, no. 1 (2000), p. 46, Dashdondog, "Drinking Traits and Culture of the Imperial Mongols," p. 170에서 재인용.

87 Morris Rossabi, "Alcohol and the Mongols: Myth and Reality," *Wine Culture in Iran and Beyond*, edited by Bert G. Fragner, Ralph Kauz, and Florian Schwarz (Vienna: Verlag der Österreichischen Akademie der Wissenschaften, 2014), pp. 211-223.

88 Rossabi, "Alcohol and the Mongols," pp. 214-215; Thomas T. Allsen, "Ögedei and Alcohol," *Mongolian Studies* 29 (2007), pp. 3-7; Atwood, *Encyclopedia of Mongolia and the Mongol Empire*, p. 413.

89 Dashdondog, "Drinking Traits and Culture of the Imperial Mongols," p. 167.

90 Rossabi, "Alcohol and the Mongols," p. 219. 한편 설배환은 몽골제국의 역사에서 쿠릴타이의 중요성을 심도 있게 논한다. 설배환, 「몽원제국 쿠릴타이(*Quriltai*) 연구」(서울대학교 박사학위논문, 2016), pp. 3, 22, 25, 37, 119, 131, 201.

라시아 전역으로 확장해 가면서 정복한 지역에 자신들의 음주 문화를 소개했다. 삶에서 술이 중요하다고 생각한 몽골인들은 제국 신민들의 삶에도 술은 중요하다고 생각했을 것이다. 이와 같은 상황은 필연적이지 않았더라도, 몽골인들의 발효주가 다른 문화로 전파되도록 했을 것이다.

동시대 유럽 여행가들의 기록에 따르면 몽골인들은 쿠미스를 두 종류로 만들었다. 어떤 이들은 그중 하나를 하얗고 탁하고 시큼한 맛이라며 거부했다. 그러나 이들은 튀르크어로 카라 쿠미스('검은 쿠미스')로 부르는 또 다른 우수한 발효 마유가 달콤하면서도 도수가 높다고 설명했다. 카라 쿠미스를 만들기 위해서 양조업자들은 모든 것이 바닥으로 가라앉아 상층에 투명한 액체만 남을 때까지 마유를 휘저어야 했다. 루브룩에 따르면, 노예들은 거기서 나오는 흰 찌꺼기를 받아먹었는데, 이는 최면 효과까지 있었다고 한다.[91] 투명한 검은 쿠미스는 몽골 군주들이 마시도록 바쳤다. 축제 기간에 몽골인들이 손님에게 품질이 좋은 쿠미스를 대접하는 것은 몽골인 호스트가 그 손님에게 갖는 호의를 의미했다.[92]

그러나 몽골인들은 군사 원정에 나설 때마다 쿠미스 수송에 어려움을 겪었다. 쿠미스는 연중 젖이 풍부한 봄과 여름에만 얻을 수 있었고 오래 보존하기 어려웠기 때문인데, 맑게 걸러진 검은 쿠미스조차도 쉽게 상해서 먼 거리를 이동해야 하는 몽골인에게는 문제를 일으켰다. 평화로운 목축 기간과 쿠릴타이와 같은 행사 기간도 마찬가

---

91 Dashdondog, "Drinking Traits and Culture of the Imperial Mongols," p. 168.
92 Schottenhammer, "Distillation and Distilleries in Mongol Yuan China," p. 144.

지였지만, 특히 원정 기간 동안 쿠미스가 부족해지는 것은 몽골 통치자에게 있어서 정치적으로 상상할 수 없는 일이었다.

그러나 몽골의 칸들이 유목식 생활 방식에 익숙했기 때문에 그들과 군대는 언제든 장거리 원정을 떠날 준비가 되어 있었고, 군대에 술을 문제없이 공급하기 위한 전략을 개발했다. 따라서 러시아와 우크라이나의 킵차크 칸국의 군주인 바투 칸은 오르두(숙영지)에서 말 타면 하루 거리에 있는 병사 30명에게 검은 쿠미스를 매일 제공받았다. 각 기수들에게는 암말 100마리에서 생산한 쿠미스가 공급되었는데, 이는 각 역참지가 암말 3천 마리를 확보할 수 있었음을 의미한다. 이 일화에는 일반 쿠미스를 생산하는 암말의 수와 생산량에 대한 정보는 나와 있지 않다. 마르코 폴로는 쿠빌라이 칸이 오르두의 검은 쿠미스의 수요를 충족시키기 위해 암말 수천 마리를 보유했다고 주장했다. 폴로는 몽골인들이 쿠미스를 일상적인 음료로 마셨으며, 그들의 자손, 동물, 농작물을 보호해 주는 지상의 신에게 경배하고 기도를 올리는 종교 의식에서 쿠미스가 중요한 역할을 했을 것이라고 지적했다.[93] 이를 바탕으로 몽골인들이 가능한 한 오랫동안 쿠미스를 보존하기 위해 노력했다고 추측할 수 있다. 그들은 증류 기술을 이용해 쿠미스를 도수가 높은 증류주로 만들어 오래 보존할 수 있었다. 몽골 군주는 영향력을 잃지 않기 위해 따르는 자들에게 나눠 줄 쿠미스와 같은 술을 증류했을 가능성이 크다.

몽골인들이 증류 기술을 개발했다는 증거는 없다. 그러나 그들이

---

93 Marco Polo, *The Description of the World*, translated by Sharon Kinoshita (Indianapolis: Hackett Publishing Company, Inc., 2016), pp. 56-57.

자기 통치하에 있는 다양한 민족과 사회의 기술을 잘 활용하고 문화 교류를 촉진한 데 주목할 때 당시 중국에 존재한 증류 기술을 받아들였을 가능성이 높다. 몽골인들은 증류 기술에 대한 지식이 있는 포로나 군인에게 맛이 강하고 보존하기 쉬운 쿠미스를 증류하도록 했을 수도 있다. 이미 윌리엄 루브룩의 기록을 통해 몽골인들이 맥주를 만들기 위해 유럽인에게 의존했다는 사실을 알 수 있었는데, 그렇다면 중국의 전문가를 이용하여 쿠미스도 증류하지 않았을까? 뷰얼은 몽골인들이 개선된 중국 전통 증류기에 익숙해지면서 주로 암말과 낙타의 젖으로 만든 발효유를 증류하기 위해 점차 솥 또는 관을 활용해 증류액을 모아 새로운 쿠미스를 만들어 냈을 것이라 주장한다.

루어펑罗丰은 몽골과 중국 북부에서 발견된 증류기 2개가 아이락 또는 쿠미스를 증류하기 위해 원나라 이전 시기에 만들어진 것이라고 주장하는데, 두 지역 모두 순수하고 품질 높은 쿠미스를 생산한 곳이기 때문이다.[94] 실제로, 이들 증류기는 중국 남부에서 샤오죠우를 만들기 위해 일반적으로 사용한 발효 매시가 아닌 발효 액체를 증류하도록 설계되었다. 즉, 증류기 상단에 있는 냉각수로 통(응축기) 속에서 더 많은 증기를 응축시켰고, 가열된 액체를 주둥이로 쉽게 배출할 수 있었다. 볼록한 바닥과 원형 홈통이 있는 돔 모양의 상단은 많은 증류액을 모을 수 있게 한다(그림 1.2B 참조).[95] 루어펑은 19세기 후반 독일의 동물학자이자 식물학자인 피터 팔라스Peter Pallas가 볼가 칼

94 Luo Feng, "Liquor Still and Milk-Wine Distilling Technology in the Mongol-Yuan Period," pp. 517-518.

95 Luo Feng, "Liquor Still and Milk-Wine Distilling Technology in the Mongol-Yuan Period," pp. 501-504.

무크족과 몽골인의 증류기 및 증류 관행을 목격하고 기록한 증언으로 자기 주장을 뒷받침했는데, 이 기록에 대해 최근에 폴 뷰얼과 몬세라트 데 파블로가 광범위한 비교 분석을 추가했다.[96] 이 볼가 칼무크족과 몽골인의 증류기 및 증류 관행을 목격한 유럽인의 기록은 유목민이 아이락 또는 쿠미스를 증류하기 위해 증류기를 사용했음을 보여 준다. 당시 칼무크족은 증기를 냉각시키기 위해 길게 감긴 관을 사용했는데, 이 관은 증기와 응축액을 수집하고 방출하는 응축·수집기 역할을 했으며, 응축된 액체는 커다란 밀폐 단지에 모아졌다. 이 유형의 증류기는 웜통 속에서 물이 순환하여 관을 통해 일종의 수집기로 떨어지는 방식으로 작동하는 유럽식 증류기 모델의 변형이며, 관을 차갑게 유지하기 위해 물을 계속 재순환시킨다. 웜통을 사용하는 것은 아시아식 증류기와 구분되는 유럽식 증류기의 특징이다. 유럽식 증류기가 중앙아시아의 칼무크족이 사용한 증류기에 영향을 끼쳤을 수도 있지만, 그들이 발효유를 사용하여 증류주를 얻었다고 가정할 수도 있다. 사람들은 편의에 따라 증류기의 형태를 변형시킬 수 있었지만, 이용할 수 있는 재료로 증류주를 만들어야 했다. 그러므로 발효 유제품을 증류하는 관행이 계속 발전하여 현대 몽골과 북유라시아에 거주하는 여러 유목민 사회에서 발효유로 만든 증류주인 아르히를 소비하게 된 것은 의심의 여지가 없다. 다만 이슬람의 영향으

96 Luo Feng, "Liquor Still and Milk-Wine Distilling Technology in the Mongol-Yuan Period," pp. 502-503; Paul D. Buell and Montserrat de Pablo, "Distilling of the Volga Kalmucks and Mongols: Two Accounts from the 18th Century by Peter Pallas with Some Modern Comparisons," *Crossroads: Studies on the History of Exchange Relations in the East Asian World* 13 (2016), pp. 118-120.

로 대부분의 카자흐인은 더 이상 암말과 소의 젖을 증류하지 않는다.[97] 몽골에서 증류의 발전과 관련된 고고학적 발견과 역사적 증거를 고려할 때, 몽골인들이 마신 아라지(『음선정요』에 기록되어 있음)는 암말이나 낙타의 발효유를 사용해 만들어졌다고 결론 내릴 수 있다. 이는 증류 역사에서 몽골 시기와 현대의 아르히를 연결하는 중요한 증거다.[98]

한편 명나라(1368-1644) 때 이시진李時珍이 저술하여 이후 동아시아의 의학 문헌에 상당한 영향을 미친 『본초강목本草綱目』에서는 당시 사람들이 곡물 발효주로 증류주를 만들었다고 분명히 밝힌다.[99] 흥미롭게도 이시진은 '탄 술(혹은 요리된 술)'이라는 의미인 샤오죠우가 '화주火酒'이고 '아라지주阿剌吉酒'라고 말한다. 이에 대한 주요 사료로서 원대에 처음으로 아락을 중국어로 음사해 증류주로 소개한 『음선정요』를 인용하고 있다. 이는 14세기 몽골 황실의 공식 음식 설명서에

---

97 전문가들은 암말의 우유가 증류에 적합하지 않기 때문에 현대에 와서는 아르히를 소의 우유로 만든다고 주장한다. Luo Feng, "Liquor Still and Milk-Wine Distilling Technology in the Mongol-Yuan Period," pp. 502-503; 石毛直道, 「東ユーラシアの蒸溜酒: 蒸溜器を求めて」, p. 83. 폴 뷰얼은 사람들이 암말의 젖을 짜서 발효시키는 것을 직접 보았고 최종적으로 증류된 보드카를 맛보았기 때문에 이는 사실이 아니라고 말한다. Buell and de Pablo, "Distilling of the Volga Kalmucks and Mongols," pp. 118-120.

98 산재되어 있는 고고학 및 문헌 자료(이 책의 4장에서 논의하고 있는 17세기 한국인의 여행 기록을 포함)들은 한반도로 전파되기 전에 중국 북부 지역에서 소비된 일부 아라지(arajhi; arak에서 옴)가 소와 암말의 젖(또는 심지어 낙타 젖)으로 만들어졌음을 시사한다.

99 장지현이 제안하듯이, 몽골인들은 아라지라는 증류주를 처음 보급시킬 때 암말이나 소의 젖을 사용했을 가능성이 있다. 그러나 그것이 중국 전역에 퍼졌을 때, 사람들은 이 명대 문헌에 기록된 대로 발효된 곡물 재료를 사용하여 증류주를 만들기 시작했다. 장지현, 『韓國外來酒流入史研究』(서울: 수학사, 1989), pp. 61-62 참고.

소개된 아라지주가 수십 년 만에 곡물 발효주를 기반으로 만들어진 샤오죠우와 동일시되었음을 시사한다. 발효된 곡물로 만든 다른 주류도 『음선정요』에 소개되어 있다. 예를 들면 오래된 튀르크어인 '보자boza'와, 위구르어인 것 같지만 티베트어에서도 볼 수 있는 외래어 명칭으로 '요리된 것'을 의미하는 '쉬르마sürmä'가 있다. "쉬르마주: 보자라고도 한다. 약간 달콤하고 풍미가 자극적이다. 기氣를 증진하고 갈증 해소에 좋다. 너무 많이 마시면 뚱뚱해지고 가래가 생긴다."[100] 현재 중앙아시아와 서아시아 및 동유럽에서 인기가 있는 '보자'는 수수를 발효시켜 만든 음료로 알코올 함량이 1퍼센트에 불과하지만, 이 구절에서 술의 명칭과 설명을 보면 당시에는 이 술이 증류주가 아니었을까 하는 의문을 품게 된다. 마찬가지로, 증류주였을 가능성이 있는 다른 술이 『음선정요』에서 아라지 및 쉬르마와 유사한 어구로 묘사되는 "작고 굵은 곡식 술"로 소개되어 있다.[101] 훗날 중국에서 수수가 고량주(주원료인 수수의 한자 표기가 고량高粱임) 제조용으로 매우 유명해졌기 때문에, 이것도 수수를 사용해 만든 증류주였을 수 있다.

윌리엄 루브룩은 13세기에 몽골인들이 즐긴 다양한 술에 대한 기록에서 그들이 쿠미스와 검은 쿠미스뿐 아니라 곡물 발효주와 벌꿀주를 마셨다고 밝힌다.[102] 몽골인은 서쪽으로 이슬람 세계, 남쪽으로 중국 등 정주사회와 접촉하면서 점점 더 다양한 술과 음주 문화에 익

---

100 Buell and Anderson, *A Soup for the Qan*, p. 499.

101 Buell and Anderson, *A Soup for the Qan*, p. 498.

102 *The Mission of Friar William of Rubruck: His Journey to the Court of the Great Khan Möngke 1253-1255*, translated by Peter Jackson (London: Hakluyt Society, 1990), pp. 178-179, 191.

숙해져 갔다. 시간이 지나면서 몽골인들은 쌀을 재료로 한 벌꿀주, 쌀 에일, 벌꿀주(발*bal*), 발효 수수(*buza* 또는 *boza*) 그리고 루브룩이 프랑스 와인 라로셸La Rochelle과 비교한 적포도주를 마셨다. 실제로 중국에서 포도주의 인기가 높아진 데는 몽골인의 기여가 컸다.[103] 다음으로 중국인이 페르시아인에게 곡물로 만든 양조주를 선물했는데, 이를 타르순tardsun이라 불렀다. 몽골인은 마유로 만든 술과 곡물로 만든 양조주 둘 다 마셨다. 14세기 사료인 『거가필용』에서도 외국 증류법에 직접적으로 영향받아 명칭에 '외국'이라는 수식어가 붙은 증류주를 소개하고, 어떤 종류든 풍미가 부족한 술(신맛이든 단맛이든, 또는 무미건조하거나 묽든 간에)을 사용해서 아락이라는 외국 샤오죠우를 만들 수 있다고 명시한 바 있다. 이것이 몽골인들 사이에서 얼마나 오래전부터 있던 일인지는 불분명하다. 루브룩은 증류에 대해 언급하지는 않았지만, 아락이 중국 남부로 퍼졌을 때 중국인은 증류주를 만들기 위해 많은 양의 발효 곡물을 사용했음이 분명하다. 이는 문헌으로 잘 뒷받침된다.

동시에 이시진은 증류의 기원이 원나라 시대로 거슬러 올라가며, 증류주인 샤오죠우를 만드는 것은 고대의 기술이 아니라 원대에 처음 개발되었다고 주장한다. 이는 중국에서의 샤오죠우 및 증류주의 기원에 대한 큰 논쟁을 불러일으켰는데, 송대의 『국본초』와 기타 사

---

103 Dashdondog, "Drinking Traits and Culture of the Imperial Mongols," p. 169에 따르면, "베이징 바로 북쪽 위의 시말리(Simali)에 위치한 사마르칸트 출신의 무슬림 장인들의 정착촌에서 포도를 재배했으며, 13세기 내내 황실에 포도주를 진상했다." 옹구트(Onggud)인들 또한 포도를 재배하고 있었고 칭기즈 칸에게 포도주를 보냈는데, 그는 이를 즐겼다.

료들에서는 증류주가 동남아시아로부터 원 이전, 대체로 송대에 중국에 소개되었다고 주장하기 때문이다.[104] 그러나 원을 잇는 명왕조 때 사람인 이시진은 아마도 몽골 시대에 증류주가 급속히 퍼졌다는 사실을 우선적으로 기억했을 것이다. 따라서 우리는 몽골-원 시대의 주류 발전과 관련하여 중국에서 일어난 역사적인 주요 변화를 살펴볼 필요가 있다.

다양한 양조 및 증류 문화를 통합적으로 수용하는 과정에서 몽골인들은 군사 원정에 가져갈 휴대용 증류기를 만들었을 뿐만 아니라 중국의 증류주 제조소를 활성화했을 가능성이 높다. 이는 몽골의 영향을 받은 음주 문화를 보급하는 데 기여했는데, 여기에는 많은 중국인과 외국인도 참석할 수 있었던 칸의 궁정에서 거행된 전통 의식도 일조했다.

이러한 문화적 통합을 촉진하기 위해 원나라의 황제들은 다양한 증류법을 보급했는데, (이 주장을 한 학자들을 신뢰한다면 한왕조 시기까지 거슬러 올라가는) 고대 중국의 증류 기술과 해상 접촉을 통해 외국에서 들어온 새로운 증류 기술을 모두 사용해서 샤오죠우와 아락을 생산한 중국 남부의 증류 문화를 아우른다. 이렇게 전통 증류법으로 만

104 『본초강목』 같은 장에서 포도주를 언급하는 다른 구절 역시 당나라 때 포도주 증류법이 서부 지역에서 들어왔음을 암시한다(Schottenhammer, "Distillation and Distilleries in Mongol Yuan China," pp. 145-146). 그러나 필자는 이 글을 보고 이시진이 증류 자체가 아니라 포도주가 당나라에 도입되었다는 뜻으로 말한 것으로도 해석할 수 있다고 생각한다. 최근 연구에 따르면 중국인이 서력 기원 이전에 포도주를 생산했기 때문에 이 구절에 언급된 내용 자체도 올바르지 않다. 이시진과 같은 전근대 시기의 저자들이 이용할 수 있던 사료가 제한되어 있었기 때문에 이들이 기록한 내용도 비판적으로 검토해야 한다.

든 샤오죠우와 외국 증류법으로 만든 아락 간의 상호 기술 교환 과정 덕분에 원나라 때 증류주가 신속하게 발전할 수 있었다. 우리는 『음선정요』가 저술되었을 무렵 아락(튀르크어로 아라지)이 증류주를 지칭하는 보편적인 이름으로 자리를 잡아 갔다고 추측할 수 있다. 의심할 여지 없이 아락 현상은 몽골 시대의 발전을 의미했다. 이 용어는 이전까지 증류주라는 의미로 널리 쓰이지 않았다. 몽골인들은 거의 모든 종류의 도수 높은 술을 마시면서 증류주를 보급시켰는데 그중에는 아마도 최초의 브랜디인 사인 다라순, 즉 '훌륭한 술'이 있었다.[105]

중국과 이후 한반도에서 기록된 사료들은 원나라 때 샤오죠우 양조업자로 명성을 얻었을 가능성이 있는 몽골 귀족에 대한 흥미로운 힌트를 제공한다. 『원사元史』에 따르면, 쿠빌라이 칸의 손자로 안서왕安西王이 되고 1307년에 테무르 칸이 사망한 후에는 대칸의 권력을 놓고 경쟁했던 아난다阿難答는 다른 몽골 제후왕들과 더불어 1303년 제국에서 내린 술 양조 금지령을 면할 수 있었다.[106] 아난다는 독실한 이슬람교도였지만 샤오죠우 및 상인들이 해상무역을 통해 중국에 소개한 아락의 수입과 생산을 촉진시켰을 가능성이 크다. 몽골 귀족들이 독점한 대규모 양조장과 증류주 제조소에 대한 최초의 문서 증거를 제공하는 아난다의 사례는 원 황실이 대규모 양조장과 증류주 제조

105 "비문에는 현재 대영박물관의 동양 컬렉션의 하나로 전시된 원나라 술병에 '사인 다라순(훌륭한 술)'이라는 글귀가 새겨져 있었다." Morris Rossabi, *Khubilai Khan: His Life and Times* (Berkeley: University of California Press, 1988), p. 158. 사인 다라순은 원대 희곡에 등장하는 용어로, '좋고 훌륭한 술'을 의미한다. 몽골어인 '사인 다라순(좋은 술)'에서 차용된 것으로, 증류주를 의미하기도 한다.

106 宋濂, 『元史』 14(北京: 中华书局, 1976). 아난다는 안서왕 망갈라(忙哥剌, ?-1280)의 둘째 아들로, 아버지의 뒤를 이어서 안서왕에 봉해졌다.

산업을 장려했음을 보여 준다. 몽골인들이 1280년대에 자바 원정을 갔을 때, 동남아시아에서 증류주와 증류법을 들여왔을 가능성도 있다.

이 시기부터 고고학적 자료들도 문헌 증거를 뒷받침한다. 중국 남부의 역사적으로 부유한 지역에서 이루어진 많은 고고학적 발굴은 이전 시기에 비해 송대 말기와 원대 사이에 증류주가 중국 전역에 더 널리 퍼져 있었음을 보여 준다. 더욱이 몽골의 증류주 장려 정책의 덕도 보았다. 실제로 앙겔라 숏튼햄머는 국내외 시장 모두를 위한 대규모 소비재 생산이 남송에서 이루어졌으며, 특히 상업적으로 잘 개발된 남동부에서는 민간이 증류주 제조소를 운영했을 가능성이 높다고 주장한다.[107]

1231-1232년 중국 북부 지역에 주초무酒醋務가 설립된 후, 원 황실은 주류 생산과 유통을 총괄·독점했으며, 이는 황실의 중요한 수입원이 되었다.[108] 이와 비슷한 시기에 부유한 가정, 상인 및 마을공동체가 운영하는 작업장들이 증류주 생산에 투자하기 시작했는데, 이는 한편으로 남동부 해안 지역의 대도시들에서 활발하게 상업화된 경제활동에 대한 대응으로 나타난 현상이었다. 이로써 국영 및 사립의 대형 증류주 제조소가 탄생했고, 몽골 지배층과 일반인의 수요를 충족시키기 위해 새로운 사업장이 늘어나면서 아락과 샤오죠우 같은

---

107 Schottenhammer, "Distillation and Distilleries in Mongol Yuan China," pp. 154-155.

108 프란츠 슈르만이 보여 주듯이, 주류 독점에 관한 용어는 북송 시대로 거슬러 올라간다. 주류 생산은 술의 생산과 판매, 세금 징수를 감독하는 관리인 방장관(坊場官)의 감독을 받았다. Herbert Franz Schurmann, *Economic Structure of the Yuan Dynasty: Translation of Chapters 93 and 94 of the Yuan shih* (Cambridge, MA: Harvard University Press, 1956), p. 204 참고.

증류주 및 발효주의 대규모 생산지(샤오방燒坊)가 성장한 것을 볼 수 있다. 이는 송대 말부터 원대로 이어지는 시기의 특징인 도시 및 시장 시스템의 확장에 따라 함께 발전했다.

리두 증류주 제조소 유적지는 원대 중국에서 대규모 증류주 산업이 발전했음을 보여 주는 최초의 확실한 물질적 증거를 제공했다.[109] 고고학자들은 이곳에서 약 15,000평방미터에 달하는 부지를 발굴하고 남송 후기부터 현대까지 여섯 기간으로 나누어 문화적 부지 총 11개를 찾아냈다. 다안 유적지와 달리 리두 증류소는 원대로 거슬러 올라간다. 더 많은 발굴과 연구는 원대 증류소와 증류 기술에 대한 새롭고 귀중한 통찰력을 줄 것이다.[110] 쓰촨성 청두成都시에 있는 슈징지에水井街 유적지는 확실히 원대 후기 또는 명나라 초기로 거슬러 올라가며, 현재 세계적으로 유명한 중국 증류주의 전근대적 기원을 증명한다.[111]

이 모든 증거는 이 장의 시작 부분에서 처음 제기한 질문, 즉 아락이라는 이름이 14세기 중국 문헌에 어떻게 등장하고 계속 사용되어 다른 국가들로 전파되었는가에 답하는 데 도움이 된다. 위에서 제기한 중점들을 종합해 보면, 대략적으로 몽골 시대를 아우르는 짧은 시간 동안 많은 문화적 결합이 일어났다고 결론 내릴 수 있다.

---

109 유네스코 세계유산 센터는 리두를 세계 10대 고고학적 발견 중 하나로 선정했다. whc.unesco.org/en/tentativelists/5320 (접속일: 2017. 1. 3); 傅金泉, 「从李渡遺址看我国白酒史」, 『酿酒科技』 3(2003), p. 95 참고.

110 Schottenhammer, "Distillation and Distilleries in Mongol Yuan China," pp. 153-154.

111 Schottenhammer, "Distillation and Distilleries in Mongol Yuan China," p. 155. 슈징지에, 청두시 금강(錦江)의 작업장.

여기서 상호 연결된 두 가지 가능한 상황을 고려할 수 있다. 하나는 해상무역을 통한 증류주의 수입이고, 두 번째는 몽골인들에 의한 기존 증류 기술의 채택과 보급이다. 더욱이 몽골인들이 즐겨 마셨던 젖으로 만든 아락은 1368년 원왕조가 붕괴된 이후 중국 북부, 몽골 및 중앙아시아에서 계속 생산되었을 것이다. 실제로 발효된 젖 또는 기타 재료를 사용해 만든 아락의 한 종류는 이들 지역에서 계속 발전했고, 이후 만주어를 포함한 알타이 언어들로 기록된 문헌들이 보여주듯이 만주로도 전파되었다. 저명한 언어학자 구스타프 욘 람스테트Gustaf John Ramstedt는 중앙아시아에서 아락의 어원을 추적하기 위해, 역사적 사료들에서 아락의 많은 알타이어 형태를 찾아냈다. 페르시아와 아라비아의 아락*araq*, 터키의 아라키*araqy*, 퉁구스족의 아라카*araka*, 몽골의 아라키*araki*, 만주의 아르키*arki*, 한국의 아랑*arang*과 아래기*araegi* 등에서 분명한 유사점을 볼 수 있다.[112] 이후에 학자들은 람스테트의 연구 결과를 바탕으로 아락과 그 증류 방법 및 기술이 유라시아의 육로를 통해 동아시아로 이동했다고 제안했다.[113] 그러나 이 장에서 살펴본 바와 같이, 그 이전에 기록된 문헌 증거는 유라시아 서부로부터 해상로를 통해 중국으로 아락이 전파되었음을 확인해 준다. 몽골인들은 육로를 연결하여 14세기 이후 아락을 생산하고 소비하는 지역을 서쪽으로 더 확장했을 가능성이 크다. 람스테트가 찾은 단어

112 Gustaf John Ramstedt, *Studies in Korean Etymology*, vol. 1 (Helsinki: Suomalais-ugrilainen Seura, 1949), p. 13. 아락은 현대 튀르키예와 지중해 동부에서 '라키'로 불린다. 이는 대체로 투명하고 무미한 브랜디 또는 보드카지만 일반적으로 아니스 씨나 기름 또는 이와 유사한 것으로 맛을 낸다.

113 장지현, 『韓國外來酒流入史研究』, pp. 75-88.

형태들의 발전은 아락 전파의 역사에 대해 더 다양하게 추적해 볼 수 있음을 알려 준다. 우리는 이미 널리 퍼져 나간 튀르크어 형태의 아락인 '아라지'라는 단어에 주목했다. 14세기에 튀르크 사람들이 몽골 궁정에서 활동했던 역사적 맥락을 보아야 왜 이러한 변형이 발생했는지를 분명히 이해할 수 있다.

유라시아 북부의 아락이 경제 및 문화적으로 발전함과 더불어 중국인들은 몽골의 후원하에 세워진 초기 토대 위에서 전통적인 기본 재료인 곡물로 만든 증류주를 더 큰 규모로 발전시켰다. 아락의 보급은 생산 기술과 명칭 등의 모든 측면에서 중국의 샤오죠우 발전에 영향을 미쳤을 수 있다. 『본초강목』과 같은 원나라 이후의 저술 덕분에, 중국 역사의 후반기에 계속 발전한 증류주를 샤오죠우와 아락으로 불렀다는 것을 알 수 있다. 중국, 한국, 일본과 같은 동아시아 국가는 각각 샤오죠우, 소주, 쇼츄라는 용어를 더 자주 사용했지만, 함께 사용된 다른 용어인 아락이 세계적으로 더 보편적인 것이 되었다. 이는 오늘날에도 유라시아 전역에서 다양한 언어적 변형으로 남아 있다.

결론

이 장에서는 유라시아의 여러 사회에서 증류의 아이디어와 실질적인 증류 관행이 어떻게 시작되어 발전해 나갔는지를 파악하기 위해 유라시아의 증류주 역사를 비교 검토했다. 유라시아에서 증류주의 기원을 추적하는 이 조사의 중심에는 "널리 알려지고 보급된 증류주 아락이 몽골 시대에 어떻게 나타나고 성행했는가?"라는 질문이 자리한다. 한국의 소주도 아락과 공통의 기원과 전통을 공유한다. 아락 생산에 필요한 증류 기술은 지중해 지역, 남아시아, 동남아시아, 중국 등 유라시아의 여러 지역에서 독자적으로 기원하고 발전한 것으로 보인다. 증류 기술은 이슬람 세계와 중국의 사례에서 알 수 있듯이, 연금술과 같은 다양한 고대의 기술적 관행으로부터 영감을 받았다. 그러나 많은 지역이 '아락'이라는 동일한 명칭을 공유하고 있다는 사실은, 관련 개념 및 기술과 더불어 이 용어 자체가 몽골 시대 유라시아 전역에 걸쳐 번영한 타 문화 간의 교류와 무역 덕분에 아락이 이슬람 세계의 중동으로부터 다른 지역으로 전파되었을 가능성을 시사한다. 실제로 몽골 시대의 한 중국어 백과사전에서는 아락을 남아시아, 동남아시아 또는 서아시아의 증류법을 사용하여 만든 (원래의 중국 샤오쥬우와 구별되는) 외국 샤오쥬우로 소개하고 있다.

증류주가 남서쪽에서 전파해 왔다는 이 이론의 신빙성을 검증하기 위해 위에서 제시된 논의를 기반으로 고려해 볼 수 있는 증류주 전파의 시나리오를 요약해 보자. 중국에서는 고대부터 증류 기술이 발전해 왔다. 또한 중국인들은 송대의 고유한 전통 증류 기술과, 동남아시아·남아시아·서아시아로부터 중국으로 전파된 외래 증류 기술 모두를 사용해 곡물 발효주를 기반으로 한 '샤오쥬우'라는 증류주를 제한적으로 만들었다. 현존하는 가장 이른 시기의 문헌 증거인 14세기의 중국 사료에서 볼 수 있듯이, 몽골인들은 중국의 증류 기술을 채택해서 만든 새로운 술을 '아라키/아라지/아르히'라는 이름으로 불렀는데, 이는 중국인들이 수용한 외국 술 아락을 사용해 명명한 것이다. 이후 유라시아 전역에 정치적 권력을 확장해 갈 때마다 이 술을 보급했다. 그러나 이러한 몽골 시대의 증류주 붐은 중국에서 이전부터 발전해 온 증류 전통을 더욱 활성화시키는 결과도 가져왔다. 중국 남부를 정복한 몽골인들은 중국의 농업 환경에서 발전한 곡물 발효주를 사용해 증류주를 제조하는 중국인과 조우했고 이 교류를 통해 몽골인들도 중국 전통 증류법을 도입해 증류주를 만들었다. 그 후 대규모로 이루어진 곡물 기반의 증류주 제조는 원대와 명대에 번성해 나갔다. 이때부터 증류기를 사용해 증류주를 만들었다는 기록이 문헌에 본격적으로 등장하기 시작했고, 당시 운용되었던 대규모 증류주 제조소도 발굴되었다. 중국의 샤오죠우가 아락이라는 외국 샤오죠우를 포함하기 시작한 사실은 당시 진행 중이던 대규모의 상호 교류와 타문화 수용이 유행하고 지속되었음을 시사한다. 실제로 명대에 이르면 샤오죠우와 아락이 같은 형태의 증류주로 여겨졌다.

증류의 유라시아 기원을 추적하는 과정에서 몽골 시대 이후 증류주가 오랫동안 널리 확산된 유럽, 러시아, 서아시아, 남아시아, 동남아시아, 멕시코 등에서 증류주가 어떻게 발전했는지 조사하는 것은 과제로 남아 있다. 현재 전 세계적으로 증류주 산업에서 영향력을 행사하는 유럽에서도 증류주의 역사는 14-15세기에야 시작된다.

웜통이 있는 유럽의 단식 증류기는 중세에 이슬람 세계로부터 스페인을 통해 점차 전파되어 온 이슬람식 알렘빅 증류기의 원형을 채택하여 개발되었을 가능성이 높다. 유럽의 증류기는 아시아의 증류기와 다른 방식으로 발전했지만, 중동과의 연결은 유럽 근세의 증류주 발전이 궁극적으로 '구세계'의 증류와 연결되어 있었음을 시사한다. 그러나 우리는 몽골의 휴대용 증류기 전통이 유럽 증류기의 형태에 부분적으로 영향을 끼쳤을 가능성도 검토해야 한다. 당시 이러한 몽골의 영향이 유럽에 지속되었을 가능성의 징후도 찾아볼 수 있다.

예를 들어 최근 아이슬란드에서는 몽골식 증류기와 유사한 증류기로 '밀주'를 많이 만들고 있으며, 러시아에서도 마찬가지다.[114] 이후 연구에서 증류주를 통해 몽골이 다른 사회에 끼친 영향력이 우리가 생각했던 것보다 훨씬 더 크고, 전 세계적으로 확장되었음을 밝힐 수도 있지 않을까 가늠해 본다.

이 장에서는 증류주 및 증류주 제조 기술이 한곳에서 기원하여 발전해 나간 것이 아니라, 다양한 시대에 광활한 영역에 걸쳐 있는 서로 다른 문화권에서 다양한 혁신의 원천을 통해 진전되어 나간 것을 확인했다. 따라서 증류주 기원의 역사를 파악하기 위해서는 유라시아 전체를 관찰해야 한다. 이러한 대륙적 관점을 이해하면 중세에 중국 전역과 그 너머로 급격하게 증류주가 보급되어 나간 상황을 이끈 몽골인의 역할이 분명해진다. 아락, 샤오죠우와 같은 증류주의 발전을 이끈 몽골인의 기술 전파와 변형의 일상적 패턴이 중국 및 유라시아 대륙의 상당 지역, 동일한 시기에 몽골의 영향권에 들어간 한반도에도 적용되었을 가능성이 있다. 이와 같이 세계사에서 문헌 사료로 충분히 입증된 증류주의 전파 사례는 역사적 맥락에 대한 이해를 바탕으로 한반도에서 소주의 발전을 관찰하는 데 도움을 준다.

---

114 폴 뷰얼은 아이슬란드 하프나르피요르뒤르(Hafnarfjördur)의 역사 박물관을 방문해 아이슬란드식 밀주 증류기로 추정되는 몽골식 증류기를 보았다고 한다. 뷰얼을 초대한 사람은 이 도시에 있는 대규모 지역 연구센터에서 일하면서 아이슬란드 밀주에 관한 논문을 썼는데, 그 논문의 근거 있는 결론이 그와 같은 인상을 확증해 주었다.

제2장

고려 시대의 고려-몽골 관계와 소주의 흥기

SOJU

한국 사회에서 증류주가 부상한 과정을 이해하기 위해서는 한반도 주류 발전의 역사를 전반적으로 살펴볼 필요가 있다. 다른 국가들과 마찬가지로 한국도 고대 시기를 연구하기에는 현존하는 사료가 매우 한정되어 있다. 그마저도 정치사 관련 사료가 대부분이고 문화사 연구에 참고할 수 있는 사료는 희박한 편이다. 그럼에도 중국과 한국에서 쓰인 다양한 문헌과 고고학적 발견을 포함하여 산재한 여러 사료를 면밀히 비교 검토함으로써 역사 속 한반도 사회의 다양한 측면을 미시적 수준에서 재구성해 볼 수 있다(그림 2.1 참조).[1] 이는 사람들의 기본적인 삶의 방식뿐 아니라 그들이 즐겨 마셨던 술과 같은 특정 요소들에 대한 통찰을 준다. 전체 역사를 볼 때, 한반도를 통치한 모든 왕국은 중국의 왕조들과 긴밀한 관계를 형성했는데, 동시에 중국의 문인들도 중국과 인접한 사회들에 대해 기록을 남겼다.[2] 중국의 문학

---

1 그림 2.1의 연표에 나오는 신라와 백제의 건국 연대는 김부식(金富佾)의 『삼국사기(三國史記)』에 기초한 '전통적' 연대이며, 최근의 연구에서 입증한 역사적으로 정확한 연대는 아니다. 한국 역사에 대한 자세한 연대기와 지도는 Michael D. Shin, ed., *Korean History in Maps: From Prehistory to the Twenty-First Century* (Cambridge: Cambridge University Press, 2014)를 참고하라.

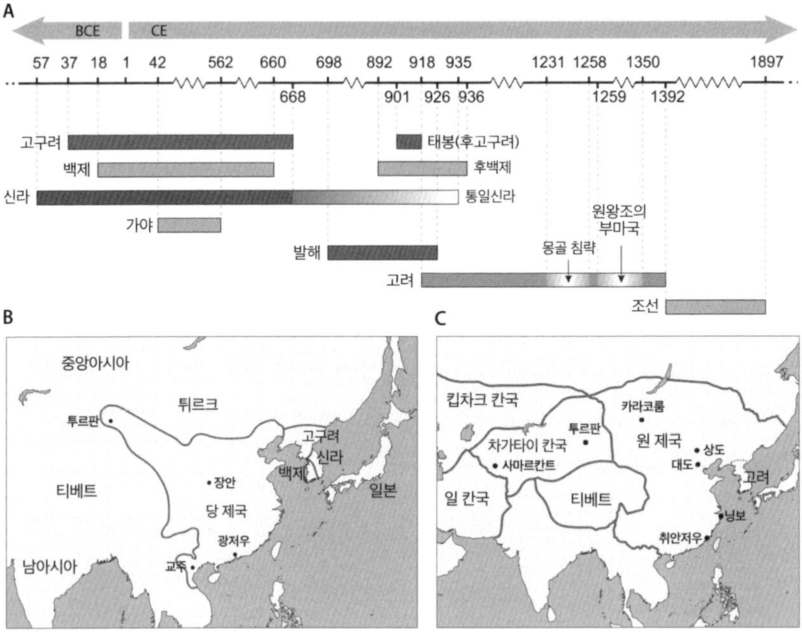

[그림 2.1] A: 한반도 왕조들의 연대표, B: 동아시아 속 삼국, C: 몽골제국의 일부인 중국의 원왕조와 한국의 고려 왕조

작품은 한반도를 포함해 근접한 지역에 상당한 영향을 끼쳤고, 한반도인은 한자를 차용하고 수정해 독특한 기록 방법을 발전시키고 한국어 단어를 음역하는 고유의 표기 시스템을 만들어 내기도 했다.[3]

2 사마천(司馬遷)의 『사기(史記)』로 시작하는 중국 정사의 외국전에 대해서는 Endymion Wilkinson, *Chinese History: A Manual*, 2nd edition (Cambridge, MA: Harvard University Press, 2000), pp. 736-737 참고.

3 Peter H. Lee, ed., *A History of Korean Literature* (Cambridge: Cambridge University Press, 2003), pp. 88-95.

결과적으로, 한국의 고대사와 관련하여 현존하는 가장 오래된 기록은 4세기 동안 지속되었다가 몽골이 몰락하면서 함께 멸망한 고려 시대로 거슬러 올라간다. 기록된 문헌들(주로 한반도에서 기록된 문헌으로, 동시대의 중국 저술로 보완됨)은 전근대 한반도에서 술의 전반적인 발전을 추적하는 데 유용한 자료의 보고다. 동시에 현존하는 가장 오래된 문헌을 통해 한반도가 몽골의 영향하에 있던 13-14세기에 소주와 그 사촌 격인 아락과 같은 특정 증류주가 존재했다는 사실을 확인할 수 있다. 이러한 사료적 기반은 한반도 사회에서 (그리고 시간이 흐르면서 더 넓은 세계에서) 증류주의 발전 과정을 종합적으로 드러내는 역사적 증거를 분석하는 데 도움이 된다.

이 장에서는 한반도에서 소주와 아락의 기원을 추적하기 위해 언급한 사료들을 바탕으로 고대부터 몽골 시대까지 한반도에서 술이 발전한 역사를 탐구한다. 현존하는 기록은 한반도인들이 국경을 넘어 교환된 외교 선물, 무역, 문화 또는 종교적 영향과 기타 형태의 접촉 등 정치적·경제적·문화적 교류를 통해 중국에서 들어온 다양한 술의 영향을 받으면서 독특한 술을 발전시켜 나갔음을 보여 준다. 한국의 오랜 역사에 비추어 볼 때, 소주의 흥기는 매우 짧은 시간에 일어났다. 보다 정확하게는 몽골의 정치적 간섭과 영향이 특징을 이룬 고려 시대의 마지막 세기에 일어났다. 이는 중국 전역에서 샤오죠우와 아락의 소비가 확산되기 시작한 시기와 일치한다.

소주가 처음 등장한 당시 상황을 파악하기 위해서는 먼저 적절한 역사적 맥락에서 사용 가능한 문헌을 분석하여 소주의 기원을 보여 주는 증거를 찾아야 한다. 다음으로 한반도의 소주와 아락의 부상에 관해 과거부터 현재까지 이어진 논쟁을 검토하고, 이를 중국에서 샤오죠우와 아락이 부상한 것과 비교해 어떻게 새롭게 이해할 수 있는지를 볼 것이다. 이러한 논쟁은 한반도 전역에 증류주가 널리 보급된 18세기 후반 이후부터 수 세기 동안 지속되었다. 증류주 기원과 관련된 2차 문헌을 1차 사료 증거와 함께 역사적 맥락에서 검토하면, 한반도 소주의 기원에 관한 기존의 역사적 분석이 사료들의 사회·문화적 맥락을 세계사적 관점에서 포괄적으로 고려하지 않았기 때문에 사료에서 확인되는 내용을 충분히 설명하지 못했음을 알 수 있다. 역사적 맥락에 대한 포괄적인 분석은 한국에서 이루어진 관련 논의를 비교해 접근하면서 비판적으로 검토하도록 논의의 범위를 넓혀 준다. 이 방법은 기존 연구 성과를 현재 전 세계에서 이용 가능한 새로운 사료와 방법에 연결시킨다. 앞서 언급한 바와 같이, 풍부한 문헌 증거 덕분에 샤오죠우와 아락이 중국에서 한국으로 전파된 사례를 추적할 수 있다. 이는 다른 사회와 교류한 결과로 이루어진 지식의 전파를 통해 몽골 시대에 발전한 증류주들이 다른 사회에 어떻게 영향을 미치기 시작했는지를 보여 주는 유용한 예가 되고, 세계사적 탐구의 중요성을 보여 준다.

전근대 한반도의 술 전통과 전파

산재한 정보를 통해 고대 한반도인들이 여느 농경 사회의 주민들처럼 제천 행사와 민속 축제 등 특별한 날에 술을 즐겼음을 알 수 있다. 술과 음식은 이러한 행사들의 중심인 잔치에서 중요한 요소였다.[4] 고대 여러 사회의 관습을 비교한 지나 헤임스Gina Hames는 대부분의 고대 농업 사회에서 술은 종교, 계급, 성별 등 인간의 삶과 문화의 모든 측면에서 중요한 역할을 한 것을 확인할 수 있다고 주장한다.[5] 헤임스의 연구는 한국의 사례를 직접적으로 다루지는 않지만, 신화 및 역사와 관련된 여러 일화가 보여 주듯이 한국도 동일한 상황에 있었음을 짐작할 수 있다. 예를 들어, 민속 축제에서 여성들이 참가하는 직물 짜기 시합이 열렸는데, 시합에서 진 사람들은 우승자에게 술과 음식을 제공해야 했다. 시합이 끝나면 그들은 함께 술과 음식을 먹고 노래하고 춤추면서 즐겼다. 정대성이 지적했듯이, 이는 추석에 함께 달 구경을 하는 관습에서 발전한 것으로 보인다.[6] 실제로 많은 여성이 그런 행사 때에 함께 모여서 흥겹게 술을 마시는 모습이 인상적이었을 것이다. 이러한 민간전승의 일화를 해석할 때는 신중해야 하지만, 그중 일부가 실제 역사적·문화적 요소를 반영함을 부정할 수는 없다.[7]

고대에 한국인들은 어떤 술을 마셨을까? 학자들은 정제 과정을 거치지 않은, 알코올 함량이 약 6-9퍼센트에 불과한 곡주를 마셨다고 가정했다. 이런 곡주는 다른 술보다 쉽게 만들 수 있었는데, 유백색 또는 회백색의 은은한 발포성 곡주인 현대의 막걸리와 비슷했을 수 있다. 막걸리는 현재 다양한 양조장에서 800가지 이상의 품종으로 생

---

4 鄭大聲, 『朝鮮の酒』(東京: 築地書館, 1987).

5 Gina Hames, *Alcohol in World History* (London: Routledge, 2012), pp. 23-32.

6 鄭大聲, 『朝鮮の酒』, p. 24.

7 삼국시대와 통일신라 시대의 술과 관련된 더 많은 일화는 이성우, 『韓國食品社會史』(서울: 교문사, 1984), pp. 197-203과 鄭大聲, 『朝鮮の酒』, pp. 23-28 참고. 다른 사회들의 역사와 마찬가지로 한국 역사의 가장 오래된 에피소드에는 신화적 요소가 포함되어 있으며, 고대 한국의 술에 관한 많은 이야기도 신화와 관련이 있다.

산되는 한국의 인기 있는 전통 음료다.[8] 고대의 막걸리는 더 단순해서 쉽게 만들고 소비할 수 있었을 것이다. 한편 정대성은 삼국시대로부터 기원하는 기록의 내용을 면밀히 살펴보면 당시 한반도에서 생산된 주류가 다양했음을 알 수 있다고 주장한다. 우리나라의 현존하는 가장 오래된 역사서로, 고려 후기에 편찬된 김부식金富軾의 『삼국사기』와 일연一然의 『삼국유사』에는 술을 의미하는 한자를 차용한 한국어 '주酒'로 분류된 술에 대한 몇 가지 용어가 기록되어 있다. 이러한 종류에는 지주旨酒, 미온美醞, 요례醪醴가 포함된다.[9] 정대성은 지주와 미온이 양질의 술을 의미하고, 요례는 일종의 탁한 막걸리를 의미한다고 주장한다.[10] 사료가 부족한 탓에 한반도에서 술 양조가 여러 시대에 걸쳐 어떻게 발전했는지 추적하기란 쉽지 않지만, 그곳에 살았던 사람들이 경험과 노하우를 축적해 맛을 개선하면서 다양한 종류의 술을 개발했다고 추측할 수 있다. 다른 많은 물품과 마찬가지로, 품종을 개선하고 싶은 욕구를 자극하는 중요한 계기 중 하나로 다른 사회들과의 접촉을 들 수 있는데, 특히 고대에 다양한 종류의 술을

8 허시명, 『막걸리, 넌 누구냐?: 색깔 있는 술, 막걸리의 모든 것』(고양: 예담, 2010) 참고.

9 『삼국사기』와 『삼국유사』에 지주, 미온, 요례에 대한 언급이 나온다. 예를 들어 Kim Pusik, *The Silla Annals of the Samguk Sagi*, translated by Edward J. Shultz and Hugh H. W. Kang (Sŏngnam: Academy of Korean Studies Press), p. 49; Ilyon (Iryŏn), *Samguk Yusa: Legends and History of the Three Kingdoms of Ancient Korea*, translated by Tae-Hung Ha and Grafton K. Mintz (Seoul: Yonsei University Press, 1972), p. 165 참고.

10 鄭大聲, 『朝鮮の酒』, p. 23. 정대성은 '요례(醪醴)'를 '요주(醪酒)'로 잘못 표기했다. 『삼국유사』에 왕이 제사 때 제물로 바친 술로 '요례'라는 말이 등장하는 것으로 보아 이것이 탁한 막걸리를 가리키는 것인지에 대해서는 의문이 든다.

개발한 중국인과의 새로운 접촉이 계기로 작용한 것 같다.

실크로드를 통해 유라시아 사회들과의 연결이 확대되면서 고대부터 한반도인과 이웃 사회 간에 광범위하게 이루어진 긴밀한 접촉은 동시대의 중국인과 일부 일본인이 기록한 문서에서 확인된다. 이들 문헌 자료는 보다 객관적인 관점에서 한반도의 술 문화가 어떠했는지 알 수 있는 실마리를 제공한다. 특히 이와 관련된 중국과 한국의 왕실 차원의 긴밀한 외교 관계는 중국의 정사에 자세히 설명되어 있다.[11] 그러나 이러한 역사적 자료들은 의복과 음식처럼 민중 사이에 영향을 주고받으며 장기간 이어진 문화 교류의 형태를 명시적으로 밝혀 주지는 않는다. 그러므로 고고학 발굴 보고서 외에도 다양한 문학 장르에 산재한 사료들을 면밀히 조사하여 상상력을 바탕으로 사회 간 교류를 재구성해야 한다.[12] 예를 들어, 많은 역사적 증거를 통해 한국의 음식문화 전반에 (일본과 베트남 같은 다른 동아시아 사회들과 마찬가지로) 장기적인 영향을 미친 조리법, 재료, 젓가락 문화와 같은 중국의 식습관이 고대부터 중국에서 한국과 같은 이웃 나라로 전파되었음을 알 수 있다(그림 2.1의 B 참조).[13] 상인과 기타 무역 종사자들이 중국에서 동아시아의 다른 사회로 서적들을 가져가 소개하면서 요리

11 진수(陳壽)가 편찬한 『삼국지(三國志)』 「위서(魏書)」의 동이전(東夷傳)과 범엽(范曄)이 편찬한 『후한서(後漢書)』의 동이전을 필두로 해서 중국의 정사에 기술된 한반도의 왕국에 관한 부분을 참고하라.

12 고려 시대까지의 한국 문학 발전 과정에 대한 상세한 개관은 Lee, *A History of Korean Literature*, pp. 1-147을 참고하라.

13 대표적인 예가 5세기 중국에서 한국과 일본을 포함한 아시아의 다른 지역으로 젓가락이 전수된 사례다. Q. Edward Wang, *Chopsticks: A Cultural and Culinary History* (Cambridge: Cambridge University Press, 2015).

와 관련한 아이디어는 더욱 빨리 확산되었다. 식습관에서 보여 준 서로 다른 문화 간 전파의 패턴은 술뿐만 아니라 그와 관련된 문화의 전파에서도 일어났을 것이다.

이러한 맥락에서 학자들은 아직 구체적인 증거는 부족하지만 다양한 종류의 중국 술도 한국으로 전해졌을 거라고 타당성 있게 가정한 것 같다. 예를 들어, 고대 중국의 농업 교본서『제민요술』은 두 국가 간의 교류를 통해 한반도에 소개된 것으로 추정되며, 시간이 지남에 따라 요리 기술과 함께 한국 전통 발효주의 양조에 영향을 미쳤을 수도 있다.[14]『제민요술』에는 다양한 효모를 발효제로 사용하여 곡물로 발효주를 만드는 자세한 조리법이 수록되어 있다.[15] 신라는 668년에 당나라와 동맹을 맺어 한반도의 중남부를 통일했고, 통일신라는 당나라와 학문적·문화적 교류를 확대했다. 당시 중국 황실의 허가 속에서 이슬람 법에 따라 생활한 광저우의 유명한 이슬람 공동체의 사례처럼, 당나라는 외국인들이 자발적으로 형성한 대규모 외국인 공동체를 받아들이고 국제적인 개방 사회를 장려했기 때문에 이러한 당나라와의 교류는 신라에 영향을 미쳤다. 많은 한반도인은 중국을 비롯한 동아시아 국가들을 잇는 해상무역에도 적극적으로 참여했는데, 당시 산둥성과 장쑤성에 퍼져 있던 신라방新羅坊이라는 한인 공동체가 신라소新羅所라는 자치행정기관의 관리 감독하에 당과 신라의 문화 교류 중심지로 번성했다.[16] 신라의 일부 지식인은 당의 과거

14 이성우,『韓國食品社會史』, p. 198.

15 이성우,『韓國食品社會史』, pp. 189-194.

16 특히 오늘날 중국의 산둥성과 장쑤성은 더욱 그렇다. 고대 한국 문헌에서 술과 관련된 더 많은 일화는 鄭大聲,『朝鮮の酒』, pp. 23-28 참고.

시험에 지원하기 위해 중국 고전을 공부하기도 했는데, 그중 몇몇은 성공하여 당나라의 관료가 되었다. 그 잘 알려진 예로 빈공과賓貢科에 급제하여 모두가 열망하는 진사進士 학위를 취득한 후 당 남부의 현청 관리로 임관된 최치원崔致遠이 있다.[17] 따라서 이와 같은 신라인들이 중국에서 중국인들과 개인적으로 접촉하면서 알게 된 음식 및 술 문화를 한반도에 전파했을 가능성이 높다. 이런 식으로 술을 비롯한 중국의 풍부한 식문화는 한국의 술 양조 전통에 영향을 미쳤을 수 있다.

일부 중국 사료는 한반도인들이 중국의 으뜸가는 술과 경쟁할 수 있는 독특하고 좋은 술을 개발했다고 암시한다. 예를 들어, 중국과 외국의 전설과 경이로운 이야기를 담고 있는 9세기의 『유양잡조酉陽雜俎』의 음식과 술에 관한 장에는 당시 중국의 일반적인 양조법과는 차별화된 '낙랑주법樂浪酒法'이라는 특별한 양조법이 소개되어 있는데, 여기서 낙랑은 기원전 108년부터 기원전 313년까지 한반도 북부에 존재했던 한 제국의 낙랑군樂浪郡을 지칭한다.[18] 중국 송나라 때 이방李昉의 감독하에 편찬한 대규모의 백과사전 『태평어람太平御覽』은 이전의 사료를 인용하며 고구려와 관련된 신화적 일화를 소개한다. 이 이야기에 따르면 동해의 신이 단도丹徒라는 지역에 온 고구려의 여인에게 만남을 청하였으나 여인이 이를 거절하자 분노해서 술병을 뒤집어 엎었는데, 그 술이 곡아호曲阿湖(오늘날 장쑤성 단양)로 흘러 들어갔다

17 Lee Ki-baik, *A New History of Korea*, translated by Edward W. Wagner and Edward J. Shultz (Cambridge, MA: Harvard University Press, 1984), p. 94.

18 鄭大聲, 『朝鮮の酒』, p. 25; 段成式, 『酉陽雜俎』 5, 今村与志雄 譯注(東京: 平凡社, 1980), p. 44.

는 것이다. 이 술은 '곡아주'라고 불리며 매우 맛있었다고 한다. 정대성은 곡아주 이야기 자체가 신화적이고 내용에서도 양조 기술을 명시적으로 언급하고 있지 않지만, 곡아주의 맛은 고구려에서 시작된 특별한 양조 기술에서 비롯되었으리라고 주장한다.[19] 또 다른 증거는 한국의 술맛에 중국인들이 감동했다는 기록으로 보아 한국의 양조 기술이 중국 술에 영향을 미쳤다는 것을 암시하기도 한다. 이후 한국에서 기록된 『지봉유설芝峰類說』(1614)과 『해동역사海東繹史』(1823)에는 당나라 시인 이상은李商隱의 시가 소개되어 있는데, 다음과 같은 내용이 포함되어 있다. "새벽에 신라주 한 잔의 향기가 바람과 함께 사라질까 두렵다."[20] 동일한 시구가 이상은의 시 「공자公子」에 확실히 등장한다.[21] 당나라 시인이 신라주에서 느낀 친숙함은 문인과의 교류에서 비롯된 것으로 보인다. 요컨대, 신라와 중국 왕조 간에 정기적으로 이루어진 문화적 교류는 신라가 차용한 양조 기술과 우리의 전통 기술을 결합해 고유의 양조법을 발전시키는 데 영향을 미쳤을 것이다. 안타깝게도 이 술에 대한 신라 문인들의 자세한 설명은 남아 있지 않고, 당나라 문헌에도 증류주에 대한 증거가 거의 없기 때문에, 당시 한국이 현지에서 증류주를 생산했을 가능성은 거의 없어 보인다.[22]

---

19 이성우, 『韓國食品社會史』, p. 197; 『太平御覽』 21(上海: 上海书店, 1985), 卷46.

20 이성우, 『韓國食品社會史』, pp. 197-198.

21 王啓興, 『校編全唐詩』 下(武汉: 湖北人民出版社, 2001), p. 2818. 이상은은 정치가이자 두목(杜牧)과 함께 당나라 후기 문학을 대표하는 저명한 시인이다.

22 여기서 주의할 것은 이상은이 기술한 신라주는 알코올 도수가 높지 않아 증류주일 가능성이 없다는 점이다. 증류주일 가능성이 있던 술에 대한 문헌 자체가 극히 드물지만, 신라인은 증류주를 비롯해 독한 술을 보유하지 않았던 것으로 보인다.

통일신라가 멸망한 뒤 거의 4세기 동안 지속된 고려 시대의 문화적 발전 과정에서 한반도의 술은 큰 변화를 겪는다. 이 시기부터 당시 한국인이 소비한 술과 음식의 종류를 살펴볼 수 있는 보다 다양하고 상세한 문헌 사료가 등장한다.[23] 고려 후기에 존재한 술의 종류와 영향력을 가장 효과적으로 증언하는 사료는 당시 사회를 날카롭고 비판적으로 관찰한 문인들의 저술이다. 심지어 시대를 풍자하고 삶의 교훈을 주고자 술을 의인화한 '가전체소설假傳體小說'이라는 특별한 장르의 문학도 있었다.[24] 그중 가장 선구적 저작인 임춘林椿의 『국순전麴醇傳』은 술에 대해 활력을 되찾도록 돕는 긍정적인 효과와 사람을 부패하고 수치스럽게 만드는 과음과 같은 부정적인 측면을 모두 보여 준다. 이 작품은 궁극적으로 술에 빠져 국가와 백성을 위해 제대로 일하지 않는 왕과 귀족들을 비판한다. 『국순전』은 고려 시대의 가장 유명한 문인이자 관료인 이규보李奎報에게 영향을 끼쳐 『국선생전麴先生傳』을 집필하게 했다.[25] 임춘만큼 비참한 삶을 살지는 않았지만 이규보는 사회에서 겪은 어려운 상황들에 비판적으로 접근하여 글을 썼다. 이 두 편의 국麴(누룩)씨 이야기에 나오는 모든 등장인물은 곡물 발효에 사용되는 효모까지 포함해서 술과 관련된 다양한 요소를 상징한다. 가전체소설과 같은 문학작품 속 술에 대한 언급은 대개 곡물 발효와 연관이 있다. 따라서 곡물이 당시에 일반적으로 마신 발효주

23 이성우, 『韓國食品社會史』, pp. 210-226.

24 『한국민족문화대백과사전』, http://encykorea.aks.ac.kr/Contents/Index?contents_id=E0000328 (접속일: 2018. 12. 2) 참고.

25 이성우, 『韓國食品社會史』, pp. 224-225.

의 주재료로 활용되었다고 가정할 수 있다.[26]

이러한 문헌은 당시 사람들이 곡물 발효주를 선호한 사실을 강력하게 증언해 주는 동시에, 다른 문헌에서는 고려 중후기에 존재한 다양한 술을 보여 준다. 예를 들어, 특히 술을 좋아했던 이규보는 『국선생전』을 집필했을 뿐만 아니라 그의 시에서 이화주梨花酒, 자주煮酒, 화주花酒, 초화주椒花酒, 비파주波把酒, 백주白酒, 방문주方文酒, 춘주春酒, 천일주千日酒, 천금주千金酒, 녹파주綠波酒 등 여러 술에 대해 썼다.[27] 다른 문학작품에서도 다양한 술의 명칭이 언급되고 있다. 고려 사회에서는 총 25종류 이상의 술을 마셨는데, 이후 사료에 따르면, 대부분 조선 시대까지도 이 술들을 즐겨 마셨음을 알 수 있다.[28] 이를 통해 당시에 사람들이 단순한 곡물 발효주뿐 아니라 꽃과 나무껍질을 섞은 것을 포함하여 다양한 술을 마셨음을 알 수 있다.[29] 어쨌든 술의 기본재료가 된 곡식은 술의 인기 덕분에 주식으로서의 소비 이외의 수요가 증가하면서 더 가치 있는 상품이 되었다. 이 시기에 이러한 술의 주된 수요자는 특권층인 귀족이었다. 예를 들어 임춘과 이규보는 인기 있는 풍자문학을 저술할 때 값비싼 곡물 발효주의 주재료들을 사용하여 지배층의 이러한 트렌드를 반영했다. 그럼에도 불구하고 일반 사람들도 비록 종류는 다르지만 술을 마셨다. 이는 외교 사절로

---

26 장지현, 『韓國外來酒流入史硏究』(서울: 수학사, 1989), p. 16.

27 이성우, 『韓國食品社會史』, p. 220.

28 고려시대에 이미 한국의 술 체계가 확립되었음을 알 수 있다. 배경화, 「안동소주의 傳來過程에 관한 文獻的 考察」(안동대학교 석사학위논문, 1999).

29 이러한 사료들은 위에서 논의한 문학서 및 『고려사(高麗史)』(1454년 완성)에 기재된 일화와 같은 기타 자료들을 포함한다.

고려를 방문한 중국인 서긍徐兢이 고려에서 소비되는 주류의 기본 특징을 기록한 사료에서 확인할 수 있다.

서긍의 『선화봉사고려도경宣和奉使高麗圖經』은 고려 시대의 술에 관한 최초 기록으로, 임춘과 이규보의 작품보다 시대적으로 앞선다. 서긍은 송나라 휘종徽宗(재위 1100-1125)의 명으로 고려의 상황을 확인하고 중국 북부를 위협하는 여진족과의 전쟁에서 군사 지원을 고려에 요청하는 특별 외교 임무를 수행하기 위해 파견된 중국 사절단이었다. 외부인의 관점에서 고려의 정치 체제와 문화에 대한 세부 사항을 묘사한 그의 기록에는 한반도 사람들이 마시는 술에 대한 간략한 논의가 포함되어 있다.[30] 서긍은 고려인이 술을 좋아해서 자주 마셨고, 일부는 하룻밤에 여러 차례의 술자리에 참석하기도 했다고 보고하고 있다. 신라의 독특한 술을 높이 평가했던 당대의 중국인들과 달리, 서긍은 글에서 여러 차례 강조했듯이 자신이 맛본 고려 술을 별로 좋아하지 않았던 것 같다. 그는 고려에 찹쌀이 없었기 때문에 한국인들은 멥쌀과 그 맥아를 사용하여 술을 양조했다면서, 이것이 한국 술이 찹쌀로 만든 중국 술만큼 맛있지 않은 이유라고 썼다. 고려인들이 술 양조를 위해 곡물 발효제를 사용했다는 서긍의 말은 당시의 술을 이해하는 데 유용한 단서다. 학자들은 그러한 구절의 분석을 통해 고려인들이 발효에 사용했던 효모가 조선 시대에 기록되기 시작한 누룩이라는 한국의 전통 발효제라고 추정한다. 그러나 이 발효 방법이 처음

30 『선화봉사고려도경』에 대한 자세한 내용은 Xu Jing(徐兢), *A Chinese Traveler in Medieval Korea: Xu Jing's Illustrated Account of the Xuanhe Embassy to Koryŏ*, translated, annotated, and with an introduction by Sem Vermeersch (Honolulu: University of Hawai'i Press, 2016), pp. 1-55 참고.

사용된 것은 아마도 중국의 전국시대(기원전 476-기원전 221)까지 거슬러 올라가고, 대략 3세기에 한반도에 도입되었을 것이다. 고려 시대에 곡물로 만든 발효제를 사용했다는 사실은 당시의 일반적인 술이 대부분 곡물로 빚은 술이었음을 보여 준다.[31]

서긍은 고려 술의 또 다른 중요한 특징으로 왕과 귀족들이 즐겨 마시는 술의 종류를 주목할 수 있다고 설명한다. 여기에는 맑게 거른 청주淸酒와, 청주의 일종으로 말 그대로 '조리법대로 만든' 법주法酒가 포함된다. 두 종류 모두 고려 왕실에 술을 제공하는 관청인 양온서良醞署에서 양조했다. 불교가 국교였던 고려 시대에는 왕실, 귀족 등의 특권층과 연결된 불교 사찰에서도 술을 생산했다.[32] 이와 대조적으로 일반인은 이런 좋은 술을 얻을 수 없었고, 걸쭉하고 탁한 맛이 나는 조잡한 종류의 술을 마셨다.[33] 서긍은 당시 고려의 술은 귀족이 마시는 것과 일반인이 마시는 두 종류로 나뉘었다고 덧붙였는데, 이와 같은 내용은 『고려사高麗史』(1454)에도 나와 있다. 조선의 세종 때 편찬된 이 정사 기록은 고려 문종文宗의 통치 기간(1046-1083)에 왕실이 국가의 의식에 사용할 고급 주류인 청주와 법주를 양조하기 위해 양온서를 설립했다고 전한다.[34] 우리는 중국과 한국의 사료들을 통해 청주가 발효되었지만 거르지 않은 밑술을 압착해서 만들어졌다는 것

---

31 누룩과 곡물 발효에 대해서는 이성우, 『韓國食品社會史』, pp. 179-180; 배경화, 「안동소주의 傳來過程에 관한 文獻的 考察」, pp. 7-17 참고.

32 鄭大聲, 『朝鮮の酒』, pp. 32-33.

33 Xu Jing, *A Chinese Traveler in Medieval Korea*, p. 199; 이성우, 『韓國食品社會史』, pp. 210-211.

34 이성우, 『韓國食品社會史』, p. 211; 『高麗史』 卷85志, 卷第39 刑法 2.

을 알 수 있다. 법주는 일정한 비율의 원 재료로 구성된 풍부한 밀술을 사용하여 양조되었다.[35] 법주는 '어주御酒' 또는 '관주官酒'라고도 불렸다. 예를 들어 왕실은 관료들에게 선물로 이 술을 하사했다. 양조하는 이들은 특별한 압축 양조법을 사용하여 종묘에서 행해지는 제사에 사용할 고급 술을 만들었다. 서긍은 '탁주濁酒'가 일반인을 위한 술이었다고 하는데, 이는 고려 시대의 다른 문헌에서도 확인된다. 예를 들어, 학자들이 지은 시에서는 농부들이 밭에서 마시고 여행자가 길에서 마신 탁주와 백주, 박주가 언급된다.[36] 이 모두는 (알코올 함량이 낮아서) 맛이 약하고 색이 더 어두웠으며 만들기도 쉬웠다. 고려에 잠시 방문한 동안 관찰한 문화를 자세히 기록한 송나라 사절 서긍은 12세기 한반도의 여러 계층에서 일반적으로 소비되는 주요 술 유형의 본질적인 특성을 적절하게 설명했다. 그러나 이를 포함한 고려 중기의 사료들에서는 당시 증류주가 존재했는지에 대한 단서가 발견되지 않는다.

외국 주류의 수입과 전파는 고려 사회에서 증류주의 존재 가능성을 찾기 위해 고려 문헌을 조사할 때 주목해야 할 중요한 주제다. 이를 위해 장지현은 사용 가능한 문헌 사료들을 심도 있게 분석했다. 그는 당시 한반도인들은 북아시아의 거란인, 여진인, 몽골인 및 남아시아와 동남아시아의 수많은 국가로부터 외교적 선물이든 상업적 상품이든 간에 직간접적으로 다양한 술을 수입했다고 주장한다.[37] 『고

35 鄭大聲, 『朝鮮の酒』, pp. 29-30.

36 이성우, 『韓國食品社會史』, p. 212; 鄭大聲, 『朝鮮の酒』, pp. 30-32.

37 장지현, 『韓國外來酒流入史研究』, pp. 10-36.

려사』와 동시대의 문헌에 기록된 외교 관계 논의에 대한 구절의 분석을 바탕으로 장지현은 중국에서 고려로 특정 주류가 수입되었음을 밝힌 날짜들을 제시했다. 다음 목록은 장지현의 분석에 근거한 외국산 주류의 명칭들과 이들이 고려로 전파되었을 가능성이 있는 시기다.[38]

- 행인자법주杏仁煮法酒, 문종文宗 32년(1078) 6월 기록
- 양주羊酒, 예종睿宗 연간(1105-1122) 또는 그 이전 기록
- 계향어주桂香御酒, 예종睿宗 12년(1117) 6월 기록
- 화주花酒, 숙종肅宗 연간(1095-1105) 기록
- 마유주馬乳酒 또는 동락潼酪, 일명 쿠미스kumiss, 고종高宗 18년(1231) 12월 기록
- 포도주葡萄酒, 충렬왕忠烈王 28년(1302) 2월 기록
- 백주白酒, 충렬왕 28년 8월 기록
- 상존주上尊酒, 충선왕忠宣王 원년(1309) 12월 기록
- 중산주中山酒, 고려 중기 기록
- 증류주蒸溜酒, 고려 후기 암시됨

열거된 주류를 보면 한국인은 양주, 화주, 마유주, 포도주 등 곡물 이외의 다른 재료로 만든 술도 소비했음을 알 수 있다. 양젖으로 만든 술을 마셨다는 증거는 예종睿宗이 1107년에 여진족을 물리친 고

38 장지현, 『韓國外來酒流入史硏究』, p. 36.

려 장군을 치하하려고 술을 제공했다는 언급에서 드러난다. 『고려사』는 한반도에서 이 술을 어느 시점부터 마시게 되었는지를 명시적으로 말해 주지 않는다. 그러나 장지현은 양젖으로 만든 술이 일반적으로 유목민들 사이에서 소비되고 농업 사회에서는 생산되지 않았기 때문에, 국가가 관장한 무역을 통해 거란족이나 여진족으로부터 들여왔을 것이라고 주장한다. 또한 몽골인들이 고려 왕실에 진상한 마유주와 포도주에 대한 기록도 있다. 장지현에 따르면, 암말의 젖으로 만든 동락은 북부 유목민들이 흔히 마셨던 술에 붙은 별칭으로, 마동락馬潼酪이라고도 한다.[39] 이는 『고려사절요高麗史節要』의 1231년 기록에 외교 협상을 마친 후 몽골 장군이 고려 고종에게 제공한 선물의 일부로도 등장한다.[40] 당시 몽골의 침략으로 고려는 강화도로 수도를 옮기면서 계속 저항했는데, 이때 몽골인들은 한반도의 거의 모든 지역을 황폐화시켰다. 원의 황제는 1302년과 1308년에 고려의 충렬왕에게 포도주를 선물했다.[41] 이 사료들로부터 알 수 있듯이, 외국 술은 대부분 특별한 선물로 왕이나 귀족들이 독점했고, 평민들에게는 주어지지 않았다.

고려 문헌에서 확인된 외국 술의 한 종류가 평민층에 급속히 퍼져나갔는데, 이는 소주와 아라길阿剌吉이라는 증류주다. 여기서 한반도인들이 '아라길'이라고 부른 것은 중국어로 '알라지', 튀르크어로 '아라지', 몽골어로 '아르히'에서 온 것이다. 몽골 유목민들이 증언하는

39 장지현, 『韓國外來酒流入史硏究』, pp. 23-24.

40 『高麗史節要』 卷16.

41 『高麗史節要』 卷22; 장지현, 『韓國外來酒流入史硏究』, pp. 23-27.

동락의 예에서 볼 수 있듯이, 당시의 문헌들은 외교 선물품으로 사용된 많은 외국 술의 전파 경로를 명확하게 나타내 주지만, 증류주를 사용한 것에 대한 공식 기록은 찾아볼 수 없다.[42] 그러나 고려 후기의 사료 몇 편은 당시에 이러한 증류주의 인기가 꽤 높았음을 암시해 준다. 그보다 더 이후에 기록된 사료들을 보면, 1392년 고려가 멸망할 무렵 증류주가 아주 중요한 술이 되었음을 분명하게 밝혀 준다. 이규보의 고려 중기 저술에서는 이 증류주에 대한 언급을 찾아볼 수 없다는 점을 감안할 때, 이 술은 13세기 중반까지 고려 사회에 보급되지 않았음이 분명하다. 즉, 고려가 원왕조와 전례 없이 친밀한 관계를 맺었던 14세기에 들어서야 고려의 문헌에서 증류주에 대한 기록이 등장한다.

소주와 아락의 보급

세 편의 고려 사료를 보면 증류주, 특히 소주와 아락의 대중화는 고려 말기에 일어났음을 알 수 있다. 그중 『고려사』에서 볼 수 있는 두 가지 기록은 모두 소주를 명시적으로 언급하고 있다. 첫 번째 기록은 최영崔瑩의 전기에서 보이는 구절로, 소주를 과도하게 좋아해서 군무를 게을리하여 처벌받은 김진金縝이라는 장군을 소개하는 부분이다.

42 외국 술이 전파된 방법은 (위에서 논의한 마유주의 예에서 볼 수 있듯이) 문헌 사료를 통해 꽤 명확하게 추적할 수 있지만, 증류주 관련 사료들은 그 기원에 대한 일관성 없는 정보를 제공하여 여러 이론을 초래했다.

이에 앞서 김진이 경상도 원수로 있을 때에 도내의 이름난 기생을 많이 모아 놓고 휘하 사관들과 밤낮으로 술을 마시고 놀았다. 김진은 소주를 즐겼으므로 군대 안에서 그를 소주도燒酒徒라고 불렀다. 그는 사병과 보좌관들이 조금만 자기 비위를 거스르면 곧 후려갈기며 욕설을 하였으므로 모두 울분과 원망을 품었다. 왜적이 합포合浦 병영에 방화하고 약탈하자 군인들이 말하기를 "소주도더러 적을 치게 하라. 우리들이 어찌 싸울 수 있는가"라고 하고 물러서서 나가 싸우려 하지 않았으며, 김진은 혼자 말 타고 도주하였으므로 마침내 대패하였다. 이에 김진을 서민庶民으로 만들어 창녕현昌寧縣으로 귀양보냈다가 이어 가덕도嘉德島로 옮기고….[43]

최영은 김진을 처벌한 후에 "합포 도천호都千戶 이동부李東傅와 김원곡金元穀을 사형에 처했다."[44]

최영은 고려 후기의 중요한 인물로, 자신을 항복시키고 한반도에 새로운 나라를 세우려는 세력이 부상할 때에도 원나라에 대항한 고려의 왕들을 보좌했다.[45] 최영은 김진과 같은 무관들을 잘 알고 있었기 때문에 고려 후기 우왕禑王의 통치 기간(1374-1388)에 일어난 사건에 대해서도 알고 있었을 것이다. 『고려사』를 편찬한 이들은 최영의 전기에 김진의 이야기를 포함시켜 최영 장군이 중대한 상황에서 군

---

43 장지현, 『韓國外來酒流入史研究』, pp. 42-43.

44 『高麗史』 卷113, 列傳 卷第26.

45 최영은 고려를 존속시키려고 노력했지만 결국 친명파에 의해 처형되었다. 고려의 마지막 왕인 우왕을 폐위시키고 이 세력은 조선을 선포했다. Lee Ki-baik, *A New History of Korea*, pp. 162-165.

의 행동 규범을 위반한 김진과 같은 무관들을 처형하지 않은 우왕에게 화를 냈다는 것을 보여 주었다.(결국 최영 장군이 주도권을 잡아 이들을 적절하게 처벌했다.)[46] 여기서 소주를 과도하게 즐기는 사람들을 '소주도'라고 불렀다는 사실은 소주가 증류주처럼 도수 높은 술이었는지를 알려 주지 않는다. 그러나 소주가 당시 특별한 술로 구별되었고, 고려 군인들이 종종 술에 취해 부적절한 행동을 할 만큼 소주를 과하게 마시기 시작했다는 사실을 알 수 있다.

『고려사』에서 소주에 대한 또 하나의 기록으로 우왕의 통치 기간에 시행된 금령에 대한 절을 보면, 소주가 사회의 여러 영역에 보급되었고, 때로 지나치게 소비되었음을 알 수 있다. 1375년에 내린 칙령을 보면, 소비를 억제시키기 위해 소주와 비단, 금, 옥 등 사치품의 구매를 금지하고 있다. 이 구절은 사람들이 새로운 탐닉에 빠져 재산을 탕진했기 때문에 조정에서 소주를 비롯한 사치품 구입을 금지해야 했음을 강력하게 시사한다. 위에서 이전 시기의 술 애호가들이 저술한 고려 시대 문학작품들에는 소주가 등장하지 않았던 것을 보았다. 그러나 고려 말에 갑자기 나타난 이 증거는 소주가 당시에 귀족들 사이에서 인기를 얻었음을 증명해 준다. 아마도 부유한 상인과 평민도 금전적으로 감당할 수 있는 한, 비단이나 다른 사치품처럼 소주를 즐겼을 것이다.[47]

46 정치적 부패와 외교적 갈등으로 점철된 우왕의 통치를 포함한 고려 말에 대한 자세한 내용은 Lee Ki-baik, *A New History of Korea*, pp. 160-165 참고.

47 『高麗史』 卷85, 刑法 卷第39; 장지현, 『韓國外來酒流入史研究』, pp. 43-44. 소주가 왕과 상류 귀족만 가끔씩 소비하는 특산품이었다면 정부가 굳이 법적으로 금하지 않았을 것이다.

『고려사』의 두 구절에서 언급된 소주가 증류주인지 명확하지 않지만, 그 특징이 새롭고 독특하기 때문에 증류주였을 것으로 생각해 볼 수 있다. 명칭도 동시대 중국 술인 샤오죠우와 동일한 한자를 사용했으며, 이 구절을 저술한 저자들이 소주를 오래된 한국 전통술과는 다른, 독하고 특수한 술로 여겼기 때문이다. 당시 소주의 특성을 분명히 밝혀 적은 고려 시대의 사료는 현존하지 않는다. 그러나 동시대의 또 다른 사료는 당시 증류한 술이 존재했음을 증명한다. 「서린조판사西隣趙判事」라는 시에 따르면, 서부 지역에 사는 조판사는 한국어 음역 표기로 '아라길'이라 읽히는 '아라지阿剌吉'를 소개한다. 이 시를 쓴 시인이자 필명 목은牧隱으로도 알려진 이색李穡은 고려 후기와 조선 초기의 영향력 있는 신유학자이며, 조선의 사상적·제도적·법적 시스템을 수립한 정도전鄭道傳을 포함해 주요 정부 관료들의 스승이었다. 이 시의 제목은 서린에 거주한 한 조판사가 아라지를 소개했다고 명시하고 있다. 주영하는 이 조판사가 바로 조운흘趙云仡이며, 서린은 당시 고려의 수도 개경에 위치한 사절들의 숙소인 태평관에 있는 한 구역을 가리킨다고 주장한다.[48] 조판사가 아마도 원의 사절이나 상인으로부터 술을 얻었을 것이므로, 술의 원래 명칭은 한국어 발음의 '아라길'이 아니라 '아라지'로 불렸을 것이다. 1장에서 보았듯이, 아라지는 『음선정요』에서부터 확인되고 몽골-원 시대에 보급되기 시작한 증류주의 하나인 '아락'의 음사 표기로 사용되었다. 3장에서 보겠지만, 이색은 원나라 수도인 대도(현재의 베이징)를 오가며 학생과 외교

48 주영하, 「정도전 스승 이색의 소주 사랑」, 『동아일보』 2015년 6월 22일 자.

관으로 머물렀기 때문에 외국에서 온 술의 원래 명칭을 알고 있었을 것이다. '아락'이 언급된 이색의 시는 고려 말과 조선 초에 학자들 간의 접촉을 통해서도 증류주가 중국에서 한반도로 전파되었음을 보여주는 강력한 증거다.

이색은 시에서 중국인은 '아라지', 한국인은 '아라길'이라고 부르는 술을 "가을 이슬처럼 둥글게 맺혀 밤이 되면 똑똑 떨어지네… 반잔 술 겨우 넘기자마자 훈기가 뼛속까지 퍼지니"라고 묘사한다.[49] 이 시에 묘사된 아라지 술은 발효주에서 도수 높은 증류액을 추출하여 만들었음이 분명해 보인다. 이후 조선 시대 사료에서 소주를 '노주露酒'(중국어로 루죠우*lujiu*)로 지칭한 사실은 이색이 묘사한 증류주 아라지와의 관계를 암시한다. 중국어 샤오죠우의 별칭으로서 '루죠우'라는 용어를 현존하는 중국 문헌에서 찾을 수 없기 때문에, 이색의 시에서 보이듯이 고려인이 일반적으로 증류주를 '노주'로 이해한 것은 조선 시대 사람에게 독립적으로 영향을 미쳤을 것이다. 증류주에 관한 이러한 최초의 문헌 증거들은 증류주를 만드는 데 사용된 재료와 같은 새로운 세부 내용을 알려 주지 않는다. 또한 고려 시대 사료는 당시 한반도 전역에서 특정 증류주의 보급 방법을 알 수 있는 상세한 정보도 제공하지 않고 있다.

요컨대, 지금까지 살펴본 동시대의 기록 세 편은 13세기와 14세기 몽골제국 시대에 소주와 아락이 한반도에 갑자기 등장했음을 시사한다. 소주와 아락이 그 이전 시기의 기록에 나오지 않는다는 점을 감

49 장지현, 『韓國外來酒流入史研究』, p. 53; 李穡, 『국역 목은집』(서울: 민족문화추진회, 2000), 9권.

안할 때, 외부에서 한반도로 전파된 것이 분명하며, 그 전파 시기는 한반도가 더 넓은 유라시아 세계와 밀접하게 연결된 원왕조의 영향을 받았을 때다(그림 2.1의 C 참조). 고려 시기에 전례 없는 방식으로 외국과의 관계에 노출된 상황은, 당시에 한반도에서 소주의 급격한 흥기를 설명해 주는 유용한 역사적 맥락으로 작용한다. 몽골 시대 한반도의 소주와 아락을 몽골 통치하의 중국 내에서 보급된 샤오죠우나 아락과 비교했을 때, 한자 명칭과 술의 특징이 거의 같다는 점은 이 동일한 증류주가 중국에서 한반도로 전파되어 발전했음을 강력히 시사한다. 원나라와 고려의 긴밀한 외교 관계를 감안할 때 이러한 전파를 짐작하는 것은 어렵지 않다.[50] 이 발견을 확증하는 가장 좋은 방법은 원나라에서 고려로 증류주가 전파된 경로를 되짚어 보는 것이다. 이는 두 나라 사이에 존재하는 전례 없는 관계라는 더 넓은 역사적 맥락과 함께, 그것이 소주의 전파를 어떻게 촉진할 수 있었는지를 검토함으로써 가장 잘 파악할 수 있다.

이에 앞서 한반도에서 증류주의 기원을 논한 기존 연구들을 검토할 필요가 있다. 기존 연구에서는 고려와 그 뒤를 이은 조선 시대에 기록된 사료들과 동시대 중국 사료들을 잘 활용해 왔다.[51] 예를 들어, 몇몇 학자는 훗날 조선 시대에 기록된 여러 사료를 활용하여 소주/샤오죠우가 원나라 시대 중국에서 시작된 후 고려 후기에 한반도로 전

50 고려-몽골 관계에 대한 한국 학자들의 고전적 연구에 대해서는 張東翼, 『高麗後期外交史硏究』(서울: 일조각, 1994); 고병익, 『東亞交涉史의 硏究』(서울: 서울대학교출판부, 1970) 참고.

51 이러한 사료들에는 개인 문집, 시, 의학 서적 등을 포함하여 조선 시대 학자들이 저술한 다양한 종류의 문헌 자료가 포함된다.

파되었다고 강하게 주장해 왔다. 이 주장은 동아시아 전역에서 발생한 소주의 갑작스럽고 동시적인 흥기에 초점을 맞춘 논의들을 뒷받침해 준다. 그러나 다른 학자들은 별도의 사료들을 바탕으로 원나라 시기에 전파되었다는 이론을 반박하면서, 증류주가 원나라 이전에 중국에서 이미 존재했고 한국으로도 전파되었을 가능성을 제시했다. 이러한 논의들은 당시 이용할 수 있던 한국과 중국의 주요 사료들을 깊이 있게 분석함으로써, 한반도가 더 넓은 세계와 연결된 당시의 상황에 대한 통찰력을 보여 준다. 그럼에도 당시 이용할 수 있던 사료들이 제한적이었기 때문에 좀 더 심도 있는 이해를 진작시키지 못했다. 특히 증류기 개발 등 증류 기술의 중요성에 대한 인식이 불충분하지만, 그럼에도 기존 논쟁이 소주의 기원과 특성에 대한 최근의 이해에 영향을 미쳤기 때문에 검토해 볼 가치가 있다. 이 논의 과정에서 제기된 다양한 이론의 장단점을 검토한 후, 전체적으로 역사적 맥락에 대한 새로운 이해를 바탕으로 소주의 기원에 대한 기존 이론을 수정하여 증류의 역사와 몽골 지배하 한중 관계에 대한 새로운 통찰을 얻고자 한다. 지면 제약으로, 소주의 기원에 대한 최근 논쟁에 직접적인 영향을 끼친 저작들을 검토한 주요 저술들을 집중적으로 볼 것이다.

한반도 증류주의 기원과 전파 경로에 대한 이론

한반도 소주의 기원과 관련한 지리적 상황과 역사에 대한 관심은 20세기 후반 근대 학문이 부상하기 전으로 거슬러 올라간다. 이러한 관심은 일본인 사이에서 본격적으로 나타났는데, 식민 통치를 통해 한국인에 비해 이 연구를 더 잘 수행할 수 있는 위치였기 때문일 것이다. 1935년에 일본 학자들은 『조선주조사朝鮮酒造史』, 즉 '한반도 술 생산의 역사'라는 소주의 역사에 대한 분석 및 논의 모음집을 출간했다.[52] 이 책은 정확하고 정량적인 정보를 제공하기 때문에, 수십 년 후 한국에 주류 연구소를 설립한 배상면이 한국의 주류 역사 연구를 진전시키기 위해 이 책을 한국어로 번역했다.[53] 『조선주조사』는 1907-1935년이라는 짧은 시기만 중점적으로 다루고 있음에도 증류주의 기원을 비롯해 소주와 같은 한국 전통주의 역사 연구에 영향을 미쳤다. 이 책에서 일본인 학자들은 소주의 초기 역사를 언급하면서 소주가 고려의 충렬왕(재위 1274-1298) 때부터 시작되었다고 주장하지만 적절한 문헌 사료를 인용하지 않았다. 그럼에도 백과사전의 기사를 포함하여 이후의 많은 연구가 이 책이 제시하는 연대를 사용해 소주의 기원을 논하는데, 이로써 이 책의 영향력을 짐작할 수 있다. 추측에 기반한 것이기는 하지만, 이 주장 자체는 소주의 기원과 관련된 논의를 발전시키는 데 도움이 되었다.

소주의 역사에 관한 연구는 20세기 후반부터 한국에서 서양식 과학 탐구의 학문적 기반이 자리 잡으면서 본격적으로 발전하기 시작했다. 이 연구를 선구적으로 주도한 학자들로는 농업사와 음식사 전문가인 장지현과 이성우를 들 수 있다. 그들은 문화사적 관점에서 한국의 식생활과 음식문화의 역사를 논하는 저서와 논문을 썼다. 장지

52 朝鮮酒造協会, 『朝鮮酒造史』(京城: 朝鮮酒造協会, 1935).

53 배상면 편역, 『朝鮮酒造史: 1907-1935』(서울: 규장각, 1997).

현은 외국 주류의 한반도 유입에 관한 1979년의 연구서에서 문헌 사료들에 대한 철저하고 체계적인 조사를 통해 소주/샤오죠우와 아락의 기원과 성격을 세밀하게 추적했다.[54] 한국과 중국의 문헌 사료 분석에 치중했다는 한계가 있지만, 장지현은 소주와 아락의 유입이 한국 술의 역사에 새로운 장을 열었다고 타당하게 주장했다. 그의 발견과 주장은 이 책을 포함하여 수십 년간 한국 소주의 역사 기술에 영향을 미쳤으므로 신중하게 검토할 필요가 있다.

장지현은 1979년의 연구서에서 학자들이 제기한 증류주의 기원과 전파 경로에 대한 기존 이론들을 (1) 몽골-원 시대 기원설, (2) 조선 후기의 실학자 이규경李圭景이 제안한 반反몽골-원 시대 기원설(몽골-원 시대 이전 기원설이라고도 함), (3) 최남선이 제안한 (이슬람교도 상인을 통한) 페르시아로부터의 직접 전파설로 요약했다. 장지현은 조선 시대 학자들이 소주보다 중국 샤오죠우의 기원에 더 많은 관심을 기울였다고 지적한다. 그럼에도 초기 단계에서 소주 기원 이론을 제시한 한국 학자들은 일본 학자들과 마찬가지로 한국 증류주의 학문적 발전을 위한 견실한 기반을 구축하는 데 공헌했다. 장지현은 한반도로 처음 전파된 것이 아락인지 혹은 소주인지 같은 질문에 대해, 기존 이론들에 비판적으로 접근하며 통찰력을 주었다.[55]

장지현에 따르면, 몽골 기원설은 다음과 같이 요약된다. 원과 고려의 사료에 따르면, 증류주인 샤오죠우는 1277년에 원나라에서 처음 만들어졌는데, 이는 고려 사료에 1375년경 처음 등장한 기록보다 거

54 장지현, 『韓國外來酒流入史硏究』, pp. 38-100.
55 장지현, 『韓國外來酒流入史硏究』, p. 82.

의 한 세기 앞선 것이다. 이에 따라 중국에서 한반도로 전파될 수 있는 가능한 시기를 특정해 볼 때, 중국 사회에서 샤오죠우의 소비가 고무되기 시작한 1314년부터 몽골-원왕조가 몰락하면서 고려에서도 이들의 영향력이 약해지기 직전인 1367년 사이로 좁혀진다.[56] 장지현은 때때로 『세계사 사전』(2차 사료)에 의존하여 원나라에서 소주의 기원를 논하는데, 이는 주장의 신뢰성을 약화시킨다.[57] 그러나 1장에서 살펴본 바와 같이, 원왕조 시기의 문헌 및 고고학 사료는 장지현이 제안한 기간을 입증하는 듯하다. 예컨대, 이들 증거는 중국에서 아난다 같은 몽골 왕들이 독점한 양조 산업과 증류주 제조소가 크게 번영했음을 보여 준다. 더구나 원과 고려의 왕실이 이 시기에 친밀한 관계를 유지했기 때문에, 샤오죠우가 중국에서 발전한 후 외교적 선물의 형태로 고려에 빠르게 소개되었을 것은 당연하다. 장지현이 논한 조선 시대의 여러 사료에도 원나라 때 중국에서 샤오죠우가 등장했다고 명시하고 있다.[58] 여기에는 의학 서적이 포함되는데, 장지현이 정확히 지적했듯이, 조선의 의학 서적들은 중국의 저서들로부터 영향을 받았다. 중국 샤오죠우의 기원을 논의할 때, 한반도 사료들에는 17세기 무렵 조선에 전해진 『본초강목』에 나오는 구절과 유사한 문구가 들어 있다.[59]

그러나 장지현의 주장에서 비판적으로 접근해야 할 부분이 있다.

---

56 장지현, 『韓國外來酒流入史硏究』, pp. 46-48.

57 장지현, 『韓國外來酒流入史硏究』, p. 48.

58 허준(許浚)의 『동의보감(東醫寶鑑)』, 이수광(李睟光)의 『지봉유설(芝峰類說)』, 서유구(徐有榘)의 『임원경제지(林園經濟志)』 참고.

59 장지현, 『韓國外來酒流入史硏究』, p. 61.

샤오쥬우와 아락을 비교하면서 발효유로 만든 아락은 원나라가 들어서기 전에 몽골인에게 소비된 반면, 샤오쥬우는 원나라 때 중국에서 아락의 증류 기술을 채택하여 만들어졌다고 주장한다. 따라서 몽골 시대에 샤오쥬우가 고려로 전파된 반면, 아락은 몽골이 중국에 원나라를 세우기 전에 몽골과의 관계를 통해 한반도로 전파되었을 가능성을 제안한다. 장지현은 아락이 있었음에도 중국인들이 왜 샤오쥬우를 만들었는지 탐구하면서, 중국인들은 전통적으로 곡물을 재료로 술을 만들었기 때문에 현지 재료인 발효 곡물을 증류하여 샤오쥬우를 만들었다고 결론을 내린다.[60]

장지현의 주장에서 문제점은 샤오쥬우가 중국의 전통 증류 기술을 사용하여 발전했으며, 원나라 때보다 규모는 작지만 송나라 때부터 중국에 존재했다는 부분에 있다. 앞서 이용 가능한 사료들에 대한 철저한 비교 분석을 바탕으로 샤오쥬우가 새로운 형태의 증류주인 아락뿐만 아니라 해상 교류를 통해 외국에서 전파되어 온 증류 기술의 영향을 많이 받았으리라는 결론을 내린 바 있다. 중국의 가정 백과사전인 『거가필용』에 따르면, 아락은 다양한 발효주를 증류하여 만든 것으로, '남번소주'라는 별칭을 얻었으며,[61] 『본초강목』에서는 샤오쥬우와 아락을 동일시하면서 처음으로 아락을 기록한 『음선정요』를 사료로 인용한다.[62] 이는 아락이 처음에 여러 종류의 재료로 만들어졌고, 양조자들이 더 쉽게 구할 수 있는 발효 곡물을 사용하면서 샤오

60 장지현, 『韓國外來酒流入史研究』, p. 62.
61 장지현, 『韓國外來酒流入史研究』, p. 62.
62 1장의 논의를 참고하라.

죠우와 비슷하게 발전했음을 시사한다.

간략히 말해서, 샤오죠우와 아락의 기원이 서로 달랐다는 것이다. 그러나 샤오죠우와 아락이 보급되면서 서로 연동되는 과정이 원나라 때 두 증류주의 생산과 보급을 증진시킨 몽골인들에게 빠르고 광범위하게 영향을 끼친 점에 주목해야 한다. 몽골인이 중국인보다 먼저 증류법을 발명했다는 증거는 없기 때문에, 몽골인들이 중국과 외국의 증류법에서 영향을 받아 발효 마유주를 증류하여 더 오래 보존할 수 있었고, 그 후에 중국 전역을 통치하면서 발효 곡물을 기반으로 한 증류주의 생산을 더욱 촉진시켰다고 보는 것이 더 신중한 결론일 것이다. 1장에서 살펴본 것처럼, 아난다와 같은 몽골 제후왕들이 독점한 주류 산업은 아락으로 칭해진 동남아시아 또는 남아시아의 증류주와 이를 만드는 기술에서 영향을 많이 받았을 가능성이 높은데, 이는 샤오죠우와 아락이 어떠한 방식으로 융합될 수 있었는가를 보여 주는 좋은 예가 될 것이다.[63] 동남아시아로부터 온 아락은 코코넛 꽃의 발효 수액으로 만들어진 것일 수 있다. 그러나 『거가필용』의 저자는 아락의 증류법을 '남번', 즉 해상로를 통해 전해진 독특한 외국 증류법으로 구분하고 있다. 따라서 아락은 그 재료 자체보다 특정한 증류법으로 식별되었고, 이후 몽골인과 다른 지역의 사람들도 아락을 이와 같이 인식했다. 아락은 전 세계적으로 증류주의 대명사가 되면서 중국의 샤오죠우와도 통합되어 그 한 종류로 세분화되었다. 『본초강목』이 저술된 명나라 말기에 중국에서는 발효 곡물로 만든 증류

63 장지현, 『韓國外來酒流入史硏究』, p. 73.

주가 인기를 끌었고, 샤오죠우와 아락은 이름이 달랐지만 동일한 술로 인식되었을 것이다. 따라서 고려 말에 샤오죠우가 한반도에 소개되었을 때, 샤오죠우와 아락이 함께 도입되었을 가능성이 높다.

장지현은 소주의 원나라 기원설을 주장하는 이론가들의 몇 가지 쟁점을 납득했지만, 이에 반하는 이론에 더 주목하고 있다. 이 반원 기원설은 이규경李圭景이 「남번소주 번명 아리걸변증설南番燒酒 番名 阿里乞辨證說」이라는 긴 산문에서 설명했는데, 다음과 같이 시작한다.[64]

> 노주는 소주고, 어떤 이들은 화주火酒라고도 칭한다. 원나라 시대부터 중국에서 그 이름이 알려졌다. 일반적으로 서남번西南番의 외국으로부터 유입되는데, 아마도 당나라 때 기원한 것 같다.

이규경은 주요 사료로 『거가필용』을 인용하는데, 이는 앞서 그가 논의한 아리걸, 즉 중국어로 '알리치'라고 발음되고 '阿里乞'이라고 적는 동남아시아 형태의 샤오죠우를 처음 논의한 저작이다. 이규경의 산문 제목에서 알 수 있듯이, 그가 『거가필용』 속의 알리치에 대한 기술에서 주로 영향을 받았다고 가정할 수 있다.[65] 그러나 이규경은 자신의 이론을 뒷받침하기 위해 더 많은 사료를 사용하고자 했다. 첫째, 소주의 또 다른 이름인 '노주露酒'를 제시하는데, 이는 (중국어 사료에는 없고) 한국 사료들에서만 찾을 수 있는 것이다. (또한 이색이 고려 시

64 李圭景, 『五洲衍文長箋散稿』, 고전간행회 편(서울: 동국문화사, 1959), 1책, 권5, p. 151; 장지현, 『韓國外來酒流入史研究』, p. 51.

65 장지현, 『韓國外來酒流入史研究』, p. 54.

대의 시에서 바로 이 용어를 사용해 아락을 묘사했다는 점을 기억하자.) 둘째, 기타 중국 문헌을 인용하여 소주/샤오죠우의 기원이 당나라 또는 아마도 그 이전까지 거슬러 올라갈 수 있다고 주장했다.[66] 실제로 실용적 사안에 대한 많은 저작을 집필한 조선 후기의 또 다른 학자인 이규경의 조부 이덕무李德懋는 샤오죠우를 이차 증류한 섬라주, 즉 '태국 술'을 논의한 전사田錫의 송나라 기록을 인용함으로써, 의학 문헌들에 뒷받침되는 소주의 원나라 기원설을 반박했다. 중국 사료에서 더 많은 정보를 분석하고 이덕무의 저작도 인용함으로써, 이규경은 샤오죠우가 송대에 존재했고 샤오춘燒春(일부 학자들이 당대에 샤오죠우의 별명으로 간주함)이 당대에 있었기 때문에, 샤오죠우도 송나라 이전에 존재했을 가능성이 있다고 주장할 수 있었다.[67] 더욱이 그는 동한 왕조(25-220) 시기의 문헌에 등장하는 '자주煮酒'가 샤오죠우의 한 형태를 가리킬 수 있다고 논함으로써 증류 기술이 이미 당시에 존재했을 수도 있다고 주장했다. 이규경은 『거가필용』 같은 이전 시기의 중국 저작을 열심히 수집해서 소주의 기원에 대한 새로운 주장을 뒷받침한다. 어쨌든 이러한 이규경의 논의가 장지현에게 깊은 인상을 준 것은 이상하지 않다.[68] 우리가 앞서 1장에서 살펴본, 새로 발견된 고고학 사료들

66 장지현, 『韓國外來酒流入史研究』, pp. 64-75.

67 이성우, 『韓國食品社會史』, p. 214; 『青莊館全書』 卷9, 민족문화추진회 편(서울: 솔, 1997), p. 12. 이규경은 『거가필용』 외에도 많은 사료를 입수할 수 있었기 때문에, 고대부터 발전한 증류에 관한 중국 저작들을 인용함으로써 소주가 원나라 이전, 심지어 당나라 때까지 거슬러 올라간다고 열성적으로 주장할 수 있었다.

68 장지현은 한국인들이 증류주의 대명사로 사용하기 시작한 창조적 용어인 노주(이슬주)가 수입 용어인 소주를 대체하는 용어로 쓰이지 못한 것이 안타까웠다고 밝힌다. 장지현, 『韓國外來酒流入史研究』, p. 64.

이 이규경의 많은 논점을 지지해 준다는 사실이 더 놀랍다.

이규경은 중국 증류주의 기원에 대해 설득력 있는 주장을 많이 제시했지만, 신빙성이 부족한 주장도 했다. 그는 연구 당시에 새로 입수할 수 있는 사료들을 활용하여 동아시아 지역, 심지어 오키나와처럼 불분명한 곳까지 해상무역을 통해 증류주가 확산된 바를 논의한다. 이규경이 살던 시대에는 증류주 전파와 보급에 관한 상황이 더욱 복잡했다. 아시아에 유럽인이 드나들기 시작한 것은 그 지역의 주류 무역과 연관된 경제 상황에서 새로운 변수로 작용했을 수 있는데, 이규경은 소주의 기원과 관련된 증거로 자신이 경험한 내용을 일부 제시함으로써 역사적 맥락에서 벗어났을 수 있는 것이다. 더욱이 그는 네덜란드인을 비롯한 유럽인들과 제한된 방식으로 접촉했던 동시대의 일본인들로부터 새로운 정보를 얻었는데, 이는 다음 장들에서 논할 주제다. 예를 들어, 이규경이 인용한 이덕무의 저술에는 "아난타阿難陀(즉 네덜란드)의 소주(샤오쥬우)는 아라길주阿刺吉酒(알라지쥬우)라고 하며, 아와모리주, 즉 류큐(오키나와)와 사츠마의 소주(쇼츄)는 포성주泡盛酒(아와모리슈)라고 불린다."라고 적혀 있다.[69] 장지현이 명확히 밝혀주듯이, 이덕무는 1712년에 일본에서 편찬되고 한반도로 수입되어 18세기와 19세기에 실용적 학문을 발전시킨 학자들[70] 사이에서 유통된 백과사전인 『화한삼재도회和漢三才図会』를 인용했다. 이 백과사전의 원문에서는 다음과 같이 말한다.

---

69 장지현, 『韓國外來酒流入史研究』, pp. 66-67.

70 이 학자들은 뒤따르는 4장에서 자세히 논의되고, 6장에 나오는 일본 서적 『和漢三才図会』와 관련해서도 언급될 것이다.

> 오란다阿蘭陀라는 네덜란드 상선이 가져오는 술은 알라지주阿剌吉酒이고 류큐와 사츠마의 술은 아와모리주泡盛酒이며, 모두 자국의 소주다. 맛은 매우 강하고 속쓰림을 제거하고 가슴 통증을 예방하며 신체의 수분을 유지해 준다. 이들은 모두 증류되어 생산된 술이며, 샤오죠우가 된다.[71]

여기에서 이덕무가 일본 원저작에 있는 '홀랜드(네덜란드)'를 의미하는 '오란다阿蘭陀'라는 단어의 중간에 있는 한자를 바꾸어 불교 성자의 이름인 '아난타阿難陀'로 만들어 특정한 형태의 샤오죠우를 남아시아와 연결시킨 사실을 주목해야 한다. 이 명칭은 1장에서 논의한 또 다른 아난다(그의 중국 이름은 '아난타Ananta, 阿難答'로 음역 표기되었다) 또는 안서왕, 즉 몽골 황실에서 술의 양조와 증류를 독점한 몽골 제후왕을 가리킬 수 있다. 이덕무가 이 몽골 황실의 아락 증류기를 인지하고 이를 보이기 위해 원래 일본 저작에 있는 이름을 변경했을 가능성도 있다. 의도적이었든 우연이었든, 그는 분명히 자신의 주장을 제기하기 위해 일본의 원문을 오용했다.[72] 따라서 이덕무와 이규경의 주장을 액면 그대로 받아들이기보다는, 두 학자가 경험하고 묘사한 증류주 전파에 대한 역사적 맥락이 원나라 시기의 원사료를 둘러싼 역사적 맥락과 다르다는 점을 고려하는 것이 중요하다. 예를 들어 네덜란드인들은 1500년 이전에는 일본은 물론이고 아시아 어느 곳에도

---

71 장지현, 『韓國外來酒流入史研究』, p. 66의 주 39.

72 장지현, 『韓國外來酒流入史研究』, p. 66.

진출하지 않았다.[73]

우리는 19세기 이규경의 주장은 잠시 보류해 두고, 그가 인용한 송대와 원대의 사료에 남쪽 해상 교류에서 아락이 기원했음을 (명시적으로 증거하지는 않더라도) 암시하는 사실이 있음에 주목할 필요가 있다. 확실히 향신료를 포함한 많은 무역품이 몽골 시대와 그 이전 시기에 서아시아, 남아시아 및 동남아시아의 상인들이 적극적으로 참여한 해상 운송 및 무역 네트워크를 통해 중국에 들어왔다. 몽골-원 시대에 해상무역이 전례 없는 호황을 누렸지만, 증가하는 국제 해상무역을 활성화시킨 해상교역로는 실제로 몽골제국이 흥하기 전부터 번성했다. 따라서 앞서 살펴본 바와 같이, 고려 말 이전에 한반도에 증류주가 존재했다는 증거는 없지만, 몽골 시대 이전에 중국과 심지어 한반도로 증류주가 전파되었을 가능성은 존재한다.[74]

이규경의 이론과 비교하여, 최남선이 제안하고 장지현이 비판적으로 검토한 또 다른 소주 전파설을 검토해야 한다. 이규경과 마찬가지로 조선 후기부터 대한민국 초기까지 활동한 근대화론자 최남선도 상식으로 이해할 수 있는 한국의 역사와 전통문화의 문제를 다룬 『조선상식朝鮮常識』(1948)이라는 저서를 펴냈는데, 이 책의 '관습'이라는 주제의 장에서 그는 중국과 한국의 문헌을 사용해 '샤오죠우/소주의 기원'에 대해 열정적인 담론을 펼쳤다. 이규경은 아락이 해상로를 통해 한국으로 왔다고 주장한 반면, 최남선은 몽골 시대에 원나라, 고

73 이규경이 사용한 arakhi/araq의 한 형태인 '알리치(aliqi; 阿里乞)'는 원대의 사료인 『거가필용』에서 온 것인데, 이는 이색과 이시진이 사용한 '알라지(阿剌吉)'나 주덕윤이 사용한 '얄라이지(軋賴機)'와 다르다. 장지현, 『韓國外來酒流入史硏究』, p. 50.

74 배경화, 「안동소주의 傳來過程에 관한 文獻的 考察」, p. 61.

려, 심지어 만주까지 페르시아인 이슬람교도들이 드나든 사실에 중점을 두면서 육로를 통한 전파를 강조한다.[75] 또한 바다를 통해 서아시아에서 남아시아 및 동남아시아로 아락이 이동했을 가능성도 제시했다. 그러나 최남선은 중국과 한국에까지 이르는 해상 노선의 확장 연결은 고려하지 않았다. 최남선의 이론에는 서아시아의 이슬람교도들이 몽골 시대 이전에 아락을 널리 소비했음을 밝히는 구체적인 증거가 제시되지 않았는데, 이러한 중동에서의 아락 소비에 대한 증거 부족의 문제는 1장에서 살펴본 바 있다. 따라서 그보다는 몽골인들이 13세기와 14세기에 육로를 통해 서쪽과 동쪽으로 정치 세력을 확장하면서 아락을 더욱 보급시켰다고 보는 것이 설득력 있을 것이다. 이는 문헌 증거로 뒷받침된다.

이러한 초기 학술적 논의를 모두 고려해 장지현은 결론에서 보완된 이론을 제시한다. 예를 들어, 중국 원나라를 포함한 몽골의 영토를 통과하지 않고도, 해상로를 통해 한국으로 직접 항해한 이슬람교도들이 아락(실제로 모든 형태의 증류주)을 한국으로 전파했을 수 있다고 주장함으로써 최남선의 이론을 보완한다.[76] 그러나 장지현 스스로 인정한 것처럼, 고려와 몽골의 관계가 발전하기 이전에 기록된 고려 시대의 사료에는 증류주의 존재를 증언하는 사례가 거의 없다.[77] 그러

75 장지현, 『韓國外來酒流入史硏究』, pp. 82-88.

76 장지현, 『韓國外來酒流入史硏究』, p. 88.

77 장지현, 『韓國外來酒流入史硏究』, p. 46. 송나라와 고려 사이의 해상 무역 상품에 대해서는 김영제, 『고려상인과 동아시아 무역사』(서울: 푸른역사, 2019), pp. 190-216; 김영제, 「宋代 中國과 高麗 사이의 海上交易品: 東南아시아 地域과의 比較를 통한 檢討」, 『역사문화연구』 60(2016), pp. 151-189 참고.

한 견해는 고려 말에 증류주 소비가 폭발적으로 증가했다는 중요한 역사적 사실도 간과한다.

앞서 언급했듯이, 소주의 기원과 전파에 대한 이러한 체계적인 논의는 1980년대 이후부터 확대되어 왔다. 그러나 이 주제에 대한 심도 있는 연구는 최근 수년 동안 거의 진전되지 않았다. 장지현이 연구서를 출간한 직후 또는 얼마 지나지 않았을 때, 이성우는 한반도에 있는 여러 몽골군 주둔지가 훗날 근대 한국 전통 소주의 발전 중심지가 되었다고 주장했다. 필자와 이상훈이 최근 연구에서 밝힌 바와 같이, 20세기 후반에 지역에서의 증류주 생산이 부활하는 시점까지의 수 세기 동안의 공백을 메울 충분한 증거가 부족하기 때문에 이 주장은 결정적인 한계를 지니고 있다.[78] 그럼에도 일반적으로 이후의 연구들은 이전의 논의를 단순히 반복해 나가는 것으로 보인다.

장지현이 소주 기원설 중 하나로 소개한 반원 기원설, 즉 샤오죠우/소주가 몽골 지배하의 원나라 시대 이전에 시작되었고 그 기술이 한반도에도 바로 전파되었다는 주장은 최근에 학자들의 관심을 끌기 시작했다. 이 논의는 단지 신라가 외부인들과의 해상 교류에 열려 있던 당대(7-10세기), 즉 몽골 시대 훨씬 전에 이슬람교도들이 한반도를 여행했음을 보이는 새로운 발견에 기반한 것이다. 그러나 당나라의 샤오춘이 증류주의 한 형태였는지는 분명하지 않다. 많은 중국 학자는 당대에 그러한 증류주를 많이 소비했다는 사실에 회의적일 것이다. 그런 상황에서 당대에 중국이나 서아시아에서 증류주가 한반

78 4장을 참고하라.

도로 직접 전파되었을 가능성을 주장하는 것은 무리일 수 있다. 위에서 보았듯이, 이슬람 사회에서 증류주의 대규모 소비에 대한 증거가 부족하다는 점이 더 큰 쟁점이다. 최근에 이화선은 증류주인 화주가 근대 초기부터 오키나와에서 발전했기 때문에, 몽골의 영향력이 널리 퍼지기 전인 고려 초의 문헌 사료에서 화주가 언급된 사실은 당시 한국에서 증류주가 발전했을 가능성을 제안한다고 주장했다. 그러나 저자 스스로도 인정했듯이, 당시에 화주를 어떤 재료로 만들었는지 불분명하므로, 이러한 가정을 뒷받침하기 위해서는 더 많은 증거가 필요하다.[79]

정확히 말하자면, 한국의 증류 기술의 역사에 대한 기존의 접근 방식을 수정하여, 장시간에 걸쳐 축적된 사료와 새로 이용 가능해진 사료 모두를 학제간 연구 방법으로 비교하고 전 세계로 범위를 확장해 활용할 때가 되었다. 1장에서는 몽골인들이 증류주를 보급한 덕분에 원나라 때 증류주가 폭발적으로 증가했음을 설명했다. 기존의 증류주 기원설에 대한 다양한 주장 중 어느 것도 몽골 시대에 증류주가 한국에서 갑자기 확산된 사실을 부정하지 않는다. 그럼에도 소주가 한반도에서 '새로운' 음료로 대중화된 것과 13세기와 14세기에 아시아에서 전례 없는 수준으로 번영한 타 문화 간 교류 사이의 연관성을 이끌어 낸 기존 연구는 거의 찾아볼 수 없다.

잠정적으로 그려 볼 수 있는 시나리오는 다음과 같다. 몽골인들이 한반도를 군사적으로 정복하는 과정에서 다양한 군사적·외교적·상

79 이화선, 『동아시아 술문화사』(서울: 향음, 2018), pp. 59-60.

업적·사회적 임무를 수행하기 위해 한반도에 증류기를 가져왔을 것이다. 이후 지역 주민들이 신속하게 이 증류 기술을 현지 상황에 맞게 받아들여 청주와 같은 전통 발효주에 적용시켰다. 곧 우유와 쌀뿐만 아니라 다양한 재료로 완전히 새로운 술(예를 들어 현대 한국 소주의 선구가 되는 술)이 개발되었다. 더욱이 몽골인들이 이들 지역에서 기타 기술, 아이디어 및 무역품과 함께 증류 기술의 보급을 촉진시켰다. 따라서 새로운 연구를 통해 이러한 변화를 이끈 광범위한 역사적 맥락을 밝히는 것이 중요하다.

이 점을 특별히 고려하면서 3장에서는 고려 말 한반도 사회가 몽골 사회의 구성원들과 가졌던 긴밀한 정치적 유대 속에 소주와 아락과 같은 증류주가 한반도로 전파된 경로를 추적한다. 새로 이용 가능해진 풍부한 사료를 바탕으로 고려-원 관계와 이를 통해 소주가 한반도 전역으로 보급된 양상을 재구성할 수 있다. 이는 소주가 한반도에 도입되었을 가능성이 가장 높은 고려 말에 소주의 기원과 구체적인 전파 경로에 대한 단서를 보여 주는 확실한 상황 증거가 될 것이다.

결론

이 장에서는 한반도에서 증류주가 처음 흥기하는 상황을 살펴보기 위해 중세 문헌 사료를 비교 검토했다. 중국의 경우와 마찬가지로, 한국도 고대부터 소주, 아락 등의 증류주의 기원을 추적하는 데 도움이 되는 문헌 사료가 풍부한 편이다. 다른 사회와 마찬가지로 한반도 사회도 고대부터 술에 사회적 의미를 크게 부여해 왔다. 농경 사회에서 일하다가 쉬는 중에 마시는 술 한 잔은 사람들의 삶에 중요한 역할을 했을 것이다. 점차 중국 및 다른 지역 사회와의 상호 교류가 증가함에 따라 술의 종류도 늘어났다. 그럼에도 고려 말 이전에 증류주가 한반도에 존재했다는 것을 증명하는 문서나 고고학적 증거는 없다.

한국 문헌에서 증류주의 존재를 보여 주는 증거가 동시대 중국의 경우와 마찬가지로 몽골 시대에 뚜렷하게 나타나기 시작했다. 이 장에서 살펴본 세 가지 문헌 증거는 증류주가 원에서 고려의 영토로 어떻게 전달되었고 급속하게 확산되었는가를 명시적으로 설명해 주지 않는다. 그러나 몽골의 영향 아래 고려 사회의 정치·군사·경제·문화 분야에서 증류주가 발흥한 상황을 강하게 암시한다. 몽골군과 고려군 병사들이 고려의 몽골군 주둔지에서 보존이 훨씬 용이한 증류주를 중시하고 귀족과 문인들 역시 중국에서 온 새로운 증류주를 쉽게 접할 수 있게 되면서 한반도에 증류주가 빠르게 보급되었을 것이다. 어떠한 경로로든, 이 장에서 검토한 문헌들은 한국 소주를 세계사적으로 탐구할 수 있도록 돕는 역사적 자료의 기반을 충분히 제공해 준다.

지금까지 살펴본 바와 같이 이러한 역사적 증거들은 몽골의 영향으로 고려 말에 증류주가 확산되었음을 강력히 시사한다. 그러나 조선 중기(17세기) 이후에 한반도에 소주가 널리 보급되면서 소주의 기원에 대한 논쟁이 활발해지기 시작했다. 1장에서 보았듯, 전 세계적인 범위에서 증류 기술의 기원과 전파에 대한 논쟁은 계속 확대되었고, 새로운 발견과 연구가 이를 더욱 촉진시켰다. 그러나 1980년대에 한국의 증류주 역사와 관련한 현대적 연구가 시작된 이래 괄목할 만한 새로운 연구가 이루어지지 않았다. 이러한 배경 아래 이 장에서는 한국 증류주의 기원에 대한 논쟁을 재검토하고, 보다 합리적인 해석을 모색했다. 즉, 유라시아 전역의 증류주와 증류 기술의 발전에 대한 최신 이해를 바탕으로 소주의 기원에 대한 논쟁을 살펴보았다.

한국 학자들은 일반적으로 중국 샤오죠우의 기원에 대한 초기 논쟁에서 다루어진 중국 문헌에 대한 연구를 기반으로 여러 이론을 개발했으며, 새로운 사료를 추가해 좀 더 확장된 견해로 발전시켰다. 이규경과 같은 이전 시기의 학자들과 장지현과 같은 현대 학자들은 여러 언어로 된 사료를 체계적으로 분석했지만, 당시 활용할 수 있는 사료가 제한적이어서 역사적 또는 고고학적 증거를 찾기 어려웠던 까닭에, 증류 및 증류주 전파의 측면을 더 이상 탐구하지 못한 아쉬움이 있다. 이는 적어도 고고학적 유물 발굴로 새로운 증거가 나올 때까지 수행하기 어려운 작업이다. 따라서 4장에서는 한반도에서 소주가 주류가 된 조선 시대의 현존하는 기록을 통해 기술 전파의 주요 양상을 추적할 것이다.

한국 소주의 세계사를 쓰기 위한 역사적 증거 자료를 충분히 확보했기 때문에, 3장에서는 최근 새롭게 출간된 2차 연구 사료를 기반으로 해서 고려 말의 더 넓은 역사적 맥락과 그 상황에서 연결된 소주의 새로운 증거를 다뤄 나갈 것이다. 이 담론을 통해 기존 연구들이 간과했지만 최근의 연구 성과에서 확인된 몽골 및 원과 고려 사이의 중요한 관계를 이해하고자 한다. 이는 서로 다른 문화 간 상호 교류라는 광범위한 맥락에서 소주와 아락의 전파 역사와 중요하게 연관된 특정 사건을 정확히 찾아내도록 도울 것이다. 이를 위해 3장에서는 증류주의 초기 전파 과정을 추정할 수 있는 주요 증거를 제시하고, 고려와 원나라의 관계를 둘러싼 역사적 맥락과 함께 고려가 더 넓은 몽골제국에서 경험한 정치적 상황을 개략적으로 보임으로써 원에서 고려로 증류주가 전파된 것의 더 큰 역사적 의미를 확립할 것이다.

제3장

역사적 맥락에서 본 소주

고려-몽골의 정치적 관계와 문화 전파

SOJU

한 사회의 문화 일면을 변화시키는 문화 요소의 전파는 이유 없이 일어나지 않는다. 앞서 논의한 소주와 아락에 대한 현존하는 가장 오래된 문헌 사료들은 고려와 몽골이 긴밀한 관계를 맺은 시기에 증류주가 중국에서 한반도로 전파되었음을 시사한다. 몽골의 지배와 영향을 받은 동시대 유라시아의 다른 많은 사회와 마찬가지로, 이 시기는 중국과 한국에도 중요한 때였다.[1] 거의 150년 동안 몽골의 침략, 몽골제국의 영향 및 기타 형태의 개입은 전례 없는 방식으로 중국과 한반도 사람들에게 영향을 미쳤다. 중국은 1276년 남송 왕조가 몽골에게 굴복했을 때 역사상 처음으로 전체 영토가 외세의 통치를 받게 되었는데, 그동안 중국인들이 몽골 유목민을 낮추어 보았던 까닭에 더 아이러니한 상황이었다. 몽골의 중국 통치는 1세기 정도 지속되었지만, 헝가리에서 태평양을 아우르는 몽골제국의 광대한 영토 덕분에 중국은 세계의 많은 새로운 요소를 접할 수 있었다. 최근 수십 년 동안 점

1 13세기와 14세기의 몽골제국에 대한 개설서로 데이비드 모건(David Morgan)의 *The Mongols* (Oxford: Blackwell, 1986)가 있다. 이 책의 초판본이 출간된 이후에 이어진 몽골학의 동향에 관해서는 2007년 개정판에 새로 추가된 장과 업데이트된 참고문헌을 참고하라.

[지도 3.1] 1280년의 몽골 칸국과 고려(Rossabi, 2012, Fig. 7을 바탕으로 수정)

점 더 많은 학자가 이 짧은 기간에 몽골제국이 아프로·유라시아 대륙을 가로질러 사람, 상품 및 아이디어의 이동을 촉진한 사실을 밝히며, 오랫동안 간과되어 온 이 시기의 문화 간 교류 및 교환의 광범위한 측면에 관심을 기울이기 시작했다.[2] 이와 같은 상황은 이 광대한 제국의 가장자리에 위치한 한반도의 민족들에게도 영향을 미쳤다. 그 결과 고려 사회는 중국을 넘어 더 넓은 세계에 노출되면서 세계로부터 전례 없는 다양하고 새로운 문화 요소들을 도입하게 되었다.

한반도에 사는 사람들은 고대부터 육로와 해로를 통해 아프로·유라시아의 여러 사회와 간접적으로 연결되어 있었다. 그러나 고려 왕실이 1258년에 몽골과 평화 협정을 맺고 한반도가 몽골제국의 일부가 되면서, 고려인들은 더 넓은 세계와 더 직접적으로 연결되었다. 중국인들과 달리 한국인들은 몽골의 직접 통치를 받지 않았기 때문에 고려 왕조는 그대로 유지되었다. 그러나 고려는 대원 국가(또는 원나라, 몽골제국의 종주국)의 가신국이자 부마국駙馬國(결혼동맹국)이 되어, 몽골 지배하의 유라시아 사회들 사이에서도 독특한 특징을 지니게 되었다(지도 3.1 참조).

고려 사람들은 중국과 몽골을 통치하는 몽골 정권의 직접적인 간

---

2 그 등장이 폭력적이었음에도 몽골제국은 이후 유라시아 전역에서 여행과 상업을 촉진하는 팍스 몽골리카(Pax Mongolica), 즉 '몽골 평화'를 촉진하는 정책을 도입하여 몽골인들이 정복한 여러 지역의 다양한 사회·문화 간에 인적·물적 자원과 아이디어, 기술 등을 유통하는 교류의 범위를 확장하고 강화했다. 몽골인들에 대한 이러한 새로운 관점은 아직 발전 초기 단계에 있다. Thomas T. Allsen, *Culture and Conquest in Mongol Eurasia* (Cambridge: Cambridge University Press, 2001); Hyunhee Park, *Mapping the Chinese and Islamic Worlds: Cross-cultural Exchange in Pre-modern Asia* (New York: Cambridge University Press, 2012), p. 193.

섭에 노출되었지만, 동시에 광대한 몽골제국을 통해 유라시아 전 지역의 사회와 직접 접촉할 수 있었다. 몽골의 위계 내에서 긍정적인 형태와 부정적인 형태의 문화적 영향을 모두 받았지만, 고려는 곧 이러한 새로운 문화 요소를 받아들여 지역의 상황과 필요에 따라 수정해 나갔다. 소주는 중국에서 전파되어 지역 사회에 수용된 후 한반도의 새로운 환경에 맞게 더욱 발전해 나간 상품의 좋은 예다. 1장에서 보았듯이, 샤오죠우는 원나라 때 중국 내에서 퍼지기 시작했지만, 그 기원과 발전에는 더 광범위한 유라시아 문화 간 교류가 영향을 끼쳤다. 이와 마찬가지로 소주의 한반도 전파도 몽골 시대에 한반도 사회가 넓은 유라시아 세계와 연결되었음을 대표적으로 보여 주는데, 소주는 고려와 원나라를 왕래한 다양한 계층의 사람들이 이끈 빈번하고 큰 규모의 교류를 통해 고려와 다른 사회들 간에 전파된 많은 문화 요소 중 하나였다.[3]

이 장에서는 소주와 여러 새로운 문화 요소가 두 사회 간에 전파된 더 광범위하고 구체적인 역사적 맥락을 탐구한다. 그중 상당수는 중국과 몽골을 지배한 원왕조(그리고 더 넓은 몽골제국)에서 한반도의 고려 왕조로 전파되었지만, 일부는 반대 경로를 밟기도 했다. 이 장에서는 이전 연구에서 간과되었지만 확장된 관점에서는 확연히 드러나는 소주의 전파에 대한 추가 증거를 제시할 것이다. 여기서 다음의 질문을 중심으로 논의를 이어 나가고자 한다. 어떠한 정치적·사

3 이개석은 자신의 저서 『고려-대원 관계 연구』(서울: 지식산업사, 2013), pp. 16-17에서 이를 지적한다. 그는 또한 역사가들이 고려-몽골 관계에 관한 현재 연구의 공백을 메우기 위해 이러한 문화 교류와 관련된 주제를 더 연구해야 한다고 주장한다.

회적·경제적 조건이 사람, 상품 및 아이디어의 이동을 촉진해 두 사회 간에 문화적 품목의 교환을 가능케 했는가? 얼마나 많은 문화 요소가 소주의 경우처럼 유라시아 규모로 이동했는가? 더 넓은 역사적 맥락에서 어떠한 분명한 증거를 더 발견할 수 있는가? 이러한 문제를 적절히 다루기 위해서는, 먼저 몽골 세계제국과 그 안에 있는 한반도의 위치를 포괄적으로 이해해, 몽골의 영향하에 있던 더 넓은 유라시아 세계에서 한반도 사회의 문화적 연결 규모를 측정할 필요가 있다. 그런 다음 음식과 술을 포함하는 다양한 유형의 문화 전파를 촉진시킨 몽골인, 중국인, 한국인, 때로는 이슬람교도(회회)와 같은 다른 민족 집단 속 다양한 사회 계층 간 접촉에 중점을 두면서, 고려-원의 정치적·경제적·사회적 관계를 살펴볼 것이다. 이어서 소주의 사례에 필적하는 문화 교류·전파의 주요 품목들을 살펴볼 것이다. 초국가적 시대에 형성된 이러한 요소 중 일부는 조선 시대까지 심오한 영향을 미치게 된다. 이는 소주의 전파가 유라시아 전 지역을 아우르는 교환 네트워크에 한반도가 합류함으로써 얻어진 상품과 아이디어 교환 중 한 부분이었다는 사실을 입증한다.

몽골 세계질서 속 고려:
가신국 대 부마국(결혼동맹국)

13세기 초 몽골 대초원에서 급부상한 유목민 집단인 몽골인들은 불과 수십 년 만에 유라시아의 넓은 지역을 정복하고, 역사상 세계 최대의 연속적인 영토를 보유한 제국을 건설했다. 역사상 그 어떤 사회도 이처럼 짧은 기간에 전근대 아프로·유라시아 사회에 그토록 크고 결정적인 영향을 끼친 적이 없었다. 중국, 이란, 러시아와 같이 몽골제국(몽골인들은 '예케 몽골 울루스'로 지칭함)의 주요 부분이 된 사회에 대해 중요한 연구가 많이 이루어졌는데, 이 국가들은 모두 몽골 시대에 획기적인 변화를 경험했다는 공통점이 있다.[4] 그러나 제국의 초국가적 울루스ulus(공동 세습 재산)[5]는 주변 지역에 있는 다른 많은 국가에 상당한 영향을 미쳤다. 이처럼 몽골의 직접적인 통치를 받지는 않았지만 다양한 측면과 강도로 상당한 영향을 받은 곳으로는 아르메니아와 아나톨리아(현대의 튀르키예)의 셀주크와 같은 제국의 서부 변방에 있는 국가들이 있다.[6] 실제로 데이비드 로빈슨David M. Robinson이 동북아의 지역적 관점에서 살펴본 고려와 원 관계에 대한 선구적인 연구에서 보여 주듯이, 한반도의 사례는 여러 면에서 몽골 통치하에 있던 중소 규모의 유라시아 국가들과 유사하다. 이는 고려와 몽골-원 왕조 간 문화 교류 사례를 분석할 때 비교 자료로 유용하게 활용할 수 있다. 또 한반도는 독특한 성격을 띠고 있었음을 알 수 있다. 고려는 몽골제국 체제에서 그 위치와 입지로 인해 매우 가까운 동맹이 되

4 이에 대한 연구는 실로 방대한 까닭에 여기서 모두 요약하기는 어렵다.

5 Paul D. Buell and Francesca Fiaschetti, *Historical Dictionary of the Mongol World Empire and Its Successor States*, 2nd revised and expanded edition (Lanham, MD and Oxford: The Scarecrow Press, 2018), p. 299.

6 셀주크의 경우 다음과 같은 연구를 참고할 수 있다. Sara Nur Yildiz, "Mongol Rule in Thirteenth-Century Seljuk Anatolia: The Politics of Conquest and History Writing, 1243-1282," PhD dissertation, University of Chicago, 2006; A. C. S. Peacock and Sara Nur Yildiz, eds., *The Seljuks of Anatolia: Court and Society in the Medieval Middle East* (London: I. B. Tauris, 2013).

었는데 몽골제국이 1260년에 네 개의 칸국으로 나뉜 뒤에는 제국의 종주국으로서 중국과 몽골을 통치한 대원 울루스(예케 원 울루스)와 가신국 및 부마국의 관계였기 때문이다. 당시 고려와 몽골의 긴밀하고 특별한 관계를 이해하기 위해서는 몽골제국 전체를 아우르는 관점에서 보는 것이 좋다. 로빈슨은 저서에서 "고려 왕국을 대원 울루스의 일부로 볼 필요가 있다."라고 주장한 바 있는데,[7] 이는 문화 간 교류사의 관점에서 몽골의 영향을 받은 광대한 유라시아 세계의 필수 지역으로서 고려 시기의 한반도를 더 심도 있게 살펴볼 필요가 있음을 시사한다. 이를 위해 먼저 고려 왕조와 몽골제국의 정치적 관계를 간략히 재검토해 보도록 하자.

고려는 1206년 칭기즈 칸이 몽골 부족을 통일한 직후에 몽골 정권과 조우했다. 몽골인의 유라시아 정복은 1234년 여진족의 금을 무너뜨리면서 시작되었지만, 몽골인들은 일찍이 1218년에 고려와 군사적으로 교전했다. 그러나 이때 양측은 협상을 통한 합의에 동의했고, 고려는 형제 동맹으로 몽골의 침입을 막았다.[8] 그러나 상황은 오래가지 못했다. 유라시아의 다른 지역으로 급속히 확장해 나간 몽골인들의 야망은 필연적으로 동쪽으로도 향했고, 이는 고려에 대한 침략으로 이어졌다. 고려 무신정권의 최씨 가문은 왕도를 강화도로 옮기면서까지 근 30년간을 저항했지만 계속 버틸 수 없었고, 1259년 원종 즉위 당시 왕세자가 쿠빌라이 칸을 만나 후견 관계에 합의하면서 고

7 David M. Robinson, *Empire's Twilight: Northeast Asia under the Mongols* (Cambridge, MA: Harvard University Press, 2009), pp. 8-9.

8 이개석, 『고려-대원 관계 연구』, p. 14.

려는 몽골에 공식적으로 항복했다.[9] 즉, 몽골은 군사작전을 성공적으로 이끌었음에도 고려가 자국의 왕에 의해 통치되는 일종의 가신 국가로 남을 수 있도록 한 것이다. 그 결과로 고려 왕들이 혼인을 통해 몽골 황제의 사위가 됨으로써 고려는 몽골 황실과의 체계적인 결혼 관계를 유지하는 몇 안 되는 국가 중 하나가 되었다.[10] 가신과 사위라는 이중적 지위는 '정동행성승상부마고려국왕征東行省丞相駙馬高麗國王'(정동행성의 총리이자 원나라 황제 사위로서의 고려왕)이라는 칭호에 반영되어 있다.[11] 이러한 맥락에서 고려 사회는 이미 거대한 유라시아 제국의 가신으로서 영토를 더 동쪽으로, 일본과 사할린으로 확장하려는 몽골제국 전체의 발전 체계에 통합되었다.

고려사 연구자들은 고려 왕실이 몽골제국의 군주들과 맺은 매우 특별하고 복잡한 관계에 주목해 왔다. 초기 연구에서는 전통적인 조공 관계의 특징에 초점을 맞추었는데, 이는 한반도의 이전 왕국들과 중국의 왕조 사이에 존재했던 조공 관계와 비슷했다. 더 최근의 연구에서는 거대한 몽골제국의 더 큰 역사적 맥락을 파악해야 이해하기 쉬운 결혼동맹과 같은 새로운 관계적 특성을 면밀히 조사하기 시

9 현재까지 영어로 출간된 몽골의 고려 침략에 대한 가장 철저한 연구서로 William E. Henthorn, *Korea: The Mongol Invasions* (Leiden: E. J. Brill, 1963)가 있다. 1170년부터 1270년까지의 최씨 가문의 통치와 몽골 침략에 대한 투쟁을 포함한 무신정권 시기에 대한 정보는 Edward J. Shultz, *Generals and Scholars: Military Rule in Medieval Korea* (Honolulu: University of Hawai'i Press, 2000) 참고.

10 몽골제국의 결혼동맹에 대해서는 Paul D. Buell and Judy Kolbas, "The Ethos of State and Society in the Early Mongol Empire: Chingiz Khan to Güyük," *Journal of the Royal Asiatic Society* 26, nos. 1-2 (2016), pp. 43-64 참고.

11 고려는 몽골제국이 멸망할 때까지 기본적으로 이러한 지위를 유지했다.

작했다.[12] 폴 뷰얼은 몽골인이 전통적으로 정복, 과세 및 전리품 획득과 같이 정치권력을 확장하는 데 사용한 제국 통치 시스템의 핵심 전략으로 결혼 관계를 논의한다. 고려 외에도 국가 차원의 결혼동맹으로 몽골인과 연결된 나라는 더 있었지만, 이렇게 결혼동맹을 긴밀한 방식으로 오래 유지한 나라는 고려가 유일했다고 주장한다. 예를 들어, 고려 왕 중 한 명은 쿠빌라이의 손자였으며, 마지막 몽골 황제는 고려에서 온 기황후의 아들이었다.[13] 이것은 고려가 몽골제국의 중심부에서 특별한 위치에 있었음을 보여 준다. 또한 뷰얼은 칭기즈 칸이 한때 고려에 갔다가 고려의 여성들에게 매료되어 몽골로 돌아가지 않으려고 했다는 민담을 소개한다. 민담 자체는 사실이 아니지만(칭기즈 칸은 한반도에 간 적이 없다), 이 이야기는 몽골 시대 초부터 몽골인과 고려인 간에 존재했던 긴밀한 친밀감을 보여 준다.

김호동에 따르면 몽골제국 역사의 중요한 전환점, 즉 유라시아의 4대 주요 지역에 네 개의 몽골 칸국이 세워진 것도 제국 내 고려의 운명에 영향을 미쳤다. 1259년 네 번째 대칸 몽케가 사망한 후, 그의 두 남동생 중 중국에 정치적 기반을 둔 쿠빌라이와 몽골 대초원을 기반으로 둔 아릭 부케는 대칸 자리를 두고 싸웠다. 쿠빌라이가 결국 아릭 부케를 물리치고 공식적으로 몽골제국의 다섯 번째 대칸이 되

12 고려-몽골 관계의 기존 연구에 대한 대한 포괄적인 개관을 위해서는 이개석, 『고려-대원 관계 연구』, pp. 14-58; 이명미, 『13-14세기 고려·몽골 관계 연구: 정동행성승상 부마 고려국왕, 그 복합적 위상에 대한 탐구』(서울: 혜안, 2016), pp. 14-21 참고.

13 Paul D. Buell, "Korea as Part of the Mongolian World: Patterns and Differences," *International Journal of Eurasian Research* 5, no. 10 (2017), pp. 137-146.

었다.[14] 몽골제국에 대한 기존 연구들은 내전 이후 몽골제국의 분열에 초점을 맞추는 경향이 있다. 그러나 스기야마 마사아키, 김호동, 폴 뷰얼을 포함한 최근의 연구자들은 각 지역의 새로운 칸들이 전대 칸보다 영토를 다스리는 데 더 많은 자유를 누렸다 할지라도 몽골제국이 완전히 분열된 것은 아니라고 주장한다.[15] 다른 칸국들이 여전히 중국의 원을 몽골제국 내의 종주국으로 인정했기 때문이다. 이 학자들의 견해에 따르면, 쿠빌라이가 중국과 몽골에 세운 원나라는 중국의 전통 왕조를 잇는 원왕조라기보다는 '예케 몽골 울루스' 또는 '대몽골제국' 내 칸의 울루스였다. '대원大元'이라는 용어는 '예케 몽골 울루스'의 중국어 번역어다.[16] 최근 연구는 원나라가 몽골제국의 중심부로서 많은 유목 사회의 구조와 형태를 유지한 점을 보이면서 이 견해를 뒷받침한다.[17] 몽골인들은 쿠릴타이(몽골 황실 대회)와 같은 유목 제국적 제도와 개념, 단일 몽골 울루스를 성립시켜 여러 사회

14 Morgan, *The Mongols*, pp. 138-139. 쿠빌라이의 또 다른 라이벌인 카이두(두 번째 몽골 대칸 우구데이의 손자)와 이들을 둘러싼 서로 다른 몽골 칸국 간의 전쟁에 대해서는 Michal Biran, *Qaidu and the Rise of the Independent Mongol State in Central Asia* (Richmond: Curzon, 1997) 참고.

15 杉山正明, 『モンゴル帝国と大元ウルス』(京都: 京都大学学術出版会, 2004); Kim Hodong, "The Unity of the Mongol Empire and Continental Exchanges over Eurasia," *Journal of Central Eurasian Studies* 1 (2009), pp. 15-42; Buell, "Korea as Part of the Mongolian World," pp. 137-146 참고.

16 즉, 쿠빌라이는 편의를 위해 다른 칸국들에 권력을 분배했지만, 그 칸국들은 지속적인 외교 관계를 포함하여 여러 면에서 원과 밀접한 관계를 유지했다. 김호동, 『몽골제국과 고려: 쿠빌라이 정권의 탄생과 고려의 정치적 위상』(서울: 서울대학교출판문화원, 2007), p. 3 참고.

17 예로서 설배환, 「몽원제국 쿠릴타이(*Quriltai*) 연구」(서울대학교 박사학위논문, 2016) 참고.

를 통합함으로써 전례 없는 규모의 정치적 확장을 이뤄 내고, 동서로도 영향력을 넓혀 갈 수 있었다. 이것이 고려가 왕국의 서부 경계에서 상대해야 했던 대제국이었다. 그렇다고 고려가 일방적으로 불리한 조건으로 몽골인에게 항복한 것은 아니었다. 김호동은 쿠빌라이 또한 고려를 몽골의 영향하에 두는 과정에서 훗날 그가 대칸이 된 후 약화된 권력을 보완하며 제국을 통일하기 위해 고려 왕실과 특권을 협상해야 했다고 주장한다.[18] 윤은숙은 쿠빌라이가 권력을 얻는 과정에서 직면한 위협에 대처하기 위해 고려와의 결혼동맹을 사용한 일례로, 만주 옷치긴Otchigin 왕가를 언급한다.[19] 옷치긴 왕가의 권력을 통제해야 하는 어려운 상황에 직면한 쿠빌라이는 불안정을 초래할 가능성이 있는 권력의 부상을 저지하고 지역의 균형을 유지하기 위해, 손녀를 고려의 왕세자에게 시집보내 고려 왕가를 몽골의 '황금 가문'으로 편입시켜야 했다. 따라서 원과 고려 사이에 '쿠다kuda'라는 결혼동맹을 통한 밀접하고 지속적인 정치적 관계가 형성되었다.

이개석이 고려-원 관계에 대한 연구서에서 개괄적으로 보여 준 바와 같이 실제로 고려-원 관계는 시간이 지남에 따라 더욱 복잡하게 발전했다. 많은 학자는 서로 다른 역사적 맥락 속에서 발생한 다양한 상황을 세부적으로 분석했다.[20] 이명미는 몽골제국 내에서 고려 왕이

---

18 김호동, 『몽골제국과 고려』, pp. 101-120.

19 윤은숙, 『몽골제국의 만주 지배사: 옷치긴 왕가의 만주 경영과 이성계의 조선 건국』(서울: 소나무, 2010), p. 20.

20 1930년대 일본 학자들의 연구에서 시작하여 한국, 중국, 일본에서 이룬 최근의 학문적 성과에 이르기까지 지난 수십 년 동안 축적된 고려-원 관계에 대한 기존 연구를 간결히 논의한 것은 이개석, 『고려-대원 관계 연구』, pp. 14-61을 참고하라.

보유하고 있었던 가신국으로서 고려의 왕, 정동행성의 승상, 몽골 황제의 사위라는 세 가지 지위에 초점을 맞춰서 분석한다. 즉, 고려 왕들이 이 세 가지 형태의 지위를 모두 갖고 있었으며, 각각의 지위는 특정한 정치적 목적과 필요에 따라 사용되었다고 확신한다. 예를 들어, 충선왕과 같은 일부 고려 군주들은 이 복잡한 지위를 이용하여 고려의 지속적인 독립을 보장받고 몽골제국 내에서 특권도 증진시켰다.[21]

이러한 선행 연구의 최근 성과를 상기하며, 몇 가지 다른 핵심 사항을 고려해 볼 필요가 있다. 많은 연구에서 몽골의 평화 시기(팍스 몽골리카)에 중국과 이란, 인도, 유럽 간에 이루어진 문화 교류에 대해 논의해 왔으나, 긴밀한 정치적 관계와 지리적 근접성을 고려할 때, 고려만큼 대원 울루스와 더 많이 접촉하고 교류할 수 있었던 사회는 없을 것이다.[22] 그 결과로 몽골의 문화 요소들이 고려 사회에 대규모로 활발히 전파되었다고 가정할 수 있다. 따라서 몽골-원왕조와 고려 간에 이루어진 문화 교류를 면밀히 살펴볼 필요가 있다. 몽골 평화 시기의 고려-원 관계를 연구함으로써 문화 교류에 몽골인들이 미친 영향을 더욱 잘 이해할 수 있을 것이기 때문이다. 여기서 우리는 고려-원 관계의 성격을 이해하는 데 머물러서는 안 된다. 유라시아

---

21 이명미는 몽골 통치의 초기에는 고려 왕들이 왕권의 변화를 겪어 나가야 했다고 주장한다. 그러나 그들은 무신정권에서 무너진 왕권을 재건하기 위해 몽골 권력에 자발적으로 동의하고, 몽골 체제를 받아들였을 뿐만 아니라 자신들에게 유리하게 사용했다. 이명미, 『13-14세기 고려·몽골 관계 연구: 정동행성승상 부마 고려국왕, 그 복합적 위상에 대한 탐구』(서울: 혜안, 2016), p. 33 참고.

22 예로서 이강한, 『고려의 자기, 원제국과 만나다』(성남: 한국학중앙연구원출판부, 2016) 참고.

전역에서 대규모로 이루어진 문화 간 접촉의 결실은 고려 사회를 유라시아의 서부 지역과도 연결하여 문화적 전파를 가능하게 했다. 우리는 앞 장에서 증류주의 발전이 서부 지역의 증류 아이디어 및 기술과도 연관되어 있음을 확인했다. 또 몽골인들이 광범위한 유라시아 지역 사람들에게 증류주를 확산시키는 데에 기여했을 가능성도 보았다. 이는 정치, 경제, 사회 및 문화 방면에서 비슷한 사례를 발견할 수 있음을 시사한다. 종속적인 가신국이자 혈연관계를 통해 광범위한 국제 정치체계 속에서 여러 계층의 고려인들이 원나라 사람들과 다양한 인간관계를 형성하기 시작했고, 이는 자연스럽게 상호 간의 전례 없는 문화 교류를 끌어 냈다.

고려-원의 상호 교류와 소주 및 아락의 전파 증거

앞서 2장에서 우리는 한반도인이 주로 외교 및 상업 관계를 통해 주변 국가와 다양한 인간관계를 형성했음을 간략히 검토했다. 그러는 중 정치적·군사적 갈등이 발생했다. 예를 들어, 신라는 660년대에 당나라와 동맹을 맺고 백제와 고구려를 멸망시킨 후 한반도를 통일해 935년까지 통치했다(통일신라).[23] 멸망한 고구려 왕가는 698년 지금의 만주와 한반도 북부 지역에 발해를 세웠다. 발해는 고구려 난민뿐만 아니라 말갈인이라 불리는 퉁구스인(훗날 여진족으로 불린 이들은 중국 북

23 한국 고대 왕국들의 연도와 관련해서는 이 책의 2장, 각주 1 참고.

부를 통치한 금나라를 세웠다)도 포함했으며, 거란족이 세운 요나라에 의해 926년 멸망할 때까지 번성했다. 통일신라와 발해는 중앙아시아에서 일본까지 연결된 실크로드 무역에 참여함으로써 더 넓은 유라시아의 무역 네트워크와 연결되었다. 고려가 935년 통일신라를 대체한 이후 내부적으로 무수한 격변을 겪었지만, 중세 한국 사회의 모든 방면을 통틀어서 고려 말 마지막 세기에 겪은 몽골인의 간섭보다 더 큰 영향을 미친 것은 없었다.[24] 위에서 언급했듯이, 쿠빌라이가 고려를 몽골제국의 속국으로 만들었을 때 긴밀한 동맹의 필요성에 따라 고려 왕국으로서 전통적인 제도와 관습을 유지하도록 허용하고 고려의 왕세자를 부마로 삼겠다는 약속과 함께 몇 가지 특권을 제공했다. 그러나 이 시기에 사람들 사이의 실제 교류는 매우 복잡다단하게 이루어지면서 전통적 시스템이 무너졌고, 많은 고려인은 군대로 징집되거나 노예로 강제 연행되는 등 원하지 않는 방식의 교류를 견뎌야 했다. 이런 식으로 고려의 많은 사람이 몽골제국으로부터 문화적 영향을 (동시에 고려의 영향이 몽골제국에 전해지기도 했지만) 점진적으로 받게 되었다.

여기서 우선, 한중 관계사에서 몇 차례 있었던 대규모 군사적 충돌에 기인한 교류 관계를 살펴볼 필요가 있다. 고려 왕실이 저항하던 시기에 몽골군은 한반도를 침략해 대부분의 지역을 황폐화했다.[25] 고

24 고려 왕조가 왕권을 강화하고 유력한 귀족 가문들과의 싸움 끝에 중앙집권화에 성공했지만, 왕실은 다시 고려 중엽에 1세기 동안 무신정권의 지배를 받게 되었다. Lee Ki-baik, *A New History of Korea*, translated by Edward W. Wagner and Edward J. Shultz (Cambridge, MA: Harvard University Press, 1984), pp. 110-154.

25 Shultz, *Generals and Scholars: Military Rule in Medieval Korea*.

려 왕실이 몽골의 가신이 되기로 합의하자, 몽골 통치자들은 당시 제주도로 이동하여 끝까지 계속 항쟁하던 삼별초를 궤멸시키기 위해 고려 군인들을 강제 징집했다. 삼별초를 무찌르고 고려 영토 전체를 점령한 직후에 몽골인들은 일본을 점령하기 위해 정동행성을 설립하고 고려-몽골 연합군을 조직했다(그러나 1274년과 1281년에 있었던 두 차례의 원정은 태풍에 의해 좌절되었다).[26] 몽골인뿐만 아니라 중국인, 고려인 및 기타 민족들을 징집해 만든 몽골 군대를 통한 타 문화 간 교류에 한반도 사람들도 활발하게 참여하게 되었다.[27] 몽골인들은 당시 수도였던 개경, 진도, 제주도 등 주요 지역에 군부대를 설립했고, 왕조 말기에 고려에서 추방될 때까지 수십 년 동안 특정 지역에 병사를 주둔시켰다(지도 3.2 참조). 이 병사들은 한반도에 주둔하는 동안 평소 즐겨 먹던 음식을 가져와서 고려인들에게 소개했을 것이다.

이성우에 따르면, 고려-몽골 관계의 초기부터 이들이 집중적으로 접촉하고 교류한 지역들은 양질의 소주 생산으로 유명해졌다.[28] 한국에서 소주의 기원을 설명하기 위한 학술논문, 대중서를 포함한 많은 연구가 이성우의 이러한 주장을 따르고 있다. 그러나 2장에서 살펴본 바와 같이, 최근 일부 연구자들은 이러한 견해에 대해서 비판적이다. 기존의 견해를 효율적으로 반박하는 가장 구체적 논거는 소주를 발효주에 첨가해 만드는 강화발효주에 대한 이상훈의 연구에서 찾을

---

26 정동행성에 대한 자세한 연구는 장동익, 『高麗後期外交史研究』(서울: 일조각, 1994), pp. 14-109; 고병익, 『東亞交涉史의 硏究』(서울: 서울대학교출판부, 1970), pp. 184-292 참고.

27 이개석, 『고려-대원 관계 연구』, pp. 128-197 참고.

28 이성우, 『韓國食品社會史』(서울: 교문사, 1984), p. 216 참고.

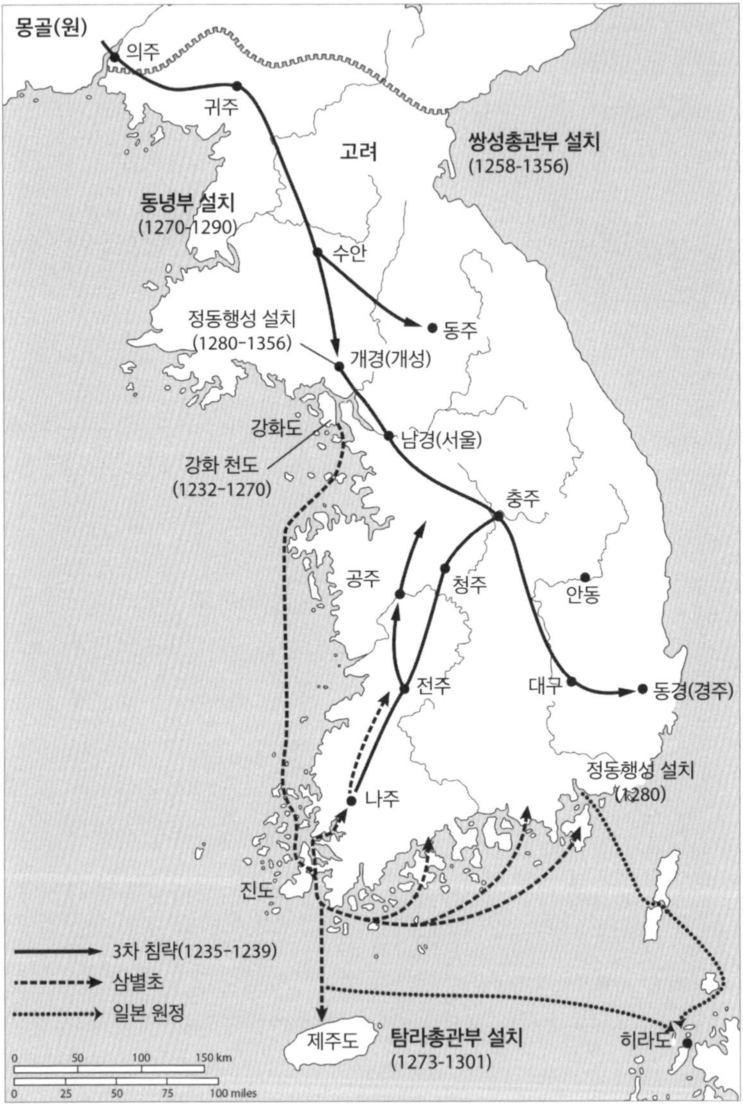

[지도 3.2] 몽골군의 한반도 침략(Shin, 2014: 68-73의 지도들을 편집, 수정함)

수 있다. 이상훈은 이 논문에서 한국 증류주의 기원도 재검토했는데, 이성우가 언급한 지역들에서 몽골의 직접적인 군사적 영향을 받은 기간이 짧았고, 당시 몽골의 군사 원정에 중요했던 다른 많은 지역들에서도 비슷한 소주의 발전을 찾아보기 어려운 관계로, 이 지역들에서 몽골의 영향력과 소주의 발전을 직접 연결하기는 어렵다고 주장한다.[29]

이상훈의 주장은 설득력이 있다. 이에 따라 소주가 기원한 장소와 시대를 특정하기보다는 몽골군이 고려 전역에 끼친 전반적인 영향력을 살펴보는 방식으로 기존의 관점을 수정할 수 있다. 2장에서 이미 검토한 것처럼, 소주가 언급된 현존하는 문헌 중 하나인 『고려사』에는 몽골 시대 말에 고려 병사들 사이에서 소주가 보급되어 과소비되었다는 내용이 기술되어 있다. 허만쯔가 중국 문헌 연구를 바탕으로 주장한 바와 같이, 술은 지친 병사들을 위로하거나 그들의 투지를 자극하는 등 군대를 통제하는 중요한 도구였다.[30] 몽골군 병사들은 고려군과 협력하는 군사 원정에서 쿠미스를 즐겨 마셨고, 한반도에 머무는 동안 쿠미스를 계속 마실 수 있도록 증류법을 아는 몽골군이 고려군에게 이를 전수했을 가능성이 크다(1장 참조). 윌리엄 루브룩의 기록에서도 볼 수 있듯이, 몽골인은 장인을 포함한 많은 사람을 제국

---

29 이상훈, 「우리나라 강화발효주의 전개와 특징: 배경과 특수성에 대한 일고찰」(서울벤처대학원대학교 석사학위논문, 2014), p. 77. 5장에서 볼 수 있듯이, 이 지역들의 특산 브랜드가 1980년대 후반에 한국 정부의 지원을 받아 홍기하기 시작했지만, 이 두 시기의 간극이 너무 커서 의미 있는 연결고리를 만들기는 어렵다.

30 중국 문헌들에 따르면 중국 황제들은 전투 후 병사들을 위로하고 상을 주기 위해 술을 하사했다. 자세한 내용은 何满子, 『醉乡日月: 中国酒文化』(上海: 上海古籍出版社, 1991), pp. 78-79 참고.

내의 다양한 장소로 이주시키는 것으로 유명했다.[31] 결과적으로 이주한 이들은 서로 다른 사회 속에서 다양한 문화 요소를 전파하는 데 중요한 역할을 했고, 여기에는 아마도 증류 기술이 포함되었을 것이다. 한반도에 주둔한 몽골 병사 중에 증류주 제조 방법을 잘 아는 이가 있었다면, 이 기술을 어렵지 않게 고려인들에게 가르쳐 스스로 술을 제조·소비할 수 있게 했을 것이다. 몽골 병사 중 일부는 곡물 발효주를 증류하는 중국 남부에서 왔다. 곡물로 만든 샤오죠우(한국어로 소주)라고 불린 증류주의 제조법은 고려에서 적용하기 더 쉬웠을 것이고, 쌀과 보리 등 현지 곡물로 만든 소주가 고려에서 더 인기를 얻을 수 있었다. 다시 말하면, 고려인들은 발효 곡물을 사용해 전통 청주를 증류할 수 있었다. 1231년 몽골의 침략 과정에서 마유주(동락)가 고려로 전해졌음은 문헌을 통해 알 수 있다. 그러나 마유주나 마유주를 증류해 만든 증류주는 한반도에서 인기를 얻지 못했는데, 아마도 한반도가 몽골보다 말의 수가 적었기 때문일 것이다. 따라서 몽골군과 고려군 병사들이 동일한 증류법을 사용하여 곡물 발효주를 증류해 마신 것은 당연한 결과일 수 있다.

몽골의 군사 원정이 한국 소주의 발전에 미친 영향을 짐작할 수 있는 사례는 제주도에서 찾아볼 수 있다. 삼별초가 제주도에 근거지를 두고 몽골의 공격에 맞섰지만, 결국 1273년 여몽 연합군에 의해 궤멸한 뒤 몽골은 1368년 중국의 원왕조가 멸망할 때까지 이 섬을 통

---

31 예로, 윌리엄 루브룩의 기록 속에 있는 파리 출신 장인 윌리엄과 관련해서 카라코룸에서 발생한 일화를 참고하라. Peter Jackson, trans., *The Mission of Friar William of Rubruck: His Journey to the Court of the Great Khan Möngke 1253-1255* (London: Hakluyt Society, 1990), pp. 183, 209-211.

치했다. 몽골의 지배를 받던 한 세기 동안 제주 도민들은 민족 구성, 언어, 건축, 옷, 음식 등 다양한 면에서 몽골의 영향을 받았다.[32] 학자들은 몽골어의 영향을 많이 받은 제주 방언을 여럿 입증해 보였다. 예를 들어 터키어에서 유래한 몽골어 'boɤtu'와 제주 방언 '복닥poktak'(모자), 몽골 문학어 'qobuɤa'와 제주 방언 '허벅hŏbŏk'(동이) 등이 있다.[33] 문헌 사료 분석에 따르면, 초肖, 양梁, 안安, 강姜, 대對 같은 성을 가진 제주도의 많은 가문은 몽골인의 후손이며, 이는 몽골인들이 현지인과의 결혼 등 여러 형식으로 제주에 영향을 미쳤음을 나타낸다.[34] 몽골 황제 순제의 '피난 궁전' 유적지를 포함한 최근 고고학적 발굴에서는 1269년에 재건되어 1279년에 완성된 법화사의 놀랍도록 섬세한 석조와 몽골식 기와처럼 건물의 예술적 요소에 끼친 몽골의 영향을 볼 수 있다.[35] 몽골인들은 말과 양을 포함한 몽골의 가축을 키우기 위해 제주도에 산악 목장을 짓기도 했는데, 이는 섬 주민들의 식습관에도 영향을 미쳤다.[36] 확실한 구체적인 증거는 없지만,

32 이개석, 『고려-대원 관계 연구』, pp. 304-328.

33 배영환, 「제주방언 속의 몽골 차용어에 대한 연구사적 검토」, 『語文論集』 68(2016), pp. 24-25. 전체 한국어 및 제주 방언에서 발견되는 몽골 차용어에 대한 자세한 내용은 배영환, 「제주방언 속의 몽골 차용어에 대한 연구사적 검토」, pp. 7-36; 권성훈, 「제주방언 속의 몽골어 차용어」, 『동악어문학』 70(2017), pp. 53-67 참고.

34 李荇, 『新增東國輿地勝覽』 卷38(1530), 濟州牧風俗條(서울: 東國文化社, 1958).

35 강창화, 「제주 법화사지의 고고학적 연구」, 『제주도사연구』 9(2000), pp. 28-33; 김경주, 「考古資料로 살펴본 元과 耽羅」, 『탐라문화』 52(2016), pp. 129-160. 학자들은 강정동 '궁궐터' 유적에 대한 추가 발굴과 조사를 통해 명나라와 고려가 원나라 멸망 후 제주로 피난 온 몽골인들이 거주할 수 있도록 이 사원 경내에 대규모 주택 단지의 건설을 계획했음을 확인할 수 있으리라 가정한다. 김일우, 「몽골 황제 順帝의 제주 피난궁전 터 탐색」, 『몽골학』 46(2016), pp. 27-61.

36 이종수, 「13세기 탐라와 원제국의 음식문화 변동 분석」, 『아세아연구』 59(2016),

이후 기록된 사료들에 따르면 몽골의 지배를 받는 동안 소주가 보급되기 시작했다. 특히 소주는 현지의 다른 발효주보다 더 오래 보관할 수 있었기 때문에 제주에서 가장 중요한 술이 되었다.[37] 제주에는 말이 많았기 때문에 몽골인들이 더 많은 마유주를 증류할 수 있었겠지만, 아직 그 증거는 없다. 제주 도민들도 소주를 만들기 위해 곡물 발효주를 사용한 것 같다. 쌀은 제주도의 주요 곡물이 아니었기 때문에, 제주인들은 육지와 달리 쌀보다 더 잘 자라는 조와 보리를 발효시켜 증류한 소주를 개발했다.

제주도를 비롯해 한반도 전체에서 수십 년간 지속된 몽골군의 주둔은 고려에 증류주를 들여오고 보급하는 데 중요한 매개체로 작용했을 가능성이 크지만, 이는 원과 고려 사람들 사이에 있었던 문화 교류 현상의 일부에 지나지 않았다. 고려가 1259년에 화평을 청하고 원나라의 부마국(결혼동맹국)이 된 후에 이어진 외교 관계를 통해, 소주의 전파를 포함한 많은 경제 및 문화 교류가 한반도 전역에서 이루어졌다. 일본 원정이 실패한 후에도 몽골인들은 고려를 감독하고 자원을 착취하기 위해 정동행성을 유지했다. 이를 통해 도출된 양국의 위계적인 정치 관계는 긍정적인 방식과 부정적인 방식으로 고려 사회의 다양한 측면에 영향을 미쳤다. 이러한 정치 환경은 다양한 분야의 사람들이 물품과 아이디어를 교환하도록 했다.

고려 왕실은 원나라 문화를 활발하게 받아들였고, 고려 군주가 원 황실의 사위(쿠레겐khuregen)가 되는 부마 관계를 통해 대원 울루스에

---

pp. 143-179.

37 4장을 참고하라.

서 지위를 높였다. 고려의 왕비가 된 최초의 원나라 공주가 쿠빌라이의 손녀였다는 사실은 원나라에 있어서 고려의 전략적 중요성을 상징적으로 보여 준다. 쿠빌라이가 고려에 몇 가지 특권을 제공하고 고려 내의 전통 체계와 관습을 유지하도록 약속했지만, 초기에 몽골의 간섭이 잦고 불확실했기에 고려 왕들은 왕국을 보존하고자 몽골 문화를 적극적으로 받아들였다. 고려의 왕세자는 원의 수도인 대도(현재의 베이징)에서 자랐기 때문에 몽골 문화에 익숙했다. 이 고려 왕세자들은 신부가 된 몽골 공주들과 함께 고려로 돌아올 때 몽골 문화도 같이 들여왔다. 다른 한편으로 양국 간의 정치적 관계가 정상화됨에 따라 많은 몽골인이 고려로 여행을 오면서 고려 사회에 직간접적으로 영향을 미쳤다. 이하에서 자세히 살펴보겠지만 고려 왕실의 사람들은 원나라의 정치적 의식과 연회에 참가하여 의복과 음식 등 다양한 문화 요소를 받아들였는데, 이는 나중에 평민에게까지 광범위하게 퍼졌다.

그러나 고려-원 관계를 논할 때, 고려인들도 원대 중국을 여행하며 원나라의 문화를 경험하고 영향을 받았다는 사실을 잊어서는 안 된다. 고려가 군사적으로 패망한 후 몽골에 종속되면서 몽골인들은 고려에서 많은 것을 공물로 가져갔고, 이러한 상황은 고려와 원 사이의 사람 간 접촉, 즉 직접적인 문화 교류로 이어졌다. 중국과 한반도의 이전 왕조들 사이에도 조공 관계가 존재했지만, 몽골인은 이전의 중국 왕조들보다 훨씬 더 많은 공물을 요구했다. 많은 양의 다양한 물품과 특산물 외에도 많은 젊은 여성을 공녀(공물로 선발된 젊은 여성)로, 남성들을 환관으로 제공할 것을 요구했다.[38] 따라서 몽골제국 안에서 고려 왕실이 누린 특권은 많은 평민의 착취와 희생을 통해 얻은 것이다. 빈번한 공녀 차출은 조혼 증가와 같이 고려 사회의 관습에 변화를 가져왔다. 몽골인들이 고려의 자원을 이렇게 가혹하게 착취한 것은 몽골의 직접 통치를 받는 중국에서 사회 계급 최하위의 중국인이 겪은 고난과 유사하다. 많은 중국인이 중국 내의 몽골인과 협력했듯이, 많은 고려인도 몽골인 및 고려 왕실과 인맥을 쌓았는데, 여기에는 안동 권씨 권겸權謙과 행주 기씨 기자오奇子敖와 같은 유력한 가문의 권력자들이 있다.[39] 일부 공녀, 내시 또는 기타 관리들은 중국에 가서 원 황실 내에서 권력을 얻었다. 가장 유명한 예가 공녀로 원 황실에 끌려갔다가 원 황제 순제(토곤 테무르, 재위 1333-1367)의 황후가 된 기황후奇皇后였다. 기황후와 그 가문은 그녀의 힘으로 고려를 착취하고 원과 고려 왕실에서 부와 명성을 확보했다.[40] 많은 고려 출신 사람이 이런 방식으로 원나라에서 영화를 누렸다.[41] 고려의 공식 사료에는 고려 출신 여성이 인도 출신 왕자와 결혼했다는 사실이 기록되어 있다.[42] 이러한 이야기는 일부 고려인이 비슷한 방식으로 중국과

---

38 공녀에 관해서는 박경자, 「貢女 출신 高麗女人들의 삶」, 『역사와 담론』 55(2010), pp. 33-64, 환관의 사례는 이개석, 『고려-대원 관계 연구』, pp. 248-274; 장동익, 『高麗後期外交史硏究』, pp. 178-181 참고.

39 예를 들어, 행주 기씨의 몇몇 성원들은 몽골 황제에게 '왕'이라는 명예 칭호를 받았고 "황실과의 관계를 이용하여 고려 왕들에 필적하는 부와 명성을 얻을 수 있었다." John B. Duncan, *The Origins of the Chosŏn Dynasty* (Seattle: University of Washington Press, 2000), pp. 165-166.

40 예로 정구선, 「고려 말 기황후 일족의 득세와 몰락」, 『동국사학』 40(2004), pp. 167-185 참고.

41 이개석, 『고려-대원 관계 연구』, pp. 275-298; Robinson, *Empire's Twilight*, pp. 118-129 참고.

42 이개석, 『고려-대원 관계 연구』, p. 294.

몽골을 넘어 더 넓은 유라시아 지역에서도 활동한 사실을 보여 준다. 그들 중 일부는 원과 고려의 국경을 넘나들며 양국의 문화 교류에 중요한 역할을 했다. 그들은 샤오죠우(소주)와 같은 원의 문화 품목을 고려로 가져오거나, 반대로 고려의 것을 원으로 가져가기도 했다.

이러한 정치·사회적 관계는 두 사회 간의 경제 교류에도 상당한 영향을 미쳤다. 고려는 몽골제국의 일부가 되면서 자동으로 몽골제국이 만든 유라시아 경제체제로 편입되었다. 고려 왕실은 원의 몽골 통치자들이 공물로 요청한 인적·물적 자원을 징집했다. 이 공물에는 곡물, 은, 말, 인삼, 모시, 청자 등이 포함되었다. 원 황실은 공물의 수량까지 특정하며 요구했기 때문에 고려 왕실이 느끼는 부담은 무거웠다. 그러나 고려 왕실도 이러한 상황을 이용해 사적 거래를 촉진했다. 이강한이 주장하듯, 고려 마지막 세기에 고려인의 대외 활동이 크게 늘어났는데, 이들은 팍스 몽골리카 덕분에 대외 무역 네트워크에 적극적으로 참여할 수 있었고 그 어느 때보다 외부 세계에 개방적이었다.[43] 인삼과 모시 직물 같은 고려 현지 특산품, 고품질 비단과 책 같은 원나라의 다양한 상품이 거래된 것을 문헌 사료들을 통해 알 수 있다.[44] 고려 상품이 더 넓은 유라시아 시장에 진출한 것처럼, 많은 새로운 상품이 고려에 들어왔다.[45] 몽골의 유라시아 무역 확대로

43 이강한, 『고려와 원제국의 교역의 역사: 13-14세기 감춰진 교류상의 재구성』(서울: 창비, 2013), pp. 21-25.

44 이진한, 『고려 시대 무역과 바다』(서울: 경인문화사, 2014), pp. 200-209.

45 고려에서 원으로, 그리고 더 나아가 중앙아시아와 동남아시아로 은이 대량으로 전파된 것에 대해서는 김영제, 『고려상인과 동아시아 무역사』(서울: 푸른역사, 2019), pp. 227-245 참고.

유명한 오르타크ortaq 상인들을 포함해 중국에서 활동한 중앙아시아, 서아시아 출신의 상인들 역시 사업을 위해 고려까지 여행했다.[46] 많은 중앙아시아인과 서아시아인이 상인으로 고려에 왔고, 타 직업 종사자들도 한반도에 와서 상류층 및 평민들과 접촉하며 활동했다.[47]

고려 상인들도 자주 대도를 방문해 많은 상품을 교환했다. 고려 상인이 직접 왕래했다는 사실은 고려인이 중국어를 배우고 연습할 수 있도록 제작된 중국어 교재를 통해 알 수 있다. 당시 사용하던 중국어 교재 가운데 현존하는 『노걸대老乞大』와 『박통사朴通事』는 그 당시의 언어 구조에 대해 말해 줄 뿐만 아니라 대도 사람들의 일상 속 다양한 측면과 함께 이들이 거주하며 무역하기 위해 알아야 했던 것들도 알려 준다.[48] 초급 중국어 교재인 『노걸대』는 여행, 무역 및 상품에 대한 기본 정보 등 고려 상인의 주요 관심사를 비롯해 술에 대한 내용도 담고 있다. 그러나 이 교재는 기본적인 단어를 습득하게 하는 것을 목표로 하기 때문에 술의 특정한 종류를 밝히지는 않는다. 반면에 고급 중국어 교재인 『박통사』에서는 술을 비롯해 다양한 내용을 자세히 설명하고 있다. 그 예로 중국 남부 지역에서 인기 있던 술인 샤오죠우(소주)에 꿀을 넣어 만든 밀린친샤오죠우蜜林擒燒酒를 들 수 있

46 이강한은 중요한 무역품 중 하나가 노예였다고 주장한다. 이강한, 『고려와 원제국의 교역의 역사』, pp. 133-152.

47 이개석, 『고려-대원 관계 연구』, pp. 334-344.

48 『노걸대』의 최신 한글 번역으로 정광 역주, 『(譯註)原本老乞大』(서울: 박문사, 2010); 이육화, 『原本老乞大 新註新譯』(서울: 신아사, 2015)가 있고, 일본어 번역으로 金文京·玄幸子·佐藤晴彦, 『老乞大 — 朝鮮中世の中国語会話読本』(東京: 平凡社, 2002); 『박통사』의 한글 번역과 역주로 정승혜 외, 『박통사, 원나라 대도를 거닐다』(서울: 박문사, 2011) 참고.

다.[49] 이 술이 『박통사』에 언급되어 있다는 사실은 이 특정 종류의 샤오죠우가 대도에서 널리 퍼졌고, 대도로 여행한 고려 상인 및 관료, 학자 등을 통해 고려에 전파되었을 가능성이 있음을 시사한다. 이 책은 고려 상인들이 대도에서 사들인 고품질의 비단을 고려에서 되팔고자 한 사실도 밝혀 준다. 2장에서 살펴본 것처럼, 『고려사』에는 고려 말기에 정부가 소주와 비단 같은 사치품을 금지했다는 내용이 나오는데, 아마도 원나라에서 수입한 이러한 사치품들은 고려의 부유층 사이에서 점차 인기를 얻으면서 정부의 금령을 촉발했을 것이다. 서아시아인을 포함한 외국 상인들이 무역을 위해 고려에 왔을 때, 고려 상인들 역시 다른 민족 출신의 많은 외국 상인을 만나고 유라시아 각지에서 온 다양한 종류의 상품을 취급하여 이익을 얻었을 것이다.

고급 중국어 교재인 『박통사』는 공무상 중국에 방문하는 일이 잦았던 고려 학자들에게도 유용했을 것이다. 이전 왕조에서는 전문 통역사에게 의존했다면, 이제는 인적 접촉이 확대되면서 많은 관료가 원나라의 정치에 더 직접적이고 깊숙이 관여하기에 이르렀고, 그 결과로 원과 고려의 관료 및 학자들은 전례 없는 수준으로 직접 접촉하게 되었다. 이와 같은 상황에서, 중국어 교재에 대한 수요는 높아졌을 것이다. 한편 고려인도 응시할 수 있었던 제국의 과거 시험을 통해 고려의 많은 학자가 원나라 정계에 진출할 기회를 얻었다. 송나라

49 정승혜 외, 『박통사, 원나라 대도를 거닐다』, pp. 20-21. 일반적으로 중국어 교본들에 술의 구체적인 명칭이 많이 보이지는 않지만, 『박통사』에서 샤오죠우/소주에 대해 이야기하고 있다는 사실은 이후 중국과 한국의 왕조에 유행하게 될 샤오죠우/소주가 원대에 점진적으로 퍼졌음을 시사한다.

멸망 후 몽골인이 폐지했던 중국의 전통인 과거 시험은 원의 인종 황제(재위 1311-1320)에 의해 1315년에 부활했는데, 역사상 처음으로 신유학을 과거 시험의 교과 과정의 중심에 두는 등 상당한 변화가 있었다. 대도에서 공부하며 다민족적 환경에서 원의 관료 및 문인과 교류할 기회를 가졌던 고려 학자들은 고려 사회에 높은 수준의 문화를 전달하는 데 중요한 역할을 했다. 고려 학자들이 이때 훗날 조선 시대의 가장 중요한 정치 이념이 될 신유학을 자국민에게 소개했을 뿐만 아니라 다른 문화적 물품도 전파했다. 잘 알려진 고려의 문인 중 한 명인 이색李穡은 자신의 시에서 처음으로 아락을 증류주로 언급한 바 있다(2장 참조).

이색은 고려 말기부터 조선 초기까지 살았던 유명한 문인이자 영향력 있던 관료로, 이 과도기에 살았던 고려 문인들의 삶을 보여 준다.[50] 이색은 지방 중류 가문 출신으로 학업에 매진하여 과거 시험을 통해 고려와 원 제국 모두에서 출세한 그의 아버지 이곡李穀의 영향을 많이 받았다.[51] 이곡은 수 차례 낙방한 끝에 원의 과거 시험을 통과하여 고려와 원 정부의 중요한 관직으로 진급할 수 있었다. 이곡이 특별한 관직을 맡아 대도에 체류하는 일이 잦았는데, 그 덕분에 이색은 원나라 최고의 학술 기관인 국자감에서 공부할 기회를 얻었다. 고려의 다른 많은 학자도 이와 같이 고국에서 출세하기 위해 원나라에서 공부하면서 국제적 경험을 쌓았다. 충선왕은 원과 고려의 유학자들

50 이색이 남긴 문학작품의 중요성에 대해서는 李穡, 『國譯牧隱集』(서울: 민족문화추진회, 2000), 1:1; 이익주, 『이색의 삶과 생각』(서울: 일조각, 2013), pp. 15-18 참고.

51 이익주, 『이색의 삶과 생각』, p. 3.

간 접촉과 교류를 장려했다.[52] 원의 과거 시험을 준비하기 위해 이색과 고려의 학자들이 매진한 공부는 신유학이었다. 신유학은 송대에 형이상학의 영향을 받아 새롭게 발전한 유교의 학파로, 원대 이후 중국뿐만 아니라 동아시아 전역에서 사회와 정치에 영향을 끼치는 정통 이데올로기가 되었다.[53] 고려로 돌아온 이색은 제자들에게 이 새로운 철학을 전수했고, 그의 제자들은 조선을 건국하며 신유학을 새로운 왕조의 국가 이념으로 채택하는 데 기여했다. 따라서 신유학은 원나라에서 고려로 전파되어 장기적으로 한국 사회에 영향을 미친 중요한 문화 요소의 한 사례다. 이색에 대한 많은 연구가 그의 문학작품과 고려-조선 교체기에 그가 담당했던 정치적 역할에 대해 논할 뿐, 몽골 지배하의 중국과 한반도의 국제적 환경에서 그가 얻은 경험과 문화 교류 방면에서 그의 역할에 대해서는 충분한 관심을 기울이지 않았다. 여기서 이러한 측면들을 살펴봄으로써 신유학과 같은 새로운 아이디어, 아락주와 같은 새로운 상품, 그리고 새로운 문화 요소가 고려로 전파된 경로를 추적해 보도록 하자.

이색은 젊었을 때 대도에서 수년간 머물며 국자감에서 공부했다. 이색의 문학작품은 그의 삶과 시대를 반영하는데, 이를 통해 그가 중국인과 몽골인보다 고려인들과 더 친밀하게 어울렸다는 사실을 알 수 있다.[54] 이색은 중국인 동료들과 자유롭게 의사소통할 만큼 중국

---

52 김남일, 『고려말 조선초기의 세계관과 역사의식: 이색(李穡)과 권근(權近)을 중심으로』(서울: 경인문화사, 2004), p. 11.

53 Peter K. Bol, *Neo-Confucianism in History* (Cambridge, MA: Harvard University Asia Center, 2008).

54 이익주, 『이색의 삶과 생각』, pp. 56-57.

어 회화가 유창하지 않았던 것 같다. 반면에 중국어 작문 실력이 좋았기 때문에 그는 과거 시험을 성공적으로 치를 수 있었다.[55] 그는 원과 고려 정부를 연결하는 중요한 책무를 담당하는 관직에 오른 후에 사회적 관계를 점차 확장해 나갔기 때문에, 나중에 중국어 회화도 배우고 구사하면서 몽골어도 공부했을 가능성이 크다. 그는 구양현歐陽玄 및 조맹부趙孟頫와 같은 유명한 동시대 중국 문인과 교류했다.[56] 우리는 이색의 문학 저술을 통해 그가 원을 세계질서의 권력으로 받아들였다는 것을 알 수 있는데,[57] 다양한 민족이 사는 진정한 국제도시인 대도에서 이색과 고려 문인들은 한 세기 동안 번영했던 몽골제국의 새로운 문화를 받아들이는 것이 당연했을 것이다. 원 정부가 국자감을 설립하면서 창설한 회회국자감回回國子監(이슬람 국자감)에서 많은 서구 학자들은 고국에서 가져온 책으로 연구하고 있었다. 현존하는 이색의 작품들에서 국제 교류의 구체적인 내용을 찾아보기는 어렵지만, 신유학과 아락주 등 외래문화의 영향을 받아 알게 된 새로운 철학·문화 요소에 대한 언급은 간혹 눈에 띈다.

이색을 비롯해 고려인들은 국제적인 몽골제국 내에서 원나라의 새로운 문화를 경험했다. 많은 문인과 다양한 분야의 사람들이 몽골 통치하의 중국을 여행하고, 그 도시에서 여러 민족을 만나고 문화 교류에 기여했다. 마이클 브로즈Michael Brose는 고려와 조선의 위구르인에 대한 선구적인 연구에서 비한족인 위구르인도 신유학의 문학적·

---

55 원나라의 과거 시험에 합격한 고려 문인의 더 많은 사례는 장동익, 『高麗後期外交史研究』, pp. 173-178 참고.

56 李穡, 『國譯牧隱集』, 1:3.

57 김남일, 『고려말 조선초기의 세계관과 역사의식』, p. 7.

행정적 능력을 갖추고 고려의 왕들을 섬겼다고 주장한다.[58] 고대부터 한반도와 일본 등 동아시아의 사회들은 중국 및 더 넓은 유라시아 문화로부터 상당한 영향을 받았으며, 지식인과 그들이 가져온 책을 통해 다양한 사상, 종교, 음식문화가 소개되었다. 몽골 시대에 이렇게 전례 없는 규모로 이루어진 교류 덕분에 고려 사회는 더 많은 문화적 품목을 수용해 동화시켰으며, 그중 상당수가 사회에 막대한 영향을 미쳤다. 국제 교류에서 중요한 중국의 항구도시인 닝보寧波에서 고려를 비롯한 여러 나라의 많은 학자들 간에 아이디어와 책을 포함하여 다양한 문화적 교류가 이루어졌다고 한다.[59] 인적 접촉을 통해 전파된 문화적 품목은 궁극적으로 오랜 세월 동안 사람들의 삶에 큰 영향을 미치게 되었다. 소주를 비롯한 주류 문화도 이렇게 전파된 문화 항목 중 하나다. 일부 품목은 시간이 흐르면서 새로운 사회에 더 많은 영향을 미치기 시작했다. 고려 시대부터 조선 시대까지 그와 같은 사례는 많이 찾아볼 수 있으며, 각각은 풍부한 문헌 사료가 뒷받침한다. 광범위한 아프로·유라시아 관점에서 원과 고려의 문화 교류를 조사하는 시도의 하나로서, 다음 절에서는 과학, 음식, 복장 등 몇 가지 사례를 검토한다. 이를 통해 소주의 전파에 대한 폭넓은 맥락과 당시 있었던 풍부한 문화 교류를 이해할 수 있을 것이다.

58 Michael C. Brose, "Neo-Confucian Uyghur Semuren in Koryŏ and Chosŏn Korean Society and Politics," *Eurasian Influences on Yuan China*, edited by Morris Rossabi (Singapore: Institute of Southeast Asia Studies, 2013), pp. 125-158.

59 宮紀子,『モンゴル時代の出版文化』(名古屋: 名古屋大学出版会, 2006), pp. 575-580.

문화 전파 및 영향의 예

(1) 과학: 천문학과 지도 제작

중국에서 발달한 과학 분야는 고대부터 한국과 일본을 비롯한 동아시아 사회에 영향을 미쳤다. 그중 천문학은 특히 큰 영향을 끼쳤는데, 이는 전근대 사회의 국가 의식과 농업 생활에서 가장 중요한 역할을 했다. 고대부터 한반도 사람들은 농업적 삶을 개선하기 위해 독특한 천문학적 관찰 방법을 개발하여 천체와 현상을 해석하려고 노력했을 뿐 아니라,[60] 세계 최고 수준의 천문학 전문가들이 천체 현상을 정확하게 관찰해 온 중국의 왕조들로부터 천문학 연구에 상당한 영향을 받았다.[61] 한반도에서는 고려에 이르기까지 당나라에서 가져온 달력을 채택했다. 그러나 중국인들은 당왕조 이후, 특히 원왕조 때에 역법 체계에 큰 변화를 겪었다.[62] 이것은 몽골 통치하의 원왕조가 자말 앗딘Jamāl al-Dīn; 扎馬魯丁 같은 서역 출신의 학자를 다수 고용하여 천문학 분야에서 획기적인 혁신을 주도했기 때문이다. 특히 자말 앗딘은 1267년에 이란으로부터 아스트롤라베(천체 관측기)를 포함한 일곱 가지 천문학 기구를 원으로 가져왔고, 학문적 지식과 기기들을 활용해 이슬람 요소와 중국 요소를 결합함으로써 천문학과 지도 제작의 혁신에 크게 기여했다. 서역 학자들은 몽골 정부가 외국 학자들을 위해 창설한 회회국자감, 회회사천대回回司天臺 같은 특별 기관에서 종사

---

60 전용훈, 『한국 천문학사』(파주: 들녘, 2017), pp. 61-124.

61 Joseph Needham and Wang Ling, *Science and Civilisation in China*, vol. 3 (Cambridge: Cambridge University Press, 1959), p. 171.

62 한영호·이은희, 「麗末鮮初 本國曆 완성의 道程」, 『동방학지』 155(2011), pp. 32-33.

하며, 이후 중국의 공식 역법인 수시력授時曆과 함께 사용된 회회력回回曆을 개발하는 데 중요한 역할을 했다. 수시력을 개발한 중국인 학자 곽수경郭守敬은 자말 앗딘과 학술 교류를 가졌을 가능성이 큰데, 당시 자말 앗딘은 비서감(황실 도서관)의 책임자로서 비서감에 속한 중국과 이슬람의 천문 기관을 모두 감독하면서 중국과 서구 학자 간의 교류에 기여하고 있었다.[63]

고려는 훗날 충렬왕과 충선왕의 치세 시기에 매우 새롭고 진보적인 역법 시스템이었던 곽수경의 수시력을 받아들였다.[64] 그러나 고려 학자들은 구식이 되어 버린 역법 체계를 오랫동안 사용하고 있었기 때문에, 이러한 새로운 체계를 받아들여 즉시 활용하기가 쉽지 않았다. 고려 후기와 조선 초기, 특히 세종 때의 학자들은 새로운 역법 제도를 시행할 목적으로 재측정하여 오류를 수정하려 노력했다. 우선 선진 중국의 역법 체계를 소화하고 수학적 문제를 해결해 마침내 '칠정산내편七政算內篇'이라고 불리는 적절한 역법 체계를 만들어 냈다. 이후 학자들은 원나라의 수시력과 동시에 개발된 이슬람 역법인 회회력을 수입했고 이를 적용해 '칠정산외편七政算外篇'이라는 보조 체계를 만들었다.[65] 우리는 원나라에서 만들어져 고려 및 조선에 수용된 이 두 가지 역법 체계가 몽골 치하 유라시아의 타 문화 간 교류의 결실인 점에 주목할 필요가 있다.

---

63 Hyunhee Park, *Mapping the Chinese and Islamic Worlds: Cross-cultural Exchange in Pre-modern Asia* (New York: Cambridge University Press, 2012), pp. 99-100.

64 한영호·이은희, 「麗末鮮初 本國曆 완성의 道程」, p. 36.

65 한영호·이은희·강민정 역주, 『칠정산내편 1』(서울: 한국고전번역원, 2016), pp. 38-39.

몽골 시대에 새로운 발전을 이루고, 고려 말-조선 초에 중국에서 한국으로 전파되어 온 또 다른 두 학문 분야는 지리학과 지도 제작이다. 팍스 몽골리카의 타 문화 간 교류를 통해 중국과 유럽을 비롯한 여러 사회의 구성원들은 새로운 지리 지식을 습득하고 아프로·유라시아에 대한 세계관을 확장했다. 특히 중국인들은 중앙아시아와 서아시아의 학자들이 원 황실에 들여온 지리서 및 지도 제작 프로젝트를 통해 지리 지식과 세계관을 크게 넓힐 수 있었다.[66] 예를 들어, 혼일강리역대국도지도混一疆理歷代國都之圖(1402)가 한국에서 나올 수 있던 것은 여말 선초의 과도기에 활동했던 한국 학자들 덕분이었다. 우리는 원 제국에 다녀온 고려 학자 중 상당수가 중국에서 만들어진 세계 지도를 보면서 아프로·유라시아의 더 큰 세계를 이해했을 것이라고 추측할 수 있는데, 이들이 가져온 지도들은 실제로 혼일강리역대국도지도의 제작에 활용되었다.

이어서 언어학과 같은 기타 학문 분야에 미친 영향에 대해서도 추측할 수 있다. 몇몇 학자들이 제시한 것처럼 파스파 문자의 스타일은 한글과 상당히 다르지만, 한국인들이 사용하던 한자가 표어문자였기 때문에 몽골인들이 사용한 표음문자 체계의 파스파 문자를 접하고 영감을 받았을 가능성이 있다.[67]

전근대 동아시아 사회에서 과학 분야에 종사하는 학자들은 유교 문인보다 덜 존중받았기 때문에, 국가의 정책적 후원하에 과학자들 간의 직접적 접촉과 교류가 어떠했는지 기록상으로 추적하기는 쉽

---

66 Park, *Mapping the Chinese and Islamic Worlds*, pp. 100-104.

67 정광, 『훈민정음과 파스파 문자』(서울: 역락, 2012) 참고.

지 않다. 아마도 제한된 정도의 개인적 교류가 있었을 것으로 추측해 볼 수 있다. 그러나 몽골제국의 개방된 상업 환경 속에서 사람들이 서적을 쉽게 가져올 수 있었고, 책은 과학 지식을 한국으로 전파하는 중요한 매체가 될 수 있었다. 증류는 높은 수준의 과학기술이 아니기 때문에, 한반도인들은 아마도 책보다 직접 설명을 들으면서 휴대용 증류기를 활용한 소주 제조법을 배웠을 것이다. 그럼에도 한반도에 전파되어 소주와 그 증류 기술에 대한 학문적 이해에 더 직접적인 영향을 미치기 시작한 몇 가지 사례를 여말 선초 시기에 쓰인 의약과 음식에 관한 주요 서적들에서 볼 수 있다. 이 책들은 의약 및 식품과 관련된 많은 주제를 다루고 있기에 면밀히 검토해 볼 가치가 있다.

(2) 의약, 식품 그리고 음료

의약 부문은 팍스 몽골리카 시기에 유라시아의 여러 사회에서 전례 없는 교류를 경험한 또 다른 중요한 학문 분야다. 천문학과 마찬가지로 중국인 의사와 서아시아인 의사들은 수 세기에 걸쳐 전통 속에서 의학 지식과 의료 활동을 발전시켰으며, 학술 교류를 통해 다른 전통에서 발전한 지식이 포함된 의학 서적을 출간할 수 있었다. 이런 사례로는 이란 일 칸국의 라시드 앗딘Rashīd al-Dīn이 저술한 『탕수끄나메Tānksūqnāma』라는 중국 의학 백과사전과, 중국에 거주하는 시리아 출신의 의사 가족을 통해 몽골 원대에 얻은 지식을 바탕으로 명나라 초기에 저술된 『회회약방回回藥方』을 들 수 있다.[68]

68 Joseph Needham, *Clerks and Craftsmen in China and the West: Lectures and Addresses on the History of Science and Technology* (Cambridge: Cambridge

한반도에 전파되어 고려와 조선의 천문학에 큰 영향을 미쳤던 회회력과 달리 『회회약방』은 한반도에서 널리 보급되지 않았던 것 같다. 아마도 서적으로서의 영향력이 제한적이었던 것 같은데 책을 통해 고려나 조선에 소개되었다는 증거가 없다. 그러나 몽골제국 전역에 유통된 서역 의학 지식의 몇몇 요소와 내용은 중국 원나라에서 보급된 중국 의학 서적에 통합되어 여말 선초 전환기에 한반도에 도입되었을 가능성이 크다. 신동원이 보여 주듯이, 한의학의 역사에서 조선 시대 이전에는 중요한 의학 서적이 저술되지 않았기 때문에, 왕조 교체기에 유입된 많은 중국 의학 서적은 한국 의학의 혁신에 크게 기여했을 것이다.[69] 이후 4장에서 볼 수 있듯이, 『의방유취醫方類聚』와 『동의보감東醫寶鑑』을 포함하여 조선 중기에 왕실이 의뢰해 편집된 여러 의학 저술은 기존 지식과 새로 유입된 지식을 결합하고자 했다. 이 서적들에는 원대 및 명대뿐 아니라 그 이전에 쓰인 많은 중국 서적이 인용되어 있는데, 질병 치료에 소주를 사용하는 방법도 소개되어 있다.

의학 서적에는 음식에 대한 많은 정보가 들어 있으며, 그중에는 소주를 포함한 술과 같은 새로운 식재료에 대한 정보도 있었다. 이후 조선 시대에 쓰인 홍만선洪萬選의 『산림경제山林經濟』와 같은 책은 홀사혜忽思慧의 『음선정요飮膳正要』(1330)와 『거가필용居家必用』(14세기) 같은 원나라 때의 음식 관련 서적들을 인용하고 있다. 중국 책들은 조선 중기에서 후기(17-18세기)에 학자들이 한반도로 가져온 것이 분명하다.

University Press, 1970), p. 17.

69 신동원과 나눈 개인적인 대화를 바탕으로 한다(이 책의 4장 참고).

그러나 새로운 음식과 음식을 만들고 먹는 방법, 일반적인 음식문화에 대한 훨씬 더 많은 정보는 대규모의 인적 접촉을 통해 원나라에서 고려로 전파되었다. 우리는 2장에서 정사 기록을 분석해 보면서 외교 및 상업 접촉을 토대로 마유주馬乳酒(동락潼酪으로 기록됨) 및 포도주와 같은 특별한 종류의 술이 선물이나 상품으로 한반도에 들어온 것을 보았다.

당시 몽골인과의 긴밀한 접촉은 고려의 식문화에 전반적으로 큰 영향을 미쳤을 것이다. 불교가 지배적인 종교였기 때문에 고려인들은 고기를 많이 먹지 않았다. 서긍도 고려 중기(12세기)에 송나라의 외교사절 단원으로 고려에 다녀와서 쓴 견문록에서 고려 술의 종류에 대해 이야기하며, 고려 사람들은 불교 신앙 때문에 고기를 얻기 위해 동물을 죽이는 것을 피하고 왕과 관료들을 제외하고는 양과 돼지 고기를 먹는 것이 어려웠기 때문에 도축 기술도 좋지 않다고 증언한다.[70] 그러나 몽골인의 육식 문화가 고려로 전해져 한반도 전역에 확산되면서 사냥 문화의 부흥과 축산의 증가를 가져왔으며, 평민을 위한 육식 공급도 늘었다.[71] 중국을 여행하고 그곳에서 현지 승려들을 접할 기회가 많았던 고려 승려들조차도 이러한 문화적 변화의 영향을 받아 호화로운 삶을 즐기며 고기 요리를 먹었다.[72] 이러한 식문화의 변화는 육류와 더 잘 어울리는 알코올 도수가 높은 증류주의 소

---

70 조원, 「『飮膳正要』와 大元제국 음식문화의 동아시아 전파」, 『역사학보』 233(2017), pp. 199-200. 서긍의 사절단 임무와 이에 대한 기록에 대해서는 2장을 참고하라.

71 유애령, 「몽고가 고려의 육류 식용에 미친 영향」, 『국사관논총』 87(1999), pp. 221-237.

72 허흥식, 『高麗佛敎史硏究』(서울: 일조각, 1986), pp. 514-515. 허흥식은 또한 고려의 불교 승려들이 몽골에 의해 도입된 자유로운 삶의 영향으로 성적·도덕적 해이에 빠졌다고 주장한다.

비를 증가시켰을 수 있다.

식습관의 이러한 큰 변화와 함께, 몽골과 중앙아시아 기원의 특정 음식들이 원 제국에서 고려로 들어왔을 것이다. 몽골인들이 즐겨 먹는 고급 궁중 요리 중에는 양고기 육수에 다양한 재료를 추가해 만든 슐렌shülen이라는 국 요리가 있다. 이 요리에 대해서는 『음선정요』에 잘 기록되어 있을 뿐 아니라 이란과 기타 지역에서도 잘 알려져 있는데, 이는 중국으로부터 이란과 한반도와 같은 여러 곳으로 확산했음을 나타낸다. 혹자는 슐렌이 한국의 전통 국 요리인 설렁탕이 되었다고 주장했다. 물론 설렁탕의 기원에 대한 다른 이론도 있지만 최근까지 축적된 연구는 고려 시대에 설렁탕과 같은 고깃국 요리가 당시 중국에서 발전한 유사한 음식으로부터 영향을 받은 것에 무게를 실어 준다.[73] 가장 중요한 증거는 조선 시대(18세기 중반)에 편찬된 몽골어-한국어 사전인 『몽어유해蒙語類解』에서 볼 수 있는데, 이는 공탕空湯이라는 요리를 '고기를 삶은 국'으로 해석하고 있고, 이를 몽골어로 슈루shuru라고 식별하고 있다.[74] 폴 뷰얼은 『음선정요』에 묘사된 슐렌 및 기타 몽골 음식이 위구르족뿐만 아니라 튀르크계 소수 민족으로부터 상당한 튀르크 문화의 영향을 받은 것을 보여 주기 때문에, 이 책의 저자 홀사혜가 튀르크계 사람이었다고 주장한다. 따라서 고려인들이 수용한 새로운 음식문화는 몽골의 문화 교류 활성화에 힘입어 유라시아 전역에 중앙아시아의 음식문화가 확산한 일례를 보여 준다. 이

73 박정배, 『한식의 탄생』(서울: 세종서적, 2016), pp. 150-159.

74 이 사료에서는 소주(燒酒)를 'arik'i'로 정의하기도 하는데, 이는 '아락'의 당시 한국어 음역이다. 『몽어유해』(서울: 서울대학교 규장각한국학연구원, 2006), p. 97.

는 한반도가 몽골제국의 일부가 되어 국제적 문화 교류를 향유했음을 보여 주는 분명한 사례다. 2장에서 본 소주 전파의 경우처럼, 고려에 도입된 원나라의 요리는 양고기를 소고기로 대체하는 등 새로운 문화 환경에 맞게 현지화되었다. 조원의 주장에 따르면, 『음선정요』에 소개되어 있고 한반도에도 반입된 사릅舍兒別과 같은 음료도 14세기에 이슬람 세계에서 몽골 황실로 들어온 것이다.[75] 현존하는 사료들은 『음선정요』에 기재된 인삼국과 같은 건강식품의 주요 재료로 사용된 인삼의 예에서 볼 수 있듯이, 원나라의 요리에 영향을 미친 고려 음식도 보여 준다.[76] 이는 이 책에서 깊이 있게 논의하기는 어렵지만, 면밀히 연구할 가치가 있는 주제다.

(3) 의복

타 문화의 영향을 쉽게 받을 수 있는 또 다른 중요한 문화 항목으로 의복을 꼽을 수 있다. 발굴된 고대 무덤의 벽화를 통해 고대에 한반도인들은 중국인들과 비슷한 스타일의 옷을 입었음을 알 수 있다. 여러 연구에 따르면, 새로운 고려-원 관계가 고려 의복에 새롭고 큰 영향을 미쳤으며, 그중 일부는 조선 시대에도 계속 유행했다. 김문숙의 연구에 따르면, 몽골 시대 전후의 복식을 보여 주는 책, 그림, 고고학적 유물을 비교 분석했을 때 땋은 머리 모양, 머리 장식, 외투 등 몽골 복식의 일부 독특한 특징이 고려 복식에 수용된 것을 볼 수 있다.[77] 이는 '몽골풍蒙古風'이라는 유행의 일부였다. 김윤정은 이러한 영

75 조원, 「『飮膳正要』와 大元제국 음식문화의 동아시아 전파」, pp. 202-204.
76 조원, 「『飮膳正要』와 大元제국 음식문화의 동아시아 전파」, p. 199.

향에 대한 역사적 맥락을 더 심도 있게 검토한다.[78] 예를 들어, 몽골이 여름에 행한 제국의 연회인 지순연과 같은 외교 의식을 포함한 정치적 의례가 그러한 변화를 주도했다. 신하 관계가 시작되면서 고려 왕은 예전의 노란색 왕실 예복 대신 보라색 예복을 입어야 했는데, 원 황제만이 노란색 의복을 입을 수 있었기 때문이다. 충선왕이 원 정치에 더욱 깊이 관여하면서 고려 왕실 사회는 고고罟罟(몽골 상류층 여성들이 쓰는 머리 장식), 대정아大頂兒(고급 의류 장신구)와 같은 원 황실의 복식을 받아들였다.[79] 이러한 동화 과정은 두 왕조 간의 외교 관계가 가까워지면서 더욱 강화되었다.

박용운은 고려 의복과 식생활에 대한 연구에서 원과 고려의 관계가 가까워지면서 고려 왕을 비롯해 왕국의 많은 상류층 사람이 땋은 머리 모양과 고고 같은 머리 장식을 포함한 특정 양식의 몽골 복장을 수용했으며, 이는 왕의 명령에 따라 규제되고 장려되었다고 주장한다.[80] 그러나 김윤정은 『박통사』와 『노걸대』 및 고고학 발굴 유물에 반영된 옷차림은 몽골 복식이 평민들에게도 확산되었음을 보여 주며, 이러한 현상이 자국의 문화적 형태 변화에 대한 거부감을 희석했다고 주장한다.

---

77 김문숙, 「13-14세기 고려복식에 수용된 몽고복식에 관한 연구」, 『몽골학』 17(2004), pp. 223-246.

78 김윤정, 「14세기 고려-원 관계 확장과 고려의 원 복식문화 수용」, 『역사학보』 234(2017), pp. 63-112.

79 김윤정, 「14세기 고려-원 관계 확장과 고려의 원 복식문화 수용」, pp. 76-83. 고고(boqta)의 이미지는 Eiren Shea, *Mongol Court Dress, Identity Formation, and Global Exchange* (New York: Routledge, 2020), Plate 20 참고.

80 박용운, 『고려 시대 사람들의 의복식 생활』(파주: 경인문화사, 2016), pp. 24-29.

이렇게 고려인들이 원나라 복식뿐 아니라 신유학 등 원나라의 문화 요소를 자발적으로 수용한 사례는 많이 찾아볼 수 있다. 김윤정은 고려인들이 원나라에서 막대한 문화적 영향을 받았음에도 불구하고 자신들의 고유한 형태로 종묘를 정비하거나 자국의 역사를 정리해 기록하는 노력을 통해 새로운 문화 요소를 수용하는 동시에 국가 정체성을 성공적으로 유지했다고 주장한다. 사실, 한반도인들이 과거부터 이어진 자신들만의 독특한 관습을 엄격히 지키면서 문화적 경계를 새롭게 확장해 나가는 이러한 경향은 이전에도 있었지만, 몽골제국에서 받은 문화적 영향이 이전 시기와 비교해 가장 다른 점은 전례 없는 규모로 일어났다는 사실이다.

학자들은 몽골이 한반도의 복식에 끼친 영향에 대한 다양한 가정을 제기했다. 몇몇 학자들은 몽골의 특별한 상류층 여성용 머리 장식인 고고를 조선 시대 여성들이 착용한 신부용 머리 장식인 족두리의 기원으로 보는 반면, 김문숙은 두 머리 장식의 형태가 서로 다르기 때문에 이들의 연관성을 추적하기 위해서는 더 많은 연구가 필요하다고 주장한다. 학자들은 털릭terlig이라는 몽골의 긴 윗옷이 고려인들 사이에서 인기를 얻었고, 이후 조선 시대 사람들이 철릭 또는 첩리帖裏라고 불리는 유사한 윗옷을 입었다고 주장한다.[81] 일부 학자들은 몽골이 고려에 많은 여성을 공물로 요청하자 공녀로 뽑히지 않기 위해 임신한 척하려 했고, 이것이 여성의 윗옷 크기에 변화를 일으켰을 가능성을 제시한다.[82] 우리는 이것을 더 연구하고 다양한 가능성을 고

81 김문숙, 「13-14세기 고려복식에 수용된 몽고복식에 관한 연구」, p. 244.

82 2015년 5월 12일에 있었던 다쉬돈독 바야르사이칸(Dashdondog Bayarsaikhan) 교

려해 볼 필요가 있다. 또한 사료들은 공녀와 같이 원 제국에 가게 된 많은 고려 사람 덕분에 원 사회에도 고려의 패션이 영향을 끼쳤다는 것을 보여 준다. 몽골풍에 상응하는 이 현상을 고려양高麗樣이라고 불렀다.[83] 몽골풍과 마찬가지로 고려양은 명나라가 원나라를 대체한 이후에도 일부 중국인들에게 계속 영향을 미쳤을 가능성이 있는데, 앞으로 더 연구해 볼 만한 주제다.

결론

이 장에서는 몽골 시대 유라시아 역사의 유례없는 정치적 변화가 중국 및 더 넓은 세계와 고려의 관계에 어떤 영향을 미쳤는지를 논했다. 고려는 몽골제국의 가신국이었음에도 불구하고 몽골과 중국을 통치한 대원 울루스의 몽골 황실과 혼인 관계를 맺었고, 이를 통해 여러 문화 접촉의 경로를 만들어 왕국의 지위를 높이고 주권을 보장받기 위해 다양한 문화 요소를 적극적으로 수용했다. 원과 고려의 긴밀한 정치·경제·사회 관계는 두 사회 간 다양한 문화 교류로 이어졌고, 결과적으로 고려인들은 더 넓은 유라시아 세계에서 다양한 영향을 받았다. 이 교류에 참여한 이들은 왕족부터 군인, 관료, 학자, 상인, 여성, 환관에 이르기까지 다양했다. 원에서 고려로 소주가 전파된 것을 직접적으로 보여 주는 문헌 사료가 많지 않지만, 더 큰 역사적 맥락

수와의 개인적인 대화를 기반으로 한다.

83 박용운, 『고려 시대 사람들의 의복식 생활』, p. 28.

에서 문화 항목 전파에 대한 풍부한 문헌 사료는 고려의 소주 흥기에 대한 간접적이지만 강력한 정황 증거를 제공한다. 소주의 전파는 군사적 접촉뿐만 아니라 상업·학술적 접촉 등 사회 각 분야의 다양한 형태의 접촉으로 촉진되었다. 즉, 소주는 원나라뿐만 아니라 더 넓은 유라시아 세계와의 연결을 통해 혁신적으로 전파, 교환, 지역화된 많은 항목 중 하나였다. 이 책에서 살펴본 소주의 사례는 고려 시대를 꾸준히 연구해 온 역사가들이 최근 몇 년간 발전시킨 타 문화 간 교류 사례에 대한 연구를 더욱 활성화할 필요가 있음을 시사한다.

자세히 보면 원나라는 몽골제국의 중심에 위치했기 때문에 고려-원뿐 아니라 정확하게는 더 넓은 유라시아권역에서 온 품목들이 고려에 전파되어 한반도에 영향을 미쳤음을 알 수 있다. 이러한 큰 맥락에서 소주는 서아시아, 남아시아 또는 동남아시아의 아락 전통과 결합한 중국 증류 전통의 영향을 받은 산물로서 한국에서 발전했다. 서아시아의 천문학, 중앙아시아의 육류 요리와 같은 다른 문화적 형태의 발전에서도 동일한 수용 과정을 볼 수 있다. 몽골인들이 종주-가신 관계와 결혼동맹으로 한반도 사람들에게 문화적 영향을 크게 미쳤지만, 한반도인들은 그 과정에서 새로운 형태의 유라시아 문화를 적극적으로 채택했다. 많은 문헌 증거에 따르면, 충선왕을 비롯한 고려의 왕들부터 이색과 같은 문인들, 심지어 평민에 이르기까지 사회의 모든 계층을 아우르는 한반도인들은 점차 원 중심의 세계질서를 받아들이고 그 질서를 통해 접한 새로운 유라시아의 문화 요소, 즉 소주, 아락 및 비단과 같은 사치품, 새로운 형태의 유교 철학, 과학 그리고 중앙 유라시아에서 기원한 음식과 복장 등을 받아들였다. 고려는 아프로·유라시아의 더 넓은 세계와 연결되어 있었기 때문에,

원나라와의 접촉을 통해 더 거대한 영향을 받았다. 반대로 고려도 동일한 방식으로 중국과 같은 유라시아 이웃 나라들에 영향을 미쳤다. 이 주제는 이 장의 범위를 벗어나지만 학술적으로 주목할 만하다.

원나라와 고려가 홍건적의 난 등 지역 공통의 문제로 인해 비슷한 운명을 맞이한 것은 흥미롭다.[84] 원나라와 고려가 멸망한 후에 몽골의 유산은 그 뒤를 이은 명나라와 조선에서 살아남았다. 중국사 연구자들이 명나라에 끼친 몽골의 영향에 대해 논의하면서, 한국사 연구자들은 고려 시대에 몽골로부터 받은 많은 문화적 영향이 조선 시대에도 계속 영향을 미쳤다는 사실을 입증하기 시작했다. 이 점은 조선이 고려를 계승한 왕조일 뿐만 아니라 1897년까지 오랫동안 지속된 한반도의 마지막 전통 왕조이기에 중요하다. 다음 장에서는 문헌 기록으로 남아 있는 다른 지역의 증류주 발전을 이해하는 데 중요한 단서를 제공하는 조선 시대 한국 소주의 지속적인 발전에 초점을 맞추어 논의할 것이다.

84 Robinson, *Empire's Twilight*, pp. 130–159 참고.

제4장

조선 왕실과 가정의 소주 증류

SOJU

소주는 조선 시대에 급속히 퍼져 널리 인기를 얻으며 국민주가 되었다. 원왕조와 오랜 동맹 관계를 맺어 온 고려의 집권 세력을 대체하여 1392년에 건립된 조선은 1897년 대한제국이 선포될 때까지 5세기 동안 지속되었다.[1] 조선 시대에 한반도에서 발달한 다양한 제도, 사상, 문화 중 많은 것이 몽골의 간섭 아래 있었던 고려 후기부터 내려온 것으로, 여기에는 소주도 포함된다. 몽골군이 주둔한 오랜 기간 동안 몽골의 유산을 물려받은 제주에서는 발효주 보관이 어려운 습한 환경 때문에 소주가 점차 중요한 술로 발전했다. 또한 소주는 조선 시대부터 기록되기 시작한 실록에도 관료들이 마시는 술이자, 예물로도 자주 사용된 것으로 나온다. 통계 사료가 없기 때문에 조선 시대에 소주가 얼마나 소비되었는지 그 정확한 규모는 가늠하기 어렵지만, 실록과 다양한 문학작품에서 소주가 언급된 사실을 통해 조선 시대에 한반도 전역에 걸쳐 청주나 탁주와 같은 다른 술과 함께

1 한국사의 전체적 맥락에서 조선 시대사를 검토한 개설서로 Lee Ki-baik, *A New History of Korea*, translated by Edward W. Wagner and Edward J. Shultz (Cambridge, MA: Harvard University Press, 1984), pp. 172-299 참고.

인기를 누렸음을 추측할 수 있다. 발효주보다 도수가 높은 소주를 생산하는 데는 많은 곡물이 필요했기 때문에 조정에서는 곡물 부족과 과음 방지를 위해 자주 금주령을 내렸다. 그럼에도 많은 사료에 따르면 증류주는 높은 알코올 함량과 보존성 덕분에 사회적으로 다양한 용도로 쓰였고, 특히 의약과 여름철 제사에 적합해서 다양한 계급의 사람들이 마셨다는 것을 알 수 있다. 한반도의 쌀 생산량이 점차 증가함에 따라 18-19세기에 이르면 더 많은 사람이 소주를 소비하게 되었다. 소주는 많은 조선 지식인의 흥미를 끌었고, 2장에서 보았듯이 일부 학자들은 소주의 기원과 특성을 체계적으로 조사했다.

이 장에서는 조선 시대에 대중화된 소주의 역동적인 발전 과정과, 한국 사회에서 소주의 다양한 역할을 살펴본다. 앞에서 보았듯이, 고려 시대 증류주에 대한 현존하는 문서가 총 세 점뿐인 반면, 조선 시대의 문헌 사료는 5세기에 걸쳐 풍부하게 존재한다. 『조선왕조실록』과 『승정원일기』 등 조정의 연대기 사료는 왕실의 행사 및 더 큰 정치적 변화를 자세히 보여 줄 뿐 아니라 주요한 문화적 발전을 파악하는 데 도움이 된다. 역사가들은 조선의 기록 전통 덕분에 이 시기의 많은 사료를 연구에 활용할 수 있는데, 여기에는 조선 왕조의 통치 이념인 신유학의 영향을 받은 학자들의 저술, 한글 창제 후 여성 등 확대된 문인 계층에 의한 기록, 그리고 평민들의 삶과 기타 여러 실용적이고 평범한 탐구에 대한 기록이 포함된다.[2] 조선 시대에는 술뿐만 아니라 음식과 관련된 책이 많이 저술되어 널리 읽혔던 것 같다.

2 이 시기의 문헌에 대한 간략한 개관과 사례는 Peter H. Lee, ed., *An Anthology of Traditional Korean Literature* (Honolulu: University of Hawai'i Press, 2017) 참고.

이 광대한 기록의 바다에서 우리는 소주의 발전과 기능의 역사적 원형을 재구성하기 위해 그와 관련된 사료에 주목할 것이다.

조선 시대의 관련 기록을 검토하는 것은 조선 시대 소주의 역사를 이해하는 데 유용한 실마리를 제공한다. 가장 중요한 쟁점은 '소주'라는 단어가 조선 시대의 사료에 언제 처음 등장했고, '아락'이라는 다른 증류주를 얼마나 빨리 대체했는가 하는 것이다. 이를 알아보기 위해서는 특정 술 종류를 식별하는 것이 관건이며, 조선 시대 문헌 사료를 통해 용어의 변천 과정을 추적, 해석하는 것이 중요하다. 한국에서 '소주'라는 단어가 최초로 등장하는 문헌 사료를 찾았다 해서 이것이 한반도 전체와 조선 시대에 걸쳐 동일한 증류주를 의미하는지 확신할 수 있을까? 우리는 조선 시대 사료에 언급되어 있는 증류기 및 증류법이 전근대 유라시아 사료에 있는 그것과 유사한 것이라고 확신할 수 없다. 따라서 이들을 비교할 때는 신중해야 한다. 다음으로 소주 생산자들이 제조법을 혼합하고 변형하여 새로운 소주를 만들어 내고, 다양하게 활용한 사실을 염두에 두고 소주의 변천 과정을 이해해야 한다. 소주의 변천 과정은 제조법, 재료, 증류 기술 및 기법, 술 마시는 법 등에서 일어난 변화를 구별하여 추적할 수 있다. 마지막으로 한국 소주는 발전 과정에서 중국의 증류법을 많이 차용했지만, 한반도 특유의 지역적·환경적 특성은 '가양주家釀酒 문화'처럼 개성 있는 한국형 소주를 만들어 냈다. 이는 어떻게 가능했는가? 이러한 문제들에 대한 논의를 (1) 조선 시대 증류주의 한 종류로서 발전한 일반적인 소주, (2) 의약품으로서 부작용 및 금주령, (3) 근대 유라시아 세계에서 조선 시대 소주의 위치 등 세 부분으로 나눠 전개한다. 조선 시대 소주의 발전에 대한 포괄적인 이해와 함께 한국 사회에 소

주가 도입되어 현지화되는 과정은 증류주의 풍부한 역사적 사례를 제공할 것이다.[3]

증류주로서 소주의 종류 및 특성 변화

소주가 고려 시대에 이미 보급되었음을 고려할 때, 조선 왕조의 공식 기록에서 소주를 정치·외교 방면에서 중요한 선물 품목으로 보거나, 귀족들이 소주를 빈번히 소비했다는 사실이 언급된 것은 놀랄 일이 아니다. 예를 들어 『조선왕조실록』에는 소주가 300회 이상 언급된다.[4] 조선 왕조를 건국한 태조(재위 1392-1398)의 장남 진안대군은 술을 좋아해서 날마다 술을 마셨고 소주를 마시고 마침내 병이 나 1393년에 사망했다.[5] 조선 왕조의 세 번째 왕인 태종(재위 1400-1418) 때 왕실에서는 외교 업무를 수행하는 데 소주를 활용했으며, 일본 쓰시마섬의 통치자에게 특별한 선물로 소주 여러 병을 보낸 기록이 있다. 태종은 재위 기간에 관료들에게 한 번에 10병에서 100병에 이르는 소주를 선물했다.[6] 조선 왕조의 공식 연대기에는 왕실이 여러 차례에 걸쳐

---

3 3장에서 살펴본 바와 같이, 증류주뿐만 아니라 중국 원나라에서 고려로 전파된 많은 문화 품목이 조선 시대에도 계속해서 발전했다.

4 『승정원일기』와 같은 다양한 종류의 공적 기록 및 사설 문헌에서도 소주를 언급하고 있어 실록을 뒷받침한다.

5 『조선왕조실록』 태조 2년(1393) 12월 13일 첫 번째 기사.

6 『조선왕조실록』 태종 4년(1404) 1월 9일 네 번째 기사, 태종 7년(1407) 10월 19일 세 번째 기사, 세종 1년(1419) 5월 19일 일곱 번째 기사, 세종 6년(1424) 1월 9일 두 번째 기사. 조선과 대마도 및 기타 일본 섬 간의 외교 관계에 대해서는 James Bryant

소주를 제공하는 행사를 개최한 것, 소주를 특수 의약품으로 사용한 것, 소주를 과음하여 사람들이 사망한 사건 등에 대한 많은 기록이 남아 있다. 이와 같은 기록이 조선 왕실의 사료 전체에 일관되게 나타나는 것은 조선 시대에 소주가 한반도 전역에 널리 퍼졌음을 보여준다. 그런데 여기에 묘사되는 소주가 오늘날 우리가 알고 있는 증류주였을까?

고려 시대와 마찬가지로, 조선 왕조의 공식 연대기에 언급된 '소주'는 다양한 형태의 증류주를 의미했다. 소주는 알코올 의존증이 의심되는 돌연사를 초래할 만큼 도수가 높은 술이었고, 고가의 답례품이나 의약품으로 사용되었으며, 청주와 같은 다른 전통 발효주와 함께 나란히 언급되는 점 등은 소주가 증류주였음을 나타낸다.[7] 문헌 사료에 대한 비교 검토를 통해 소주 생산자들이 다양한 시기와 장소에서 각기 다른 재료와 증류 방법을 사용했음을 알 수 있다. 조선 중기의 왕실 연대기에는 백소주白燒酒, 자소주紫燒酒, 홍소주紅燒酒, 환소주還燒酒 등 여러 종류의 소주가 언급된다.[8] 조선 문인이 쓴 학술서와 요리서는 특정 소주의 종류와 제조법을 설명해 준다. 조선 말기 소주의 기원을 조사한 이규경은 고려 말기에 이미 한반도에 일차 증류법과 이

Lewis, *Frontier Contact between Chosŏn Korea and Tokugawa Japan* (London and New York: Routledge, 2003), pp. 17-46 참고.

7 조선 말에 작성된 새로운 세법에 대한 공식 문서에는 소주가 증류주의 범주로 구분되어 있다. 『승정원일기』 순종 3년(1909) 1월 18일 네 번째 기사.

8 예로서 『조선왕조실록』 세조 3년(1457) 6월 5일 세 번째 기사, 연산군 6년(1500) 6월 22일 두 번째 기사, 중종 2년(1507) 5월 28일 다섯 번째 기사, 성종 11년(1480) 8월 19일 첫 번째 기사, 성종 12년(1481) 12월 22일 첫 번째 기사; 『일성록』 정조 20년(1796) 2월 11일 열한 번째 기사, 정조 23년(1799) 3월 23일 열세 번째 기사.

차 증류법이 존재했다고 주장한다.[9] 조선 시대의 소주에 대한 또 다른 기록에서는 인삼과 계피 같은 향신료를 우려 넣어 독특한 소주를 만드는 방법도 보인다.[10] 실제로 조선 시대에 소주가 급속히 보급된 것을 생각하면, 소주 제조에 다양한 방법이 적용된 것은 이상하지 않다. 3장에서 볼 수 있었듯이, 몽골-원 시대에 중국인들은 이미 대규모의 양조장에서 새로운 샤오죠우를 만들거나, 『박통사朴通事』에 보이듯이 꿀을 사용한 밀린친샤오죠우를 고려로 가져와 교역하고 있었다. 몽골 시대에 중국과 한반도의 광범위한 접촉과 교역을 통해, 상인들은 이미 다양한 샤오죠우를 고려에 보내고 있었고, 이는 고려인들이 새로운 소주를 생산하는 계기가 되었을 것이다. 사료 분석을 통해 당시 소주의 전파와 현지화는 수 세기 이후 이규경이 주장한 것만큼 빠르게는 아니고 점진적으로 이뤄진 것을 알 수 있다.

조선 시대 소주의 정확한 연대순 발전을 추적하기에는 일차 사료가 매우 적지만, 장기적 주요 변화를 이해하는 데에는 충분히 도움이 된다. 백과사전, 의약서, 요리서 등 실용적인 저술에는 소주라는 증류주의 다양한 종류와 제조법에 대한 자세한 설명이 나와 있다. 이를 통해 조선 사회에서는 술을 크게 발효주와 증류주로 분류했음을 알 수 있다. 실제로, 고려 후기부터 저자들은 청주, 탁주, 소주의 세 범주로 모든 주류를 분류했다. 많은 요리서에서 다양한 종류의 고급술을 언급하는데 대부분은 청주이며, 일부는 특별한 제조법 없이 만들 수

9 장지현, 『韓國外來酒流入史硏究』(서울: 수학사, 1989), pp. 89-90. 이규경이 제시한 소주의 기원설에 대해서는 2장을 참고하라.

10 장지현, 『韓國外來酒流入史硏究』, p. 90.

있는 탁주, 다른 일부는 약재, 향신료 또는 감미료를 첨가해 만들어진 술이다. 이들 저술에서 소주는 시간이 지나면서 종류가 다양해진 명주로 일관되게 등장한다. 이 술은 누가 만들었으며, 누가 이 술에 대해 기록하고 읽었을까?

고려 및 조선의 궁중에서는 의약용, 축하용, 선물용으로 사용하기 위해 소주를 생산하고 징수한 것으로 보인다. 고려 시대에 왕실은 많은 양의 소주를 보유하고 있었는데, 그중 일부는 원 황실에 공물로 보내고 나머지는 왕족, 귀족, 그리고 사기를 진작시켜야 하는 군대를 위한 내부 소비용으로 비축했을 것이다. 『고려사』에 따르면 고려 시대에는 양온서良醞署라는 특별 관청에서 술을 만들었다.[11] 조선 시대에는 의학과 의약품을 담당하는 내국內局 소속의 사온서司醞署라는 별도의 관청이 그 임무를 맡았는데,[12] 이 부처의 명칭에서 조선 왕실이 술을 약으로 또는 약처럼 조심스럽게 여긴 것을 알 수 있다. 사온서에서는 왕실에 특별히 제공되는 향온주香醞酒라는 향기로운 술을 만들었다. 향온주가 항상 증류주를 의미하는 것은 아니었겠지만 증류주를 포함했을 것이다. 공식 기록의 한 대목을 보면, 왕실 의원이 내국의 관료들 앞에서 소주가 너무 많이 증류되었기에 사절이 갑자기 오기 전에는 향온주를 빚을 필요가 없다고 말했다는 내용이 나온다. 소주는 크고 작은 왕실 행사에서 계절과 상관없이 관습적으로 사용되었고,[13] 그 시대의 다른 많은 기록에서도 의료 목적으로 소주를 자주

---

11 2장을 참고하라.

12 이성우, 『韓國食品社會史』(서울: 교문사, 1984), pp. 240-241.

13 이는 조선 왕과 왕실 관료의 일상적인 교류를 포함한 공적 활동을 기록한 『승정원일기』 1639년 기록에 수록되었다(인조 17년 6월 18일 일곱 번째 기사).

사용했음이 드러난다. 요컨대, 이러한 기록은 조선 중기에 소주가 왕실에서 얼마나 중요했는지를 보여 준다.

실제 소주 생산 능력이 어떠했든, 왕실은 수요만큼 충분한 양의 소주를 증류할 수는 없었을 것이다. 따라서 왕실은 일반 가정에 소주를 직접 만들어 공물로 바치게 했다. 예를 들어, 『조선왕조실록』의 기록을 보면, 지방에 파견된 관료가 소주를 진공하지 않았다고 일가족 20명을 잡아들인 행정관을 해고할 것을 왕실에 요청했다는 보고가 있다.[14] 조선 조정은 대규모의 양조장과 증류주 제조장을 활성화하는 대신에 개별 가정에서 다양한 종류의 발효주나 증류주를 만드는 것을 허용했다. 실제로 조정은 가정에서 술을 '과도하게' 생산하지 못하도록 했으며 증류기 사용도 금지했다.[15] 반면에 중국에서는 원 시대(13-14세기) 이후 대규모 양조장과 증류주 제조장이 발전했고, 그중 다수는 20세기와 21세기까지 살아남았다.[16] 많은 문헌 및 고고학 자료에서 입증된 바와 같이, 중국인들은 무역과 과세를 위해서뿐만 아니라 연회와 축제에서 마시기 위해 주류 산업을 대규모로 발전시켰다. 그러나 조선에서는 왕궁 부지 근처에서 발견된 사온서 관련 유물

14 『조선왕조실록』 중종 35년(1540) 12월 2일 세 번째 기사.

15 이후에 볼 정약용의 기록처럼 정부는 각 가정의 소줏고리를 조사하여 소주 생산량을 통제하려 했다.

16 명나라(1368-1644) 때 이루어진 상공업의 발전과 인구 증가는 술에 대한 수요와 그에 따른 생산 및 유통에 대한 수요의 지속적인 증가를 촉진했다. 시간이 지나면서 술 생산은 그 자체로 독립적인 산업이 되었다. 주류 산업이 성장하고 무르익어 감에 따라 증류 산업도 성장했다. 청나라(1644-1911) 때에는 술의 종류는 말할 것도 없고 수요와 공급 모두 더욱 증가했다. 이는 중국의 대규모 국가 산업의 토대를 마련했다. 李争平, 『中国酒』(北京: 五洲传播出版社, 2010), p. 8.

을 제외하고는, 대규모 양조장과 증류주 제조장이 있었다는 증거가 발견되지 않았다.[17] 대규모 양조장에 부과되는 세금과 같은 공적 기록도 없다. 이는 조선에서 소주 생산이 비교적 작은 규모로 이루어졌음을 시사한다. 이러한 상황은 조선 초에 전순의全循義라는 의관이 저술한 『산가요록山家要錄』에 잘 반영되어 있다.

『산가요록』은 한국 역사상 현존하는 가장 오래된 농업 및 요리서로 밥과 두부 요리, 죽, 국, 떡, 술 등 229가지 음식과 술의 조리법을 소개하고 있다.[18] 전순의는 명성 있는 어의로, 세종·문종·세조를 섬기면서 왕실의 요리와 의학에 대한 풍부한 경험을 쌓았다. 그는 이 경험을 바탕으로 동아시아 최대의 의학 서적인 『의방유취醫方類聚』(1445)를 저술한 것으로 보인다. 『의방유취』는 동아시아 의학과 관련된 국내외 다양한 문헌을 활용하여 조정의 명으로 편찬되었다.[19] 이 의학서에서 전순의는 여러 질병을 치료하기 위해 다양한 약을 첨가해 만든 물약으로 소주를 일곱 차례 언급한 반면, 소주를 만드는 방법에 대해서 『산가요록』에서 설명한다.[20]

---

17 『한국민족문화대백과사전』(http://encykorea.aks.ac.kr)의 '사온서(司醞署)'와 '사온서터' 항목 참고.

18 전순의는 우리나라 최초의 식품에 관한 저술인 『식료찬요(食療纂要)』(1460)를 편찬하고, 여기에서 우리가 매일 먹는 음식으로 병을 고칠 수 있다고 주장했다. 전순의, 『산가요록』, 홍기용·윤태순 역(수원: 농촌진흥청, 2004), pp. 5-15.

19 전순의, 『산가요록』, pp. 6-7.

20 전순의는 『산가요록』의 소주 부분을 위해 손사막(孫思邈)의 수당(隋唐) 의학서인 『천금월령(千金月令)』을 인용했다. 이는 소주가 중국 수당 시대에 약으로 쓰였을 가능성을 시사하지만, 1장에서 보았듯이 당시의 소주라고 하는 술이 과연 증류주였는지는 알 수 없다.

『산가요록』을 쓰는 과정에서 (『의방유취』와 같은 다른 책들의 사례처럼) 전순의는 중국에서 수입한 서적을 포함하여 이전 시대의 책에서 많은 정보를 수집했다. 예를 들어, 『산가요록』의 전반부에서는 고려 후기에 소개된 원나라 때 문헌인 『농상집요農桑輯要』(1273)와 같이 예전에 쓰인 책들에 부분적으로 의존하여 여러 농업 형태의 노하우와 기술 등에 대해 논의하고 있다.[21] 또 다른 예로, 염색에 관한 대목은 중국 원-명 시대의 가정 백과사전 『거가필용』에서 가져온 듯하다. 『거가필용』에서는 '아락'이라는 외국 샤오죠우의 증류 방법도 소개한다.[22] 몇몇 학자들이 『거가필용』과 같이 중국에서 출판된 실용 주제에 관한 책은 대부분 조선 시대 후반에야 수입되었다고 설득력 있게 주장해 왔기 때문에, 전순의는 이 책을 참고하여 저술할 때에 책 전체를 가지고 있지 않았을 가능성이 크다. 실제로 『산가요록』 후반부의 요리 문화 관련 내용은 『거가필용』과 다르다. 이는 전순의가 농업 및 요리 관련 서적을 편찬할 때 구할 수 있는 중국 수입 서적에서 많은 내용을 참고하는 한편, 동시대의 조선 사료에서 얻은 새로운 정보를 함께 사용했음을 시사한다. 따라서 『산가요록』은 술을 비롯한 조선 초기의 음식문화 관련 내용을 풍부하게 수록한 사료라 할 수 있다.

『산가요록』에서 요리에 관한 부분은 술 빚는 방법으로 시작된다. 첫 번째 항목인 주방酒方(술 빚는 법)에 이어 취소주법取燒酒法(소주 얻는 방법)이 나온다. 이는 한국의 소주 제조법에 대한 최초의 구체적인 증

---

21 전순의, 『산가요록』, pp. 9-12. 전순의는 중국 농서들을 바탕으로 『산가요록』을 집필하면서 조선의 풍토에 맞게 내용을 재구성했다.

22 『거가필용』 속의 아락이라고 하는 외국 샤오죠우의 증류 방법에 대한 자세한 내용은 1장을 참고하라.

거자료로, 자세히 살펴볼 가치가 있다.

> **소주 얻는 방법**
>
> 물 5분盆을 큰 가마솥에 붓고 펄펄 끓인 다음 쌀가루 1되 반을 섞어 쌀뜨물같이 죽을 쑤고 따뜻할 때에 항아리에 담아 봉해 두면 사나흘 후에는 시큼털털한 냄새가 난다. 찹쌀 1말을 푹 쪄서 누룩가루曲末 3되와 섞어 앞의 항아리에 넣고 삭기를 기다린 다음 4개의 세발솥에 나누어 놓는다. 세발솥 하나에서 소주 4되가 나온다.[23]

사실 이 구절은 소주를 만드는 데 사용되는 술밑과 발효주를 만드는 방법에 중점을 두고 있다. 물론 발효주를 만들기 위해서는 찹쌀과 쌀을 섞은 것에 발효를 돕는 발효제를 첨가해야 한다. 이를 위해 효모 분말인 국麴을 핵심 성분으로 사용한다. 누룩이라고 불리는 이 발효제는 『제민요술』과 『사시찬요四時纂要』 같은 고대 중국의 요리서를 통해 한반도에 소개되었다.[24] 후대 한국의 많은 요리서에는 밀, 쌀, 보리를 섞어 큰 떡 모양으로 만들어 여러 날을 발효시켜 만드는 누룩 제조법을 자세하게 소개하면서 좋은 누룩이 맛있는 술을 만드는 데 중요하다고 강조한다. 이들 재료를 혼합해 며칠 동안 숙성시켜 만든 술밑을 솥 4개에 부어 증류한다. 『산가요록』의 '취소주법' 항목에서는 솥으로 발효주를 증류한 후 최종 증류주를 얻는 방법이 자세히

23 전순의, 『산가요록』, pp. 68, 170. '되'는 약 1.8리터, '말'은 18리터다.

24 『증보산림경제(增補山林經濟)』에는 '麯'이라는 글자가 '麹'으로 기록되어 있다. 이 두 문자는 실제로 같은 글자인데, 일본에서는 후자(麹, 코지)를 사용했다. 이성우, 『韓國食品社會史』, pp. 227-228.

설명되어 있지 않기 때문에 이에 대한 정보를 다른 곳에서 찾아봐야 한다.

조선 시대의 문헌 사료에는 당시 사용된 증류기에 대한 자세한 설명이 나와 있지 않다. 산발적으로 있는 문헌 사료의 내용을 분석해 보면 청동, 도기, 은과 같은 여러 재료로 만든 다양한 증류기를 사용했음을 알 수 있다. 이러한 여러 증류기의 실제 모양을 그림으로 보여 주는 첫 번째 문서가 일제강점기에 일본 학자들이 편찬한 『조선주조사』(1935)이다.[25] 여기에는 당시 한반도의 여러 지역에서 사용된 토고리, 동고리, 쇠고리(그림 4.1 참조)와 같은 증류기들이 나와 있다.[26]

조선 초기에는 원시형 증류기처럼 보이는 커다란 솥을 사용했을 것이다. 『조선주조사』에 따르면 이를 '는지'라고 지칭하는데, 솥 안에 작은 그릇을 놓고 그 위에 솥뚜껑을 거꾸로 덮어 놓았다. 솥 안에서 술밑이 끓으면 오목한 솥뚜껑에 찬물을 부어 증발한 알코올이 솥 안쪽에 달라붙었다가 응축되어 술 방울이 뒤집어 놓은 솥뚜껑의 손잡이를 타고 그릇에 흘러내리도록 했다. 그래서 한국인들은 증류 과정을 '소주 내리기'라고 불렀다.[27] 이 방법은 요리책에 명시적으로 설명되어 있지 않지만, 17세기 후반에 작성된 일기 형식의 기록을 보면 이에 대한 힌트를 얻을 수 있다. 『표주록漂舟錄』에는 바다에서 표류하는 동안 이러한 솥을 사용해 바닷물을 증류하여 마셨다는 내용이 나오는데, 저자 이지항李志恒은 "바닷물을 솥에 담아 솥뚜껑을 거꾸로 닫

25 이 지각에 대한 자세한 내용은 5장을 참고하라.

26 朝鮮酒造協会, 『朝鮮酒造史』(京城: 朝鮮酒造協会, 1935), p. 159(『조선주조사』, p. 218).

27 이성우, 『韓國食品社會史』, p. 261.

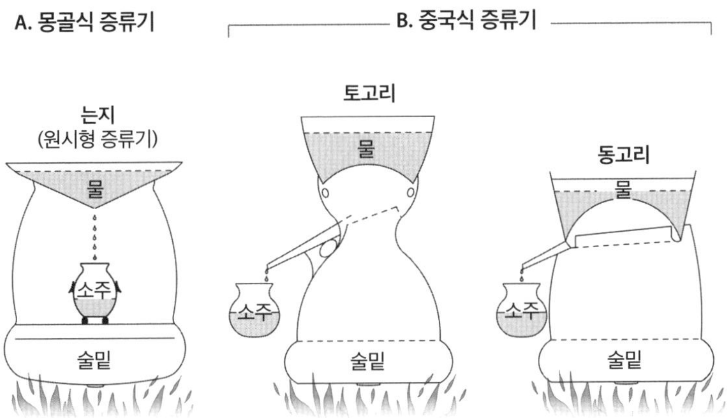

[그림 4.1] 한국 전통 증류기의 종류. 『朝鮮酒造史』(1935), p. 159의 그림에 니덤의 분류법에 따른 증류기 유형(몽골식 증류기, 중국식 증류기) 설명을 추가했다(1장의 그림 1.1과 비교하라).

고 소주 내리듯이 하여 솥뚜껑에 겨우 반 사발가량의 증류수를 받았는데, 그 맛이 과연 담담하였다."라고 설명하고 있다.[28]

『산가요록』에 언급된 솥은 가정에서 사용한 증류기 종류였을 것이다. 솥을 사용한 증류법은 『거가필용』에 묘사된 샤오죠우와 비슷한 외국 소주를 증류하는 데 사용된 증류기, 즉 더 정교한 형태로서 조지프 니덤에 의해 중국식 증류기로 분류된 것과는 형태 면에서 상당히 다르다.[29] 사실, 이 한반도의 증류기는 그 안에 증류주를 받는 그

28 李志恒, 『漂舟錄』, 7일째(아마도 5월 6일). 이는 이지항이 1696년부터 1697년까지 표류한 경험을 일기 형식으로 기록한 것이다.

29 1장의 그림 1.6과 비교하라.

릇을 둔다는 점에서 니덤이 분류한 원시적 형태의 몽골식 증류기와 유사하다. 전순의가 『거가필용』에 묘사된 중국식 증류기를 인지하고 있었는지는 확신할 수 없지만, 전순의의 기록은 조선 초기에 이러한 형태의 증류기가 가장 보편적이었음을 보여 준다. 이를 통해 고려 말에 몽골인들이 휴대용 증류기 제작 및 사용법을 한반도에 전파한 후, 한반도에도 술을 증류하는 간단한 방법이 보급되었음을 추측할 수 있다(그림 4.2 참조, 그림 4.1의 '는지'와 비교하라).[30]

이처럼 단순한 형태의 증류기가 만들기도, 사용하기도 수월했던 까닭에 소주는 한반도에 소개된 이후 빠른 속도로 널리 퍼졌다. 최근 이상훈은 토기로 만든 소줏고리(그림 4.1 참조)와 같이 더욱 진보된 형태의 증류기가 발명되면서 소주 소비와 생산도 급속하게 대중화되었다고 주장했다.[31] 그러나 만약 그렇다면 『산가요록』과 같은 초기 요리서에서 증류에 대해 논의할 때 단순한 솥이 아니라 더 복잡한 소줏고리를 언급했을 것이다. 더욱이 이상훈과는 다른 논리로 생각해 볼 수 있다. 즉, 단순한 몽골식 증류기가 한국에 도입되었기 때문에 소주가 한반도에 더 빠르게 확산될 수 있었다는 것이다. 실제로 최근의 고고학 발굴조사에 따르면 한반도에서는 18세기에 이르러서야 비슷한 유형의 도기가 광범위하게 사용되었기에 더 복잡한 증류기는 그 이후에 개발되었을 가능성이 크다.

---

30 石毛直道,「東ユーラシアの蒸溜酒: 蒸溜器を求めて」, 玉村豊男 編,『焼酎: 東回り西回り』(東京: 紀伊國屋書店, 1999), pp. 84, 87. 몽골인들은 아마도 전순의의 『산가요록』에 기술된 것과 유사한 휴대용 증류법을 도입했을 것이다.

31 이상훈,「우리나라 강화발효주의 전개와 특징: 배경과 특수성에 대한 일고찰」(서울벤처대학원대학교 석사학위논문, 2014), pp. 66-73.

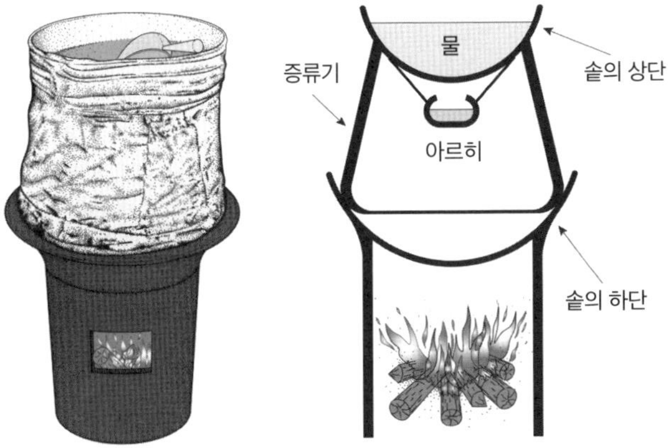

[그림 4.2] 아르히(마유/우유)를 증류하기 위한 몽골의 증류기(Ishige, 1999, Fig. 2 및 사진 2에 의거해 그림)

어의였던 전순의는 『산가요록』, 즉 '농촌의 필수 기록'이라는 제목에서 볼 수 있듯이 적어도 명목상으로는 평범한 가정에 필요한 정보를 제공하는 것을 목표로 책을 썼다.[32] 따라서 우리는 많은 가정(양반 가문, 소주를 공물로 진상한 일부 평민 가정)이 전순의가 소개한 단순한 형태의 증류기를 사용해서 소주를 증류했다고 가정할 수 있다. 전순의는 이 책의 첫 두 절에서 양조 및 증류의 기본 방법에 이어 다양한 술을 빚는 방법을 설명한다. 여기에서 소개한 술은 대부분 항아리에 재료를 넣고 주어진 시간 동안 발효하여 간단히 만들 수 있는 청주였지

32 한복려는 전순의가 『거가필용』, 『산가청공(山家清供)』 같은 중국 서적의 제목에서 영감을 받았을 것이라고 주장한다. 한복려, 「『산가요록』의 분석 고찰을 통해서 본 편찬 연대와 저자」, 『농업사연구』 2(1)(2003), p. 14.

만 메밀을 주원료로 한 메밀소주 만드는 법도 실려 있다.

자주煮酒(중국어로 주죠우, '조리된 술')라는 증류주도 소개되어 있는데, 이는 1장에서 『거가필용』에 나오는 남번南番 샤오죠우를 논의할 때 비교한 술 중 하나다. 소주와 마찬가지로, 전순의의 책에 나오는 자주 제조법은 『거가필용』에 나오는 주죠우 제조법보다 간단하지만, 『거가필용』과 내용을 비교해 보면 흥미로운 사실을 발견할 수 있다. 예를 들어, 『산가요록』의 제조법에 따르면 후추, 계피, 정향과 같은 향신료에 2전錢 5푼分의 밀랍蠟을 첨가해야 한다.[33] 그리고 이 재료들을 약술 5병과 함께 항아리에 담고 주둥이를 기름종이 등으로 겹겹이 봉한 다음 중탕한다. 제대로 숙성되면 혼합물을 꺼내어 서늘한 곳에 두었다가 충분히 식힌 후에 항아리를 개봉하여 마셨다고 한다.[34] 그런데 "맑은(증류된) 술을 얻기 위해 끓여서 백주를 추출"해야 한다고 명시한 『거가필용』과 달리 『산가요록』에는 증류 단계에 대한 설명이 보이지 않는다.[35] 그러나 전순의가 저술한 또 다른 소주 제조법에도 내용을 압축해 설명한 듯한 부분이 보이기 때문에, 그가 『거가필용』과 같은 중국 저서에서 필요한 내용을 뽑아 왔지만 한반도에서 구할 수 있는 재료나 기술의 특수한 상황에 맞게 설명하고자 일부러 중국의 제조법을 수정했을 수도 있다. 또한 그가 더 정교한 중국식 증류기를 갖고 있지 않았거나, 증류기를 사용하는 노하우가 부족했던 때문일 수도 있다.

---

33 1장의 중국어 문헌의 것과 비교해 보라

34 전순의, 『산가요록』, p. 83.

35 1장을 참고하라.

요약하자면 『산가요록』은 조선 초에 소주의 종류가 다양하지 않았지만 왕실뿐만 아니라 일반 가정에서도 소주가 중요한 특주로 자리 잡고 있었음을 시사한다. 즉, 이 시기에 한반도 사회에서는 소주가 발전할 수 있는 기반이 마련되었다. 『산가요록』이 일반 가정에 얼마나 널리 보급되었는지는 확실하지 않지만, 그보다 후대에 저술된 요리서에 『산가요록』의 주요 조리법 일부가 포함된 것으로 미루어 볼 때 꽤 많은 사람에게 읽혔음을 짐작할 수 있다.[36] 조선 시대에 소주는 손님 접대, 의약, 제사 등 세 가지 중요한 사회적 기능을 수행하는 가양주 문화의 일부가 되었다.[37] 가양주 문화는 조선 시대에 소주를 다양하게 발전시키는 데 큰 역할을 했다. 여기서는 이후 시기에 쓰인 다른 요리서들을 살펴보면서 시간이 흐르면서 발전한 소주의 특성과 종류, 증류 기술에 대해 더 알아보도록 하겠다.

『산가요록』이 편찬된 후에 다른 지역의 문인들은 이 책과 기존 문헌을 사료로 활용하여 축적된 지역 지식과 새로운 정보를 통합해 새로운 조리서를 출간하기 시작했다. 지역 문인의 저술 가운데 소주 제조법을 포함하고 있는 현존하는 가장 오래된 두 권의 책은 안동 지역에서 나왔다. 흥미롭게도 오늘날 안동은 가장 유명한 전통 소주 브랜드인 안동소주로 명성을 얻고 있다. 앞서 3장에서 이성우와 같은 학자들의 주장과 달리 고려-몽골 시대에 소주는 안동 지역의 명주로 발전한 것이 아니라고 주장했다.[38] 기존 논의에 대응하여 우리는 안

36 예를 들어, 이하에서 논의되는 『수운잡방』의 경우를 참고하라.

37 鄭大聲, 『朝鮮の酒』(東京: 築地書館, 1987), pp. 35-36을 보라.

38 이에 대한 이성우의 주장에 대해서는 이성우, 『韓國食品社會史』, p. 216 참고.

동소주의 발전에 몽골인이 직접적으로 영향을 미쳤을 것이라는 추정을 재고할 필요가 있다. 대신 20세기 이후 안동소주가 등장한 적절한 맥락으로 조선 시대 안동의 가양주 전통에 주목해야 한다.[39] 안동은 전통문화와 민속의 중심지였기 때문에 이곳에서 소주가 특히 발전한 것으로 추정된다. 이곳은 조선 시대의 많은 양반 가문이 현재까지 거주하며 유교 전통을 오랫동안 지켜 왔다. 손님을 접대하는 것은 신유학의 원칙이 지배적인 조선 시대의 양반 문화에서 특히 중요한 부분이었다.[40] 이는 요리 부문의 발전을 이끌고 문인들로 하여금 요리서를 편찬하도록 자극했다.[41] 현존하는 초기의 요리서들이 보여 주듯이, 대규모의 땅을 보유한 지주로서 지식이 풍부한 학자 또는 가문의 안주인들은 후손의 번영과 가문의 지위를 유지하고자 발효주 양조에 대한 축적된 지식을 정리해 책으로 편찬했다.

안동에서 가장 오래된 요리서는 김유金綏가 1540년경에 저술한 『수운잡방需雲雜方』이다.[42] 두 권으로 구성된 이 책은 당시 안동에서 알려

39 1920년 안동에 제비원 석불상을 상표로 하는 소주공장이 설립된 이래로 '안동소주'는 한국 소주의 유명한 상업 브랜드가 되었다. 이후 안동소주는 흔히 '제비원 소주'라 불리게 되었다. 안동제비원 소주는 1960년대에 쌀로 만든 전통 소주 생산이 금지되면서 유사한 브랜드들과 더불어 쇠퇴했다. 이성우, 『韓國食品社會史』, p. 263. 뒤의 5장에서 보겠지만, 안동소주는 1980년대 후반에 부활했다.

40 배영동, 「16-17세기 안동문화권 음식조리서의 등장 배경과 역사적 의의: 『수운잡방』과 『음식디미방』의 사례」, 『남도민속연구』 29(2014), p. 146. 배영동은 성리학이 국가의 지배 이념이 된 조선의 가부장 사회에서 술이 사회적 목적을 위해 더욱 중요해졌다고 주장한다.

41 배영동, 「16-17세기 안동문화권 음식조리서의 등장 배경과 역사적 의의」, pp. 163-168.

42 배영동, 「16-17세기 안동문화권 음식조리서의 등장 배경과 역사적 의의」, p. 138. 원문을 병기한 번역본으로 김채식 옮김, 김귀영 해제의 『수운잡방』(파주: 글항아리,

진 120여 가지의 조리법을 제시한다. 일부 학자들은 『수운잡방』의 일부 내용이 『산가요록』 및 『거가필용』과 유사하다는 점을 근거로 두 작품이 김유에게 영향을 미쳤을 가능성을 가정한다.[43] 그러나 구체적인 세부 사항을 분석한 결과, 술에 대한 『수운잡방』의 몇몇 항목에는 새로운 특징이 포함되어 있음을 분명히 볼 수 있다. 1권에서는 술 제조법으로, 발효주의 경우 깨끗하고 정제된 쌀로 빚은 술을 비롯하여 여러 종류를 소개하지만, 소주는 소맥분을 발효해 만든 진맥소주 한 종류만을 담고 있다. 이를 볼 때 당시 매우 다양하고 풍부하게 보급된 전통 발효주와 비교해 소주는 아직 지역에 널리 보급되지 않았다고 가정해 볼 수 있다. 김유는 증류법에 대해서는 상세한 설명을 생략한 채 "밀(10되)을 쪄서 누룩(5되)과 함께 찧어 물(1동이)을 부어 발효시켜 5일 후 증류한다(1되=약 1.8리터)."[44]라는 간단한 제조법만 언급할 뿐이다. 저자가 그러한 증류주에 대한 관심이 부족하여 그 과정을 생략했을 수도 있다.

안동에서 현존하는 두 번째로 오래된 요리서인 『음식디미방飮食知味方』에는 자세한 소주 제조법이 수록되어 있다. 안동장씨라고도 알려진 장계향張桂香이 쓴 『음식디미방』은 『수운잡방』이 나온 지 약 1세기가 지난 1670년경 출간되었다. 이 책은 동아시아 역사상 여성 작가가 쓴 최초의 요리서이자 한글로 된 최초의 요리서다.[45] 이 책의 저자는

2015) 참고.

43 김귀영, 「해제: 음식으로 보는 조선 시대」, 『수운잡방』(파주: 글항아리, 2015), p. 15.

44 『수운잡방』, p. 58.

45 한복려, 「음식사에서 본 음식디미방」, 『음식디미방』(대구: 경북대학교출판부, 2003), p. 82.

학자들 사이에 당대 요리 문화를 이해하기 위해 이 책의 내용을 어떻게 해석하는 것이 최선인지에 대한 논쟁을 불러일으켰다. 저명한 가문의 많은 여성이 조선 시대에 전통 음식과 술 제조법을 개발하고 전수했지만 출간된 책은 드문데, 그 한 가지 이유로 여성이 글을 쓰거나 출판하는 것을 장려하지 않았던 가부장적 유교 문화를 들 수 있다.[46] 백두현은 장씨의 요리서에 대한 언어학적 연구에서, 이 책은 대중에게 읽히기 위함이 아니라 가문의 젊은 여성에게 지식을 전수하기 위한 개인적 용도로 쓰였기 때문에 저자가 책에 직접 서명하지 않았을 것이라고 주장한다.[47] 『수운잡방』의 단독 저자로 인정받은 김유도 아마 그의 어머니와 함께 이 책을 썼을 가능성을 고려하면, 안동 장씨가 이 책을 출판 용도가 아닌 개인적 용도로 써서 서명을 생략했다는 주장은 설득력이 있다. 학자들 사이에서는 이 조선 요리서들을 어떻게 해석할지에 대한 논쟁이 이어지고 있다. 이성우는 한문으로 쓰인 많은 요리서가 중국어 문헌들을 베낀 것과 달리 『음식디미방』은 양반 여성이 자신이 사는 지역의 요리법을 설명하기 위해 썼기 때문에 특출하다고 주장한다.[48] 그 내용은 이전 시기의 문헌 사료에서 가져온 정보와 저자 자신이 가지고 있던 정보를 결합했다고 볼 수 있다.

---

46 1392년 성리학에 기초한 조선 건국 이념이 조선 시대 조상 숭배, 가문 승계, 상속, 혼인에 관한 가부장제 사회로의 전환에 미친 영향에 대해서는 Martina Deuchler, *The Confucian Transformation of Korea: A Study of Society and Ideology* (Cambridge, MA: Harvard University Press, 1992)를 참고하라.

47 백두현, 「국어사에서 본 음식디미방」, 『음식디미방』(대구: 경북대학교출판부, 2003), p. 56.

48 이성우, 『조선시대 조리서의 분석적 연구』(성남: 한국정신문화연구원, 1982), p. 12.

조선 후기에는 소주 제조법을 담은 책이 급증하면서 상황이 바뀌었다. 그 책 중 하나가 『산림경제山林經濟』인데, 숙종 연간에 쓰였으며 『거가필용』의 영향을 많이 받았다. 최근 오영균은 중국과 한국에서 문인들이 실용적 용도보다는 문화적 소양을 쌓기 위한 용도로 요리서 및 기타 백과사전류 실용서를 집필하는 것이 하나의 관례였을 가능성에 대해 주장했다.[49] 주영하는 이 요리서와 요리법의 내용이 대부분 기존에 발행된 책에서 베낀 것일 수 있으며, 당시 가정에서 실제로 조리한 음식을 반드시 반영하는 것은 아니기 때문에 이들을 좀 더 주의 깊게 살펴보아야 한다고 제안한다.[50] 그러한 논리로 보면 안동에서 집필된 요리서 두 권이 현존한다는 사실은 조선 시대 중반까지 성장한 가양주 문화의 일환으로 한반도 사람들이 자유롭게 소주를 만들었음을 증명하지는 못한다. 우리는 집필 당시의 요리 현실을 이해하기 위해 요리서에 비판적이고 신중하게 접근해야 하지만, 여전히 이 저술을 통해 조선 중기에 보급된 제조법을 이해하고, 왜 일부 제조법은 그 이후에 내용이 수정되었는지(『산가요록』의 경우에서는 심지어 단순화되기도 했는지)를 질문해 볼 수 있다.

『음식디미방』은 『수운잡방』 및 『산가요록』과 비교할 때 내용 면에서 새로운 소주 제조법을 선보이고 있다. 『음식디미방』은 솥을 증류기로 사용해 쌀과 누룩으로 소주를 증류하는 방법을 상세하게 설명한다. 일반적인 소주 만드는 법에 이어 요리서로는 처음으로 밀가루

---

49 오영균, 「『거가필용사류전집』의 저자와 편찬, 그리고 판본-사대부들의 백과사전」, 주영하·오영균·옥영정·김혜숙, 『조선 지식인이 읽은 요리책』(성남: 한국학중앙연구원, 2018), pp. 21-63.

50 주영하와 나눈 사적 대화를 바탕으로 한다.

와 찹쌀로만 만드는 소주, 즉 밀소주와 찹쌀소주를 소개한다.[51] 이는 시간이 지나면서 소주가 인기를 얻자 사람들이 현지 재료와 증류 방법으로 점점 더 다양한 소주를 만들었음을 보여 준다. 이들 제조법에 나오는 모든 소주는 쌀, 밀가루 등 곡물을 발효시킨 것을 술밑으로 하고 발효제로 누룩을 사용하고 있다. 또한, 조선 후기에 간행된 저술들에는 발효제가 한자인 '麴' 대신 한글로 '누룩'이라고 되어 있다. 『음식디미방』에는 이후 한국의 보편적 음료가 된, 우유를 발효시켜 만든 타락駝酪도 소개되어 있다. 이 책의 내용으로 볼 때, 당시에 소주를 만들기 위해 타락을 증류하지는 않은 것 같고, 타락을 이용한 소주 증류법은 이 책이나 이후의 저술에서 찾아볼 수 없다.

『음식디미방』에 소개된 특별한 소주 제조법에는 증류 과정에 대한 언급이 없지만, 발효주로부터 소주를 얻기 위해 증류 과정을 거쳤음이 암시되어 있다. 저자는 소주뿐 아니라 다른 음식의 경우에도 만드는 과정을 빠짐없이 체계적으로 제시하고 있지 않다. 예를 들어서 『음식디미방』에는 소주 제조법이 두 항목으로 제시되어 있는데, 발효 일수를 6일과 7일로 달리 제시하는 등 몇몇 부분만 다른 것으로 보아 저자의 실수로 두 항목이 중복되어 들어간 것으로 추정할 수 있다. 두 항목 모두 증류용 솥 상단의 물을 교체하는 방법을 언급한다. 다른 문헌 사료의 설명에 비춰 볼 때 액체를 끓여 얻은 증기를 신속하게 응축시키기 위해 솥 위에 솥뚜껑을 거꾸로 덮어 두고 냉수를 붓는 이 방법은 휴대용 증류기를 이용한 증류 방법과 일치한다.[52] 첫

51 안동장씨, 『음식디미방』(대구: 경북대학교출판부, 2003), p. 206.

52 이후에 그려진 증류기 그림에서 볼 수 있듯이, 뒤집어 놓은 뚜껑이 일반 그릇처럼

번째 항목에는 "위의 물을 자주 갈아 이 법대로 하면 독한 술이 세 병 나온다."[53]라고 되어 있고, 두 번째 항목에는 "위에 올려놓은 물이 따뜻하거든 자주 갈되 한 솥에 새 물을 떠놓았다가 푸면서 즉시 부으면 소주가 가장 많이 나오고 좋다."[54]라고 약간 다른 방식으로 표현되어 있다.

이렇게 산재해 있는 정보를 조합하면 완전한 증류 방법을 재구성할 수 있다. 지에밥과 누룩을 발효시킨 술밑을 솥에 넣어 함께 끓이고, 뒤집어 엎어 놓은 솥뚜껑의 물이 따뜻해지면 찬물로 대체한다. 이는 기본적으로 『산가요록』에 묘사된 방법을 더 자세히 설명한 것이다. 이 설명은 자세하지만, 어떠한 방식으로 솥뚜껑을 냄비 위에 놓는가 등에 대한 결정적인 정보를 알려 주지 않기 때문에 완전하지는 않다. 같은 내용에 대한 별도의 항목이 중복 기재되거나 설명이 불완전한 이유로 두 가지를 가정해 볼 수 있다. 첫째는 사람들이 이미 솥 증류법에 대한 기본 지식을 가지고 있어서 이를 자세히 설명할 필요성을 느끼지 못했다는 것이고, 둘째는 아마도 책을 저술하는 데 익숙하지 않은 저자가 당시 구할 수 있는 다른 책들에서 제조법의 세부 사항을 베껴 썼다는 것이다. 이 조리법은 솥을 사용한 소주 증류법이 높은 수준의 기술을 필요로 하지 않았음을 시사하며, 만약 이 가정이 사실이라면 소주 만들기가 한반도에 빠르게 퍼진 이유를 설명해 준다. 이 시기에 소주가 널리 소비되었음을 보여 주는 또 다른

많은 양의 물을 부을 수 있도록 오목해야 한다(그림 4.1 참고).

53 안동장씨, 『음식디미방』, pp. 205-206.

54 안동장씨, 『음식디미방』, p. 207.

증거로 '과하주過夏酒'라고 불리는 강화발효주의 제조법이 있다. 이 제조법에 따르면 일반 곡물 발효주에 소주를 첨가하여 발효주의 보존성을 높일 수 있었는데, 이는 발효주가 쉽게 상하는 여름철에 특히 유용했다.[55] 『음식디미방』이 저술될 무렵에 사람들은 이미 다른 술의 보존성을 높이기 위해 증류와 증류주 사용법을 숙지하고 있었다.

당시 가정용 소주 증류기는 여전히 휴대가 가능할 만큼 작았던 것으로 보인다. 위에서 살펴본 초기의 요리서들에는 증류기가 단지 '솥'으로 언급되어 있지만, 이 기구의 이름은 곧 '고리' 또는 '소줏고리'로도 알려진 '주증酒甑'이라는 전문 용어로 표현되기 시작한다. 조지프 니덤과 그의 연구팀은 관련 연구에서 한국 증류기를 다루지 않았지만, 곧 일본과 한국 학자들은 간과된 부분을 놓치지 않고 한국 고리의 독특한 특성을 설명했다. 이상훈에 따르면 이 증류기는 중국에서 인기 있는 방법인 발효된 고형물을 증류하는 것이 아니라 발효 액체를 증류하는 데 사용되었는데, 이는 발효유를 증류한 몽골인과 같은 유목민들이 주로 사용한 증류법이다.[56] 이는 중국인보다 몽골인이 한국의 증류 문화에 더 많은 영향을 미쳤다는 주장을 뒷받침한다.

사람들이 이러한 증류 기술에 익숙해지면서 니덤이 중국식으로 분류한, 용기 두 개를 붙이고 위쪽 용기에 연결된 관을 통해 응축된 증류주를 밖에 놓아둔 그릇으로 받아 내는 외취법 등 증류를 위해 좀 더 정교한 방법과 새로운 재료를 실험하기 시작했을 것이다.[57] 조선

---

55 과하주에 대한 가장 심도 있는 연구로는 이상훈의 「우리나라 강화발효주의 전개와 특징」을 보라.

56 이상훈, 「우리나라 강화발효주의 전개와 특징」, pp. 66-68.

57 왕실 기록에는 방구리가 물을 긷거나 술을 담는 데 쓰이는 질그릇으로, 모양은 동이

왕실은 술에 독성 물질이 들어 있는지 여부를 파악하기 위해 은으로 된 증류기를 사용했다. 공식 기록에 따르면 왕실은 동솥으로 시도했다가 실패한 후에 은솥을 사용하여 맛과 색이 좋은 붉은 소주를 만들었는데,[58] 일반 가정에서 이 방법을 채택하기에는 비용이 너무 컸다. 20세기 초에 작성된 일본 학자들의 보고서에 따르면, 대부분 두 개의 청동 또는 토기 솥을 겹쳐 얹고 이음새 부분을 밀가루 반죽으로 밀봉하여 만든 고리를 사용했다. 조선 후기에 제작된 동궐도東闕圖에서 약방을 그린 부분을 보면, 솥 두 개를 연결해 만든 증류기처럼 보이는 물체가 있다.[59]

두 솥을 연결해서 만든 고리를 사용한 다른 지역과 달리 제주도에서는 정교한 일체형 증류기인 '고소리'를 개발했다.[60] 이를 개발한 정

와 비슷하지만 다소 작은 편이라고 언급되어 있다. 예를 들어, 1796년 『일성록』의 기록에는 궁중에서 사용하기 위해 준비해야 하는 많은 재료 중 방구리 50개가 포함되어 있었다. 필자는 이것이 소줏고리라는 용어 속의 '고리(古里)'의 어원이라고 생각한다. 이전에 출간한 논문에서, 필자는 고리 혹은 원형 물체를 의미하는 한국어인 '고리'가 소주를 증류하는 데 사용되는 전통적인 그릇을 의미하기 위해 채택되었을 것이라고 주장했다. 한국어 사전은 이를 "소주를 증류시켜 내리는 데 쓰이는 재래식 그릇. 구리나 오지로 위아래 짝이 있게 겹쳐 만든다."라고 정의한다. 『(고려대) 한국어대사전』 제1권(서울: 고려대학교 민족문화연구원, 2009), p. 445. 그러나 필자가 이 왕실 기록에서 '방구리'라는 용어를 발견한 후 결론을 수정하게 되었다. 그러나 남아 있는 한문 문헌에서 이에 필적하는 단어를 찾아볼 수 없기 때문에 여전히 이 '고리'라는 단어는 한국어 단어에서 유래했다고 생각한다. 1444년에야 한글이 창제되었기 때문에, 관련 문헌의 저자가 이 단어를 기록하기 위해 한자를 차용해야 했을 것이다.

58 『조선왕조실록』 인조 16년(1638) 5월 5일 첫 번째 기사.

59 고려대학교 박물관과 동아대학교 박물관이 보유한 동궐도에 대한 자세한 내용은 『한국민족문화대백과사전』(https://encykorea.aks.ac.kr)의 '동궐도' 항목 참고.

60 학자들은 이 명칭의 출처를 모른다.

확한 시기는 알려져 있지 않지만, 제주도에서 발굴된 비슷한 유형의 도기는 18세기 이후에야 나온다는 점을 고려할 때 꽤 최근에 만들어졌을 수 있다.

실용적인 학문을 선호한 것으로 잘 알려진 조선 후기의 학자 정약용丁若鏞이 쓴 학술서는 많은 일반 가정에서 소주를 만들었으며 도고리와 동고리라는 두 종류의 고리를 보유했음을 보여 준다.[61] 정약용은 상소문에 심한 가뭄 동안에는 술을 금지하자며 다음과 같이 썼다.[62]

> 흉년의 주금酒禁은 지금은 통상의 일이 되었다.[63] 그러나 이교吏校(지방 관리들)들이 주금을 빙자하여 백성들을 침학하니, 술 담그기는 금할 수가 없고 백성들만 더욱 견딜 수 없게 된다. 또 탁주濁酒는 요기를 할 수가 있고 길 가는 자에게 도움도 되니 반드시 엄금할 필요는 없다. 다만 읍내의 소주燒酒로서 이교들이 난잡하게 술주정하는 장본이 되는 것은 불가불 엄히 금단해야 할 것이다. 마땅히 주증酒甑(俗言에 고리라 한다-원주)[64]을 거두어들여 누고樓庫에

---

61 이 개혁주의 한국 사상가의 철학과 학문 및 역사적 맥락에 대한 자세한 내용은 Mark Setton, *Chong Yagyong: Korea's Challenge to Orthodox Neo-Confucianism* (New York: State University of New York Press, 1997); Chong Yagyong, *Admonitions on Governing the People: Manual for All Administrators*, translated by Byonghyon Choi (Berkeley: University of California Press, 2010), pp. xv-xxxiii 참고.

62 정약용, 『역주 목민심서』 6, 다산연구회 역주(서울: 창작과비평사, 1985), pp. 136, 282. 영문 번역인 Chong Yagyong, *Admonitions on Governing the People*, pp. 961-962도 참고하라.

63 왕실은 기근과 같은 재난 상황에서 양조 및 음주를 금지하는 법을 제정했다.

64 사료 원문의 원주에 따르면, 이는 증류액을 증류하여 소주를 만들 때 증류를 촉진하기 위해 사용하는 기구를 의미한다. 도기나 청동으로 만들었다.

보관할 것이요, 아울러 도기점陶器店에 명을 내려 감히 새로 만들지 못하도록 할 것이다. 혹 몰래 소주를 만드는 자가 있으면 벌전罰錢을 징수하여 진자賑資에 보태도록 할 것이다. 읍 바깥으로는 오직 창촌倉村과 시촌市村에만 모두 읍내의 예를 적용하면 거의 도움이 될 것이다. 서로西路와 동래東萊로 통하는 연읍沿邑에는 모두 동증銅甑(소주가 갑절이나 많이 나온다-원주)을 사용하니, 이는 더욱 금하기가 쉽다.[65]

이 글은 당시 각 가정에서 소줏고리를 사용하여 보편적으로 소주를 만들고 있었음을 시사한다. 가정에서 증류하는 이들이 사용한 소줏고리는 도기 또는 동기 유형으로 분류할 수 있다. 사람들은 수공업장에서 도고리와 동고리를 살 수 있었다. 원문에서는 주증酒甑이라고 부르지만, 원문에 첨가된 주석은 실제로 이것을 구어체로 '고리'라고 불렀다고 설명한다. 1708년에 농민의 세금 부담을 덜어 주는 대동법이 한반도 대부분의 지역에서 실시된 후 19세기까지 경제가 성장하면서 사람들은 더 많은 곡물을 얻을 수 있었다.[66] 국가적 노력에도 불구하고 다른 술에 비해 더 많은 곡물을 소비하는 소주 등의 술 생산을 금지하는 것은 쉽지 않았던 것 같다. 이런 상황 속에서 소주에 대한 관심이 높아졌고 이덕무, 이규경 등의 학자는 증류주의 기원을 설명하는 데 관심을 기울였다.[67] 다른 학자들은 다양한 실용 문헌에서

65 괄호 속 문장은 원문에 첨가된 원주이다.

66 이전의 그 어느 때보다 활발한 상품유통을 가능하게 한 대동법에 대해서는 주영하, 『음식인문학: 음식으로 본 한국의 역사와 문화』(서울: 휴머니스트, 2011), p. 204 참고.

67 자세한 내용은 2장을 참고하라.

소주의 종류와 특성에 대해 자세히 다루었는데, 여기에는 서유구徐有榘의 『임원경제지林園經濟志』 같은 실용서들과, 더 다양한 소주 제조법을 소개하는 『주방문酒方文』 같은 요리서가 포함된다.[68] 이러한 저술들이 18세기와 19세기에 폭발적으로 증가한 사실은 당시에 경제 성장에 따른 소주의 보급과 대중화를 입증해 준다.[69] 동시대의 공적 기록, 요리책, 의학 서적 등에서 보이는 다양한 증류법과 재료 관련 기록을 바탕으로, 조선 중기부터 소주의 종류가 다양해졌음을 확인할 수 있다. 그럼 이제 기술 발전 덕분에 조선 중기부터 후기까지 개발된 여러 가지 특수한 소주를 중심으로 소주 발전의 역사를 살펴보자.

이런 특수한 소주 중 한 예는 '홍소주'라고도 불리는 홍주紅酒다. 이름에서 알 수 있듯이 이 소주는 붉은색을 띠며, 공식 기록에서 종종 백소주와 함께 등장한다. 19세기에 이규경은 홍주가 고려 시대부터 발전해 왔고 이후 조선 시대로 이어져 왔다고 주장했다. 그러나 고려 시대 문헌에서는 이에 대한 자세한 제조법을 찾을 수 없으며, 이규경 역시 특정 사료를 사용하여 그의 주장을 뒷받침하고 있지는 않다. 그러나 어숙권魚叔權은 저서 『고사촬요攷事撮要』(1554)의 홍소주라고도 불리는 홍로주紅露酒 관련 절에서 홍주 제조법을 소개한다. 향온주 3병

---

68 19세기까지 축적된 내용을 담고 있는 가장 종합적인 조선 시대 백과사전인 서유구의 『임원경제지』 전권을 2003년부터 임원연구소에서 번역하고 주석을 달았다. 「정조지」 권에 수록된 소주에 대한 장에서는 20여 종의 소주와 함께, 소주를 이용한 노주와 과하주 제조법을 소개하고, 맛이 밋밋해진 술로 소주를 만드는 방법 등의 정보를 제공한다. 이 저작은 서유구가 이용할 수 있었던 이전 시기 중국과 한국의 많은 문헌자료를 인용한다. 서유구, 『임원경제지: 정조지 4』, 임원경제연구소 옮김(서울: 풍석문화재단, 2020), pp. 4, 66-68, 127-152.

69 이성우, 『조선 시대 조리서의 분석적 연구』, pp. 6-21.

2복자(1복자=450밀리리터)를 술밑으로 증류하면 술 1병을 얻을 수 있는데, 증류 과정에서 지초芝草(중국어로 'zhicao', 영지버섯) 1냥兩을 잘게 썰어 증류액을 받는 그릇에 넣어 두면 진한 붉은색으로 물든 홍로주를 얻게 된다고 한다.[70] 그 당시 동아시아에서 가장 체계적인 의학 저서였던 허준의 『동의보감』에도 유사한 제조법이 소개되어 있다.[71] 장지현은 어숙권과 허준의 제조법 간의 근본적 차이는 전자는 지초芝草, 후자는 자초紫草라고 밝힌 염색 성분뿐이라고 지적한다. 장지현이 주장했듯이, 어숙권은 아마도 '자초'를 '지초'로 잘못 표기했을 수 있다. 오늘날 동아시아 약초에서 지초는 자초와 동일시된다. 요컨대 조선 초기의 홍로주는 기본적으로 자초로 색깔을 낸 소주다. 궁중에서 종종 의약품과 선물로 사용하기 위해 홍소주를 많이 생산한 것 같다.[72]

홍주라는 비슷한 소주가 중국에서도 개발되었다.[73] 자초를 사용해서 색깔을 붉게 물들이는 한국의 홍주와 달리 중국의 붉은색 소주는 홍국紅麴이라는 붉은색 발효제를 사용하기 때문에 '홍국주紅麴酒'라고 불린다. 자초를 사용한 홍주의 독창성과 관련하여 학계에서 큰 논쟁이 벌어지고 있다. 한국 홍주가 개발 초기부터 자초를 사용했는지, 아니면 초기에는 홍국을 사용하다가 나중에 자초를 사용하게 되었는지 여부 때문이다. 장지현은 이 논쟁을 둘러싼 학술적 주장을 검토하

---

70 장지현, 『韓國外來酒流入史硏究』(서울: 수학사, 1989), p. 91.

71 장지현, 『韓國外來酒流入史硏究』, pp. 91-92.

72 1626년 『승정원일기』의 기록에 따르면 홍소주를 매달 270병이나 만들었다고 한다. 『승정원일기』 인조 4년(1626) 3월 3일 열네 번째 기사.

73 장지현, 『韓國外來酒流入史硏究』, p. 95.

고 최남선의 의견에 동의하여 처음에는 중국에서 홍주를 만드는 방법을 전수받았지만, 조선 사람들이 자초를 사용하여 자신들만의 홍주를 쉽게 개발했을 가능성이 크다고 결론 내렸다. 중국에서는 원 말기 이전까지 홍국을 보편적으로 사용하지 않았기 때문에 고려 후기에 한반도인들이 이를 수입하기는 어려웠다. 또한 한반도인들은 자초를 채색 재료로 사용하여 다른 나라로 수출까지 했다.[74] 공식 기록들에서 한반도에서 홍주가 백주와 함께 자주 생산되고 사용된다는 것을 언급하고 있듯이, 조선 사람들이 자초를 효율적으로 사용하기 위해 특별한 방법을 개발했을 가능성이 있다.

한층 발달한 기술을 바탕으로 새롭게 만들어진 홍주를 감홍로甘紅露라고 하는데, 이는 두세 차례 증류 과정을 거쳐 만든 한국의 유명한 소주다.[75] 이규경은 감홍로가 고려 시대에 발전하여 조선 시대까지 이어졌다고 주장한다. 소주의 별칭인 노주露酒는 고려 시대 이색의 시에 소개되고 있으며, 중국 문학작품에서는 찾아볼 수 없기 때문에 한국에서 유래한 것으로 보인다. 이 술은 서유구의 『임원경제지』, 유득공柳得恭의 『경도잡지京都雜志』, 최남선의 『조선상식: 풍속』(1946) 등 여러 작품에서 감로주甘露酒로도 소개되고 있다.[76] 이 책들 가운데 19세기 초반에 쓰인 서유구의 『임원경제지』는 감로주를 평양에서 유래한 술로, 세 번의 증류를 거쳐 만드는 유명한 감홍로라고 소개하며 이에 대한 자세한 제조법을 제시한다. 이에 따르면 증류하는 동안 소주 증

74 장지현, 『韓國外來酒流入史研究』, p. 97
75 장지현, 『韓國外來酒流入史研究』, p. 3.
76 장지현, 『韓國外來酒流入史研究』, p. 93.

류액을 취하는 그릇에 자초를 넣어 두면 진홍색의 달콤하면서도 강한 맛을 지닌 고품질의 홍로주가 된다고 한다.[77]

이 감로주는 조선 시대의 소주에 대한 가장 자세한 정보를 포함하고 있는 『임원경제지』에 소개된 다양한 술 중 하나다.[78] 이 책에는 누룩 만들기, 양조 및 단식·다중 증류, 약초 첨가 등 증류의 다양한 방법을 포함하여 170종류의 술 제조법이 소개되어 있다. 학자들은 『임원경제지』와 조선 후기에 쓰인 다른 저서들 또한 『거가필용』을 포함하여 당시 중국에서 수입된 백과사전류의 문헌에서 내용 대부분을 가져왔다고 지적했다.[79] 이러한 관행의 영향을 많이 받았음에도 감로주를 비롯해 한국 소주에 대한 많은 정보를 제공하는 원 사료 분석을 통해 당시 소주가 한반도에서 독자적으로 발전하면서 더욱 세련되고 다양해진 것을 알 수 있다.[80]

술 종류의 특성 변화에 대한 몇 가지 증거는 제조법에서도 드러난다. 예를 들어, 삼해주三亥酒는 13세기 초 이규보의 문학작품 속의 술 목록과 15-16세기 『산가요록』 및 『수운잡방』 같은 문헌들에서 발효주로 소개되었다. '삼해주'는 원래 정월의 첫 해일亥日에 찹쌀을 발효하고 이어지는 두 차례의 해일에 각기 덧술하여 3개월 동안 익혀 내는 청주를 지칭했다가 시간이 흐르면서 19세기부터 소주의 한 종류

---

77 장지현, 『韓國外來酒流入史硏究』, p. 95. '감홍로'는 고농축의 고급 증류액에 단맛을 내고 붉은색을 입힌 다차 증류 소주의 일종이다. 단맛을 낸 홍로주라서 '감홍로'라는 이름이 붙었다.

78 서유구, 『임원경제지: 정조지 4』, p. 130.

79 예로 서유구, 『임원경제지: 정조지 4』, p. 149 참고.

80 이성우, 『韓國食品社會史』, pp. 260-261.

로 명성을 얻기 시작했다. 왕실 기록에 따르면 어느 시점에서 사람들은 삼해주를 발효주가 아닌 소주를 증류하기 위한 술밑 또는 소주 종류의 하나로 보기 시작했다고 명시하고 있다.[81] 따라서 소주가 대중화됨에 따라 몇몇 발효주는 증류를 위한 술밑으로 사용되어 소주의 일종으로 점차 다양하게 변형되었다고 생각할 수 있다.

조선 시대 사람들이 소주와 같은 증류주를 여러 재료와 증류 방법을 활용해 다양하게 개발한 것을 살펴보았다. 흥미롭게도 관련 사료 중 어느 것도 고려 후기 한반도에 등장한 또 다른 증류주인 아락의 발전 과정을 암시하는 단서를 제공하지 않고 있다. 아마도 아락은 14세기 이색의 시에서 볼 수 있듯이 한반도인들 사이에서 인기를 얻었지만 그 이후 널리 보급되지는 않은 것처럼 보인다. 그러나 이는 증류주 명칭과 특징에 오해가 생긴 경우일 수도 있다. 명나라와 그 이후 시대의 중국 문헌으로부터 영향을 받은 한국어 사료들은 소주를 '아락'이라고 지칭하면서 이 둘을 동일시하고 있다. 따라서 이러한 지칭이 의미하는 바를 명확히 하기 위해서는 고려 후기부터 조선 말까지 아락이 어떻게 변모되었는지를 추적해야 한다. 그러나 문헌들에서 아락에 대한 명시적인 언급을 거의 찾아볼 수 없고 조선의 왕세자였던 소현세자昭顯世子가 쓴 『심양일기瀋陽日記』(1636)가 그에 대한 단서를 제공하는 거의 유일한 자료다. 이 문헌은 조선 왕조가 1636-1637년 조선을 침략한 청나라에 항복한 후 심양에 있는 청나라 궁정에 인질로 잡혀간 소현세자가 매일의 일을 기록한 것이다. 이 기록

81 『일성록』 헌종 4년(1838) 무술(戊戌) 7월 30일 기록.

에 따르면, 하루는 청의 관리가 왕세자에게 문의했다. 청 황실이 조선 왕실에 큰 물고기와 낙소주酪燒酒(일명 소주)를 보내려고 하는데, 조선 사람들이 이를 귀하게 여기는지 알고 싶다는 것이다. 조선에서 중국의 것은 모두 귀하게 여긴다는 소현세자의 말을 듣고 청나라 황실은 조선에 큰 물고기 두 마리와 아랑주阿郞酒, 즉 아락주 두 병을 다른 선물과 함께 보냈다. 여기서 아락(이 경우 아랑)이라는 단어를 한자로 음역 표기한 용어가 소주를 지칭하는 예로 나타난다.[82] 또한 이러한 형태의 아락이 몽골 시대 이후 중국, 특히 북부 지역에서 널리 퍼져 발효유로 만든 증류주로 자주 등장하며, 문헌 기록은 이를 다양한 음역 표기법을 사용해 밝히고 있음을 생각해 볼 수 있다. 주목해야 할 또 다른 점은 기타 중국 문헌에서 '아락'을 아랑'으로 표기한 용어를 찾을 수 없기 때문에 이것이 '아락'의 한국식 음역 표기일 가능성이 있다는 것이다. 『심양일기』를 요약해 자신의 저작에 담은 성해응成海應도 아랑주를 소주와 동일시한다.[83] 사실 '아랑주'는 '아락주'와 '아래기주'를 포함하여 아락의 다양한 한국어 음역 표기법 중 하나다. 이렇게 변형되어 표기된 단어들은 20세기 초 일본 언어학자인 오구라 신페이小倉進平에 의해 다양한 한국 방언 중에서 발견되었다.[84] 앞서 1장에서 원나라와 명나라의 사료에서 '아락'이라는 단어를 다양한 한자로 음역한 경우를 보여 주었는데, 여기에서도 동일하게 발음의 분화가 나타난다. '소주'가 조선 시대에 증류주를 지칭하는 대표 용어가

---

82 김종수 역주, 『(역주)소현심양일기』 권2(서울: 민속원, 2008). 한국어 번역은 p. 274, 중국어 원문은 p. 456을 보라.

83 성해응, 『研經齋全集: 外集』 卷60, 筆記類.

84 장지현, 『韓國外來酒流入史研究』, p. 80.

되었지만, 평양 또는 제주도 등 몽골의 영향으로 발효유나 곡물 발효주를 사용해서 소주를 만든 여러 지역에서 소주를 종종 '아락'이라 불렀다고 추측해 볼 수 있다. 아락주를 부르는 방법은 각 지역 방언에 따라 다르다.

지금까지 본 바를 요약하면, 몽골 시대에 중국에서 한반도로 전파된 증류주가 여러 지역으로 보급되면서 여러 지방의 다양한 명주가 되었음을 알 수 있다. 한반도 사람들은 지역 술을 소중히 여겼고, 왕실은 정치적·외교적 관계를 유지하기 위해 국내외 선물품 목록에 소주와 청주를 정기적으로 올렸다. 조선인들이 소주를 더 많이 생산하고 소비하면서 소주가 더욱 다양한 용도로 활용되기 시작했다. 이처럼 소주를 다양한 목적으로 소비하기 위해 계속하여 생산했지만, 소량의 증류주를 생산하기 위해서는 다량의 발효주가 필요했기 때문에 조선 시대 말까지도 소주는 귀중한 음료였다. 조선 시대 사료들이 보여 주듯이, 소주가 보존과 의약에 유용하다는 것이 입증되었다. 조선 시대 소주의 기능 및 변화하는 소주의 독특한 특성들을 좀 더 자세히 살펴보자.

조선 사회에서 소주의 용법, 효능, 부작용:
의례, 접대, 의약, 금주령

앞에서 간략히 언급했듯이 조선 왕조는 신유학을 국가 이념으로 채택했으며, 이는 한국 사회에서 신유학의 대중화에 결정적인 역할을 했다. 그 결과 제사를 비롯해 유교 중심 가정의례의 중요성이 커졌고,

제사 의례의 일부로 술이 음식과 함께 중요한 역할을 했다. 조선 시대 의례서에서 볼 수 있듯이, 제사에 보통 청주와 같은 발효주를 올렸다. 이는 이러한 의례가 12세기 중국 철학자 주희朱熹에 의해 체계화되고 기록된 『주자가례朱子家禮』[85]를 기반으로 행해졌기 때문이다. 주희가 활동한 당시 중국에서도 증류주는 드물었고, 공자가 살던 시기(기원전 551-479)에도 증류주가 있었다는 증거는 없다. 그러나 흥미롭게도 조선 후기 일부 사료에서 제사에 소주를 사용할지 논의한 것을 볼 수 있다.[86] 예를 들어, 『택당집澤堂集』(1674)은 음력 6월 보름 유두일流頭日에는 의례를 수행하기 위해 소주를 사용해야 한다고 명시하고 있다.[87] 무더운 여름철인 이 시기에는 청주와 같은 발효주가 쉽게 상하는 반면,[88] 소주는 무더위가 오랫동안 지속되어도 쉽게 상하지 않는다. 사람들은 실용성을 위해 신유학 의례의 규범을 어느 정도 수정하고자 했다. 소주를 제사에 활용하기 위해서는 각 가정이 직접 술을 빚어 증류하여 제사에 모인 손님들을 접대해야 했다.

제주도의 높은 습도는 벼농사에 부적합하여 부족한 쌀 대신 현지

---

85 양반 가문의 예절과 의례에 관한 이 책은 고려 말에 한반도로 성리학이 도입된 시기에 함께 들어왔다. 조선 건국 후 양반 가문들뿐만 아니라 왕실 의례에도 중요한 참고 자료로 사용되었다. 특히 17세기 후반에는 의례에 대한 관심이 높아짐에 따라 이 책에 대한 해설서가 나오기 시작했고, 성리학이 서민들 사이에서도 대중화되었다. 이숙인, 「『주자가례』와 조선 중기의 제례문화: 결속과 배제의 정치학」, 『정신문화연구』 29(2)(2006), pp. 35-65 참고.

86 柳長源, 『常變通攷』 卷23, 祭禮; 金長生, 『沙溪全書』 卷41, 疑禮問解, 祭禮, 時祭, 한국고전번역원(http://db.itkc.or.kr).

87 李植, 『澤堂集』(別集) 卷16, 雜著, 한국고전번역원(http://db.itkc.or.kr) 참고.

88 1725년 『승정원일기』의 기록에 따르면, 여름에는 청주보다 소주를 10배나 많이 마신다고 하여 여기저기 소주를 들고 다녔다고 한다.

에서 구할 수 있는 조를 사용했고, 섬의 습한 날씨에도 오랫동안 보존할 수 있는 소주를 가정의례에 사용했다. 3장에서 볼 수 있듯이 몽골 대칸의 군대가 1273년 삼별초를 궤멸시킨 후 한 세기가 넘도록 제주도를 점령했기 때문에, 몽골이 이 섬에 끼친 영향은 컸다. 몽골 점령기에 몽골인들이 소주, 아락, 그리고 자신들의 증류 기술을 제주에 전파했을 가능성이 크다. 그 후 증류주가 인기를 얻으면서 지역민들은 증류주 제조 방법을 배우고자 했다. 『신증동국여지승람新增東國輿地勝覽』(1530)에 따르면, 제주 도민들은 소주를 '다용소주多用燒酒'라고 불렀는데, 즉 가정의례와 의약 등 다양한 목적으로 증류주를 사용했다는 뜻이다.[89] 이는 지역 환경이 증류주 생산에 사용되는 재료 및 방법의 현지화에 영향을 미친 분명한 사례를 보여 준다.

다른 사회와 마찬가지로, 한반도에서도 소주를 약으로 사용했는데, 이는 전근대 동아시아 사회에서 흔한 일이었으며, 이후 서양 의사들이 알코올의 의약적 사용을 소독 목적으로 한정한 것과 달랐다. 많은 역사적 의학 문헌에서 소주를 언급하고 정의하며 그 특성을 설명하고 있다. 조선에서 소주를 의약으로 활용한 증거가 일찍부터 나타난다. 어의였던 허준은 당시 자신이 수집할 수 있던 의학 저술을 바탕으로 조선 시대 최초의 의학 문헌을 편찬했다.[90] 1613년 간행된 『동

89 李荇, 『新增東國輿地勝覽』 卷38(1530), 濟州牧風俗條; 濟州牧俗條. 김정(金淨)의 『제주풍토록(濟州風土錄)』(16세기 초)에도 제주도에서는 쌀이 부족해서 청주가 귀하기 때문에 제주 사람들이 소주를 많이 사용했다고 기록되어 있다. 오영주, 「동아시아 속의 제주 발효음식문화」, 『제주도연구』 32(2009), pp. 164-165.

90 특히 중국과 한국에서 수집되고 축적된 의학 저작들과 지식, 경험을 바탕으로 세종 때 편찬이 시작되어 선조 때 완성된, 동아시아사에서 가장 중요한 의학서로 꼽히는 『동의보감』에 소주가 소개되어 있다.

의보감』에서는 소화불량을 해결하고 장내 기생충을 죽이는 효능으로 잘 알려진 동남아시아의 이중 증류주인 섬라주暹羅酒라는 섬라국(태국)에서 들여온 술 종류를 논의하며 소주와 그 약효를 소개하고 있다.[91]

『동의보감』에서는 소주의 기원 및 과음과 같은 특성을 설명하고 있다. "소주는 원 시대부터 등장했다. 그 맛은 매우 강렬하다. 절제되지 않은 음주는 건강을 해친다."[92] 앞서 2장에서 보았듯이 허준이 『동의보감』에서 소주가 원대에 유래했다고 주장한 것은 『본초강목』 같은 이전 시기 중국 의학 저술의 주장과 일치한다. 이로써 일부 중국 의학 저술이 한국 의학 서적에 영향을 끼쳤다는 것을 알 수 있다. 실제로 원나라와 명나라 때 저술된 많은 학술 서적이 당시에 한국으로 전파되었다. 또한 이시진이 『본초강목』을 쓰기 전에 편찬된 의학 저술도 원과 고려의 외교 관계를 통해 전해졌을 것이다. 이시진의 작품 및 많은 중국 문헌은 소주의 알코올 함량이 높기 때문에 과음의 위험성을 경고한다.

이처럼 책에 수록된 소주에 대한 정보는 중국 의학 서적의 영향을 많이 받았지만,[93] 한반도인들도 경험을 통해 소주의 효과에 대해 알게 되었다. 예를 들어 『동의보감』에서는 소주에서 독소를 제거하는 방법을 설명하기 위해 중국 사료뿐 아니라 조선의 민간요법을 인

---

91 장지현, 『韓國外來酒流入史硏究』, p. 110.

92 장지현, 『韓國外來酒流入史硏究』, p. 41.

93 조선 시대 지식인들이 읽고 인용한 이 책들이 언제 한반도에 전래되었는지에 대해서는 논란이 있다.

용하기도 한다.[94] 독소 제거를 위한 민간요법 활용은 허준이 『동의보감』을 편찬하기 이전에 쓰인 많은 조선 궁중 연대기와 문학작품에서도 잘 드러난다. 예를 들어, 조선 왕조 창시의 핵심 인물인 권근權近은 소주의 소화불량 치료 효능을 보여 주는 일화를 자신의 저술에서 소개한다. 그는 한때 급성 소화불량으로 극심한 고통을 겪은 손님을 맞이한 김판사金判事의 이야기를 떠올린다. 소주 두 잔을 마시면 빨리 나을 수 있다는 김판사의 조언대로 손님이 소주를 마시자마자 술에 취해 기침을 심하게 했고 살아 있는 벌레로 가득 찬 고깃덩어리를 토해낸 뒤 증상이 갑자기 사라졌다는 일화다.[95] 조선 왕실 기록에는 소주의 의약적 효능과 과음으로 인한 위험성이 많이 언급되어 있다. 예를 들어, 성종成宗 연간에 발생한 사건으로 실록에 소개된 일화는 소주 음주의 긍정적 효과와 부정적 효과 모두를 보여 준다. 이 문서에 따르면 사헌부 관료가 이수남李壽男에게 술을 권해 죽음에 이르게 한 홍윤성洪允成을 국문할 것을 왕실에 청했다. 그러자 홍윤성은 왕에게 다음과 같이 호소했다.

> 신臣이 서리暑痢를 앓아, 항상 소주를 복용하는데, 하루는 이수남이 술 취한 김에 와서 담소하는 사이에 단지 두어 잔을 권한 것이, 이에 이를 줄은 뜻하지 못하였으니, 청컨대 대죄待罪하게 하소서.[96]

---

94 허준, 『(신증보대역) 동의보감』, 동의문헌연구실 역주(서울: 법인문화사, 2012), p. 589.

95 이는 서기 2세기 후반부터 15세기 후반까지의 한국 시인과 작가들의 작품을 모은 저작인 『동문선(東文選)』 98권에 나온다.

96 『조선왕조실록』 성종 2년(1471) 6월 5일 다섯 번째 기사.

술 마시는 것이 금지되었어도 이를 약으로 먹는 것은 해롭지 않다면서 왕은 그에게 벌을 내리지 않았다. 그러자 홍윤성은 절을 하며 왕께 감사를 드렸다.

다른 문헌은 어의가 소주를 약으로 사용한 구체적인 예를 보여 준다. 예를 들어, 1647년 인조仁祖 재위 당시의 기록에 따르면 왕실의 약방에서 더운 계절에 소주를 약용할 수 있도록 요청했지만, 왕실이 이미 더위 때문에 왕에게 진상하는 요리의 수와 양을 줄였기 때문에 왕이 이를 허용하지 않았다고 한다.[97] 약방의 공식 기록에는 어의가 왕에게 도인桃仁(전통 한방 의학에서 사용되는 약초)을 소주 한 잔에 타서 마시라고 권했고, 왕이 이에 따랐다고 적혀 있다.[98] 또 다른 예에서는 중국 사절을 위한 약소주藥燒酒를 만드는 방법에 대해 설명하면서, 소주와 함께 달여 복용할 약재에 대한 세부 사항을 덧붙이고 있다.[99]

위에서 언급한 모든 사례는 왕실, 양반 등 지배계층이 소주를 의료 목적으로 사용한 것이다. 또 다른 사료들은 소주가 평민들 사이에서도 의학적으로 사용된 사례를 보여 준다. 16세기 조선 시대 양반인 이문건李文楗의 일기에는 노비들이 약을 얻기 어려워서 소주로 각종 질병을 치료하고자 했음이 드러난다. 신동원은 자신의 연구에서 이문건의 일기에 나오는 일화를 통해 이러한 상황을 설명해 준다. 만수라는 이름의 노비가 변독便毒, 더위, 말라리아 등으로 인한 두통 및 다른 질병으로 고생하고 있었는데, 그는 여름철에 병이 날 때마다 소주

97 『조선왕조실록』 인조 25년(1647) 5월 18일 두 번째 기사.

98 『승정원일기』 인조 22년(1644) 7월 18일 여섯 번째 기사.

99 『승정원일기』 인조 25년(1647) 2월 16일 네 번째 기사, 인조 25년(1647) 3월 3일 열 번째 기사, 인조 26년(1648) 2월 15일 여섯 번째 기사.

를 마시며 회복하려 했으나 도움이 되지 않았고, 두통과 변비가 심해지자 이문건은 만수를 설득하여 의원에게 다른 약을 처방받도록 했다는 내용이다. 이 기록을 바탕으로 신동원은 명의들로부터 수준 높은 치료를 받을 수 있던 양반들과는 달리 하층민들은 소주를 만병통치약으로 복용했을 것이라고 주장한다.[100] 일기의 또 다른 기록에 따르면, 점쟁이들이 이문건의 집안을 방문하여 점을 쳐주고 복채로 소주와 환약, 쌀, 팥, 종이, 부채, 술 대접 등을 받았다고 한다.[101] 양반가정에서 소주는 가족과 하인은 물론 다른 사람들을 위한 선물품으로 사용되었다. 또 다른 양반의 일기에는 홍역, 천연두, 풍진으로 고생한 양반들이 온갖 약을 썼지만 결국 부작용으로 죽었는데, 한 노비가 소주와 마른고기를 먹고 나았다고 말하면서 비웃었다는 일화가 전해진다.[102] 흥미롭게도 소주를 모든 질병에 대한 보편적인 치료법으로 본 이러한 견해는 왕실의 공식 기록에도 나타난다.[103]

조선 중기에 소주가 사회 각계각층에서 인기를 얻자 일부 문인들은 이를 중요한 사회 현상으로 해석하기 시작했다. 예를 들어, 17세기 초의 한 작가는 다음과 같이 말한다.

> 소주는 원나라 때에 생긴 술인데, 오직 약으로만 쓰고 함부로 마시지는 않았다. 그러므로 풍속에 작은 잔을 가지고 소주잔이라고

---

100 신동원, 『조선의약생활사』(파주: 들녘, 2014), pp. 341-343, 386.

101 신동원, 『조선의약생활사』, p. 479.

102 신동원, 『조선의약생활사』, pp. 626-627; 黃胤錫, 『頤齋亂藁』(1786).

103 예로 1786년 『일성록』의 기록에는 한 의사가 그해의 모든 질병을 소주만을 사용해서 고쳤다고 말했다고 한다. 『일성록』 정조 10년(1786) 5월 29일 일곱 번째 기사.

> 했다. 근세에 와서는 사대부들이 호사스러워 제멋대로 마신다. 여름이면 소주를 큰 잔으로 함부로 많이 마신다. 그리하여 잔뜩 취함을 한도로 삼으니, 갑자기 죽게 됨이 많다.[104]

이 구절은 조선 시대에 양반들이 원래 약으로 쓰던 증류주를 함부로 마시면서 사회문제가 된 소주의 과음과 그 위험성을 자세히 설명하고 있다.

조선 시대에 기록된 많은 문헌은 사람들이 술을 과음해서 몸에 해를 입거나 심지어 사망한 사례를 증언한다. 조선 왕실 기록에는 소주를 과도하게 마시고 죽었거나, 다른 사람들에게 소주를 너무 많이 마시게 한 장군들의 이야기가 소개되어 있다.[105] 자제하지 못하고 소주를 계속해서 마시는 것은 평민들도 마찬가지였을 것이다. 이로 인해 조선 조정은 1728년에 주금酒禁이라고 칭해진 금주령禁酒令을 내렸는데, 이후 왕들의 치세기에도 금주령이 자주 시행되었다.[106]

금주령은 조선 왕조 내내 빈번하게 시행되었는데,[107] 이 주금은 소주뿐만 아니라 청주와 같은 다른 발효주에도 적용되었다. 몇몇 학자

104 이수광, 『지봉유설』(1614), 영인본(서울: 경인문화사, 1970), p. 19; 영문 번역으로 Michael J. Pettid, *Korean Cuisine: An Illustrated History* (London: Reaktion Books, 2008), p. 119 참고.

105 예를 들어 1417년의 기록에는 다른 관료를 과음으로 죽음에 이르게 했다는 이유로 왕이 두 명의 관료를 파직시킨 에피소드가 나온다. 『조선왕조실록』 태종 17년(1417) 윤 5월 4일 첫 번째 기사.

106 『승정원일기』 영조 4년(1728).

107 이에 대한 최초의 공식 기록은 『조선왕조실록』 태조 2년(1393) 12월 5일 첫 번째 기사다.

들은 청주가 '약주'라고 불린 이유가 이 문제와 관련 있다고 주장한다. 조선 왕조가 금주법을 여러 차례 제정했으나 청주와 같은 약초를 사용해 빚은 술 종류는 금지 대상에서 제외되었다. 그 결과 특권 계급은 금주령을 피하고자 약주를 마신다는 구실로 청주를 많이 마셨다. 그 후 약주가 청주를 대체했고, 이는 오늘날에도 여전히 공통된 통칭으로 사용된다. 이 명칭에 관한 다른 설도 있다. 『임원경제지』에 따르면, 한 양반이 좋은 청주를 빚었는데 그의 집이 약현藥峴이라는 곳에 있었기 때문에 사람들은 그 술을 약산춘藥山春이라고 불렀다. '춘' 이라는 이름이 붙은 술을 알코올 함량이 높은 좋은 술로 여겼기 때문에, 약산춘은 약주가 되었다. 이는 술의 이름을 기적적인 치료 특성이 아니라 좋은 술이 유래한 장소와 연결한 설이다.[108]

그러나 금주령은 건강보다는 주로 곡물을 절약하기 위한 목적이 더 컸다. 이처럼 건강상 문제와 더불어 곡물 소비 문제가 금주령을 추진하게 된 주요 원인이 되었다. 앞서 살펴본 바와 같이, 조선 후기의 유학자 정약용은 재난이나 기근이 닥쳤을 때 백성의 삶을 안정시키기 위해 조정에서 곡물 과소비를 억제할 것을 제안하면서[109] 금지되어야 할 것 중에 가장 핵심적인 것이 소주라고 말한다. 이익李瀷과 같은 다른 학자들도 비슷한 주장을 했다.[110]

중국과 일본에서도 유사한 금주령을 찾아볼 수 있지만[111] 그곳에서

---

108 이성우, 『韓國食品社會史』, pp. 238-239; 서유구, 『임원경제지: 정조지 4』, p. 66.

109 정약용은 자신의 시에서 탁주와 사귀면서 소주는 점점 멀리했다고 말한다. 정약용, 『다산시문집』 권5(서울: 민족문화추진회, 1982).

110 이익의 『성호사설(星湖僿說)』(1790)을 참고하라.

111 16세기와 17세기 중국 농업 경제의 특수한 상황과 기술 발전 수준을 반영한 『보농

는 음식점, 숙박소 및 상점 등이 발달한 상업 도시에서 술 거래에 세금을 부과함으로써 생산 및 소비를 통제할 수 있었기 때문에 이러한 금주령이 좀 더 체계적으로 실행되었다.[112] 이와 대조적으로 도시와 상업이 덜 발달한 조선에서 조정은 공식적인 금주령만으로 소주의 생산과 소비를 통제하려 했다. 이러한 주금은 18세기와 19세기에 곡물의 소비와 생산이 개선된 후에도 계속된 것으로 보인다. 쌀과 옷감 등 상품을 사고파는 상업 활동이 활발해지면서 소주를 파는 음식점과 여관 등 술집이 생겨나기는 했지만, 취약한 상업 체제 기반은 결국 조선 후기에 일본의 제국주의적 침투를 비롯한 외부 자극에 직면할 준비를 제대로 하지 못하게 만들었다.

소주는 조선 시대에 국내 현지화 과정을 통해 독자적으로 발전할 수 있었다. 한편 세계가 정치, 경제, 과학, 기술을 포함한 모든 영역에서 큰 변화를 겪고 있을 때, 조선 사회는 다른 국가와 교류하며 소주의 발전에 자극과 영향을 받기도 했다. 이제 그 측면을 살펴보고자 한다.

서(補農書)』는 소주 산업이 이윤을 남겼으나, 발효를 거친 생산 과정에서 곡물 부족을 야기하는 등의 문제점이 있었음을 보여 준다. 최덕경, 『보농서 역주』(서울: 세창출판사, 2013), pp. 218, 339.

112 주영하, 『음식인문학』, pp. 206-212.

확장되는 근대 세계에서 조선 소주의 활약

사료들을 면밀히 살펴보면, 고려 말에 소주가 도입된 이래로 조선 사람들은 동아시아 국가와 교류하며 소주뿐 아니라 소주 증류와 관련된 책과 정보를 교환했음을 알 수 있다. 따라서 동아시아 지역 사람들은 이러한 상호작용을 통해 새로운 아이디어를 얻고 소주 생산에 대한 이해를 발전시켜 나갔다고 추측할 수 있다. 이들 사회 간의 연결은 조선 시대 말에 이르러 절정에 달했다. 이러한 교류의 첫 증거는 1392년 조선의 시작으로 거슬러 올라간다.

기록상 소주가 국제적으로 유통 및 교환된 사례로 가장 많은 부분을 차지하는 것은 외교적 선물로 사용된 경우다. 공식 연대기에 따르면, 조선 왕실은 중국의 명청 왕조, 일본의 도쿠가와 막부, 오키나와의 류큐 왕국에 소주를 외교 선물로 보냈다. 고려를 대체한 조선 왕조는 중국에서 그보다 수십 년 전에 원나라를 대체한 명나라에 많은 공물품을 정기적으로 보냈다.[113] 그 후 조선 왕들은 사절을 파견하거나 중국 사절을 맞이할 때마다 중국 황제에게 경의를 표하기 위해 많은 선물을 진상했다. 중국으로 보낸 사치품에는 소주가 많이 포함되었는데, 주로 백소주와 홍소주가 있었다. 중국인들은 그 대가로 샤오죠우를 제공했다. 중국을 방문한 조선 사절 일부는 중국의 샤오죠우와 한반도의 소주를 비교하여 기록하면서 소주 맛이 더 강했다고 강조했다. 외교적 만남에 소주를 취급하는 무역 관계도 뒤따랐을 것이다. 그러나 사무역의 실제 규모를 추정하는 것조차 쉽지 않다.

---

113 Lee Ki-baik, *A New History of Korea*, p. 189.

동시에 조선 왕실은 동쪽으로 일본의 도쿠가와 막부와 류큐에 많은 소주를 보냈다. 『조선왕조실록』은 청주와 그 외 선물품을 소주 10-100병과 함께 쓰시마와 일본 본토의 통치자들에게 보냈다고 기록한다.[114] 6장에서 좀 더 자세히 보겠지만, 이렇게 한반도에서 꽤 많은 양의 소주가 일본으로 유입된 것은 일본 소주 생산에도 영향을 주고 그 발전을 가속했을 것이다. 조선 왕실은 오키나와섬의 독립왕국으로서, 중국의 명청 왕조와 일본 도쿠가와 막부에 정기적으로 조공한 류큐에도 소주를 많이 보냈다. 류큐 왕실의 이러한 이중 조공은 당시에 중계무역을 중심으로 하는 대외무역에 폐쇄적인 정책을 유지해 온 두 거대한 주변 국가들을 상대하는 전략이었다.[115] 이 시기에 류큐인들은 '아와모리'라고 불리는 현지의 증류주를 발전시켰다. 이 술은 동남아시아의 어딘가에서 영향을 받았을지도 모르지만, 가까운 주변국과 직접적으로 외교적 상호관계를 맺으면서 한국의 소주 또는 중국의 샤오죠우에서 영감을 받았을 가능성도 크다.

조선이 주변국들에게 영향을 끼친 것처럼 다른 국가들도 한국 술의 발전에 영향을 미쳤다. 여기에는 외교 사절을 통해 다른 공물과 함께 류큐에서 처음 유입된 천축주天竺酒라는 남/동남아시아 술이 포함된다.[116] '천축'은 '인도'를 의미하며, 당시 동아시아인들은 이곳을 남해 무역로의 먼 끝에 있는 나라로 간주했다. 실록에는 천축주에 대

114 예로 『조선왕조실록』 세종 6년(1424) 2월 7일 네 번째 기사 참고.

115 그 결과, 당시 류큐의 수도였던 슈리(首里)는 동아시아와 동남아시아의 상인들이 모여 교역하는 국제도시로서의 위상을 과시했다. 하우봉, 『조선 시대 바다를 통한 교류』(파주: 경인문화사, 2016), p. 168.

116 장지현, 『韓國外來酒流入史研究』, pp. 103-105; 『조선왕조실록』 세조 7년(1461).

해 “광랑나무桄榔樹를 절여서 태워 술을 만드는데, 그 맛이 향기롭고 극렬極烈해서 두 잔을 마시면 종일토록 취한다.”라고 묘사되어 있다.[117] 이것은 근대 초기에 남아시아와 동남아시아에서 인기를 끌고, 마닐라 갤리온선을 통해 필리핀에서 멕시코로 정기적으로 운송된 다양한 증류주 중 하나였을 가능성이 크다.[118]

당시 류큐와 동남아시아의 관계가 매우 가까웠다는 사실을 주목할 필요가 있다. 최근 많은 연구에서 근대 초기에 특히 류큐가 동아시아 및 동남아시아 국가와의 외교 및 무역 관계에서 적극적인 역할을 한 것으로 밝혀졌다. 앞 장들에서 보았듯이 술의 증류법은 인도양 지역에서 처음 개발되었고, 이후 동남아시아를 통해 중국으로 전파된 것 같다. 중국인들은 송나라 때 처음으로 동남아시아의 증류주를 ‘태국 술(섬라주)’이라고 불렀다. 일부 사료를 통해 알 수 있듯이 이 술은 아락을 의미할 것이다.[119] 중국 증류주의 또 다른 형태인 남번소주(일명 아락)는 1300년대 중반 원-명 교체기의 사회적 혼란을 피해 이주한 중국인들 덕분에 중국에서 남아시아, 동남아시아, 서아시아로 다시 전파되었을 것이다. 흥미롭게도 남번소주는 한반도에 수입된 중국의 백과사전식 저술을 읽은 한국 문인들 사이에서도 유명했다. 이덕무와 이규경 같은 문인들은 소주의 기원을 남아시아 또는 동남아시아로 추정했는데, 우리는 이 학자들이 일본 남쪽의 류큐와 규슈가 원산지인 아와모리 같은 증류주를 함께 논한 시기가 원나라 때가 아니라

117 장지현, 『韓國外來酒流入史硏究』, p. 104; 『조선왕조실록』 세조 8년(1462).

118 자세한 내용은 6장을 참고하라.

119 1장을 참고하라.

18, 19세기였다는 사실을 기억해야 한다. 18세기와 19세기에 동아시아의 증류주 생산이 동시에 발전한 상황은 이덕무와 이규경에게 소주의 기원을 더 깊이 조사하는 계기가 되었을 것이다. 이덕무는 널리 보급되던 이 증류주의 근원지가 네덜란드라고 주장하는 새로운 일본 사료를 발견했다.[120] 이 사료의 내용을 통해 동아시아 증류주 발전에 영향을 미칠 수 있었던 또 다른 요인을 파악할 수 있다.[121]

조선 왕조가 통치 기간 내내 주로 접촉한 국가는 중국과 일본이었다. 그러나 조선 중반인 16세기 초에 세계적 식민지 확장에 열중한 유럽인들은 아시아 해역으로 진출해 동아시아로 향했다.[122] 몽골의 영향하에서 유라시아 세계에 문호를 연 경험이 있는 동아시아 국가들은 고립주의 정책을 시행하여 국가 감독하에 제한적인 상호 교류만을 허용했다. 조선은 이 유럽인들과의 직접적인 접촉이 없었다. 그러나 왕조의 격변에서부터 침략과 전쟁에 이르기까지 중국과 일본과의 정치적 갈등이 폭발하면서 과학과 종교를 포함한 유럽의 새로운 물건과 사상이 조선에 유입되었다. 한반도의 전통문화를 유지하는 데에는 성공했지만, 학자들의 추정에 따르면, 16세기 후반부터 포르투갈 상인들을 통해 칠리 고추가 아메리카 대륙에서 일본을 거쳐 조선으로 전파되어 김치를 비롯해 한국 민속 음식의 맛을 바꾸는 등 음식문화에서 중요한 변화가 일어났다.[123] 한국의 음주문화를 변화시킨

120 이덕무는 '네덜란드'의 철자를 틀리게 표기했다.

121 이 주제에 대한 자세한 내용은 6장을 참고하라.

122 그 당시 세상은 빠르게 변하고 있었다. 유럽인들은 향신료와 비단을 구하고 무역을 위한 새로운 관계를 구축하기 위해 직접 동아시아에 진출하고 있었다.

123 Stanley Marianski and Adam Marianski, *Sauerkraut, Kimchi, Pickles & Relishes*

외부 자극에 대한 직접적인 물질 증거를 찾는 것은 쉽지 않지만, 적어도 유럽인들이 아시아 시장을 열기 위해 적극적인 움직임을 보인 이후에는 영향이 있었다고 가정해 볼 수 있다. 유럽인들의 끊임없는 압력 속에서 조선 왕실은 서양에 먼저 문호를 개방한 일본과 1876년에 맺은 조약을 통해 두 곳의 항구를 개방했다. 1883년 인천의 문호가 개방되었고, 얼마 지나지 않아 술을 비롯한 외국 물품과 사상이 한반도에 들어오기 시작했다.[124] 조선 시대 말에 외국인 및 이들과 계약을 맺은 조선인들은 유럽 위스키를 한반도로 가는 배에 실었다. 아마도 이는 서양인들이 조선에 다녀와서 관찰 기록을 남기면서 조선의 많은 사람들이 도수 높은 술을 좋아한다는 사실을 주목한 데 따른 반응이었을 것이다. 예를 들어, 1868년 남연군묘 도굴 사건을 일으킨 것으로 악명 높은 독일인 오페르트는 1886년에 쓴 회고록에서 조선에 도착했을 때 그가 만난 관리들이 그로부터 위스키 한 병을 받고 매우 기뻐했다고 회상한다.[125] 주영하의 주장처럼 조선 관료들은 독한 소주에 익숙해서 위스키와 진을 좋아하는 경향이 있었다.[126]

동시에 조선의 많은 학자는 개인의 일상생활과 해외 문화 등을 포함하는 다양한 주제로 관심을 넓혀 나갔다. 정민은 당시 많은 책이 근대 서양의 이념과 문화의 영향을 받은 새로운 아이디어를 전달했

(Seminole, FL: Bookmagic, 2012), p. 45; Brian R. Dott, *The Chile Pepper in China: A Cultural Biography* (New York: Columbia University Press, 2020), pp. 23-24.

124 주영하, 『음식인문학』, p. 206.

125 오페르트는 당시 사실상의 정치권력을 쥐고 있던 이하응(대원군)의 부친인 남연군의 유골을 도굴해서 대원군을 협박하여 조선의 무역장벽을 제거하려고 했다. 주영하, 『음식인문학』, pp. 180-181.

126 주영하, 『음식인문학』, p. 181.

기 때문에, 조선에서의 이러한 변화가 18세기에 전 세계적으로 일어난 변화와 관련 있다고 주장한다.[127] 조선으로 수입되어 온 물품들은 18세기와 19세기에 실용주의적 학문을 지지하는 학자 그룹에 상당한 영향을 미쳤다. 그중에는 이덕무와 이규경처럼 소주에 관한 기록을 남긴 문인들이 있었는데, 이들은 (중국과 일본에서 들여온) 넓은 세계에 대한 새로운 정보를 주는 책들을 읽었다.

그러나 조선 지식인들이 자발적으로 외부의 자극을 받아들인 반면, 조선 왕실은 이미 쇠퇴하고 부패로 넘쳐 나서 외세의 침략에 취약했다. 조선 왕실은 기독교와 같은 외부에서 온 새로운 사상을 억압했다. 결국 한반도는 이해관계로 얽혀 있던 강대국 간의 경쟁에서 최종 승자가 된 일본의 식민지가 되었고 이후 한반도는 정치·경제·문화 등 모든 영역에서 새로운 도전에 직면했는데, 식량 분야 역시 마찬가지였다. 이러한 맥락에서 소주의 발전은 한국의 기술, 상업 유통, 법률 등의 분야를 변화시킬 새로운 기회를 창출했는데, 이는 다음 장에서 더 자세히 살펴볼 주제다.

---

127 정민, 『18세기 조선 지식인의 발견』(서울: 휴머니스트, 2007), pp. 52, 57-58, 64. 실용주의적 학문을 추구한 이 학자들은 17세기 후반부터 19세기 초반까지 이어진 일련의 개혁적 유교 사상의 발전에 기여했다. 일부 역사가들은 이 조선 후기 학문을 '실학'이라고 명명했다. 그러나 이와 같이 명명하는 것은 이 학자들이 가졌던 성리학에 기반한 근본적인 관심과 상충하기 때문에 적절한 표현이 아니라는 비판도 있다.

결론

이 장에서는 소주가 고려 시대에 중국에서 증류주로 들어왔고, 이후 조선의 현지 여건에 적응하면서 규모와 기술 측면에서 발전해 갔다고 주장한다. 제주도 같은 지역에서는 습한 기후 때문에 발효주가 빨리 상해서 소주가 가장 중요한 주류가 되기도 했다. 한반도 내에서 발효주만큼 보편화되어 널리 소비되지 않았지만 소주는 한반도 문화의 중요한 부분으로 발전했다. 요리서를 비롯한 다양한 사료에는 여러 종류의 술, 특히 조선 시대에 지속해서 발전해 제례에 사용된 다양한 종류의 청주가 설명되어 있는데, 그중에는 항상 소주 품종이 포함되어 있었다. 실제로 소주의 소비량은 시간이 지남에 따라 점차 증가하여 청주와 같은 발효주가 쉽게 상하는 여름에는 소주가 대용품으로 사용될 정도였다. 간단히 적용할 수 있는 몽골식 증류 기술 덕분에 소주의 생산이 빠르게 늘었고, 시간이 지나면서 소주를 만드는 증류기도 발달하여 단순한 형태의 기구가 '고리'라고 하는 비교적 복잡한 증류기로 변형되었다. 18세기 후반까지 경제가 성장하면서 소주는 전국적으로 보급되었다. 소주를 생산한 이들이 새로운 재료와 증류 기술을 계속 적용한 덕분에 소주의 종류는 점차 다양해졌고, 그중 일부는 요리서에 기록되었다. 증류주는 소주로 대표되었지만, 소주는 이따금 다양한 한국어의 음역으로 '아락'이라고도 불렸다. 공식 문헌과 문학작품에서는 한국어 용어인 '소주'가 우세했다.

증류주라는 이 새로운 술은 한반도 사회에 도입되자마자 다양한 영향을 끼쳤다. 실록에 따르면, 왕실은 이를 선물품과 의약품으로 사용하기 시작했으며, 증가하는 수요를 충당하기 위해 표면상 왕실 내부에서 사용할 용도로 소주를 증류하는 자체 기관을 두었다. 일반 가정에서는 소주를 왕실에 공물로 바쳐야 했는데, 이는 한반도 전역과 가정에 소주가 확산하는 데 큰 역할을 했다. 대부분의 중국 왕조에서 정책적으로 대규모 증류주 산업을 장려했던 것과 달리, 한반도에서는 가양주 문화라는 특수한 상황 때문에 필연적으로 소주가 중요하게 여겨졌다. 이렇게 만들어진 소주 대부분은 양반 지배층이 손님 접대와 의약품으로 사용했지만, 평민들도 민간요법으로 소주를 얻어 사용하기도 했다. 조선 왕실은 체계적으로 세금을 부과해서 소주의 발달과 공급을 조절하는 대신 소주 및 기타 주류의 소비를 단순히 금지했다. 이는 과도한 음주의 해로운 영향 및 술 생산으로 인한 곡물 과잉 소비에 대한 우려 때문이었는데, 결과적으로 주금 조치는 효과가 없었던 것 같다.

문헌 사료를 통해 조선 5세기 동안 한반도에서 소주의 현지화 과정이 진행되었음을 알 수 있으며, 조선 사람들이 소주를 통해 다른 사회와 다양하게 교류한 것도 볼 수 있다. 중국, 일본, 류큐에서 새로운 형태의 증류주가 한반도에 유입된 것처럼, 한반도의 소주도 공식 선물품이나 무역품으로 다른 나라에 정기적으로 운송되었다. 유럽인들이 아시아에 진출해 오면서 한국인들이 소주와 같은 도수 높은 술을 즐겨 마시는 모습을 목격했다. 당시에도 소주는 한반도에서 두세 번째로 인기 있는 술이었다. 사료 증거에 따르면, 소주를 가장 중요한 술로 여겼던 제주도를 제외하고는 한반도에서 가장 중요한 술은 청주였다. 조선 시대에 이와 같은 발전을 통해 소주가 20세기 한국의 최초 국민주로 변모하는 대전환의 기반이 마련된 것이다.

제5장

근대성의 도전

근대 산업식 소주의 부상과 전통 소주의 부활

SOJU

앞 장들에서는 한반도에서 수 세기에 걸쳐 이루어진 소주의 발전과 변화를 관찰했다. 소주는 고려 말에 급부상하여 조선 시대에 한반도 인들의 생활 속으로 융화되면서 점차 민족 술의 하나로 발전하는 동시에 다채롭게 지역화되었다. 5장에서는 현재와 같은 소주 문화가 꽃피는 데 토대를 마련한 20세기의 소주 발전 과정에서 있었던 중요한 변화를 살펴보고자 한다. 이러한 변화는 18세기에 시작된 과학혁명, 산업화, 근대화, 식민주의, 세계화 등 세계사에서 근대의 특징으로 꼽히는 엄청난 변혁으로부터 직간접적인 영향을 받았다.

가장 먼저 고려해야 할 변화는 일제강점기에 도입된 새로운 기술과 방법을 바탕으로 한 소주 증류 산업의 근대화다. 이 기간 동안 근대적 증류 산업 구조가 도입되면서 조선 시대에 발전한 전통적인 증류법과 조리법에 따른 '전통적인' 소주 생산은 점차 쇠퇴했다. 일본인들은 소줏고리와 같은 전통적인 증류기 대신 공장에서 연속식 증류기(연결식 증류기라고도 함)를 사용해 소주를 저렴한 비용으로 대량생산했다. 연속식 증류기는 18세기에 유럽의 발명가들이 개발한 것으로, 19세기 후반에 일본에 소개되었다(그림 5.1의 A 참조).[1]

두 번째 변화는 해방을 맞이한 1945년부터 선진국 지위에 오른

[그림 5.1] A: 21세기 한국의 에탄올 증류탑(사진 제공: 대한주류산업협회), B: 1943년 제주의 소주 공장(사진 제공: 제주시)

20세기 후반까지 한국이 이룩한 급속한 경제 발전과 국가 재건이라는 새로운 환경에서 일어났다. 이 반세기 동안 한국전쟁, 급속한 현대화, 독재 정권 주도의 산업화, 치열한 민주화 운동 등 한국이 겪은 혼란스럽고 어려운 상황은 당시 많은 개발도상국이 공통적으로 직면한 상황과 다르지 않았다. 해방 후 현대 산업식(희석식) 소주가 지속적으로 발전하고 소주 기업이 성장해 나가는 상황에서 정부는 민속

1 이 현대식 증류기는 2개 이상의 컬럼으로 구성된 연속식 증류기로, column still, continuous still, patent still, Coffey still 등 다양한 이름으로 불리며, 근대 기술을 기반으로 해서 지속적으로 다양한 형태로 발전해 왔다. 유럽에서 발전한 근대 증류 기술에 대한 자세한 내용은 R. J. Forbes, *Short History of Distillation: From the Beginnings up to the Death of Cellier Blumenthal* (Leiden: E. J. Brill, 1948), pp. 99-362를 참고하라.

주를 홍보하는 캠페인을 펼치며 일제강점기에 소비량이 급감한 전통 소주의 부흥을 장려했다.

세 번째이자 가장 최근의 변화로는 20세기 후반과 21세기 초 사이에 국제화되고 있는 경제가 소주 생산자와 세계의 거의 모든 지역을 전례 없이 연결시킨 상황을 들 수 있다. 이 변화는 소주가 한국 문화를 넘어 급격한 형태로 다른 문화와 다중적인 교류를 하게 된 예를 보여 준다. 최근 20년간 한류의 유행과 주류 산업의 발전에 힘입어 소주가 다른 나라로 수출되기 시작했고, 국내 및 세계 시장에서 다른 종류의 증류주와 경쟁하기에 이르렀다. 한국 기업들이 외국산 증류주, 양조주, 칵테일 문화를 성공적으로 차용하여 맥주와 섞어 만드는 '소맥'이나 기타 칵테일 소주 등 새로운 방식으로 소주를 대중화하는 한편, 외국 회사들은 한국산 증류주를 과감하게 차용하여 혁신적 소주 브랜드를 만들었다. 지난 세기의 이러한 변화는 오늘날의 소주를 새로운 글로벌 브랜드로 발전시키는 계기가 되었다.

오늘날 소주의 변신은 끊임없이 변하는 증류주에 종종 제기되는 소주의 정체성 문제와 '전통적인 것'과 '현대적인 것'을 구분하는 기준에 대해 근본적인 의문을 제기한다. 증류기를 사용하는 전통적인 증류법으로 만든 소주부터 오늘날 대량으로 유통되는 산업식 소주까지 소주가 변화해 온 상황을 해석하는 방식이 다르기 때문에, 어떤 것이 '전통적'인 소주를 의미하는지에 대한 논쟁이 이어지고 있다. 간단히 말해서, 현대적 형태의 소주(또는 전통적 형태의 소주를 표방하는 브랜드)를 '진정한' 소주라고 할 수 있는가?

본서의 답변은 '그렇다'이다. 공장에서 대량생산된 희석식 소주가 등장한 이후 한국인들은 그 소주를 꾸준히 마셔 왔고, 이제 세계가 그 뒤를 따르는 것 같다. 이 근대식 소주는 소주를 세계 무대에 성공적으로 데뷔시킨 주역인데, 이는 수 세기 전 몽골 시기의 문화 교류 덕분에 증류주가 한국에 전파된 것처럼 세계사적 흐름 속에 이루어진 다양한 문화 전파 과정의 한 사례다. 실제로 고려 시대에 있었던 것과 동일한 이 문화 전파 양상은 20세기 초 일본 기업들이 공장식 소주를 만드는 데 필요한 기술과 기법을 처음 도입한 일제강점기에도 나타난다. 한국인들은 이를 소비하고 발전시키면서 언젠가는 세계화될 새로운 소주 시장의 기반을 마련한 것이다. 일본인들도 수 세기 전 유라시아 동부에서 전파된 증류 기술을 받아들여 발전시킨 유럽인들에게서 증류 기술을 가져왔기 때문에, 사실 일본의 기술도 일본 문화권의 외부에서 들여온 것이다. 소주의 기원에 대한 이러한 탐색은 중세를 거쳐 고대, 그리고 그 이전의 먼 과거까지 확장될 수 있다. 또한, 글로벌 소주 기업들은 전 세계 사람들의 문화적 태도와 소비 패턴을 지속적으로 연구하고 변화하는 입맛에 맞추기 위해 다양한 재료와 기술을 실험하고 있기 때문에, 소주의 역사에 대한 탐구는 미래에도 지속적으로 이어질 수 있다. 우리가 세계사에서 소주의 자리를 고정하려는 의도가 아니라면, 증류주의 역사에 대한 논의에서 새로운 유형의 소주를 배제할 수는 없다.

일제강점기에 부상한 근대 산업식 소주

어떻게 보면 35년에 걸친 일제강점기는 한반도가 외세의 지배를 받았던 고려 시대를 닮아 있지만 근본적인 차이는 있다. 몽골은 13세기와 14세기에 걸쳐 오랫동안 고려를 지배했으나 정치적으로 편입시키는 대신 '가신국'으로서 제국의 시스템에 순응하도록 했다. 그 결과 고려 왕조는 마지막 세기 동안 고려 왕이 몽골 황실의 공주들과 혼인하고 거대한 이웃 국가와 제휴하여 고려 왕실의 지위를 성공적으로 지켜냄으로써 사실상의 자율성을 누렸다.

이와 대조적으로 일본은 일제강점기에 경제와 문화를 포함한 한국 사회의 모든 부문을 체계적으로 지배하는 식민 통치 형식을 채택했다. 식민주의는 16세기 대항해 시대에 유럽 사회의 세계적 탐험의 결과로 탄생한 체제로, 20세기 초에 그 세계적 영향력이 정점에 달했다. 다른 아시아 국가들이 자치권을 잃어 갈 때, 일본인들이 자국의 자치권을 유지하기 위해 식민주의 및 기타 유럽의 제도를 수용해 나간 것은 주목할 만하다. 1842년 중국이 아편전쟁에서 영국에 굴욕적인 패배를 당하고, 1853년 일본이 매튜 페리 제독의 '흑선'에서 미국과 무역하도록 강요당한 후에 일본은 신속히 서구화와 근대화 개혁을 시작했다. 시간이 지나면서 일본은 세계 강대국 사이에서 지배적인 추세가 된 제국주의 정책까지도 채택하여 다른 나라들을 식민지로 삼기 시작했다. 일본의 이익을 실현시켜 줄 수 있는 가장 근접한 나라는 조선이었다. 일본은 조선을 식민지로 삼고 싶어 하는 경쟁국들 사이에서 한반도에 대한 주도권을 획득해 낸 후, 1910년에 조선을 점령하고 합병했다. 일본 정부는 일단 통치권을 장악한 후 서울에 조선총독부를 설치했다. 이후 35년 동안 조선에 대한 완전한 정치적 권한을 행사하면서 '근대적 개혁'이라는 명목하에 경제와 문화를 비롯해 사회의 많은 부문을 변모시켰다.[2] 조선 왕실은 중국과의 오랜 교류 관계를 포기하고 대한제국을 선포하면서 사회의 다양한 부문에서 부분

적인 근대화와 서구화를 시도했으나 일본에 의해 주권을 완전히 상실한 것이다.[3]

이와 같은 식민 지배에 대한 일본의 책임 문제는 1945년 일본의 항복과 한국의 독립, 남북한의 분단, 그리고 한국전쟁(1950-1953)에 이르기까지 한국인들이 겪은 끊임없는 혼란으로 인해 해결되지 못한 채 현재까지 남아 있다.[4] 오늘날 어떻게 일제강점기의 유산을 청산하면서도 식민지 치하에서 획득한 근대성을 계속 발전시킬 것인지에 대한 치열한 논쟁이 벌어지고 있다.[5] 이러한 분위기에서 일제강점기의 과학, 기술 및 기타 문화의 역사를 연구하는 학자들은 한국 사회에 상당한 영향을 준 사례로 이들 분야의 변화와 발전을 객관적인 관점에서 검토하고자 한다. 이들은 식민 관계를 단일 방향의 억압으로 보기보다 그 상황의 다양한 측면을 '상호성'이라는 관점으로 검토하는 새로운 연구 체계를 만들어 냈다.[6]

---

2 Lee Ki-baik, *A New History of Korea*, translated by Edward W. Wagner and Edward J. Shultz (Cambridge, MA: Harvard University Press, 1984), pp. 313-327 참고.

3 Lee Ki-baik, *A New History of Korea*, pp. 300-313.

4 예를 들어, 한국의 5-9대 대통령인 박정희가 1965년 일본과 체결한 한일기본조약은 두 나라 사이의 경제 협력을 촉진하기 위해 재산과 청구권에 관한 남아 있는 문제를 한 번에 해결하려는 것이었다. Glenn D. Hook, *Japan's International Relations: Politics, Economics, and Security* (London: Routledge, 2001), pp. 491-492. 그러나 국민적 합의 없이 체결한 이 조약에 대해 많은 한국인이 반대해 왔고, 이는 지속적인 반일 감정을 불러일으켰다.

5 예로, 이용창, 「일제 식민잔재와 친일문제」, 『국학연구』 7(2005), pp. 297-328을 참고하라.

6 예를 들어, 식민지 한국에서의 식물학 발전에 관한 이정의 연구는 일본(또는 '서구')의 과학과 기술을 한국의 식민지 환경에 동화시키는 과정에서 한국 과학 교육 시스템에서 이루어진 강제적·자발적 변화 모두를 설명해 준다. Jung Lee, "Mutual

19세기 후반에 조선 왕실을 포함하여 한국인들이 외국인과 접촉하며 그들과의 관계를 모색하고 발전시키는 과정에서 주도적으로 노력했으며, 이러한 노력은 일제강점기에도 계속되었다. 식민주의가 지배적인 시대에 더 넓은 세계 속의 여러 사회들은 다양한 분야에서 많은 경험을 서로 교류했다. 그 과정에서 새로 개발된 세계의 문물과 개념이 한반도로 들어왔고 수용되는 과정에서 변형되었다.[7] 한반도인들은 20세기 초부터 일본에서 유입된 새로운 문물과 사상을 수용해 왔다. 중국의 경우에도 일본에서 공부한 중국 지식인들이 일본에서 접한 많은 서양 서적과 아이디어를 들여온 사례들을 발견할 수 있다.[8] 그러나 한국인들은 일제강점기라는 특수한 상황 때문에 모든 면에서 보다 근본적인 변화에 노출되었다. 이러한 측면에는 전통 음식문화도 포함된다. 주영하는 키코망표 간장, 아지노모토(화학 조미료), 인스턴트 라면과 같은 일본 음식들이 일본의 통치하에서 도입되어 한국 고유의 음식 맛을 사라지게 하거나 왜곡시키는 결과를 가져왔다는 설득력 있는 예를 제시한다. 일본인들은 19세기에 일본에서 개발된 이들 식품을 한국과 대만으로 가져가 그곳에서 소비했다. 또한 이

Transformation of Colonial and Imperial Botanizing? The Intimate yet Remote Collaboration in Colonial Korea," *Science in Context* 29, no. 2(2016), pp. 179-211.

7 그 당시 조선은 실질적으로 고립에서 벗어나 세계에 전반적으로 노출되면서 외국인들과 접촉하면서 더 활발한 상호작용을 해 나갔으며, 새로운 것들과 아이디어를 충분히 흡수하고 수정했다. 그러나 조선은 식민지 환경의 특정 조건 속에 있었기 때문에 제한된 선택을 할 수밖에 없었다.

8 Joanna Waley-Cohen, *The Sextants of Beijing: Global Currents in Chinese History* (New York: W. W. Norton & Company, 1999), pp. 166-205.

식품은 한국과 대만에서 해외로 수출되어 빠르게 보급되었다.[9] 또 다른 대표적인 예로, 증류주 역시 이 시기에 큰 변화를 겪었다. 즉, 한국의 증류주 제조자들은 전통적인 증류 방법을 포기하고, 유럽에서 처음 개발된 후 일본을 통해 한국에 들어온 연속식 증류 시스템으로 교체하기 시작했는데, 이 증류 시스템이 오늘날까지 소주를 생산하는 데 통상적으로 사용되고 있다.

일본에서 근대 주류 산업의 발전은 급속한 현대화를 이루고 글로벌 경제로 완전히 편입하기 위해 일본 정부가 경제 및 과학 분야에서 추진한 급진적인 변화 중 하나였다. 6장에서 보겠지만, 일본은 전근대에 중국과 한국으로부터 주요한 영향을 받으면서 자체적으로 술을 생산하고 음주문화를 발전시켰다. 17세기 초 나가사키 항구의 작은 섬에 세워진 네덜란드 회사는 일본이 세계와 소통하는 창구가 되었고, 일본은 이 통로를 통해 유럽으로부터 새로운 상품, 아이디어 및 기술을 전수받기 시작했다. 20세기까지 일본의 생산자들은 영국에서 현대식 증류기를 수입하여 주류 제조에 큰 변화를 일으켰다.[10] 이 무렵에 일본의 식민지가 된 한반도에서도 이러한 변화는 당연히 일어났고, 곧 1919년부터 연속식 증류기를 사용하여 공장에서 대규모로 증류주를 생산하게 되었다(그림 5.1의 B 참조).[11]

---

9 Young-ha Joo, "Imperialism and Colonialism in the Food Industry in East Asia: Focusing on Instant Ramen," *The Newsletter* (IIAS) 75(2016), pp. 19-20.

10 16세기부터 포르투갈인, 스페인인, 영국인, 네덜란드인 등이 일본에 왔지만, 결국 네덜란드인들만이 일본에 들어가 오늘날의 나가사키현에 위치한 데지마섬에 살게 되었다. Marius B. Jansen, *The Making of Modern Japan* (Cambridge, MA: The Belknap Press of Harvard University Press, 2000), pp. 63-85.

11 1919년 평양에 최초의 연속식 증류기를 설치한 후, 1925년에 6개의 공장을 가동하

이러한 물질적 변화 외에도 일본은 주세령酒稅令 및 현대 위생 시스템을 포함하여 업계를 함께 변화시킨 몇 가지 주요 정책을 단행했다. 이러한 변화는 한국과 일본에 각기 다른 영향을 미쳤다. 일본에서는 도쿠가와 막부와 같은 이전의 정권이 양조장과 증류주 제조소에 체계적으로 세금을 부과했기 때문에 20세기 초에 개편된 새로운 세금 시스템에 따른 업계의 충격은 그다지 크지 않았다. 부분적인 타격에도 불구하고, 일본의 많은 소규모 양조장과 증류주 제조소는 시스템 혁신을 통해 가능한 한 빨리 이를 극복하려고 시도했다. 그 결과, 전통 증류주가 공장에서 생산된 술과 더불어 발전했다. 그러나 한국의 전통 양조장과 증류주 제조소에는 이러한 변화가 큰 충격으로 다가와 전통 증류주 제조의 일부 분야는 급격한 쇠퇴를 맞았다.

한반도 소주 발전의 역사를 논한 최초의 학술 저작인 『조선주조사』(1935)는 당시 한반도에 닥친 이러한 새로운 상황이 전통주와 그 생산에 끼친 많은 근본적인 변화를 파악하는 데 가장 유용한 자료다. 1935년 이전 한국 술 생산의 일반적인 상황을 설명하는 이 책에는 일본의 정책이 가져온 주요 변화가 강조되어 있다. 조선주조협회朝鮮酒造協会가 집필한 이 책은 조선총독부의 감독하에 과학, 인류학, 민속학 등의 분야에서 일본 학자들이 대규모로 수행한 체계적인 현장 조사를 기반으로 한다.[12] 이 보고서 형식의 책은 전통 증류 관행에 대한 분석, 다른 국가로부터의 증류주 도입, 일제가 추가 도입하고자 하는

여 소주 생산량을 늘렸다. 최한석 외, 「생명의 물, 증류주!: 우리나라의 전통 소주와 그 친구들」, *RDA Interrobang* 168(2016), p. 3.

12 당시의 민속문화 및 풍습에 관한 보고서로 村上唯吉, 『朝鮮人の衣食住』(京城: 朝鮮総督府, 1916)를 참고하라.

주류 산업의 근대화에 대해 논의하고 있어서, 1900년대 초 한국의 주류, 양조장 및 증류주 제조소의 전반적인 상황을 이해하는 데 도움이 된다.

『조선주조사』는 우선 조선 왕조 초기에 개발되어 조선 왕조 말까지 지속된 증류주를 설명한다. 예를 들어 소주를 다음과 같이 설명하고 있다. "이는 '화주'라고도 불린다. 알코올 함량은 다양하다. 맛이 깨끗하고 신선하며, 조선 북서부 지역에서 많이 마신다."[13] 또한 한반도 북부 지역 사람들이 소주를 더 많이 마시긴 했지만, 여름철에는 한반도 전체에서 일반적으로 많이 소비됐다고 밝힌다. 이 책은 한반도에서 소비된 다양한 종류의 소주를 소개하는데, 청주의 찌꺼기를 증류하여 만든 박취粕取 소주, 씨를 으깬 것 또는 그것으로 빚은 청주를 증류하여 만든 소주, 가장 전통적인 조선 시대 소주로서 누룩을 사용해 만든 소주, 양을 극대화하고 생산 비용을 절감하기 위해 전통적으로 사용해 온 누룩 대신 일본 흑국黑麴(국균을 넣은 쌀로 일본에서 제조한 효모)으로 만든 흑국소주, 고구마를 재료로 하여 연속식 증류 장치로 만든 신식 소주 등이 포함되었다. 이렇게 소주가 다채로워지면서 유럽산 위스키와 중국산 고량주(현지 수수로 만든 증류주) 같은 외국 주류도 한반도에 수입되었다.[14] 일본 보고서에 따르면, 1930년대부터 흑국소주와 근대식 소주가 누룩으로 만든 전통 소주를 제치고 소주 시장을 장악했다. 흥미롭게도 『조선주조사』에는 아락의 음역이 분명한 아랑주 및 아래기주와 같은 소주의 지역적 별칭이 따로 언급되지

13 배상면 편역, 『朝鮮酒造史: 1907-1935』(서울: 규장각, 1997), p. 59.

14 『朝鮮酒造史』, pp. 59-61.

않는데, 이들은 『심양일기』(1636)와 같은 조선 시대 사료나 람스테트 Gustaf John Ramstedt 같은 외국 학자들이 좀 더 최근에 수행한 인류학적 연구를 통해 확인할 수 있었다.[15] 이 『조선주조사』는 한반도 술의 모든 종류를 광범하게 포괄해 설명하는 것을 목표로 해서인지, 당시 증류주 소비에 대해 학술 연구 수준의 세부 사항을 제시하지는 않는다.

『조선주조사』에서 가장 먼저 주목할 점은 당시 조선의 소주 산업이 경제적·사회적으로 침체되어 있고 일본의 근대화 및 기술 수준에 비해 열등하다는 평가다. 그 주장은 다음과 같이 요약될 수 있다.[16] 조선 시대에는 장인의 기술과 산업 노동을 멸시하는 관습이 있었기 때문에 집에서 술을 빚거나 단지 부업으로 술을 생산했다. 따라서 조선 시대 소주 산업의 생산 규모는 대체로 작고, 방식은 비전문적이었으며, 기술은 열등했다. 업계에 종사하던 이들은 상황을 개선할 진보적인 아이디어가 부족했다.[17] 소주를 생산하는 식당에서는 '고리'라는 작은 증류기를 사용했기 때문에 소주의 품질이 전반적으로 좋지 않아 북부 국경 지역 사람들은 중국에서 (당시 연간 200만 원 상당의) 고량주를 수입했다. 이런 상황에서 사람들은 19세기 후반부터 개방된 인천, 원산과 같은 항구도시를 통해 공장에서 생산된 주정酒精(소주를 만드는 주원료)을 외국에서 수입하여 전통 소주와 섞어 시장에서 팔았다고 한다. 이 보고서는 새로운 시스템과 기술을 일본에서 수입하는 것을 정당화하기 위해 조선 시대의 소주 제조가 시대에 뒤떨어진 생산

---

15 장지헌, 『韓國外來酒流入史研究』, pp. 56-58.

16 『朝鮮酒造史』, p. 217.

17 『朝鮮酒造史』, p. 38.

및 공급 방법이라고 강조했지만, 우리는 그 행간을 잘 읽음으로써 많은 정보를 얻을 수 있다. 『조선주조사』는 한반도에서의 소주 생산과 소비의 일반적인 상황을 반영하는 풍부한 통계와 체계적인 현장 보고서를 제공하는데, 특히 소규모 증류주 제조장이 당시 증가하는 고품질 증류주에 대한 수요를 충족할 수 없는 상황이었음을 보여 준다.

이 같은 한국 전통 증류법에 대한 연구 보고서를 통해 일본의 분석가들은 한국 소주가 위생에 대한 규제 없이 만들어졌다는 결론을 내렸고, 이는 한국의 가양주 문화에 대한 비판적 견해로 이어졌다. 전통적으로 개인 양조장과 증류주 제조소를 일일이 등록시키고 과세를 통해 규제한 일본과 비교했을 때, 한반도에는 가양주 문화가 있었기 때문에 양조하는 장소가 더 많았다. 이는 각 가정에서 손님 접대와 조상 제사를 위해 세금 부담 없이 술을 빚었기 때문이다.[18] 일본은 조선 강점 직후 특히 위생 개선과 세금 및 면허 제도 수립이라는 명목으로 소주 제조에 대한 규제를 단행했다. 1910년부터는 모든 주류의 세율을 크게 인상하고, 수 세기 동안 중요하게 이어져 온 전통이었던 가정에서의 술 양조를 금지하는 주세령을 공포하고 강화해 나갔다.[19] 『주선주조사』는 주세령이 조선의 주류 산업을 질과 양 모든 측면에서 발전시켰다고 주장하지만, 많은 한국인은 이로써 한국의 술 전통

18 『朝鮮酒造史』, p. 49. 일본의 전통 양조장과 증류주 제조소 역시 국가의 근대화 및 대규모 산업화 정책으로 타격을 입었지만, 한국의 양조·증류주 제조업은 특유의 가양주 문화의 영향으로 규모가 작아 더 큰 충격을 받았다. 이화선·구사회, 「일제강점기 주세령의 실체와 문화적 함의」, 정대영 외, 『한국의 술 100년의 과제와 전망』(서울: 향음, 2017), pp. 26, 31-32, 37.

19 鄭大聲, 『朝鮮の酒』(東京: 築地書館, 1987), pp. 178-193.

에 큰 타격을 입었다고 생각한다.[20] 현대 학자들은 관련 통계를 검토한 결과 주세령으로 인해 조선총독부의 세수가 크게 증가했다고 주장한다.[21] 또한 전통적 방식으로 증류된 한국의 전통 소주를 포함해 한때 유명했던 다양한 술의 인기를 떨어뜨린 점도 부정할 수 없다.[22]

일본은 이미 20년 이상 근대 산업식 증류소를 국가적으로 운영해 왔으나,[23] 1919년에 시행된 일본의 정책에 따라 근대 산업식 증류소가 도입되면서 한국의 전통 양조 문화는 큰 타격을 입었다. 앞서 보았듯이 일본 학자들이 저술한 『조선주조사』는 이 공장식 소주를 새로운 스타일의 소주로 언급하면서, 1930년대 한국에서 소비된 다른 종류의 소주와 함께 소개하고 있다.[24] 공장식 증류소들은 대규모의 다차 증류를 위해 산업용 연속식 증류기를 사용했으며, 쌀과 같은 곡물 원료 대신 감자나 타피오카와 같이 저렴한 재료에서 고알코올 함량(최대 95퍼센트)의 에탄올 주정을 추출해 만든 후, 물과 섞으면서 풍

---

20 농촌진흥청은 2016년 발간한 「생명의 물, 증류주!: 우리나라의 전통 소주와 그 친구들」이라는 보고서에서 전통식 증류주로서의 소주가 시장에서 사라지게 된 원인으로 주세령, 일본에서 온 흑국의 사용 및 에탄올 생산을 꼽았다. 보고서에 따르면 1909년 전통 소주 양조장은 2만 8,000곳에 이르렀으나, 일본 정부는 1909년부터 1934년 사이에 다섯 차례나 주세령을 발표해서 민간에서 자유롭게 양조하던 전통식 증류 소주 생산을 제한하고 표준화된 설비를 갖춘 공장에서만 생산하도록 했다. 더 자세한 내용은 최한석 외, 「생명의 물, 증류주!」, pp. 1-20 참고.

21 이화선·구사회, 「일제강점기 주세령의 실체와 문화적 함의」, pp. 30-31.

22 2016년 한국 술을 연구하는 우리술문화원은 한국에서의 주세령 공포 100주년 기념 학술대회를 열고, 발표된 논문을 책으로 발간했다. 이 학술대회에 관해서는 정대영 외, 『한국의 술 100년의 과제와 전망』(서울: 향음, 2017), p. 14 참고.

23 高橋康次郎·辻宏, 「日本の蒸溜酒, 焼酎」, 玉村豊男 編, 『焼酎: 東回り西回り』(東京: 紀伊國屋書店, 1999), p. 238.

24 『朝鮮酒造史』, pp. 60-61.

미를 향상시키기 위해 설탕, 포도당, 구연산, 사카린, 아미노산, 소르비톨과 같은 감미료를 첨가했다.[25] 이러한 변화는 현재 한국의 대표 브랜드가 된 공장 생산 소주의 부상을 의미한다. 신식 소주를 대량으로 생산하는 대규모 공장은 제주도 등지에 처음 세워졌다.[26]

6장에서 다시 보겠지만, 일본인들은 용어를 중국 증류주인 샤오죠우燒酒와 비슷하면서도 새롭게 바꿨는데, 여기서 '술'을 의미하는 '酒' 자를 도수 높은 술을 의미하는 '酎' 자로 대체했다. 한국 기업들도 한국어로는 동일하게 '소주'로 발음되는 '燒酎'라는 용어를 받아들여 지금까지 계속 사용하고 있다. 동시에 한국에서 전통적으로 사용한 발효제 누룩 대신 흑국이라는 일본 효모를 강제 도입한 것도 전통 한국 소주를 만드는 과정에 큰 변화를 끼쳤다. 비싸면서도 품질이 불안정한 누룩 대신 검은콩으로 만든 저렴하고 안정적인 흑국을 사용하게 된 것은 한국 전통적 증류법을 한층 더 쇠퇴시켰다. 1923년에 99퍼센트였던 누룩 사용률은 1932년에 5퍼센트까지 떨어졌다.[27] 이러한 변화를 겪는 가운데 소주의 맛도 변하기 시작했다. 일본 학자들이 쓴 『조선주조사』에서는 이와 같은 변화를 한국의 소주 산업이 체계화되고 상업적으로 경쟁력을 갖추기 시작했다는 긍정적인 신호로 보았지만, 이후 일부 학자들은 이것이 단순히 전통 소주의 쇠퇴를 촉발했다

25 한국 근대의 산업식 소주에 대한 간략한 개관은 주영하, 『식탁 위의 한국사: 메뉴로 본 20세기 한국 음식문화사』(서울: 휴머니스트, 2013), pp. 483-492 참고.

26 일제강점기에 발전된 소주 양조장과 공장들에 대한 자세한 내용은 『朝鮮酒造史』 11章 참고.

27 최한석 외, 「생명의 물, 증류주!」, pp. 3-4.

고 주장한다.[28]

한국인들은 이러한 전통주의 변화에 실제로 어떤 반응을 보였을까? 정부의 개입이 제품 개발에 끼친 영향을 극복하기 위해 노력하면서 품질 향상에 집중해 전통 쇼츄를 발전시켜 나간 일본의 경우와 달리, 한국 양조업자들은 식민지라는 한계로 인해 이에 대처하기가 어려웠다.[29] 따라서 전통 양조장이 일본에서는 유지된 반면 한국에서는 급격히 쇠퇴했다. 일제는 한국으로 이주시킨 많은 일본인에게 산업 투자의 기회를 주었다.[30] 새로운 식민지에서 사업 기회를 얻기 위해 많은 일본인이 자유롭게 한국으로 이주하거나 여행했다. 그러한 사업 기회에는 새로운 주세령으로 인한 전통주 제조업의 쇠퇴가 가져온 공백에 따른 주류 산업도 포함되어 있었다. 1919년에 많은 한국인이 3.1 운동과 같은 독립 운동에 참여하거나 이를 조직했고 무장 독립 투쟁을 통해 일본에 저항했지만, 일제에 협력한 이들도 있었다. 사실, 주류 산업의 경우 이러한 협력이 꽤 자주 있었던 것으로 보인다. 정태헌의 연구에 따르면, 통계를 보면 다른 업종들에서는 일본인들이 쇄도하면서 한국인들이 점점 더 자리를 잃은 것에 비해, 주류 산업에서는 성공한 한국 산업 전문가와 투자자의 비율이 더 높았다.[31] 이는 조선총독부가 이미 많은 소규모 양조장을 강제로 폐업시켰기 때문에, 거

28 실제로, 참고할 수 있는 사료들을 바탕으로 한국의 소주 증류 산업이 규모 면에서 큰 성장을 이룩한 사실을 알 수 있다. 鄭大聲, 『朝鮮の酒』, pp. 187-188.

29 이화선·구사회, 「일제강점기 주세령의 실체와 문화적 함의」, pp. 25-66.

30 Michael J. Seth, *A History of Korea: From Antiquity to the Present* (Lanham: Rowman & Littlefield Publishers, 2011), pp. 265-267.

31 정태헌, 「일제강점기 주조업과 주세정책」, 정대영 외, 『한국의 술 100년의 과제와 전망』(서울: 향음, 2017), pp. 78-79.

대 자본가들이 양조 사업을 처음 시작해도 거의 경쟁 없이 쉽게 성장할 수 있었기 때문이다. 일제강점기에 진로眞露와 같은 대기업이 주류 사업을 장악했고, 이를 바탕으로 발전시킨 견고한 카르텔에 힘입은 소주 시장에서의 성공이 현재까지 이어지고 있다.[32]

한국은 1945년 히로시마와 나가사키에 원자폭탄이 투하된 이후 일제가 연합국에 항복하면서 독립한 후, 이 새로운 증류 산업을 더욱 발전시킬 기회를 가졌다. 일본이 한반도를 떠난 후 한국 정부는 전국적으로 다양한 사회 개혁을 시행했다. 그러나 35년간의 일제강점기에 일본을 통해 한반도에 들어온, 유럽에서 새롭게 창조된 물질문화와 사상은 좋든 싫든 간에 지역 사회에 깊이 뿌리를 내려 일본이 떠난 후에도 그 영향력을 유지했다. 이 현상은 몽골-고려 시대 이후 그 유산이 지속된 것과 비슷해 보이지만, 더 최근에 경험한 일본 식민 통치는 한국인들 사이에 훨씬 더 큰 적대감을 불러일으켰다. 그러나 일본의 식민 지배로 한반도에 들어온 다양한 과학과 문화적 요소들이 세계사 전체를 볼 때 일제강점기보다 훨씬 더 일찍부터 발전해 온 점에 주목할 필요가 있다. 소주도 마찬가지다. 증류 기술은 고대부터 아프로·유라시아에서 다양한 문화의 접촉과 교류를 통해 집합적으로 이루어진 발전의 산물이었다. 일제강점기에 한반도에 도입되어 세워진 공장에서 생산된 소주는 계속해서 발전했다.

32 이화선·구사회, 「일제강점기 주세령의 실체와 문화적 함의」, p. 53.

공장식 주류 기업의 발전과 전통 소주의 부활

1945년 해방 이후 소련과 미국이 분할 점령하면서 한반도는 남한과 북한으로 분단되었다. 분단 후 곧바로 일제의 유산을 청산하려는 노력이 시작되었으나 1950년에 한국전쟁이 발발해 이러한 청산 작업은 중단되고 말았다. 이승만 초대 대통령 집권 때에 전쟁과 그에 따른 빈곤으로 지속적인 식량 부족이 발생했기 때문에 발효 곡물을 재료로 한 전통 소주 생산의 발전이 제한될 수밖에 없었다.

전쟁은 1953년에 끝났고, 최소한 남한에서는 마침내 국가적 회복을 추구할 수 있었다. 1960년대 박정희 대통령의 집권 아래 한국은 '한강의 기적'이라고 불리는 급속한 경제 발전을 이뤘으며, 이는 선진국으로의 도약을 알리는 사건이었다.[33] 이러한 진전에도 불구하고 경제 발전의 길은 요원했고 곡물 부족이 지속되자 정부는 곡물을 사용한 술 제조 금지법을 1965년에 통과시켰으며, 이는 전통 증류주 제조에 대한 전면적인 규제로 이어졌다. 한국인들은 전통 소주가 다시 대중의 영역으로 돌아오기까지 수십 년을 더 기다려야 했다.

실제로 1970년대에는 정부의 적극적인 개입으로 현대 산업식 소주의 본격적인 발전을 위한 확고한 기반이 마련되었다. 1970년대까지 전국 각 지역에 약 300개의 국내 소주 기업이 있었지만, 1973년에 각 도는 그 지역을 대표하는 소주 기업과 브랜드를 육성하면서(그림 5.2의

33 이렇게 한국이 이룬 급속한 경제 발전은 새마을운동과 같은 다양한 경제정책으로 이루어져 있다. Seth, *A History of Korea*, pp. 381-394 참고.

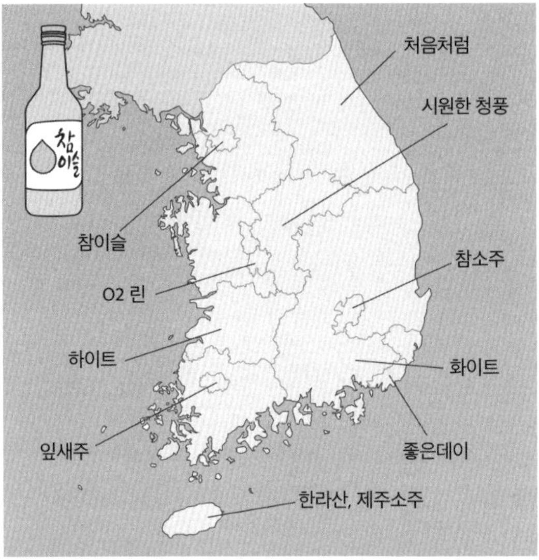

[그림 5.2] 현대의 공장식 소주(위)와 부활한 전통 소주(아래)의 지역별 대표 브랜드

위쪽 그림 참조), 다른 기업들은 대기업에 편입되거나 영업을 중단할 수 밖에 없었다.

정부는 품질 관리라는 명목으로 주류 회사들의 정리와 통제를 정당화했지만, 실제로는 세수를 효율적으로 관리하기 위해서였다. 당시 세금 제도에서 술의 과세 비중이 매우 높았기 때문에, 국세청은 세금 징수 관리가 용이하도록 이들 회사의 규모를 확대했다.[34] 예를 들어, 1973년 이전에는 충청남도에 33개의 소주 회사가 있었지만, 관련 법령이 시행된 이후에는 선양주조(현 맥키스컴퍼니)라는 하나의 큰 소주 회사로 통합되었다.

또한 정부는 소주의 주원료인 에탄올 주정을 관리하기 시작했고, 각 기업에 일정량을 지급했다. 이때부터 소주 생산을 위한 정부의 주정 독점이 시작되었다. 에탄올 주정을 만드는 데 사용된 술의 원료는 타피오카·감자·고구마 등으로, 쌀·보리·밀·옥수수와 같은 곡물보다 생산성이 높았다.[35] 에탄올 주정 유통 시스템의 확산과 함께 추진된 또 다른 전략은 소주의 국가 독점을 강화하는 것이었다. 즉, 각 지방의 주류 도매상이 해당 지방 소주의 50퍼센트 이상을 구매해야 한다는 의무 사항이다. 이는 이후 1995년 위헌 판결을 받을 때까지 소주 산업의 독점 체제를 유지시키는 수단이 되었다.[36]

---

34 주영하, 『식탁 위의 한국사』, pp. 483-485; 이지형, 『소주 이야기: 이슬과 불과 땀의 술』(파주: 살림, 2015), pp. 52-53.

35 이지형, 『소주 이야기』, pp. 18-24. 주영하는 1960년대에 생산된 산업식 소주가 건강에 좋지 않은 퓨젤유를 포함한 에탄올 주정을 사용했지만, 20세기 초 순수 증류 주정 제조 기술의 발달로 이 퓨젤유에 대한 우려가 감소했다고 주장한다. 주영하, 『식탁 위의 한국사』, pp. 489-491.

36 이지형, 『소주 이야기』, pp. 52-55.

1960년대 이후 근대 산업식 소주 소비가 증가하게 된 암울한 사회적 배경도 살펴보아야 한다. 즉, 급격한 경제 발전 속 노동자들의 고된 삶과 박정희 독재정권하의 절망이 그것이다. 공장에서 열심히 일하던 노동자들은 힘겨운 일상을 극복하기 위해 당시 주류 시장을 장악한 값싼 공장 생산 소주와 전통 탁주인 막걸리를 마셨다.[37] 이 시기에 대규모의 산업식 소주 제조 공장이 많이 세워졌다.

전국적으로 공장식 소주의 생산과 소비가 급증하면서 곡물과 누룩으로 만든 전통 소주와 발효주는 큰 타격을 입었다. 일제로부터 독립한 후에도 주류에 대한 높은 세율은 바뀌지 않았다. 특히 한국 전통주의 경우에는 주류세 외에도 각종 세금을 부과하여 가격이 더욱 높아졌고, 이는 소규모로 운영하는 전통 소주 증류소에는 부담으로 작용했다.[38] 전통적인 증류법으로 소주를 만드는 증류주 제조소는 1970년대에 거의 사라졌다. 사람들이 공장식 소주로 눈을 돌리게 된 또 다른 이유는 쌀 재료 사용 금지와 각 지역의 생산 할당제에 따른 가격 인상으로 1960년대 이후 막걸리가 인기를 잃었기 때문이다. 그래서 선술집들은 도시로 이주한 농촌 노동자들에게 값싼 공장식 소주를 팔게 되었다.[39] 그런 상황이 사람들의 입맛도 바꾸었다.[40] 그 결과 공장식 소주는 한국의 지배적인 소주 브랜드일 뿐만 아니라 전국에서 가장 인기 있는 단일 주류로서 한반도 전역에 퍼졌다.

그러나 1980년대에 전통 소주를 부활시킬 기회가 왔다. 정부는 주

---

37 이지형, 『소주 이야기』, pp. 27-35.

38 鄭大聲, 『朝鮮の酒』, pp. 187-188.

39 주영하, 『식탁 위의 한국사』, pp. 311-312.

40 젊은이들도 막걸리보다 맥주를 선호하기 시작했다. 주영하, 『식탁 위의 한국사』, p. 335.

류 생산에 대한 국가의 과도한 개입과 통제로 인해 소주와 같은 전통 증류주가 사라져 간 것에 대해 많은 한국인이 한탄한다는 사실을 인식하기 시작했다. 정부는 1986년 아시안게임, 1988년 서울올림픽 등 주요 국제 체육 행사를 개최하기에 앞서 각 지방의 전통주를 '민속주'라고 칭하면서 이를 발전시키기 위해 노력했다. 정부가 전통주를 홍보함에 따라 전통 증류 방식의 소주가 부활할 수 있는 새로운 기회를 얻었다.[41] 정부는 적절한 증류 기술 훈련을 받은 사람들에게 특별 양조 허가를 내주었고, 그들은 발효 곡물을 사용하여 전통 증류 소주를 새롭게 생산하기 시작했다. 이 술은 현지 시장에서 공장식 소주보다 더 높은 가격에 판매되고 선물품 및 여러 지역적 의례에서 사용되었다. 그 이후 전통적 형태의 주류에 대한 관심이 늘어나고, 많은 지역에서 전통 증류주를 만드는 양조장이 급격히 증가했다.

이때 부활한 모든 민속주가 진정으로 지역 특산물을 기반으로 한 것이라고 믿기는 어렵다. 주영하가 설득력 있게 지적한 것처럼, 많은 양조인이 자신의 입지를 확보하기 위해 조선 시대에 특별한 조리법을 개발한 선조들로부터 물려받았다고 주장하는 요리서를 국가에 제출했지만, 상당수가 서로 엇비슷해 보였다. 왜냐하면 이전 시기에 유통된 것들을 베낀 것이었기 때문이다. 따라서 이들이 가진 전통적 내력의 진위를 인정하기는 어렵다. 이러한 배경 속에서 소주로 유명한 몇몇 곳은 해당 지역의 옛 전통과의 연관성을 강조하기 위한 노력을 기울였다. 여기에는 안동 지역에서 부활하여 한국 전통 소주를 대표

---

41 鄭大聲, 『朝鮮の酒』, p. 15.

하게 된 안동소주가 포함된다.

이상훈은 이성우를 비롯한 일부 학자들이 안동소주는 개성, 진도, 제주와 동일하게 몽골군의 주둔지가 있었던 안동에서 고려 시대부터 발전하기 시작했다고 주장한 바를 지적한다.[42] 1980년대 후반 민속주가 한창 부활하던 시기에 이들 지역의 많은 주요 민속주 회사들(문배주, 진도홍주, 제주 고소리술과 같은 브랜드 포함)이 마케팅 수단으로 고려 시대와의 연관성을 강조했다(그림 5.2 참조). 그러나 고려 기원에 대한 실증적 증거가 없기 때문에 이상훈과 필자를 비롯한 몇몇 학자들은 이러한 기존 주장의 신빙성에 의문을 제기했다. 그러나 주류 시장에서는 고려 기원을 암시하는 상표를 활용해 마케팅할 수 있었을 것이다.

과거와의 연관성을 강조함에도 불구하고 '안동소주'가 한국과 중국의 전통 소주와 샤오죠우의 한자인 '燒酒' 대신 '燒酎'를 사용하는 것은 의아하다. 독한 술을 의미하는 '酎' 자는 일본에서 쇼츄燒酎를 가리킬 때 사용되어 왔고, 20세기 초에 일본으로부터 근대 산업식 소주와 함께 한반도에 처음 소개된 것이다. '酒'와 '酎'가 중국어에서는 각기 '죠우酒'와 '조우酎'로 달리 발음되지만, 한국어에서는 동일하게 '주'로 발음되기 때문에 많은 한국인이 이 사실을 인식하지 못한다. 이 '철자 오류'는 1980년대 정부가 추진한 민속주 부흥의 한 형태로 안동소주가 급부상하는 과정에서 발생한 실수 때문일 것이다. 예를 들어 정부는 무형문화재인 동동주 제조 전문가 조옥화 씨를 안동소주 전문가

42 이상훈, 「우리나라 강화발효주의 전개와 특징: 배경과 특수성에 대한 일고찰」(서울벤처대학원대학교 석사학위논문, 2014), pp. 77-82.

로 지명했는데, 이는 그녀가 대표하는 지역인 경상북도가 한때 안동소주로 유명했기 때문이었다.[43] 이와 유사하게 다른 많은 무형문화재와 민속주도 실제 역사적 배경을 깊이 고려하지 않은 채 정치적 추진의 결과로 급부상했다.

고려 기원에 대한 주장이 이러한 약점을 지녔음에도 불구하고, 안동소주가 전국적인 브랜드로 유명해질 수 있었던 데에는 몇 가지 이유가 있다. 안동이 조선 시대부터 양반 가문들이 주자학을 바탕으로 음식과 술을 올려 조상께 제사를 지내고 손님을 접대하는 문화를 유지해 온 곳이었기 때문에, 이곳에서 발전한 소주도 가장 정통적 소주로 받아들여지면서 높은 호응을 얻었다. 소주 빚는 법을 포함한 현존하는 가장 오래된 요리서들이 안동 지역에서 기록되었다는 사실은 현대인들이 안동을 전통과 연결하는 데 일조한 것으로 보인다.[44]

이성우와 같은 학자들은 고려 말기에 소주가 발전한 주요 장소로 한때 고려의 수도였던 개성(고려 시대에는 '개경'으로 불림)을 지목한다. 고려 시대에 정치·상업의 중심지로서 왕실, 귀족, 병사, 부자 등이 소주를 많이 마셨기 때문에 실제로 그곳에서 소주가 발전되었다고 가정할 수 있다. 『조선주조사』에도 개성이 소주 생산지로 유명하다고

---

43 조옥화는 무형문화재로 지정되어 조선 시대부터 발전한 전통적인 증류법으로 안동소주를 제조·판매할 수 있는 독점권을 얻었다. 그런데 소주를 증류하는 지역 양조장들도 안동소주를 제조할 권리를 주장하기 시작했다. 주영하, 『음식전쟁 문화전쟁』(서울: 사계절, 2000), pp. 163-166 참고.

44 최근에 일부 요리서들의 유네스코 세계문화유산 등재를 추진하고자 하는 움직임이 있었다. 예로, 이 책의 4장에서 논의된 『수운잡방』과 『음식디미방』의 사례를 참고하라.

적혀 있다. 개성소주는 지속적으로 발전하여 북한을 대표하는 소주 브랜드가 되었다. 이로 인해 소주는 남북한 모두에서 계속 개발되어 온 유일한 주류가 되었으며, 이는 소주가 정통 국민주라는 칭호를 주장하는 것에 정당성을 부여한다.[45]

현대 공장식 소주가 20도 정도로 알코올 함량이 낮은 데 비해, 전통 소주라는 명목으로 민속주로 지칭된 모든 소주 브랜드는 45도 정도로 알코올 도수가 높다. 전통 방식으로 증류된 소주는 공장 생산 소주와의 차별성을 주장하지만, 20세기 후반부터 발전한 전통 소주 생산에도 근대 기술이 적용되었다는 사실을 간과할 수 없다. 일제강점기에는 소주의 맛을 보다 균일하고 부드럽게 만들기 위해 한국의 전통적인 소주 양조장에 새로운 기술과 대체 효모가 도입되었다. 광복 후에도 일본에서 다양한 현대식 증류기들이 한국으로 들어오게 되었다. 한국에서 민속주가 부활할 당시 일본은 증류 기술을 한층 더 발전시켰는데, 이는 전통 증류의 전통이 단절된 한국과 달랐던 점이다. 일본인들은 전통과 현대 기술을 모두 사용하여 쇼츄를 발전시키고 더 다양한 현대식 증류기를 개발하여 1980년대에 증류주 발전의 정점에 이르렀는데, 이때 일본에서 쇼츄의 새로운 붐이 일었다. 당시 일본에서 만들어진 다양한 유형의 현대 증류기에 활용된 수많은 기술은 일본 전문가들이 저술하고 일본양조협회에서 발행한 『본격 소주 제조기술本格焼酎製造技術』에서 살펴볼 수 있다.[46] 이 책은 배상면에 의해 한국주류연구소에서 한국어판으로도 발행되었으며, 한국어판

45 鄭大聲, 『朝鮮の酒』, pp. 13, 110. 북한의 주류 소비 상황은 pp. 18-20 참고.

46 이 책에는 일본의 증류주 발전 과정 및 당시의 술에 관한 연구 결과가 기록되어 있다.

의 서론에서 배상면은 한국에는 소주에 대해 자세히 설명하는 책이 없었기 때문에 보다 발전한 증류 기술을 보유한 일본에서 출간된 이 서적을 번역해야 했다고 밝히고 있다.[47] 일본 기업들이 개발한 현대식 단식증류기(산업식 소주를 만드는 연속식 증류기 등 다차 증류 장치와는 다른 형태)는 조선 시대의 전통 방법대로 증류 소주를 생산하는 국내 소규모 양조장의 눈길을 끌었다.[48] 20세기 초 한반도의 가양주 제조자, 소규모 식당 및 양조장 등과는 달리 이 새로운 소규모 증류소들은 더 넓은 시장을 겨냥하여 위생 수준을 개선하고 제품의 고른 맛과 수준을 유지하기 위해 현대 기술을 채택했다. 또한 생산 방법을 개선하고 맛을 미세하게 향상시켜 전통 방식에서 변형된 새로운 소주를 개발하기 위해, 최신 기술에 기반한 새로운 기계를 지속적으로 도입했다. 예로서, 제주 고소리술 회사는 보다 효율적인 방법으로 양질의 전통 소주를 만들고자 최근에 새로운 증류기를 도입했으며, 노후한 기계들은 회사 정문 앞 정원에 전시되어 있다(그림 5.3 참조).

민속주 중 일부는 정부의 진흥정책 덕분에 한국에서 큰 인기를 얻었지만, 이미 많은 한국인이 저렴한 가격과 맛에 익숙해졌기 때문에 공장에서 생산된 소주를 대체하기는 어려웠다. 결국 희석식 소주는 상대적으로 가격이 낮아지면서 더 큰 인기를 얻었다. 조선 시대의 가정에서는 청주를 널리 마신 반면, 현대 한국의 식당과 술집에서는 소주가 가장 많이 소비되었다. 새로운 종류의 술이 널리 보급되면서 사

47 日本醸造協會 편, 『本格焼酎製造技術(증류식 소주 제조 기술)』, 배상면 편역(서울: 배상면주류연구소, 2001), pp. 3-6.

48 『朝鮮酒造史』, pp. 8-9.

[그림 5.3] 제주도의 고유한 증류기인 고소리 모양의 병에 담긴 전통 소주 상품(왼쪽)과 제주 고소리술 회사 정문 앞 정원에 전시된 노후된 기계(오른쪽)(사진: 필자)

람들의 입맛을 바꾸자, 이렇게 바뀐 입맛을 되돌리는 것이 더 어려워졌다. 그 결과 공장에서 생산된 희석식 소주는 한국의 진정한 국민주가 되었다.

20세기 초반의 발전은 오늘날까지 이어진 소주 산업 발달의 토대를 마련했다. 예를 들어 진로(현 하이트진로)와 같이 일제강점기에 설립된 많은 기업은 여전히 한국의 주요 기업으로서 새로운 상품을 개발하고 있다. 사실 한국의 주류 기업들은 일본이 이루지 못한 소주 생산의 새로운 혁신, 즉 대량생산 체계를 이룩했다. 예를 들어, 주류 회사는 분당 600병의 소주를 생산한다(그림 5.4 참조). 하이트진로와 같은 일부 대기업은 분당 1,000병까지 생산하는 라인을 운영한다.

이들 기업은 주정을 생산하는 공정과 주정에 물과 감미료를 섞어 병에 넣는 공정을 분리시켜, 세계에서 가장 저렴한 증류주 중 하나를

[그림 5.4] 분당 600병의 소주를 생산하는 맥키스컴퍼니의 소주 공장(사진: 필자)

생산하는 전문화 시스템을 개시했다(예를 들어 소주 한 병은 한국의 슈퍼마켓에서 2,000원 정도에 살 수 있다). 따라서 저렴한 가격은 시장에서 한국 공장식 소주의 경쟁력 강화에 크게 기여했다. 요컨대 소주는 다른 상품과 유사한 방식으로 현대 글로벌 경제에서 인기 있는 상품의 하나로 자리 잡았다.

이처럼 대량생산되는 공장식 소주의 최대 약점은 각기 다른 소주 회사에서 생산했음에도 불구하고 맛의 차이가 거의 없다는 점이다. 이들 소주 회사는 발효주를 증류하여 소주를 제조하는 것이 아니라 단순히 국세청으로부터 주정을 구입하여 물에 희석한 후 향료를 첨가하여 제조한다. 정부의 일도일소주一道一燒酒 정책으로 인해 소비자는 자신이 선호하는 브랜드를 결정할 때 특정 소주 상품의 장점이나 특징보다는 지역과의 연관성에 더 많은 중점을 두는 경향이 있었다. 그 결과 각 도의 주류 기업들은 적어도 일정 기간까지는 생산과 마케팅에서 독점적인 지위를 누릴 수 있었다. 일부 브랜드는 특별한 개성을 바탕으로 국가적 명성을 얻었는데, 그 예로는 알코올 함량이 21퍼센트로 다른 공장식 소주 브랜드보다 높은 도수로 유명해진 한라산 소주를 들 수 있다.[49] 그러나 대부분의 소주 브랜드는 특유의 개성보다는 지역을 대표하는 것으로 유명했다.

값싸고 평범하며 엇비슷한 맛의 소주가 보급되면서 새로운 음주문화가 생겨났다. 전통 소주에 비해 맛의 차이가 더 이상 중요한 요소는 아니었기 때문에, 사람들은 맛을 향상시키기 위해 소주를 다른 것들과 혼합하기 시작했다. 많은 한국인이 선호도에 따라 일정 비율로 소주를 맥주와 섞어 마신다. 또한 맥주가 한국에 들어오면서 많은 젊은이가 식당과 사교 모임에서 우리의 전통주보다 새로운 서양 술을 선호하기 시작했다. 그러나 맥주도 공장식 소주의 경우와 마찬가지로 국내에서 생산된 초기에는 맛이 떨어져서 많은 사람이 두 종류의 술을 섞어 마셨다. 가장 쉬운 방법은 외국에서 '폭탄 칵테일'로 알려진 폭탄주를 만드는 것이었다.[50] 다른 종류의 술을 혼합하는 것은 풍미를 높이는 것 이상의 효과가 있었다. 소주와 맥주를 섞으면 알코올 도수가 올라가 사람들이 빨리 취하게 되므로 '폭탄주'라는 이름이 붙었다. '폭탄샷'은 고전적인 혼합주를 지칭하는 국제적 명칭이다. 맥주

49 일제강점기부터 소주 회사들은 제주도에 거점을 세웠다. '제주소주'와 '한라산'은 제주도를 대표하는 소주 브랜드로 계속 발전해 왔다.

50 이지형, 『소주 이야기』, pp. 69-80.

나 스타우트(흑맥주)를 가득 부은 큰 잔 안에 작은 유리잔에 가득 채운 증류주를 넣거나, 맥주에 위스키와 같은 독한 술을 혼합하는 것을 의미한다. 몇몇 전문가들은 한국에서 이 용어의 기원이 1980년대 군부 독재 기간 동안 검찰과 경찰 사이에서 특히 성행했던 명령 및 규율 문화로 거슬러 올라간다고 가정한다.[51] 어쨌든 폭탄주는 한국 술자리에서 보편적으로 볼 수 있는 문화가 되었다. 이 때문에 맥주 회사는 맛있는 맥주를 만드는 데 관심이 없다는 소문이 돌았다. 하지만 세계화가 진행되면서 품질 높은 수입 맥주가 들어오고, 한국인들도 맥주만 마시는 것에도 관심을 갖게 되었다. 그 결과 술맛에 대한 기대치가 높아짐에 따라 한국 맥주 회사들은 맛 좋은 맥주를 생산하기 위해 노력했고, 20세기 말에는 새로운 맥주 브랜드가 다수 등장하면서 소주와 섞지 않아도 될 만큼 맥주 맛이 좋아졌다. 그러나 이러한 변화는 폭탄주에는 영향을 끼치지 않았고, 폭탄주 문화는 계속되고 있다. 1980년대 이후로 발전해 온 이 독특한 음주 문화는 소주 소비의 특징이 되었으며, 한국 문화에 관심 있는 외국인들에게도 많은 관심을 불러일으켰다.[52]

사실, 한국의 주류 생산 기업들은 수십 년 동안 자국에서 독점했기 때문에 크게 성장할 수 있었다. 즉, 더 나은 품질과 저렴한 가격으로 새로운 브랜드의 소주를 개발하기 위해 대규모 산업 및 연구 역량

51 이지형, 『소주 이야기』, pp. 70-72.

52 소주와 맥주를 섞어 소맥을 만드는 방법에 대한 설명은 Norman Miller, "Soju: The Most Popular Booze in the World," *The Guardian*, December 2, 2013, www.theguardian.com/lifeandstyle/wordofmouth/2013/dec/02/soju-popular-booze-world-south-korea (접속일: 2018. 12. 2) 참고.

을 활용할 수 있었다.[53] 그 결과 하이트진로, 롯데 등 일부 대기업은 세계시장에 수출을 추진하면서 더 큰 규모로 성장했다. 공장식 소주 생산 기술은 일본에서 전수되었지만, 일본에서는 공장식 소주를 생산하는 회사가 한국보다 더 많고 지역적으로 더 널리 퍼져 있어도 한국만큼 큰 규모의 기업으로 발전하지 못했다. 소주를 생산하는 한국의 대기업들은 수일 만에 술맛을 부드럽게 만들 수 있는 노하우를 점진적으로 발전시켜 나갔다. 예전에는 술을 10-20년 동안 숙성하면서 불순물, 퓨젤유, 악취 등을 제거함으로써 술의 부드러운 맛을 얻을 수 있었다(최근에는 민속주를 생산하는 소규모 기업이 3개월에서 1년 정도 숙성 과정을 거친다). 오랜 숙성 과정을 거치지 않고도 부드러운 맛을 얻을 수 있는 기술은 1960년대 한국의 경제가 급성장한 이래로 한국인들이 빠르게 발전시킨 생산 기술 중 하나였다. 이 배가된 생산 능력이 소비의 증가를 이끌어 20세기 후반에 경제와 문화의 지대한 변화 과정 속에서 현대 산업식 소주의 소비가 전국적으로 급증했다. 21세기 초에 이르면 소주는 한국인이 가장 많이 마시는 술이 되었다. 사실 그 인기는 한국에만 국한되지 않고 소주는 해외로 수출되어 글로벌 브랜드로 자리매김하기 시작했다.

---

53 예를 들어 하이트진로는 소주 원가를 낮출 수 있는 거대 기업으로 성장했다. Joshua Hall, "Soju Makers Aim to Turn Fire Water into Liquid Gold," *Wall Street Journal*, October 17, 2014, www.theguardian.com/lifeandstyle/wordofmouth/2013/dec/02/soju-popular-booze-world-south-korea (접속일: 2018. 12. 2) 참고.

한류와 21세기 소주의 세계화

소주는 21세기 초부터 수출이 가파르게 증가하여, 동아시아의 주변국 및 북미와 유럽처럼 장기적이고 지속적으로 문화 간 접촉을 해온 국가들에 퍼졌고,[54] 아프리카처럼 역사적으로 한국과의 문화 교류가 그다지 많지 않았던 국가들에도 수출되기 시작했다.[55] 하이트진로뿐 아니라 다른 기업들도 해외 수출 시장의 확장을 위해 노력했다. 특히 세 가지 요인이 이러한 세계적 수출을 촉발했다. (1) 세계화 추세에 따른 한식의 점진적인 확산, 아시아 및 기타 민족 음식의 대중화, 마케팅 및 홍보 캠페인, 한인 이민자들의 한식당 설립, 한국 정부의 홍보 등에 따른 한식의 세계적 위상 강화, (2) 21세기 초 한류 붐으로 드라마, TV 프로그램, 영화, 케이팝과 같은 문화 콘텐츠를 포함한 한국 문화의 급속한 확산, (3) 대규모 생산으로 가능해진 소주의 저렴한 가격과 글로벌 시장에서의 지속적인 공급이다. 이런 맥락에서 21세기 초에 소주는 세계화의 전성기를 맞이하고 있다.

한국 음식이 전 세계 사람들에게 더욱 친숙해지기 시작한 것은 불과 수십 년 전이다. 미국을 비롯해 여러 국가들에서 한인 이민자 커뮤니티가 계속 성장함에 따라 그들이 운영하는 한식당은 그들이 속한 사회에 한식을 보급하는 데 중요한 역할을 했다. 매콤하고 짭짤한 맛의 김치는 전 세계적으로 가장 인기 있고 대표적인 한국 음식이 되었다. 또한 불고기, 비빔밥 등이 인기를 끌면서 한식의 인지도를 높

54 예로 Miller, “Soju: The Most Popular Booze in the World” 참고.

55 박미영, 「아프리카에서도 진로소주 마신다」, 『디지털타임스』 2016년 4월 18일 자.

이는 데 기여했으며, 몇몇 음식들은 영어사전에 포함되기까지 했다.[56] 최근에 더욱 인기를 얻고 있는 삼겹살 등 육류 요리는 식당과 가정에서 소주와 함께 즐기는 편인데, 이러한 장면을 종종 한국 드라마에서 볼 수 있다. 소주와 한국 고기 요리의 관계는 술과 음식의 궁합이 좋다는 점에서 일본 술과 초밥의 관계와 유사하다. 즉, 소주가 다른 나라의 한식당에서 고기 요리와 함께 등장하면서 전 세계적으로 인기를 끌기 시작했다. 뉴욕의 한 한식당 메뉴판에는 선택 가능한 와인 종류는 많지 않지만, 다양한 소주를 시음해 볼 수 있다고 적혀 있다.[57] 한국 정부와 공공 기관들도 한식 요리책을 영어, 한국어, 기타 언어로 발간하는 등 한식 광고에 힘썼다.[58]

전 세계적으로 소주의 비약적 성장은 선풍적인 현상이었던 한류 덕분이라고 할 수 있다. 2000년대 중국과 일본에서 처음으로 큰 인기를 얻은 드라마와 대중음악의 수출을 시작으로, 한류는 TV 프로그램과 영화, 드라마를 비롯해 대중음악, 심지어 게임 등 다양한 형태로 동남아, 중동, 유럽, 미국으로 퍼져 나갔다.[59] 드라마와 광고는 종종 사람들이 함께 모여 소주를 마시며 불고기 요리를 먹는 한국 사회의 사교 모임 장면을 자연스럽게 보여 준다. 드라마 속에서 소주를

---

56 예를 들어 불고기(bulgogi)는 *Merriam-Webster* 사전과 *Oxford Dictionary of English* 에서 찾아볼 수 있다.

57 예로, 『뉴욕타임스』의 2009년 12월 9일 자 기사에서 샘 시프턴(Sam Sifton)이 "마당쇠: 한국 바베큐 식당(Madangsui: Korean BBQ Restaurant)"으로 소개한 뉴욕 한식당의 메뉴를 참고하라.

58 예로, 문병훈, 『한국음식, 세계를 향한 도전』(파주: 이담북스, 2009)을 보라.

59 주영하, 『차폰·잔폰·짬뽕: 동아시아 음식문화의 역사와 현재』(파주: 사계절, 2013), p. 275.

마시는 장면은 소주의 해외 수요와 수출을 획기적으로 증가시켰고, 이러한 추세는 한류가 지속되는 한 계속될 것이다. 러시아의 보드카와 전통 술인 아르히, 아이락이 여전히 슈퍼마켓 진열대를 채우고 있는 몽골과 같은 나라에서도 그 옆에 나란히 진열된 한국의 소주를 볼 수 있는데, 이는 몽골인들이 삼겹살 같은 요리와 함께 소주를 마시면서 나타난 현상이다.[60] 소주 기업들이 한류 스타 싸이를 비롯하여 인기 배우, 걸그룹 등을 광고 포스터에 활용하면서 다양한 소주 브랜드를 전 세계에 홍보하는 것은 당연한 일이다. 한국에서 생산한 산업식 소주 한 병은 외국의 식자재 마트에서 4-5달러로 저렴하게 살 수 있지만, 미국의 고급 한식당에서는 동일한 상품이 훨씬 더 높은 가격에 팔린다.

한국 소주는 2010년대에 글로벌 시장에 진출할 때만 해도 위스키와 보드카에 비해 인지도가 낮았지만, 곧 명성을 얻었다. 일부 신문기사에서는 소주 자체가 가진 특징 덕분에 미국 시장에서의 판매량이 증가하기 시작했다는 사실을 증언한다. 예를 들어, NPR(내셔널 퍼블릭 라디오) 온라인 신문 기사에는 미국 시장에서의 소주와 보드카가 비교 보도되었다. 보드카는 증류주를 판매할 수 있는 특별 면허를 가진 주류 업자만이 판매할 수 있는 반면, 소주는 알코올 함량이 낮아서 일반 술 판매 면허를 가진 이들도 팔 수 있다. 즉, 일반 와인처럼 취급할 수 있는 것이다.[61]

---

60 2018년 7월 몽골 여행 중에 한국 술이 진열된 것을 직접 보았는데, 이후에 몽골 국립대학교 밧도르지 바쳐르갈(Batdorj Batjargal) 교수와 다쉬돈독 바야르사이칸(Dashdondog Bayarsaikhan) 교수로부터 자세한 내용을 들을 수 있었다.

61 Tom Dreisbach, "Move Over Vodka," *NPR News*, September 22, 2013 참고. 진로

사실 한국의 공장식 소주가 전부 알코올 함량이 낮은 것은 아니었다. 소주 기업들이 브랜드 소주의 알코올 비율을 결정할 때 20퍼센트까지 낮추는 것은 암묵적인 금기 사항이었다. 그러나 국내 주류 시장, 특히 소주 시장에서는 2000년 이후 알코올 함량을 낮추는 추세가 나타나고 있으며, 1970년대에 평균 30퍼센트에서 2000년대에는 20퍼센트, 2009년에는 16.5퍼센트로 낮아졌다.[62] 이러한 변화는 공장식 소주 기업들이 국내외 수요 증가를 위해 여러 사람들의 입맛을 만족시킬 수 있는 다양한 소주를 개발하려 노력한 결과다. 알코올 함량을 낮춤으로써 특히 여성과 젊은이들에게 어필하고자 했다.[63] 오늘날 거의 모든 공장식 소주 브랜드의 알코올 함량은 약 17퍼센트로, 한라산 소주(21퍼센트)만이 예외다. 오늘날 일반적인 한국 소주의 낮은 알코올 함량은 결과적으로 미국과 같은 국가에서의 판매를 촉진한 것으로 보인다. 이는 기존의 전통 소주가 아닌 공장식 소주를 양산해 글로벌 시장에서 성공을 거둔 좋은 사례다. 한국의 소주는 더 이상 중국의 샤오죠우 또는 일본의 쇼츄와 혼동되지 않고, 소주라는 이름으로 세계의 독특한 주류 브랜드 중 하나가 되었다.

세계화 추세는 소주를 비롯한 한식이 글로벌 시장에 진출하는 길을 열었다. 또한 외국 주류도 국내에 수입되어 한국인들의 관심을 끌기 시작했다. 위스키와 같은 서양 증류주는 여전히 고급 식당에서만

소주의 경우처럼 도수를 낮게 해서 공장식으로 생산한 소주는 주류 판매점에서 보드카보다 경쟁력이 있다. 미국에서 한국의 공장식 소주는 와인과 같은 범주에 속한다.

62 조성기·류기목, 『소주의 도수 정체성 확립 방안 연구』(서울: 한국주류연구원, 2010), p. 9.

63 일부 소주는 도수가 16퍼센트까지 낮아졌다.

판매되는 반면에 저렴하고 맛있는 수입 맥주가 전국적으로 널리 소비되기 시작했다. 이에 소주를 제조하는 업체들도 자체적으로 맥주를 개발하기 시작했고, 그중 일부는 맥주 브랜드로 유명해졌다. 예를 들어, 유명한 진로소주를 만든 진로는 '하이트'라는 자체 맥주 브랜드를 출시한 데 이어 회사명을 '하이트진로'로 변경했다.

그러나 전통주의 깊은 맛을 기억하는 한국인들은 공장에서 대량생산하는 소주와 맥주의 맛에 만족하지 않고, 얕은 맛을 달래기 위해 종종 두 가지 음료를 섞어 폭탄주를 만들어 마셨다. 그런 상황에서 맥주, 와인, 보드카 등 다양한 주류가 한국에 수입되면서 다양한 술의 종류와 음주 방식이 사교 문화에 새로운 영향을 미치기 시작했다. 예를 들어, 전통적으로 사람들은 고기를 구워 먹을 때마다 소주나 폭탄주를 마셨지만, 젊은 사람들은 서양 레스토랑에서 수입 와인과 맥주를 마시고 클럽에서 보드카를 즐긴다. 이들은 다른 나라 사람들과 마찬가지로 건강에 좋지 않은 과음과 교통사고를 촉발하는 음주 운전에 대해 걱정하고 있다.[64] 이러한 음주 문화의 변화는 더 다양한 종류의 소주를 포함하여 새로운 종류의 술을 생산하는 계기가 되었다.[65]

해외 수출을 겨냥하여 참신한 종류의 공장식 소주를 개발하기 위

64 서구 사회에서 음주는 사람들에게 사교 모임을 위한 좋은 방편이다. 긴 대화를 나누며 천천히 술을 마시는 이러한 음주 문화는 술을 많이 마셔서 스트레스를 풀고 일상의 힘든 일을 잊고자 하는 한국의 음주 문화와 대조를 이룬다. 서구의 음주 문화는 한국의 과음 문화를 변화시키는 계기를 제공했다. 전문가들은 소주가 다른 유명한 증류주들과 경쟁하기 위해서는 이 새로운 음주 문화를 받아들여야 한다고 주장한다. 이지형, 『소주 이야기』, p. 78.

65 알코올 중독은 한국에서 심각한 사회 문제가 되었다. 주영하, 『음식전쟁 문화전쟁』, p. 141.

한 새로운 아이디어가 일본에서 들어오기도 했다. 예를 들어, 많은 주류 회사가 일본에서 처음 인기를 얻은 칵테일 소주와 츄하이(레몬으로 맛을 낸 쇼츄)를 판매하고자 했다. 일본에서는 사케가 여전히 대세이지만, 쇼츄도 1980년대에 떠오르기 시작했다. 현대적으로 생산된 쇼츄나 전통적으로 증류된 쇼츄는 모두 이러한 인기에 힘입어 성장했다.[66] 20세기 후반까지 한국의 소주 기업들도 그러한 영향을 받아 과일 소주를 생산했다. 주류 전문점과 바에서는 이와 같은 트렌드에 대응하여 자몽, 레몬 등 감귤류를 섞은 새로운 유형의 소주를 판매했다. 칵테일 소주는 여성을 포함해 순한 맛을 선호하는 사람들에게 즉시 인기를 얻었다. 소주 업체들도 바로 마실 수 있는 새로운 종류의 과일 칵테일 소주를 출시했다.[67]

현대 일본과 한국의 다양한 증류주의 발전 상황을 살펴볼 때, 이 책의 4장에서 보았듯이 조선 시대의 한국인들은 이미 약초와 같은 다양한 종류의 재료와 향료를 사용했으며, 일차 증류 및 다차 증류를 포함한 다양한 증류 방법을 활용하여 각종 소주를 개발했다는 사실을 기억할 필요가 있다. 전통적인 방식으로 증류된 소주는 14세기에 한반도에서 부상한 이래 풍부한 역사를 보유했음에도 불구하고 충분한 관심을 받지 못했는데, 이는 20세기 이후 근대 산업 형태가 빠르게 확산되면서 수십 년 동안 전통이 단절되었기 때문이다. 일본 제조업자들은 현대 공장식 쇼츄를 전통 쇼츄와 성공적으로 연결했는데,

66 일본인들은 공장식 쇼츄를 '갑류쇼츄(甲類焼酎)'로 지칭해서, '을류쇼츄(乙類焼酎)'라 부르는 전통적으로 증류된 쇼츄와 구분한다. 주영하, 『음식전쟁 문화전쟁』, p. 155.

67 조한별, 「달콤한 과일 소주」, 『온라인 중앙일보』(2015. 9. 20), https://news.joins.com/article/18702462 (접속일: 2018. 12. 9) 참고.

한국 제조업자들도 오랜 전통을 활용하여 현대 공장식 소주를 전통 소주와 연결할 수 있는 잠재력은 충분하다.

지금까지 살펴본 바와 같이, 현대 증류 기술은 아프로·유라시아에서 발전한 전통적인 형태에서 유래되었다. 깊고 넓게 보면, 한국의 현대 공장식 소주에서 전통 증류 기술의 유산을 찾아볼 수 있다. 21세기 희석식 소주가 계속 인기를 누리는 한편, 전통 소주 제조업자들이 부활시키려고 노력한 전통 소주도 지금까지 나름의 성공을 거두고 있다. 그러나 이들의 노력에 많은 난관도 따르고 있는데, 전통 소주에 대한 관심이 되살아나면서 상생과 경쟁 관계에 있는 전통 소주와 현대 산업식 소주가 갈등하는 경향이 생겼기 때문이다.

전통과 현대 사이의 이러한 딜레마는 다른 많은 문화 항목에서도 찾아볼 수 있다. 어떤 것을 전통으로 보아야 하고 어떤 것을 현대적 요소의 영향을 받아 변형된 산물로 보아야 하는지 구분하는 것은 어려울 수 있다. 즉, 바꿔 말하면, 전통적인 것은 무엇인가에 대한 논쟁이 생길 수 있다. 소주란 무엇인가? 어떤 소주가 전통 소주고 어떤 것이 현대식 소주인가? 이 분야의 전문가들은 소주의 정체성을 두고 논쟁을 시작했다.[68]

조성기와 류기목은 2010년에 출간한 저서에서 소주의 정체성을 확립하는 방안을 연구하면서, 현재 한국을 대표하는 주류의 이해에 대한 혼란을 해소하기 위해 알코올 비율을 기준으로 소주의 정체성을 정의할 필요가 있다고 결론 내렸다.[69] 조성기와 류기목은 1900년대

68 조성기·류기목, 『소주의 도수 정체성 확립 방안 연구』, p. ix.
69 조성기·류기목, 『소주의 도수 정체성 확립 방안 연구』, p. 2.

초부터 와인, 위스키, 보드카 등 국제적인 명성을 지닌 주류의 생산자들이 알코올 도수를 엄격하게 제한하여 제품의 본질적 특성을 유지하도록 노력해 왔다고 지적한다. 지금까지 소주는 이를 위한 특별한 노력을 기울이지 않았기 때문에 정체성에 대한 혼란이 야기되었다는 것이다. 저자들은 소주의 도수를 16-37퍼센트 범위로 정의하면, 도수 1-15퍼센트의 맥주·와인·사케와, 도수 37-50퍼센트의 럼주, 진 등 기타 주류와 비교할 때 독특하고 경쟁력 있는 주류가 될 것이라고 결론을 내리면서도, 이러한 구분으로 인해 소주의 다양한 품종에 대한 이해를 제한할 수 있다는 점도 우려하고 있다.[70] 또한 위스키나 보드카와 같은 다른 증류주의 경우 사람들이 취향과 기호에 따라 토닉워터 또는 기타 음료를 추가하여 알코올 도수를 조절할 수 있는 반면, 알코올 도수가 낮은 소주는 다른 음료와 혼합하지 않아도 바로 마실 수 있다는 점을 지적한다.[71] 즉, 음료로서의 소주가 그 자체로 독특할 수 있다는 것이다. 조성기와 류기목의 주장은 현대 공장식 소주에 초점을 맞출 때 의미가 있으며, 알코올 함량이 40퍼센트를 초과하는 경우가 많은 전통적으로 증류된 소주에는 적용되지 않는다(예로서 안동소주는 알코올 도수가 45퍼센트다). 또한 2013년 국세청에서 내린 정의, 즉 정부가 소주를 현대 소주와 전통 소주를 모두 포함하는 단일 카테고리로 정의한 것과도 상충된다.[72]

70 조성기·류기목, 『소주의 도수 정체성 확립 방안 연구』, p. viii.

71 조성기·류기목, 『소주의 도수 정체성 확립 방안 연구』, p. 7.

72 2013년 4월 5일에 개정된 주세법에 정의된 한국의 주류 분류표를 참고하라. http: www.law.go.kr/%EB%B2%95%EB%A0%B9/%EC%A3%BC%EC%84%B8%EB%B2%95 (접속일: 2018. 9. 2).

소주를 정의하려는 이론적 노력에 반하여, 기업들은 알코올 도수와 감미료를 다양하게 바꿔 나가면서 새로운 상품의 생산을 계속 시도해 왔다. 주류 업체들도 공장식 소주에 전통 증류 소주를 1퍼센트 정도의 낮은 비율로 섞어 넣는 실험을 하며 현대와 전통의 경계를 허물고 있다. 맥키스컴퍼니로 사명을 바꾼 선양주조는 전통 증류주의 혼합 비중을 5퍼센트까지 끌어올린 새로운 소주 상품을 출시하는 데 성공했다. 게다가, 지역 소주 업체들은 생산 공정에 새로운 기술을 도입하는 등 고유한 소주 브랜드로 차별화하기 위해 노력하고 있다. 1989년에 국가가 일도일소주 정책을 폐지한 이래 지역 소주 기업들은 자신들의 특산 소주가 전국 대회에서 좋은 성적을 거둘 수 있도록 브랜드에 독특한 풍미를 더하고자 원적외선, 음파 및 산소 주입 등 신기술을 개발하고 특허를 획득하기 위해 많은 노력을 기울였다. 예를 들어, 대전의 소주 생산업체인 맥키스컴퍼니는 최종 제품의 풍미를 부드럽게 하기 위해 물과 에탄올의 혼합물에 산소를 분사하여 알코올을 균질화하는 기술을 개발했다. 맥키스컴퍼니는 이 연구 결과를 임상 테스트를 거쳐 학술지 *Alcoholism*에 발표하기도 했다.[73] 그러나 이 회사의 김충현 기술연구센터 소장은 산소를 분사해서 술 분자를 변화시켜 술 맛을 개선할 수 있다는 사실은 과학적으로 증명하기 어렵다고 지적한다. 따라서 그는 이를 통해 소주의 맛에 감성적으로 접근할 필요를 인지하게 되었다고 밝힌다. 맛을 향상시키기 위해

73 In-hwan Baek, Byung-yo Lee, and Kwang-il Kwon, "Influence of Oxygen on Pharmacokinetics of Alcohol," *Alcoholism: Clinical & Experimental Research* 34, no. 5 (2010), pp. 834-839.

[그림 5.5] 브랜든 힐이 미국에서 만든 새로운 소주 브랜드 토끼소주(왼쪽)와 미국 뉴욕 브루클린에 있는 공장에서 사용한 현대식 기계(오른쪽)(사진 제공: 브랜든 힐)

기술과 기법을 개선하려는 노력은 전통적으로 소주를 증류하는 소규모 기업에서도 분명히 보인다. 예를 들어 제주 고소리술 회사는 기존 브랜드인 고소리술에 인삼 등 약재를 첨가한 새로운 소주 상품을 생산했다. 또한 소주 생산에 새로운 기술을 적용하기 위해 유럽에서 위스키를 만드는 데 일반적으로 사용되는 오크통을 도입하여 실험했다. 고려 말기 한반도에 들어온 이래 오랜 역사에 걸쳐 다양한 방식으로 소주를 만들어 온 점을 감안할 때, 정체성 문제에 대해 광범위하고 유연한 접근 방식을 유지하는 것이 합리적으로 보인다.

이렇게 유동적인 상황 속에서 외부로부터 소주의 정체성에 대한 새로운 도전이 제기되었다. 미국의 브랜든 힐Brandon Hill이라는 전문 양조업 겸 증류업자가 토끼소주Tokki soju라는 새로운 소주 브랜드를 만든 것이다(그림 5.5 참조).

미국을 비롯한 전 세계에서 인기를 끌고 있는 한국 소주에 관심을 가지고 한국을 방문한 힐은 한국의 소주에 대해 직접 배우면서 전통식 증류 소주에 심취하게 되었다. 그 후 힐은 브루클린으로 돌아가 위스키에 사용되는 것과 유사한 현대식 증류기를 사용하여, 조선 시대 때 사용된 것과 동일하게 쌀과 누룩을 이용한 증류법에 따라 소주를 제조하는 회사를 설립했다. 그런 다음 새로운 브랜드의 이름을 한국어 단어 '토끼'에서 가져와 '토끼소주'로 정했다. 힐의 소주는 미국 시장에서 인기를 얻었으며, 미국 전역에 있는 한식당의 메뉴에도 진출했다. 토끼소주는 그 명성 덕분에 한국으로 밀수되어 불법적으로 팔리기까지 했다.[74] 토끼소주의 인기가 높아짐에 따라 조슈아 솅컨Joshua Schenkkan이라는 미국 작가는 신문에 "미국인이 미국 브루클린에서 위스키 제조용으로 쓰이는 것과 비슷한 현대화된 증류 기계를 사용하여 만든 소주를 전통 소주라 부를 수 있는가?"라는 질문으로 시작되는 글을 기고하여 전통 소주에 대한 논란을 촉발시켰다. 솅컨은 기사 작성을 위해 여러 사람들을 인터뷰했으며, 일부는 미국인이 위와 같은 방식으로 만든 소주를 전통 소주라고 부를 수 있다는 데 동의하고 다른 일부는 동의하지 않는다는 사실을 발견했다.[75] 삼해주三亥酒를 만드는 한 명인은 토끼소주가 한국에서 한국 전통 방식으로 만들어지지 않았기 때문에 전통 한국 소주로 볼 수 없다고 주장했고, 한 국회의원은 그렇게 생산된 소주도 확실히 전통 소주의 범주

---

74 미국에서 토끼소주의 성공은 West 32 Soju(www.west32soju.com)와 같은 다른 미국 소주 브랜드의 부상으로 이어졌다.

75 Joshua Schenkkan, "What Is 'Traditional' Soju? A Spirited Debate," *Serious Eats*, October 3, 2017, www.seriouseats.com/2017/10/what-is-traditional-soju-korea-tokki-brandon-hill.html (접속일: 2018. 10. 2).

에 들어간다고 주장했다.[76] 솅컨은 여러 한식당 주인과 소주 관련 사업가들에게 소주의 정의와 기원에 대해 설명해 달라고 요청했지만, 그 누구에게서도 자세한 대답을 들을 수 없었다.

지금까지 소주의 역사에 관해 얻은 이해를 바탕으로, 여기서 잠시 멈춰서 정통성 논쟁을 재검토해 볼 필요가 있다. 1장에서 보았듯이, 동아시아에서는 소주(중국어로 '샤오죠우', 일본어로 '쇼츄')로 불리고 아프로·유라시아에서는 전반적으로 '아락'이란 명칭으로 불리는 증류주는 고대부터 세계사적 규모로 발전해 왔다. 다시 말하면, 여러 사회 간의 끊임없는 교류의 발전은 상품과 기술의 발전을 이끌고, 아프로·유라시아 세계, 특히 14세기에는 한반도까지 아우르는 교류 네트워크를 통해 증류주라는 하나의 술 문화를 발전시켰는데, 그 결과로 증류주가 소주와 아락 같은 다양한 형태로 개발된 것이다. 증류주는 몽골의 지배와 중국과의 긴밀한 관계를 배경으로 고려 말에 도입된 이래 조선 시대에 한국 술 문화의 일부가 되었다. 우리는 고려 말에 사람들이 실제로 어떻게 소주를 만들었는지에 대해서는 정확히 알지 못한다. 그러나 조선 시대의 기록에 근거해, 한반도에 머물던 몽골인들이 널리 보급된 휴대용 증류기를 사용했다고 추측해 볼 수 있다. 고려와 몽골의 왕조가 역사에서 사라지고 조선 왕조 500년의 역사가 시작된 이후, 한반도 현지인들은 전수받은 증류 기술을 계속 발전시켰다. 소주 제조자들은 원래 다른 음식을 만들 때 사용한 금속 재질의 솥과, 18-19세기에 제작된 도기 증류기를 포함하여 다양한 재료

76 Schenkkan, "What Is 'Traditional' Soju? A Spirited Debate."

로 만든 여러 종류의 증류기를 사용해 왔다.

이러한 단계적 발전의 패턴을 고려할 때, 새로운 증류기를 현대화와 세계화의 새로운 단계에서 개발된 것으로 간주하는 것도 당연해 보이는데, 이러한 변화는 오늘날 한국에서 개발된 많은 소주 브랜드들의 정체성과 정통성에 대해서 의문을 제기할 수 있다. 한국의 민속주로서 근대에 복원된 많은 증류주 제품은 현대화된 기계를 사용하여 만들어지며, 조선 시대의 소줏고리로 생산되는 것은 많지 않다. 전통적인 떡에도 유사한 논리를 적용해 볼 수 있다. 대부분의 전통 한국 떡은 노동력과 기타 비용을 절감하기 위해 전통식 맷돌 대신 현대적인 기계로 만들어지는데, 그렇기 때문에 이를 두고 전통적인 떡이 아니라고 말하는 사람은 거의 없다. 토끼소주 논쟁에 관해서도 한국인이 전통 소줏고리를 사용하여 만든 것이 아니기 때문에 전통주가 아니라고 말하는 것은 합리적이지 않다. 그러나 삼해주의 국가적 무형문화재와 같은 권위자는 토끼소주를 전통 소주로 볼 수 없다고 한다. 이를 어떻게 해석할 수 있을까? 이에 대응하기 위해 조선 초기에는 삼해주도 발효주였다는 점을 기억해 볼 필요가 있다. 소주가 보급되면서 소주를 만드는 이들은 삼해주를 증류의 술밑으로 사용했다. 이는 삼해주의 발전에 영향을 미쳐 삼해주도 점차 증류주로 유명해지게 되었다. 요컨대, 정통이라고 할 수 있는 음식은 거의 없다. 유럽식 와인과 맥주가 더 이상 유럽에서만 만들어지는 것이 아니듯, 소주는 더 이상 한국에서만 만들어지지 않는다. 실제로 와인과 맥주는 여러 국가에서 제조되면서도 여전히 정체성을 유지한다. 이 소주가 전통 소주인지를 둘러싼 논란은 계속되겠지만, 이에 균형적으로 접근할 필요가 있다.

소주의 발전 과정에서 보이는 유연성은 증류 기술뿐 아니라 단식 증류법, 다차 증류법, 맛에 변화를 주기 위해 약초 등 다양한 원료 사용을 포함해 조선 시대에 개발된 다양한 증류 방식으로 증류주를 만든 사실로부터도 알 수 있다. 이러한 유연한 전통은 소주가 아락과 샤오죠우와 공유한 광범위한 아프로·유라시아 세계에서의 증류주 발전 체계로 거슬러 올라간다. 이러한 글로벌 증류 기술의 발전이 지속적으로 이어지면서 한국의 증류 방법과 원료도 변화를 거듭해 왔다. 진짜 소주가 무엇인지 적절하게 정의하기에는 이미 너무 다양한 방법이 존재하는 것이다. 위스키와 같은 서양 증류주 제조업자들은 증류 기술을 혁신하면서 새로 개발된 첨단 기술을 채택했고, 이러한 변화는 세계적으로 잘 알려진 위스키의 표준을 만들어 냈다. 일본에서 류큐 정부가 아와모리 쇼츄를 후원하여 표준화 및 상용화한 반면, 조선 정부는 술의 해로운 영향과 식량 부족의 문제를 강조하며 술을 금지하는 데에 집중한 결과 술 제조업을 체계적으로 발전시키려는 노력이 이루어질 수 없었다. 이런 상황에서 일본을 통해 한국에 산업식 소주가 도입되자 곧바로 인기를 얻었고, 전통적인 증류법으로 만든 소주는 훨씬 뒤처지게 되었다. 흥미롭게도 오늘날 글로벌 브랜드이자 한국의 국민주가 된 소주는 전통적인 형태의 소주가 아닌 현대적 형태의 공장 생산 소주다.

소주의 정체성에 영향을 미친 급격한 변화는 많은 도전적인 상황을 야기했다. 증류주의 깊은 맛을 좋아하는 미식가들은 값싼 공장식 소주에 만족하지 않는다. 몇몇 한국 증류주 제조업체는 전통 소주를 되살리기 위해 노력하고 있다. 그 시장 규모는 상당히 작은 편이지만, 지난 2-3년 동안 100퍼센트라는 놀라운 성장률을 기록했다.[77] 최근

아시아를 대표하는 전통술은 마오타이주와 아와모리 쇼츄 같은 중국과 일본의 유명한 주류다. 소주는 그와 비슷하게 깊은 역사를 공유하고 있기 때문에, 비슷한 방식으로 그 위상을 발전시킬 잠재력이 있고, 아마도 그렇게 될 것이다. 21세기 한식의 세계화를 위한 노력과 함께 정부와 기업들은 전통주를 수출하고 이를 세계 시장에서 더욱 발전시키기 위한 노력을 기울이고 있다. 이것은 더 이상 군사 독재하에 동원된 것과 같은 국가적 캠페인의 형태로 일어나지 않는다. 그럼에도 불구하고 많은 주류 연구소와 문화센터는 동일한 책무를 느끼며 엄선된 브랜드를 적극적으로 홍보하고 있다. 안동소주, 문배주, 진도홍주, 제주 고소리술 등 한국의 유명 민속주 브랜드를 비롯해 많은 브랜드가 세계 무대에서 경쟁하고 있다. 또한 '화요'와 같은 전통 증류식 소주 브랜드 중 일부는 기업의 투자에 힘입어 높은 품질과 글로벌 마케팅으로 성과를 거두고 있다. 빵을 선호하는 식습관으로 변화함에 따라 쌀이 남아도는 최근 상황은 곡물에 의존하는 전통 증류식 소주 제조업자들에게 유리하다.

그럼에도 불구하고 전통주 되살리기의 가장 큰 문제는, 수십 년 동안 전통 증류주를 마시는 음주 문화가 쇠퇴하여 수요를 자극할 만한 전통 증류주 소비와 관련된 대중문화가 없다는 사실에 있다고 전문가들은 말한다. 위스키나 보드카 같은 외국 증류주가 한국을 비롯한 전 세계 곳곳에서 인기를 얻게 되면서 사람들의 입맛과 음주 문화도 바뀌어 왔다. 한국의 증류주도 조선 시대의 음주 문화와 다른 새로운

---

77 2018년 8월 8일에 한 김충현과의 개인적 대화를 바탕으로 한다.

문화를 창출하는 기회를 얻을 수 있다. 일부 전문가들은 혼합하는 방법을 통해 한국의 증류주를 칵테일 문화에 접목시킬 수 있다고 주장한다.[78] 즉, 소주에 과일 또는 다른 유형의 주스를 섞으면 일본의 츄하이와 비슷하지만 한국적인 특성을 살릴 수 있다. 이것은 조성기와 류기목이 제안한 것처럼, 다른 것과 섞는 과정 없이 병째로 바로 마실 수 있는 RTDready-to-drink(바로 마실 수 있게 포장된) 음료를 선호하는 소비자에게 어필할 수 있다.[79] 변화하는 소비자 선호도에 대응하여 제품의 경쟁력을 높이면서 신제품을 개발하는 것은, 한국 소주가 글로벌 시장의 변화하는 트렌드에 어필하는 중요한 전략으로 삼을 수 있다. 이러한 새로운 마케팅 활동 중 일부는 과거 전통 소주에 대한 관심을 다시 불러일으키는 데 효과적일 수도 있다.

냉장고와 같은 새로운 기술은 식생활에 근본적인 변화를 야기했지만, 보존성과 같이 전근대적 시기에 중요했던 증류주의 특징이 현재까지도 전통적인 방식으로 식품을 만들 필요성을 감소시키지 않는다는 사실은 흥미롭다. 예를 들어, 맥키스컴퍼니는 공장에서 전통적 방식으로 알코올 도수 50도로 증류한 소주를 생산한다. 개인이 마시기 위한 것이 아니라 식품 회사에서 고추장과 같은 특정 식품에 방부제로 첨가하기 위한 용도다.[80] 오늘날에도 일부 동아시아 의약에는 효

---

78 Schenkkan, "What Is 'Traditional' Soju? A Spirited Debate."

79 조성기·류기목, 『소주의 도수 정체성 확립 방안 연구』, p. 7. RTD는 바로 마실 수 있도록 준비된 형태로 포장되어 판매되는 즉석 음료다. 다른 종류의 RTD 칵테일에 대해서는 "Ready-To-Drink (RTD) Cocktails Fact Sheet," *Cocktail Times*, www.cocktailtimes.com/indepth/rtd/rtd.shtml (접속일: 2018. 12. 1)을 참고하라.

80 김충현과의 개인적 대화를 바탕으로 한다.

능을 높이기 위해 소주를 첨가하는데, 이는 소주가 의약품으로서 지속적으로 기능한다는 사실을 증명한다.[81]

결론

20세기부터 21세기 초까지는 소주 발전사에서 가장 역동적이고 변혁적인 전환을 보여 준 시기다. 소주는 급속한 지구화 등 유례없는 세계사적 발전 과정의 중요한 영향을 받아들여 발전해 나갔을 뿐만 아니라, 한국 영화와 음악, 본서에서 소개한 술의 사례 등에서 드러나는 국제적인 매력 덕분에 세계 속에서 그 문화적 영향력을 행사해 왔다. 근본적으로 다른 방법과 기술로 만드는 근대 공장식 소주와 일본 제국주의 정부가 부과한 주세령과 같은 새로운 요인들은 고려 후기부터 조선 시대에 걸쳐 발전해 온 전통식 증류 소주에 치명적인 타격을 입혔다. 1945년 광복 이후에 시행된 정부 정책들은 일제강점기에 만들어진 주류법을 영속화하여 당시 절실히 필요했던 세수를 충당하고, 급격한 경제 발전을 추진하기 위한 광범위한 정책의 일환으로 공장식 소주를 장려하는 데에 초점이 맞춰졌다. 따라서 전통식 증류 소주 제조업자들이 업계에서 살아남기 어렵게 되었고, 전통 증류 방식으로 생산된 소주의 부활에 대한 관심은 요원해졌다. 이로 인해 전통 소주는 그 후 수십 년 동안 소외되었다. 그 결과 현대 산업 기술을 활

81 예를 들어, 다음 논문 속의 약용주 목록을 참고하라. 오영주, 「동아시아 속의 제주 발효음식문화」, 『제주도연구』 32(2009), pp. 169-170.

용해 대량생산한 소주는 국내에서 주류主流가 되어 오늘날까지 그 명성을 이어 오고 있다. 한편 전통 방식으로 증류된 소주는 생존을 위해 끊임없이 노력해 왔고 결국 다시 일어서게 되었다. 현재 상황에서 소주를 두 범주로 나누는 것은 무리가 아니다. 즉, 오늘날에 부활한 단식 증류법으로 만든 전통 소주와, 연속 증류법으로 순수한 에틸 알코올 주정을 생산해 물과 섞어 만든 근대 공장식 소주가 그것이다. 그런데 가장 높은 기술 수준의 연속식 증류기를 사용하여 생산한 공장식 소주를 현대적인 현상으로 볼 수도 있지만, 이는 고대로 거슬러 올라가는 세계적인 증류 기술의 발전 패턴에도 뿌리를 두고 있다는 사실을 기억할 필요가 있다. 즉, 장기적인 역사적 관점에서 봤을 때, 공장식 소주를 만드는 기술은 최근 소주가 전반적으로 다양화되는 추세에서 필수적이라는 사실이 입증되었다. 그러나 한국의 대규모 소주 공장에서 감자로부터 뽑아 낸 에탄올 주정, 물, 엄선된 향료를 혼합하여 대량생산한 값싼 공장식 소주는 한국인들의 입맛을 단순화하는 결과를 가져왔다. 어쨌든 소주 생산의 현대적인 트렌드는 전통식으로 증류된 소주와 비교할 때 맛 등의 기본적인 특징이 근본적으로 다른 최종 제품을 만들어 냈다.

20세기 말에 한국 정부는 세계적인 흐름에 맞춰 현대적 공장식 소주의 생산을 촉진하는 것에서 민속주를 장려해 전통주를 부활하는 쪽으로 정책을 전환했다. 민속주의 부흥을 위한 정부의 노력은 세계화되는 국제 사회에 어필하기 위한 일환으로, 한국과 한국 문화 밖에 있는 잠재적인 소비자를 공략하는 것을 목표로 삼았다. 관련 정부 부처 및 학술 기관이 소규모의 전통 양조장과 협력하면서 지속 가능한 한국 소주 시장의 표준을 규정하고 홍보하기 위한 새로운 아이디어를 제시해 왔다. 하지만 최근에 사람들의 선호도가 바뀌면서 입맛도 달라지고 새로운 종류의 술을 받아들이는 방향으로 변화가 일어나고 있다. 소주 폭탄주, 소주 칵테일, 낮은 도수의 소주, 민속주 브랜드가 역사적 흐름과 더불어 자연스럽게 등장하고 있다. 따라서 일정 기간 동안의 변화를 추적해 볼 때, 외부로부터 온 문화적 상품들과 아이디어를 지역 환경에 적응시키고 지속적으로 융합하는 능력 덕분에 소주의 진화는 계속되고 있다. 연속식 증류기의 변화를 비롯한 기술 혁신은 여전히 중요할 수밖에 없는데, 전통식 증류 소주 제조업체도 이제는 현대화된 기술과 기계를 사용하여 소주 상품을 추가적으로 개발하고 다양화를 이끌고 있다. 물론 이러한 변화는 소주의 역사에서 새로운 것이 아니다. 실제로 이러한 변화들은 한국사와 세계사 모두에서 전근대로 거슬러 올라가는 장기적인 역사적 발전 패턴의 일부였다.

최근 한국에서 소주를 '한국의 국민주'라고 부르면서 중요한 변화가 일어났다. 해외 한식당에서 소주가 팔리고, 해외에서 인기 있는 한국 TV 프로그램이나 영화, 드라마에서 소주를 마시는 장면이 눈에 띄게 증가하고, 싸이와 같은 한류 스타들이 소주 광고를 하면서 소주의 인지도가 높아졌다. 이처럼 소주는 국내뿐 아니라 세계적으로 가장 대표적인 한국 술로 인정받기에 이르렀다. 물론 소주만이 한국 역사에서 중요한 역할을 한 술은 아니다. 탁주인 막걸리는 최근에 대중적으로 재유행하기 시작했으며, 다른 국가로 수출되고 있다. 그럼에도 불구하고 소주는 과거와 현재, 한국과 더 넓은 세계를 잇는 풍부한 문화 교류의 역사를 가장 잘 보여 주며, 남북한 모두에서 가장 인기 있는 술이라는 특징을 가지고 있다. 소주가 해외에서 너무 많은 관심을 받은 덕에 공장식 소주에 비해 상대적으로 덜 알려진 전통식 소주도 미국 브랜드를 창출해 냈다. 물론 소주의 문화는 계속 변한다. 소주에 대한 관심이 높아짐에 따라 한국 사회는 다른 나라에서 수입해 오는 상품들을 포함하여 다른 종류의 주류에도 관심을 가지며 반응했다. 새로운 종류의 술이 인기를 끌면서 한국 사회에 새로운 음주 문화가 등장하고 소주의 생산 환경과 음주 문화에 영향을 미칠 수 있는 술의 기능에 대한 새로운 정보도 들어왔다. 요컨대 21세기 소주의 역동적인 발전은 세계화가 문화 요소에 영향을 미치는 과정을 지속적으로 보여 준다. 이를 적절하게 분석하면, 다른 문화적 품목을 이해하는 기본틀을 제공할 수 있다. 소주의 이야기는 아직 끝나지 않았고, 앞으로도 다른 종류의 증류주와 함께 계속 발전해 나갈 것이다.

세계사에서의 의의에 관해서도 소주 발전은 비슷한 발전 패턴을 경험한 세계적인 다른 증류주들과의 비교를 필요로 한다. 이를 위해 이어지는 마지막 장에서는 소주의 역사에 필적할 수 있는 증류 기술 전파의 두 사례를 살펴본다. 소주의 특징에 독특한 점도 있지만, 그 발전 과정의 기초가 되는 패턴은 기타 증류주뿐만 아니라 전 지구적인 발전을 이끈 유사한 영향력에 직면한 많은 문화 요소에도 공통적으로 작용하는 조건을 반영한다.

제6장

술의 세계화

아프로·유라시아와 세계 여러 지역에서 발전한 증류 기술

- 일본과 멕시코의 사례

SOJU

몽골 시대에 소주, 아락 등의 증류주가 중국과 아프로·유라시아의 광범한 지역에서 한반도까지 널리 퍼진 것처럼, 비슷한 종류의 증류주들도 세계의 다른 지역들로 전파되어 그곳의 주류 문화에 영향을 미쳤을 수 있다. 13세기 중국과 몽골제국을 거쳐 한반도에 증류 기술이 도입된 상황부터 역으로 7세기 후 한국에서 세계로 소주가 전파된 상황까지, 사건들 사이의 분명한 연결이 문서로 잘 기록된 사례는 찾기 어렵다. 그러나 몽골 시대 이후에 쓰인 여러 사료들은 증류주가 중앙아시아, 동남아시아 및 중동을 포함한 아프로·유라시아의 여러 지역에서 계속 발전해 왔음을 시사한다. 예를 들어, '아락'이라는 명칭은 1368년 몽골이 멸망한 직후 수립된 티무르 제국과 17세기 터키에서 기록된 사료들에도 등장하는데, 이들의 기원을 파악하기 위해서는 더 많은 연구가 필요하다.[1] 오늘날 중앙아시아 및 동남아시아에서 지중해까지 걸쳐 있는 문화권에 보급된 아락은 튀르키예와 그리

1 Sharaf al-Dīn ʿAlī Yazdī (d. 1454), *Zafarnama* (Book of Victory) (1424-1428) vol. 2 [Tihrān: Kitābkhānah, Mūzih va Markaz-i Asnād-i Majlis-i Shūrā-yi Islāmī, 1387(2008)], p. 1266.

스의 라키raki, 남아시아 및 동남아시아의 아락arrack과 함께 보편적인 증류주로서의 위치를 확보하고 있다.[2] 발효된 마유 또는 우유를 증류하여 만든 술인 아르히도 몽골과 중앙아시아에서 계속 발전했는데, 이는 의심할 여지 없이 몽골 시대의 유산이다.[3] 더 많은 연구가 필요한 또 다른 주제는 보드카의 부상 및 보급과 240년에 걸친 몽골의 러시아 통치 간의 연관성이다.[4] 이는 모두 이 책의 범위를 벗어난 주제이지만, 세계사 속의 증류주 발전에 대한 이해를 높이는 데 크게 도

---

2 브로델이 보여 주듯이, 유럽 밖을 여행한 몇몇 유럽인들은 17세기에 아락(arak, 알제에서는 arrequi, 구자라트에서는 arac로 표기)의 존재에 주목했다. Fernand Braudel, *Civilization and Capitalism, 15th-18th Century*, vol. 1 (New York: Harper & Row, 1981), p. 247. 아락의 역사에 대한 가장 포괄적인 연구로는 Joseph El-Asmar, *The Milk of Lions: A History of Alcohol in the Middle East* (London: Gilgamesh Publishing, 2020)를 참고하라.

3 Luo Feng, "Liquor Still and Milk-Wine Distilling Technology in the Mongol-Yuan Period," *Chinese Scholars on Inner Asia*, edited by Xin Luo and Roger Covey (Bloomington: Indiana University, Sinor Research Institute for Inner Asian Studies, 2012), pp. 501-518.

4 이는 알렉산더 고로코프스키(Alexandr Gorokhovskiy)가 2019년 7월 19-23일 전주 전북대학교에서 열린 제15차 동아시아과학사 국제학술대회(ICHSEA)에서 발표한 논문에서 제안한 가설이다. 그는 13세기에 바투가 러시아를 침공한 결과로 증류주 기술이 러시아에 퍼졌다고 주장함으로써, 러시아의 증류주 기술이 서유럽에서 처음으로 전파되어 왔다는 이전의 통설을 반박한다. 이 가설을 입증하려면 폴란드 사료를 포함하여 더 다양한 사료에 대한 추가 조사를 통해 보드카 개발에 대한 몽골의 영향을 확인하고 검증하는 것이 필요하다. 유럽에서 증류주의 발전과 대중화를 보이는 최초의 기록이 15세기와 16세기에 가서나 나타난다는 점을 감안할 때 이 주장은 설득력이 있다. 또한, 곡물 대신 감자나 타피오카와 같은 저렴한 재료로 생산한 최대 95퍼센트의 고알코올 주정을 만든 다음 물과 감미료를 첨가하여 풍미를 내는 현대식 소주 제조 공정이 현대 러시아의 보드카 생산 방식과 거의 동일해짐에 따라, 한국과 러시아 증류주의 유사한 역사적 발전 패턴을 비교하는 것이 유용할 것이다. 이 내용은 알렉산더 고로코프스키와의 개인적인 대화를 기반으로 한다.

움이 될 것이므로 이에 관한 심층적 연구를 제안해 본다. 본서에서는 한국의 경우에 그치지 않고 세계적 맥락에서 증류주 전파에 대한 논의를 자극하는 두 사례, 즉 일본의 쇼츄와 멕시코의 데킬라 사례를 살펴본다.

일본은 고대부터 중국 문화의 영향을 받은 한자, 불교, 음식 등 다양한 측면을 공유하며, 독특하면서도 동아시아 문화권 내에서 강한 유사성을 갖는 문화를 발전시켰다. 일본은 중국과의 접촉뿐만 아니라 한반도 내의 국가들을 통해서도 이러한 문화를 받아들였다.[5] 조선에서 소주가 발달한 시기보다 나중에 기록된 몇몇 일본어 문헌 사료에는 한국의 소주와 중국의 샤오쥬우에 해당하는 한자의 일본어 발음인 쇼츄shōchū에 대한 이야기가 기록되어 있다. 쇼츄는 다른 증류주와 비슷하면서도 일본 특유의 독특한 증류주로 발전하여 현재까지 인기가 높다.[6] 앞서 4장에서 볼 수 있었듯이, 조선 왕조의 기록에는 조선 왕실이 쓰시마와 류큐 등 일본 영향하의 정권에 소주를 선물품으로 보냈다는 내용이 여러 차례 명시되어 있으므로, 조선이 공적 교류를 통해 일본 쇼츄 문화의 발전에 어느 정도 영향을 끼쳤음을 가정해 볼 수 있다. 동시에 많은 소주/샤오쥬우 병과 증류주 제조 기술이 사무역을 통해 한국과 중국에서 일본으로 전파되었다는 사실에도 의

5 동아시아의 역사적 관계에 관한 많은 연구가 축적되었다. 예로 Jiang Wu and Lucille Chia, eds., *Spreading Buddha's Word in East Asia: The Formation and Transformation of the Chinese Buddhist Canon* (New York: Columbia University Press, 2016) 참고.

6 Hishinuma Hayato, *Sake: The History, Stories, and Craft of Japan's Artisanal Breweries* (Singapore: Gatehouse Publishing, 2015), p. 323.

심의 여지가 없다. 일부 사료에는 일본의 쇼츄가 때때로 아라키(아락에 대한 일본어 음역)라고도 불렸음이 암시되어 있다. 따라서 동아시아 3개국인 중국, 한국, 일본은 모두 증류주를 지칭하기 위해 '샤오죠우/소주/쇼츄' 및 '아락'이라는 용어를 공유하지만, 한자인 '샤오죠우/소주/쇼츄'가 다양한 한자의 조합으로 음역 표기된 외래어인 '아락'보다 동아시아 문화 환경에서 더 주된 명칭으로 사용되었다. 일본에서 쇼츄가 등장한 사실은 몽골 시대 이후 중국과 한국에서 일본으로 증류주가 전파되고 확장되었을 가능성을 시사한다. 그런데 이 기간에 유럽인들도 해상로를 통해 아시아로 진출함으로써 세계사에서 전례 없는 규모로 글로벌 네트워크가 확장되었다. 따라서 우리는 근대 초기에 동남아시아 등 기타 지역들과 유럽에서 일본으로 직접 증류주가 전파된 또 다른 경로를 가정해 볼 수 있다.

소주와의 연관성을 관찰하고 비교해 볼 수 있는 또 다른 흥미로운 사례는 멕시코의 대표적 증류주인 메스칼과 데킬라다. 이 사례는 아시아로부터 더 넓은 세계로 증류 기술이 전파되었을 가능성도 시사하지만, 언제 어떻게 전파되었는지에 관해서는 학술적 논쟁이 이어지고 있다. 민족학자인 헨리 J. 브루만과 같은 일부 학자들은 아시아형 증류기들이 근대 초기에 스페인이 운영한 "마닐라 갤리온" 무역(1565-1815)을 통해 필리핀에서 멕시코로 처음 전파되었다고 제안한다.[7] 마닐라 갤리온은 마닐라와 멕시코 태평양 연안의 두 지역인

7 Henry J. Bruman, "The Asiatic Origin of the Huichol Still," *Geographical Review* 34, no. 3 (1944), pp. 418-427. 마닐라 갤리온에 대해서는 William L. Schurz, *The Manila Galleon* (New York: Dutton, 1959) 참고.

콜리마주와 아카풀코시를 연결했다. 좀 더 최근의 연구에서는 증류에 대한 아이디어가 멕시코로 전파된 다양한 이동 경로가 밝혀졌는데, 당시 마닐라가 인근 지역에서 노예무역의 중심 시장이었기 때문에 필리핀뿐만 아니라 아시아의 다른 지역에서 인디오스 치노Indios Chinos(아시아 출신 멕시코인)로서 멕시코로 이주한 수천 명의 아시아 이민자들에 의해 전달되었다.[8] 그러나 다른 학자들은 증류주의 기원이 콜럼버스 이전 시기로 거슬러 올라갈 가능성을 제안한다. 증류의 개념이 멕시코에서 독자적으로 발전했을 가능성을 부인할 수는 없지만, 1500년 이후에 아프로·유라시아와 아메리카 대륙 간의 연결이 확장되고 아시아에서 발전한 증류기들과 유사한 많은 전통 증류기가 멕시코에서 발견되었다는 사실은 근대 초기 유럽의 글로벌 연결 덕분에 증류 기술의 중요한 요소들이 직접 전파되었을 가능성을 뒷받침한다.

이 장의 뒷부분에서는 멕시코의 증류주 발전에 대한 기존 연구들을 재검토하고, 본서에서 발견한 사실들을 기반으로 새로운 가설을 제안한다. 중국에서 한반도로 전파된 경우와 같이, 이들 동아시아형 증류기(몽골식과 중국식 모두)는 몽골 시대 이후 동남아시아로 전해졌다가 콜럼버스의 교환을 통해 멕시코로 전파되었다. 일본으로 전파된

---

8 이에 대한 아나 발렌수엘라(Ana Valenzuela)의 통찰력 있는 제안에 감사를 표한다. Tatiana Seijas, "Indios Chinos in Eighteenth-Century Mexico," *To Be Indio in Colonial Spanish America*, edited by Mónica Díaz (Albuquerque: University of New Mexico Press, 2017), pp. 123-131; Tatiana Seijas, *Asian Slaves in Colonial Mexico: From Chinos to Indians* (New York: Cambridge University Press, 2014); Edward R. Slack, Jr., "The Chinos in New Spain: A Corrective Lens for a Distorted Image," *Journal of World History* 20, no. 1 (2009), pp. 35-44.

경우와 달리 한반도의 증류기가 멕시코 증류기에 직접적인 영향을 미쳤을 가능성은 없다. 그러나 동아시아형 증류기가 한반도의 증류 발전에 영향을 미친 것에 대한 증거가 문헌 기록으로 많이 남아 있기 때문에, 한반도의 사례는 문헌 증거가 상대적으로 부족한 멕시코와 같은 다른 지역의 증류에도 이러한 동아시아형 증류기가 유사한 영향을 미쳤을 가능성을 탐구하도록 돕는다.[9] 따라서 본장의 논의는 연결 및 비교의 관점에서 증류주의 역사를 논의하는 방책을 제공한다.

본장에서는 일본과 멕시코의 사례를 통해 아프로·유라시아의 여러 지역에서 전 세계의 다른 지역들로 연결되는 광범위한 정치적·상업적·문화적 접촉 경로를 통해 증류의 아이디어가 어떻게 계속 발전하고 전파되었는지 탐구한다. 일본과 멕시코의 사례는 이들 사회가 아프로·유라시아 대륙에 있는 다른 증류 전통의 직간접적인 영향에 다양한 정도로 열려 있었음을 보여 준다. 이러한 두 사례 연구를 통해 몽골제국의 영향으로 세계 각지에서 이루어진 증류의 역사적 발전에 대한 향후 연구 방향을 가늠해 볼 수 있다.

---

9 발렌수엘라-자파타와 그녀의 동료들은 13세기 이후 아시아와 멕시코 태평양 연안에서 발전한 증류 기술의 연관성을 탐구하기 위해 전통식 일본 쇼츄와 멕시코의 증류주에 사용된 증류기의 유형을 비교한 바 있다. Ana G. Valenzuela-Zapata, A. Regalado, and M. Mizoguchi, "Influencia asiatica en la Produceción de mezcal en la Costa de Jalisco: El caso de la raicilla," *México y la Cuenca del Pacífico* 11, no. 32 (2008), pp. 81-116 참조.

일본의 쇼츄: 한국을 포함한 아프로·유라시아 대륙에서 일본으로 전파되었을 가능성

일본의 쇼츄는 고대 한반도에서 발효제가 도입되면서 발전하기 시작하여 중세에는 한국의 청주와 유사하게 사케와 같은 방식으로 만들다가, 그 후 근대 초기에 중국과 한국 등에서 증류 기술을 수입하여 쇼츄가 개발되었다. 이 절에서는 쇼츄를 둘러싼 역사적 맥락에 주목하면서 그 발전 과정을 살펴볼 것이다.

고대에 일반인들이 어떠한 문화적 삶을 살았는지를 자세히 보여주는 기록은 거의 남아 있지 않지만, 일본이 한국과 중국 등 이웃 국가와 교류했다는 문헌 및 고고학적 증거는 이들 사회와의 문화적 접촉이 술을 포함한 일본 요리 문화에 상당한 영향을 미쳤음을 시사한다. 한국과 일본의 술 전문가들은 일본인들이 한반도인, 특히 백제인들로부터 체계적인 술 제조 기술을 처음으로 전수받아 갔다고 주장한다. 일본의 고대 기록에 따르면, 백제 출신의 수수허리須須許里가 일본으로 누룩을 가져와 이를 사용해 술을 양조하는 방법을 가르쳤다고 한다. 이 문헌에는 심지어 전설적인 일본의 15대 왕 오진이 수수허리의 술을 마신 후 취해 노래를 불렀다고 기록되어 있다. 전설에 따르면, 그 순간부터 수수허리는 일본에서 술의 신이 되었다.[10] 일본의 술 양조에 대한 백제의 영향은 백제가 일본에 끼친 다양한 문화적 영향

---

10 坂口謹一郎, 『日本の酒』(東京: 岩波書店, 2007), p. 115. 이것은 술을 지칭하는 한자인 酒가 포함된 최초의 일본 기록이다. 日本醸造協會, 『本格焼酎製造技術(증류식 소주 제조 기술)』, 배상면 편역(서울: 배상면주류연구소, 2001), p. 18.

중 하나일 수 있는데, 이는 오늘날 일본에 남아 있는 많은 백제의 문화적 유물이 증언하는 바와 같다.[11]

새로운 기술을 도입한 일본인들은 생산과 소비에 영향을 미치는 독특한 술 문화를 개발했고, 이는 새로운 양조주인 사케의 개발로 이어졌다. 사케의 기원을 추측해 보기 위해 학자들은 최초의 술이 아마도 쌀과 같은 곡물의 전분을 씹어 만든 효소로 발효시켜 만든 쿠치카미자케口嚙み酒로 시작되었으리라는 소박한 시나리오를 제시한다.[12] 그러한 초기 형태의 술 제조는 구체적인 문헌 기록으로 남아 있지 않은 반면, 일부 문헌에서 볼 수 있는 술 제조에서 일어난 중대한 변화의 징후는 중세 일본의 주요 정치적 변화와 연관되어 있음을 증언한다. 645년 다이카개신大化改新을 통한 주요 정치 개혁 이후 일본 정부는 모든 산업과 문화 활동을 정부의 관리하에 두고 촉진시켰다. 물론 여기에는 술 생산도 포함된다.[13] 그 이후로 일본인들은 양조 기술을 더 발전시키기 위해 연구를 진행했다. 일본 정부는 노동 전문화 정책의 일환으로 일부 가정에는 술을 생산하도록 하고 다른 가정에는 양조를 위한 경작지를 일구도록 했다. 일본의 양조 산업 발전을 위해 정부도 백제에서 데려온 전문가와 장인들을 술 생산과 경작지 재배에 배정했을 가능성이 높다.

일본의 문헌들에서는 일본인들이 즐겨 마신 양조주를 '사케'라고

---

11 Bailey G. Sansom, *Japan: A Short Cultural History* (New York: D. Appleton, 1943), pp. 150-159.

12 Hishinuma Hayato, *Sake: The History, Stories, and Craft of Japan's Artisanal Breweries* (Singapore: Gatehouse Publishing, 2015), p. 17; 坂口謹一郎, 『日本の酒』, p. 112.

13 坂口謹一郎, 『日本の酒』, p. 115.

기록했는데, 한자 표기는 '酒'로만 되어 있다. 이는 통칭으로 '청주'로 불린다. 고대 한반도에서는 증류한 흔적이 발견되지 않았기 때문에, 전통적으로 일본에서 발전해 온 주류 역시 청주清酒(일본어로 '세이슈'로 발음됨)라는 한국의 발효주와 비슷했을 가능성이 크다.[14] 즉, 사케는 증류주가 아니라 양조한 발효주였다. 시간이 지남에 따라 사케는 일본을 대표하는 주류가 되었으며, 궁극적으로 국가적 상징이 되어 일본인 사이에서 '일본주日本酒'라는 명칭을 얻게 되었고 최근에는 세계적인 술이 되었다.[15] 맛과 생산 방식이 한국 청주와 유사하다는 점을 감안할 때, 사케의 원래 생산 방식이 한국에서 비롯된 것이라고 조심스럽게 추측해 볼 수 있다. 사실, 한일 양국은 오늘날까지도 지속적으로 문화적 영향을 주고받고 있다. 한국에서 가장 대표적인 청주 브랜드인 정종은 '마사무네'라는 일본 사케의 영향을 받았다. 한자 표기는 19세기 후반부터 사용된 명칭인 '진짜'를 의미하는 正宗이다.[16] 일본 술의 역사는 청주와 같은 한국 술의 역사와 비교할 때 중세와 근세 이후의 발전 과정에서 유사한 면이 있는데, 일본에서 증류주가 부상한 역사적 맥락을 이해하기 위해서는 이를 간략하게 검토할 필요가 있다.

쌀과 국균麴菌(코지균: 한국의 누룩과 비슷한 술밑 발효제)을 기반으로 한

14 한국의 발효주인 청주에 대한 자세한 내용은 이 책의 2장을 참조하라.

15 Hishinuma, *Sake*, p. 17.

16 1884년 일본 정부가 근대 상표 규정을 제정한 이래로, 일본에서 '마사무네'가 청주를 일컫는 일반적인 용어로 사용되었다. 그 후 이러한 일본 형식의 양조법에 영향을 받은 한국의 술 제조업체들은 같은 종류의 술을 만들기 시작했다. 이는 '마사무네'를 한글로 음역한 '정종'이라는 브랜드로서뿐만 아니라 '청주'의 동의어로서 전국적으로 유명해졌다. 김소영·김혜주, 『사케, 流』(서울: 알덴테북스, 2009), pp. 22-23.

사케 생산에 대한 가장 초기의 상세한 기록은 나라 시대(710-794)에 등장한다.[17] 즉, 『고사기古事記』(712), 『일본서기日本書紀』(720) 같은 일본 최초의 연대기를 비롯해서 국가가 체계적인 양조 시스템 구축에 앞장섰음을 보여 주는 법률서 『영집해令集解』(c. 868)와 『연희식延喜式』(927)에 사케 생산에 대한 기록이 등장한다.[18] 예를 들어, 양조국釀造局에서 제사 의식과 같은 중요한 국가 의례에 사용할 15종류의 사케를 생산했다는 기록을 볼 수 있다. 물론 이러한 사케 생산은 국가의 영역을 넘어 사회의 여러 부문으로 확장되어 10세기에는 신사神社에서 사케를 양조하기 시작했다. 헤이안 시대(795-1185) 말부터 가마쿠라(1185-1333), 무로마치(1336-1573) 시대까지 도시 개발과 상업 활동이 번성하면서 사케는 쌀과 동일한 경제적 가치를 지닌 상품으로 유통되기도 했다. 사케 양조에 관한 최초의 사문서인 『어주지일기御酒之日記』(1489)에는 코지, 쌀, 물을 이용한 젖산 발효乳酸醱酵 방법에 대한 자세한 설명이 나와 있는데, 이는 일본의 고유한 양조 시스템의 기본틀을 구성한다.[19] 이 책은 일본에서 술 수요가 크게 증가함에 따라 양조 산업이 번성했음도 시사한다. 16세기에는 나라현에서 사케를 대량생산하기 위해 겨를 벗긴 쌀 10석(약 144킬로그램)을 양조할 수 있는 통도 만들어졌다. 실제로 16세기에 일본은 술의 경제적 측면에서 일종

---

17 이 시기는 사케의 역사에서 중요하다. 김소영·김혜주, 『사케, 流』, p. 38; 坂口謹一郎, 『日本の酒』, p. 115.

18 坂口謹一郎, 『日本の酒』, p. 122.

19 『어주지일기』에는 누룩 찐쌀 물을 두 번에 걸쳐서 다단계로 주조하는 방법하는 방법, 젖산 발효 적용 및 목탄을 사용하는 고전적인 사케 양조 방법이 나와 있다. 김소영·김혜주, 『사케, 流』, p. 38; 坂口謹一郎, 『日本の酒』, pp. 130-131.

의 '산업혁명'을 경험했다.[20] 동시에 술의 제조와 관리도 사원과 신사의 독점 체제에서 벗어났다.[21] 지역별로 양조장이 생기면서 품질 경쟁도 심해졌는데, 그 결과 다양한 술이 생산되었고 이때 만들어진 모로하쿠諸白는 사케 양조의 표준이 되었다.[22] 이러한 발진에 이어서 창설된 길드는 사케 발전에 있어서 또 다른 중요한 이정표가 되었다.[23] 정부는 사케 양조의 발전을 장려하고 그로부터 이익을 취하려고 했다. 예를 들어, 전문적으로 주류를 제조하는 이들에게 특허를 제공하고 이들의 사업에 세금을 부과했다.[24] 이후 에도 시대(1603-1868)에도 사케는 계속 빠르게 발전해서 이 시기에 이르면 한 해 동안 여러 차례 사케를 만들었다. 신슈新酒, 아이슈間酒, 칸마에사케寒前酒, 칸자케寒酒, 하루자케春酒 등이 만들어졌고, 겨울에 만들어 저온에서 장기간 발효하면 칸주쿠리寒造り(콜드브루) 최고의 맛을 얻을 수 있다는 사실을 발견했다.[25] 당시 양조업자들은 저온 살균 방법과 술 보존 기술을 향상시켰고, 이는 생산 규모에 영향을 미쳤다. 기록에 따르면, 1698년에는 2만 7,000개가 넘는 양조장이 일본 곳곳에 자리잡았다. 이러한 성장에는 사케를 효율적으로 운송하고 사케의 재료를 조달한 점도 중요하게 작용했다. 에도 시대 중기에 해상 운송의 발달로 나라현의 사케를 에도(도쿄) 지역에까지 보급했으며, 에도 시대 말기에는 철분 수

---

20 김소영·김혜주, 『사케, 流』, p. 38.
21 坂口謹一郎, 『日本の酒』, pp. 127-128.
22 김소영·김혜주, 『사케, 流』, p. 37.
23 무로마치 시대에 술 생산 길드가 결성되었다. 坂口謹一郎, 『日本の酒』, pp. 127-128.
24 坂口謹一郎, 『日本の酒』, pp. 127-128.
25 현대적인 시설을 바탕으로 대량 생산을 하는 양조장을 제외하고는 여전히 겨울에 양조한다.

치가 낮고 미네랄이 풍부한 물의 중요성을 더 많이 인식하게 되었다.[26] 이는 일본 사케 산업이 오늘날까지 수 세기에 걸쳐 발전해 온 몇 가지 사례에 불과하다.

20세기에 들어 사케는 일본 사회를 넘어 글로벌 상품이 되었고 이 추세는 오늘날에도 계속되고 있다. 사케와 이자카야는 미국 동부와 서부 해안에서 중요한 트렌드의 하나로 자리잡았다. 한국에서도 2008년 이후 사케 수입이 급격히 증가했다. 사케는 다른 주류에 비해 규제를 덜 받는다는 점이 유통 과정에 영향을 미쳐 수입의 증가를 불러왔다. 사케의 인기는 한국의 도시 곳곳에서 볼 수 있는 일본식 주점인 이자카야와 함께 시작되었으며, 와인 애호가들조차도 사케의 다양한 종류를 탐색하는 등 사케로 시선을 돌리기 시작했다.[27] 일본 정부가 스시와 사케를 홍보하면서 세계 식품 시장에서 스시와 함께 사케도 인기를 얻었다.[28] 그 결과 오늘날 세계 여러 국가와 대부분의 도시에서 다양한 종류, 품질, 가격의 사케를 만날 수 있다.

특정 종류의 술로서 사케의 기본 특성을 잘 이해하는 것은 일본의

26 김소영·김혜주, 『사케, 流』, p. 40.

27 사케는 한국에서 일본식 이자카야의 붐과 함께 인기를 얻었다. 일본에서는 독립행정법인 주류종합연구소에서 사케의 품질을 개선하고 수출을 늘리기 위해 새로운 사케 감평회를 개최하고 주류 연구 및 기술에 대한 정보를 보급하고 있다. 최근에는 해외 식품 콩쿠르에서도 사케가 독립 부문으로서의 위상이 높아지고 있다. 김소영·김혜주, 『사케, 流』, pp. 9-10, 68-69.

28 사케의 세계 최대 소비국은 미국이며 한국에서도 빠르게 인기를 얻어 나가고 있다. Tara Nurin, "Sake Sales Soar as Brewers around the World Defy Ancient Japanese Traditions," *Forbes*, February 28, 2017, www.forbes.com/sites/taranurin/2017/02/28/u-s-sake-sales-soar-as-brewers-around-the-world-defy-ancient-japanese-traditions/#6fbae005380e (접속일: 2018. 12. 30).

술의 역사에서 사케의 위치를 이해하는 데 중요하다. 사케는 증류되지 않은 청주로, 알코올 함량은 일반적으로 15-17퍼센트 사이이다. 역사적으로 제사뿐만 아니라 요리, 음식에도 사용되어 온 한국의 청주와 마찬가지로 사케는 음식과 잘 어울리기 때문에 일본 요리에서 인기 있는 술이 되었다. 한국의 청주와 마찬가지로 사케도 상하기 쉬우며 맛이 금방 변한다.[29]

쇼츄와 사케는 각기 다른 발전 경로를 따랐다. 일본에서는 여러 종류의 사케가 체계적으로 생산되어 유통되었고, 오래 보관할 수 있는 술을 가져가야 하는 군사 원정도 오랫동안 없었기 때문에, 일본에서는 장기 보존에 좋은 증류주의 필요성이 덜했을 것이다. 널리 인기를 얻지 못했지만, 일부 증류주는 16세기부터 일본에서 중요한 전통 주류로 발전하기 시작했다.

일본에 쇼츄가 있었다는 것을 증명하는 가장 오래된 증거는 한반도와 가까운 일본 최남단의 섬인 규슈에서 전해 오는 일화와 관련이 있다. 1559년 규슈 남부 가고시마의 한 신사에 고용된 목수가 자신은 열심히 일했는데 신사 주인이 쇼츄를 주지 않았다고 불평했다는 흥미로운 내용으로, 이를 뒷받침하는 다른 사료들이 없어서 하나의 단발적인 에피소드로만 해석할 수밖에 없다. 이 에피소드 이후에는 쇼츄가 일본 본섬에서 언제, 어떻게 확산되고 인기를 얻었는지를 보여주는 기록을 찾기가 어렵다. 그러나 이 일화는 규슈에 쇼츄가 퍼졌고, 그 지역의 평민들이 이를 마셨다고 추측할 수 있을 만큼 구체적이다.

29 坂口謹一郎, 『日本の酒』, p. 224.

또한 사람들이 적어도 규슈 남부에서 이미 고구마를 사용하여 쇼츄를 만들고 있었다는 사실도 알 수 있다.[30]

이 문서에서 쇼츄는 焼酎로 표기되는데, 焼('쇼', '샤오', '소' 등으로 발음됨)는 '태우다'로 술의 양조 과정을 의미하며, 酎는 삼중으로 양조된 술을 의미한다. 여기서 사용된 '酎'자는 술을 지칭할 때 중국과 한국에서 일반적으로 사용되는 한자인 '酒'와 다르다는 점이 흥미롭다('酒'자는 한·중·일 세 나라의 언어에서 '주', '죠우', '슈'[또는 훈독으로 '사케'로 읽음]로 발음된다).[31] 타카하시 코지로高橋康次郎가 주장하기를, 1597년에 쓰인 『턱받이涎掛け』라는 책에 따르면, 세 번 끓여 만든 사케를 '삼중 사케'라 불렀고, 동시에 酎는 '삼중 사케'를 의미하게 되었다고 한다.[32] 이것은 사람들이 사케를 끓여 증기를 생성하고 응축된 술방울을 얻는 방식으로 알코올을 세 번 여과한다는 것을 의미한다. 타카하시는 '酎'자가 증류주를 언급했을 가능성이 높다고 주장한다.

쇼츄는 한반도 또는 중국에서 직접 전파되었을 가능성이 있을까? 이를 탐구하기 위해서는 일본에서 쇼츄의 기원에 대한 다양한 이론을 고려하는 것이 중요하다.

일본에서 가장 유명한 전통 쇼츄 브랜드가 남쪽에 위치한 섬들, 즉 남쪽 본섬인 규슈 및 류큐 제도의 오키나와섬에서 개발되었다는 점으로 볼 때 증류주가 한반도와 중국에서 직접 전파되었을 가능성을 추측할 수 있다. 다시 말해서, 증류주와 증류 기술이 외부에서 도입

---

30 高橋康次郎·辻宏, 「日本の蒸溜酒, 焼酎」, 玉村豊男 編, 『焼酎: 東回り西回り』(東京: 紀伊國屋書店, 1999), p. 236.

31 Hishinuma, *Sake*, p. 323.

32 高橋康次郎·辻宏, 「日本の蒸溜酒, 焼酎」, p. 235.

되었다는 것이다. 일부 일본 쇼츄 전문가들은 증류 기술이 류큐섬에서 처음 개발되어 규슈로 전파되었을 것이라고 주장한다.[33] 규슈와 오키나와에서는 증류 기술을 이용해 증류주를 만들었는데, 특히 아와모리泡盛라는 특별한 종류의 증류주가 그곳에서 개발되어 세계적으로 유명해졌다.[34] 몇몇 일본 쇼츄 전문가들은 증류주가 태국에서 시작되었다고 주장하지만,[35] 다른 이들은 중국에서 일본으로 전해졌다고 반박한다.[36] '쇼츄'라는 명칭이 후자의 가설에 더 무게를 실어 준다. 또한 일본의 증류주는 중국의 샤오죠우와 한반도의 소주가 도입된 이후 그 영향을 받아 독특하게 발전한 것으로 보인다. 흥미롭게도 중국 문헌의 영향을 받은 사료에 따르면, 쇼츄는 중국과 한반도에서와 마찬가지로 '아라키'라고도 불렸다고 한다.[37] 일본은 섬나라이기 때문에 증류주가 다양한 경로를 통해 전해졌을 가능성이 있고, 가능한 모든 전파 경로는 해상 운송과 관련이 있다(지도 6.1 참조). 배로 여행을 하거나 도주한 이들은 종종 공식 선물품과 공물품, 무역 상품,

---

33 高橋康次郎·辻宏, 「日本の蒸溜酒, 焼酎」, p. 235.

34 아와모리주에 대한 자세한 내용은 富永麻子, 『泡盛はおいしい: 沖縄の味を育てる』(東京: 株式会社岩波書店, 2002) 참고.

35 酒類総合研究所, 『うまい酒の科学』(東京: Softbank Creative, 2007), pp. 42, 47-48.

36 예를 들어, 동일한 책(日本釀造協會, 『本格焼酎製造技術』)에 별도의 장을 저술한 전문가들은 다양한 이론을 제시한다.

37 寺島良安, 『和漢三才図会』 12(1712), 島田勇雄·竹島淳夫·樋口元巳 訳注(東京: 平凡社, 1989), pp. 1786-1787; 이시게 나오미치는 증류주를 한때 일본에서 다른 한자를 사용하여 '아라키주'라고 불렀다고 주장한다: '아라키슈(荒木酒)'(현대 중국어로 '황무죠우'로 발음됨) 또는 '아라키슈(阿剌吉酒)'(현대 중국어로 '알라지죠우'로 발음됨). 여기서 '슈'는 '술'을 의미한다. 石毛直道, 「東ユーラシアの蒸溜酒: 蒸溜器を求めて」, 玉村豊男 編, 『焼酎: 東回り西回り』(東京: 紀伊國屋書店, 1999), p. 122.

[지도 6.1] 근대 초기(1500-1750)에 일본으로의 증류주 전파 추정 경로

서적, 전문 지식 또는 (증류 기술을 포함한) 기술과 기타 물품들을 타 지역으로 운반해 갔다.

증류주와 증류 기술이 중국과 한반도 그리고 기타 지역에서 일본으로 전해질 수 있는 모든 경로를 살펴보도록 하자. 몽골 시대에 증류주가 부상한 고려를 출발점으로 하여 더 큰 관점으로 확장하면 지역적 규모로 14세기부터 번영한 아시아의 전근대 해상무역을 통해 가능해진 태국에서 일본으로의 직접 전파 경로, 그리고 1500년 직후에 동아시아에 온 유럽인들의 해상무역도 고려해 볼 수 있다.

일본은 7세기부터 17세기 초까지 중국 및 한국과 공식적·비공식적 교역관계를 지속해 나갔기 때문에, 이들 지역에서 소비되는 증류주나 증류에 대한 아이디어가 교역관계를 통해 일본에 소개되었을 가능성이 높다. 몽골 시대에 몽골의 일본 원정이 실패하면서 일본은 몽골의 지배에서 자유로울 수 있었다. 따라서 일본은 몽골군 및 그와 관련된 사람들이 일본에 직접 와서 새로운 종류의 술을 직접 소개할 기회가 적었다. 이 시대에 몽골 통치하의 중국과 일본의 정치적 연결은 느슨했지만, 규슈의 하카타로 가는 도중에 신안 앞바다에서 발굴된 침몰한 난파선이 증명하듯이 해상무역선들은 많은 무역 상품을 싣고 일본 항구도시들로 항해했다. 발굴 현장에서 술병, 작은 접시 등 도자기품을 비롯한 다양한 무역품이 나왔는데, 중국에서 널리 소비되기 시작한 증류주를 무역선이 운반했을 가능성을 부정할 수 없지만 실제로 확인할 수는 없다.

쇼츄는 일본과 지리적으로 가까운 한반도에서 일본으로 직접 전파되었을 가능성이 크다. 앞서 3장과 4장에서 논의한 바와 같이, 제주도는 13세기부터 몽골의 영향을 많이 받았으며, 최근의 연구와 고고학적 발굴에 따르면 제주의 여러 집단들(그리고 인근 한반도에서 온 사람들)이 14세기 후반에 일어난 격변을 피하기 위해 제주를 떠나 류큐와 같은 곳에서 피난처를 찾고자 했던 사실을 알 수 있다.[38] 이들은

38 오영주, 「제주 증류주 '고소리술'과 오키나와 '아와모리(泡盛)'의 문화비교 시론」, 2017년 11월 4일 제주대학교에서 열린 제주-오키나와 학회 창립 심포지엄에서 발

소주와 증류 기술을 섬에 가져와 증류주를 만들었을 수 있다. 일본으로의 소주 전파 가능성을 암시하는 또 다른 강력한 증거는 조선 왕실의 사절이 일본 통치자들에게 외교 선물로 병에 담긴 소주를 주었다고 하는 조선 왕조의 공식 연대기 기록이다. 예를 들어 조선 왕실은 당시 일본 무로마치 막부(1338-1573)의 번藩(지역 영주인 다이묘가 다스리는 영지)이었던 쓰시마섬의 통치자에게 소주를 많이 보냈다.[39] 또한 류큐 통치자와 일본 본토의 지배자들에게도 공식적으로 선물품을 보냈다고 보고되어 있다. 17세기 사츠마의 영주였던 시마즈가 류큐로부터 증류주를 받아 이를 무로마치 막부의 쇼군에게 선물한 일화가 있다. 일본학자 에다가와 코이치枝川公一는 고품질의 증류주가 일본 고위층의 관심을 끌었다고 주장한다.[40] 그러나 주류가 일본 서민들에게까지 퍼졌는지 여부를 확인하려면 추가 증거가 필요하다.[41]

일본의 일부 지역에서 증류주가 어느 정도 퍼져 나갔는지 알려 주는 두 가지 기록이 있는데, 그중 하나는 유럽인의 기록이고 다른 하나는 한국인의 기록이다. 조르즈 알바르스Jorge Álvares라는 포르투갈 선교사는 1548년에 일본과 관련된 기록에서 일본인들이 쌀로 만든

표된 논문.

39 일본 측 기록에 따르면 조선 사신들이 1404년에 일본 대마도의 영주들에게 소주를 선물로 가져왔는데, 영주들이 소주를 귀한 술로 여겼기 때문이라고 한다. 枝川公一, 「蒸溜酒, 東回り西回り」, 玉村豊男 編, 『焼酎: 東回り西回り』(東京: 紀伊國屋書店, 1999), p. 57.

40 枝川公一, 「蒸溜酒, 東回り西回り」, p. 61.

41 한국에서 일본으로 소주가 실제로 전파되었다는 것을 보이는 최초의 증거는 1424년 조선의 사신들이 외교 선물로 소주를 일본에 가져갔다는 왕실 기록이다. 『조선왕조실록』 세종 6년(1424) 1월 9일 두 번째 기사. 이 사료에 대한 자세한 내용은 4장을 참고하라.

오라카oraka라는 술을 마시고 있었다고 보고한다.[42] 그 당시에 '오라카'라는 단어는 포르투갈어로 '증류주'를 의미했다. 이 문서는 두 가지 중요한 사항을 제안한다. 첫째로는 알바르스가 지칭하는 일본인들은 아마도 규슈 사람들일 텐데(그를 비롯한 모든 외국인이 당시 일본의 본섬인 혼슈로 여행할 수 없었기 때문이다),[43] 이것은 앞에서 제시한 1559년 규슈 목수의 일화를 뒷받침하며, 중국과 한반도의 것과 같은 곡물을 기반으로 한 증류주가 16세기 초에 일본으로 전파되었음을 시사한다.[44] 둘째로는 유럽인이 오기 전에 규슈와 류큐에 거주하는 일본인들이 이미 한반도나 중국으로부터 전해진 증류주를 마시고 있었을 가능성을 시사한다.

'오라카'라는 단어가 아시아 전역에서 사용된 증류주의 보편적 이름인 '아락'의 음역이라고 볼 수 있을까? 유진 앤더슨Eugene Anderson은 오라카가 실제로 아랍어인 아락에서 파생되었다는 설득력 있는 주장을 제안했다.[45] 이 단어는 중세 스페인에서 사용되기 시작한다. 스페인 대부분의 지역은 8세기에서 11세기 사이에 아랍과 베르베르 칼리프의 통치하에 있었는데, 그중 남부 지역은 1492년까지 계속 아랍 나스리드 왕조의 통치를 받았다. 당시 아랍의 통치하에 있던 스페인은 세라믹 타일, 관개 도랑, 레몬, 면화, 설탕, 사프란뿐 아니라 많은 아

42 高橋康次郎·辻宏, 「日本の蒸溜酒, 焼酎」, p. 235. 이 책은 아마도 *Livro que trata das cousas da India e do Japão*(인도와 일본에서 온 것들에 관한 책)였을 것이다. 포르투갈인이 최초로 일본에 도착한 것은 1542년경이다. Sansom, *Japan: A Short Cultural History*, p. 416.

43 高橋康次郎·辻宏, 「日本の蒸溜酒, 焼酎」, p. 235.

44 枝川公一, 「蒸溜酒, 東回り西回り」, p. 61.

45 이는 유진 앤더슨과의 개인적인 대화를 기반으로 한다.

랍어 단어를 받아들였다. '오라카'와 '아락'은 스페인어에서 보이지 않으며, 동남아시아 언어에서 받아들인 외래어로서 아랍의 통치를 받은 이후에 차용되었을 것으로 보인다. 그러나 증류기 및 알코올 같은 것들을 지칭하는 아랍어는 존재했고, 오늘날에도 사용되고 있다(이는 영어권에서 오늘날에도 아랍어인 '알코올'을 계속 사용하는 것과 같다). 따라서 언어적 증거는 아랍인이 증류주를 스페인에 도입한 다음 이웃국가인 포르투갈에 전파했음을 시사해 준다. 추가 조사를 통해 주류, 명칭 및 기술이 전파되는 구체적인 경로를 알 수 있겠지만, 이렇게 실제로 전파가 이루어졌던 것은 분명하다.

또한 앞서 2장과 4장에서 검토한 한국 사료인 이덕무의 『청장관전서』도 소주/샤오죠우의 일본 전파에 대한 중요한 단서를 제공한다. 소주의 기원을 논하는 절에서 이덕무는 류큐와 사츠마의 쇼츄를 '아와모리술'이라고 부르며, 이를 14세기 중국 요리책인 『음선정요』에 나오는 (아락의 중국어 음역과 동일한 단어인) 알라지죠우阿剌吉酒라는 중국술과 비교하고 있다.[46] 이 기록은 두 가지 점을 시사한다. 첫째, 아와모리쇼츄는 류큐와 사츠마에서 널리 소비되었고, 이덕무와 같은 한반도의 학자들에게도 알려져 있었다.[47] 둘째, 이들 한반도인 그리고 더 나아가 동아시아의 학자들은 증류주가 도입된 이후 이들 지역에서 발전한 증류주의 명칭을 분류할 수 있었다.[48]

---

46 본서의 2장을 참고하라.

47 김보성, 「19세기 조선 지식인의 일본·유구에 대한 인식 고찰: 오주(五洲) 이규경(李圭景)의 『시가점등(詩家點燈)』을 중심으로」, 『한문학논집』 35(2012), pp. 191-235.

48 일본 쇼츄에 대한 연구로 쇼츄의 역사를 논의하기 위해 한국의 일차 사료를 활용한 경우가 거의 없지만, 이들 원사료에는 몇 가지 귀중한 관련 정보가 포함되어 있다.

18세기와 19세기에 이덕무를 비롯해 실학에 관심을 가지고 있던 한반도의 다른 학자들은 더 넓은 세상의 다양한 문제에 대해 배우기 위해 나라 밖에서 들여온 책을 읽었고, 그중에는 당시 일본인의 지식이 담긴 일본 서적들이 포함되어 있었다. 그중 하나는 명나라 때 왕기王圻가 편찬한 백과사전인 『삼재도회三才圖會』를 참고하여 일본에서 1712년에 편찬된 『화한삼재도회和漢三才図会』다.[49] 17-18세기에 일본에서 출간된 쇼츄 제작에 관한 다른 책으로는 『동몽주조기童蒙酒造記』(c. 1686), 『본조식감本朝食鑑』(1697), 『만금산업대万金産業袋』(1732)가 있다.[50] 이러한 책들은 중국에서 수입된 식품과 의약품 관련 중국 서적들을 통해 일본인들이 소주에 대해 알게 되었음을 시사한다. 기본적으로 사람들은 모로미醪라는 술밑과 품질이 떨어진 술을 사용하여 쇼츄를 만들었다. 모로미를 사용해 만든 쇼츄는 중국에서 온 서적들을 통해 알려져 일본 전역에 퍼진 것 같다. 중국어 문헌의 영향을 받아 편찬된 이 책들은 모두 술에 대해 중국어로 '죠우'라 발음되고 일본어로 '슈'로 발음되는 '酒' 자를 사용하고 있다. 이 책들이 샤오죠우를 화죠우火酒 또는 알라지죠우阿剌吉酒(아락주, 한국어로 아라길주)라고 소개하는 『본초강목』을 직접 인용하고 있기 때문이다.[51]

우리는 증류주 전파의 또 다른 기원지로 동남아시아를 고려해 볼 필요가 있다. 20세기 초에 실시된 현장조사 결과 태국과 일본의 증류주 제조 사이에 기술적 유사성을 발견한 것을 바탕으로 쇼츄의 증류

---

49 寺島良安, 『和漢三才図会』; 王圻, 『山才圖會』(上海: 上海古籍出版社, 1988).
50 高橋康次郎·辻宏, 「日本の蒸溜酒, 焼酎」, p. 236.
51 坂口謹一郎, 『日本の酒』, p. 75.

기술이 태국에서 왔다고 생각하는 일본 학자들도 있다. 물론 최근의 유사성을 기반으로 전근대 시기에서의 연관성을 제안하는 데에는 신중해야 한다. 그러나 증류 기술 측면에서 동남아시아와 일본 간의 중세 및 근대 초기에 이뤄진 연결의 흔적이 존재한다. 우리는 동아시아형 증류기—조지프 니덤이 그릇을 증류기 안에 넣어 증류주를 받아내는 몽골식 증류기와 관을 사용해 알코올을 증류기 밖으로 받아 내는 중국식 증류기를 함께 포괄해 설명하려고 만든 용어—를 위한 기술이 한국과 일본으로 전파되기에 앞서 아락이라는 증류주가 동남아시아에서 중국으로 먼저 진파된 것을 보았다.[52] 근대 초기에는 일부 동남아시아 국가의 사절들이 조선 왕실에 증류주를 외교 선물로 전달함으로써 관련 지식을 직접 전수한 사례도 있었다. 이를 바탕으로 다양한 형태의 증류주와 증류 기술이 동남아시아로부터 한국뿐만 아니라 류큐섬으로도 전파되었다고 가정하는 것이 타당해 보인다. 이 가설은 15세기에 중국, 동남아시아, 류큐 왕국 간의 해상무역을 검토하고 태국에서 류큐로의 직접 전파를 주장한 최근 연구들에 의해 뒷받침된다.[53] 13-16세기에 활동했던 해적들이 증류주와 증류 기술을 전파하여 동아시아와 동남아시아 전역에 있는 항구들에서 유통되었을 것이라고 추측할 수 있다.

---

52 아시아와 아메리카의 많은 소수민족들과 소규모 증류주 생산자들은 아시아의 전통식 증류법과 증류기를 계속 사용해 오고 있다. 학자들은 그것들을 몽골식 또는 중국식으로 분류한다. Needham, Ho, and Lu, *Science and Civilisation in China*, vol. 5, part 4 (Cambridge: Cambridge University Press, 1980), pp. 103-121. 그러나 최근 연구에서는 이러한 기존 분류 방법을 수정할 필요가 있다고 제안한다.

53 酒類総合研究所,『うまい酒の科学』, pp. 42, 48.

그런데 바스쿠 다가마의 선구적인 인도 항해 이후 동남아시아를 경유하여 동아시아로 진출한 유럽인들이 근대 초기부터 수행한 역할도 고려해야 한다. 그들도 일본으로 가는 길에 동남아시아를 통과하면서 이곳에서 발전한 증류의 개념과 도구를 일본에 전파할 수 있었을 것이다. 또한 유럽의 증류 기술이 일본으로 전파되었을 수도 있다. 증류주를 의미하는 포르투갈어 단어인 '오라카'가 '아락'이라는 단어와 관련 있다는 사실은, 유럽인들이 중세 말에 동남아시아 지역을 자주 찾으면서 이미 아시아 전역에 널리 퍼진 증류 방법을 받아들여 흡수했을 가능성을 시사한다. 유럽인들이 동아시아로 진출한 이후에 일본에 증류 기술을 소개했을 가능성이 크다. 일본의 쇼츄와 관련된 몇 안 되는 전근대 시기의 사료 중 하나는 규슈의 명문가인 무라카미 가문(이 가문의 많은 이들이 에도 시대에 의사로 일했다)의 기록 보관소에서 발견된 일련의 문서로(18세기경), 이 문서에는 의약뿐 아니라 란비키를 사용하여 알코올을 증류하는 방법이 기록되어 있고[54] 문서들 주변에서 40센티미터의 작은 증류기처럼 보이는 도자기가 발견되었다.[55] 무라카미 가문이 이른바 '네덜란드를 통해 들어온 유럽의 학문'인 난학蘭學을 배웠기 때문에 네덜란드인들이 란비키를 전파했을 가능성이 높다. 무라카미 가문은 주로 수술에 사용하기 위해 알코올을 증류한 것 같다. 이 기구는 한국의 소줏고리를 포함하여 다른 동아시아형 증

54 이 증류 기술은 그 이전 시기의 일본 문헌에서는 찾아볼 수 없다. W · ミヒェル · 遠藤次郎 · 中村輝子, 『村上医家史料館蔵の薬箱及びランビキについて』 4(中津: 中津市教育委員会, 2007), pp. 70-78 참고.

55 이 작은 도자기 물체의 사진과 그림은 Needham, Ho, and Lu, *Science and Civilisation in China*, vol. 5, part 4, p. 114, Fig. 1488a, b 참고.

류기와 형태가 유사하다.[56] 그러나 이 증류기처럼 생긴 물체는 실제 증류기로 사용하기에는 너무 작아서 아마도 미니어처로 만들어진 것 같다. 이런 상황을 고려할 때, 일본인이 실제로 알코올을 생산하기 위해 이러한 형태의 더 큰 증류기를 만들고 사용했는지는 아직 알 수 없다. 어쨌든 '란비키'라는 이름이 알렘빅을 지칭할 수 있다는 사실은 유럽의 알렘빅 기술이 일본으로 전파되었을 가능성을 시사한다.

16세기 중반에 아시아로 진출한 네덜란드인들은 스페인과 포르투갈에 이어 동남아시아로 항해했다. 인도를 점령하려는 영국인들이나 프랑스인들과 달리 네덜란드인들은 네덜란드 동인도회사를 기반으로 인도네시아로 진출한 뒤 계속해서 동아시아로 이동했다. 당시 일본은 유럽인들에게 제한적으로 문호를 개방하여 유럽 상인뿐만 아니라 선교사도 17세기에 일본에 들어갈 수 있었다. 프란시스코 사비에르Francisco Xavier 같은 예수회 선교사들은 이 기회를 이용해 일본을 여행하고 그곳에서 선교 사업의 기반을 구축했다. 영국인들도 그 뒤를 따랐고, 곧 영국과 네덜란드의 동인도회사들이 일본에서 경쟁을 벌였는데, 패권을 차지한 쪽은 네덜란드였다. 그러나 1634년 도쿠가와 막부가 쇄국정책을 시행하면서 1854년까지 서방과의 추가 접촉을 막았다. 일본은 유럽인들의 입국을 금지했지만 예외적으로 나가사키의 데지마섬에 네덜란드인이 거주하는 것은 허용했다. 그 시기 동안 서양의 문물이 네덜란드인들을 통해 계속 일본에 들어왔고, 결과적으로 도쿠가와 막부를 통해 일본 전역에 유통되었다. 물론 네덜란드인들이 증류주를 전파했을 가능성도 부정하기는 어렵다. 당시에는 위

56 Needham, Ho, and Lu, *Science and Civilisation in China*, vol. 5, part 4, p. 33.

스키와 브랜디 같은 증류주가 유럽에서 인기를 얻고 있었다. 증류주는 아시아까지 원거리 항해를 견뎌야 했던 유럽 선원들에게 중요했던 만큼 네덜란드인들이 유럽의 증류주와 증류 기술을 일본으로 전파한 것은 당연한 바일 것이다.

요컨대, 모든 기존 사료를 검토한 결과 1500년 이전에 일본에서 토종 증류주가 존재했음을 입증하는 문서가 나오지 않았으므로 증류주가 외부에서 일본으로 유입된 것은 분명하다. 이러한 외부 영향의 기원지로 가장 확실한 후보지는 해상무역으로 연결된 중국, 한국, 태국과 같은 동남아시아 국가들이다. 또한 두 번째의 전파 경로로, 유럽인들이 몽골 시대와 그 전후로 동남아시아에서 생산된 증류주 또는 나중에 유럽에서 생산된 증류주를 가져왔을 가능성이 높다. 우리는 일본의 증류주가 본섬인 혼슈가 아닌 일본 남부, 특히 규슈와 오키나와에서 처음 번영한 것을 보았다. 증류주와 증류 기술을 받아들인 후 그들은 전근대 아프로·유라시아에서 발전해 나간 전통적인 증류법을 사용해 만든 쇼츄 및 오키나와의 아와모리 같은 특정 브랜드의 증류주를 생산했다.[57] 다른 많은 증류주와 마찬가지로 일본 쇼츄의 역사는 여전히 복잡한 주제로 남아 있다.

한국과 마찬가지로 일본도 유럽의 글로벌 확장에 직면하여 큰 변화를 경험했는데, 19세기 후반부의 유럽발 변화에는 증류주도 포함되었다. 그런데 한국과 달리 일본은 이와 같은 변화에 자발적으로 대응해 나갔다. 1868년 일본은 메이지유신을 시작했고, 그 후 증류주의 과학적 제조를 포함하여 서양 기술을 적극적으로 채택했다. 메이지

57 Hishinuma, *Sake*, p. 376.

개혁 이전에도 일본은 제한적으로나마 서양의 과학과 기술에 대한 연구를 수행했으며, 지식과 문화 교류를 적극적으로 추구하기 위해 더 넓은 세계로 여행했고, 이 모두는 현대적 사케 생산의 자체적 발전의 기반이 되었다. 일본은 1873년 빈 만국박람회에 사케를 선보이며 유럽에 처음으로 수출했다. 박람회에 참석한 일본 측 대표들은 다른 나라에서 만든 사케의 가격과 세계적으로 사케가 얼마나 경쟁력이 있는지 등을 타진했다.[58]

현대적 혁신이 일본의 증류주 분야에서 일어났다. 즉, 단순히 전통 방식으로 술을 증류하는 것 외에도 일본인들은 유럽식 증류 기술을 사용하여 알코올 함량이 높은 음료를 만들 수 있다는 것을 곧 알게 되었다. 1822년에 우다가와 겐신宇田川玄真이라는 의사가 알코올 함량을 34퍼센트까지 올리는 데 성공했다. 그는 '알코올'이라는 단어의 음역으로 한자 亜爾箇児(일본어로 '아루코루'로 발음됨)를 채택했다.[59] 1870년대에 일본에서 알코올은 의학적으로 사용되고 있었고 그 대부분이 서양 국가로부터 수입되었다. 그 후 1899년에 일본 정부는 주류를 포함한 수입품에 관세를 부과하고 1901년에 일본 주세법을 제정했다. 이 전환점 이후 일본인들은 수입품에 의존하기보다 자국 내에서 더 많은 주류를 생산하려고 했다. 주류 산업에서 또 다른 중요한 변화는 1894년 중일전쟁이 끝난 후, 일본이 높은 알코올 함량의 주류를 만드는 연속식 증류기를 유럽에서 수입하면서 일어났다. 1905년 러일전쟁 이후 일본인들은 고품질 증류주의 생산에 대한 진지한 연

---

58 日本酒造組合中央会, 『日本酒の歴史』(東京: 日本酒造組合中央会, 2006).

59 高橋康次郎·辻宏, 「日本の蒸溜酒, 焼酎」, p. 237.

구를 시작하고 현대적 증류 산업을 촉진했다.[60]

일본에서도 1901년에 제정된 주세법 등 각종 규제로 인해 소규모 양조장과 증류주 제조장이 어려움을 겪었고,[61] 한국과 마찬가지로 소규모 양조장과 증류주 제조장의 수가 급격히 감소했다.[62] 그러나 1910년 이후 갑작스러운 타격을 입은 한국의 전통 양조장 및 증류주 제조장과는 달리, 일본의 주류 생산자들은 빠른 개혁과 새로운 시스템에 의한 한계를 극복하기에 더 좋은 상황에 있었다. 따라서 사케 제조자들은 그 이후로 새로운 브랜드를 지속적으로 생산할 수 있었다. 앞서 5장에서 살펴본 것처럼, 이러한 일본 사케 브랜드의 현대화는 공장에서 대규모로 생산되고 있는 한국의 주요 청주 브랜드에도 영향을 미쳤다.

일본의 술 양조 산업은 지속적인 발전을 통해 더 큰 변화에 대응해 나갔다. 일본인들은 연속식 증류기를 사용하여 고품질의 증류주를 생산할 수 있었다.[63] 이로써 술 맛이 덜해진 사케로 새로운 스타일의 쇼츄를 만들기 시작했다. 그 후 규슈의 전통적인 고구마 소주 제조법이 점차 쇠퇴하면서 신기술이 강화되었다. 1900년 말에 주류 생산자들은 특별한 세균을 넣고 이중 여과 공정을 거쳐 아와모리를 제조하고, 규슈 지역에 새로운 종류의 쇼츄를 도입했다. 1912년에 한 일본의 사케 제조 회사는 감자, 보리, 설탕의 발효 찌꺼기를 사용하여 나

---

60 高橋康次郎·辻宏, 「日本の蒸溜酒, 焼酎」, p. 238.

61 高橋康次郎·辻宏, 「日本の蒸溜酒, 焼酎」.

62 김소영·김혜주, 『사케, 流』, p. 41.

63 高橋康次郎·辻宏, 「日本の蒸溜酒, 焼酎」, p. 238.

쁜 냄새를 없앤 술을 만들 수 있는 공업용 증류기를 수입했다.[64] 그 이후로 많은 일본 주류 회사들이 쇼츄를 만들고 오늘날까지 세계적으로 인정받는 고품질 증류주를 개발하기 시작했다.[65]

근대 쇼츄 산업의 여러 요소들은 일제강점기에 일본에서 한국으로 계속 전파되었다. 쇼츄가 일본에서 주된 술로 음용되고 있을 때, 소주는 한국에서 가장 지배적인 주류가 되었다. 그러나 아와모리와 같은 전통적인 일본식 쇼츄가 글로벌 브랜드로 부상한 반면 한국의 민속주는 희석식 소주 브랜드가 누린 명성을 누리지 못했다. 일본양조협회에서 발행한 책에서 볼 수 있듯이, 일본에서는 전통적인 증류 방법으로 제조한 쇼츄도 정부의 지원을 받아 지속적으로 발전했다. 증류주는 일본에서 국민주 타이틀을 얻지 못했지만, 20세기 후반 일본에서 쇼츄 생산과 소비가 한동안 붐을 일으켰다. 일본인들은 또한 쇼츄와 소다 및 라임주스를 혼합하여 만든 쇼츄 하이볼인 츄하이酎ハイ를 개발했는데, 이는 한국의 소주에도 영향을 미쳤다. 그럼에도 불구하고 쇼츄의 명성은 사케의 세계적인 인기로 인해 다소 가려진 면이 있다.

64 坂口謹一郎, 『日本の酒』, p. 76.

65 日本醸造協會, 『本格焼酎製造技術(증류식 소주 제조 기술)』, 배상면 편역(서울: 배상면주류연구소, 2001), p. 62.

멕시코의 동아시아형 증류기

세계화 시대에 인기 있는 비유럽의 술로, 아프로·유라시아에서 발전한 것과 동일한 증류 전통을 공유했을 가능성이 있는 증류주의 또 다른 사례는 멕시코의 데킬라다. 멕시코는 아프로·유라시아 지역과 지리적으로 멀리 떨어져 있으나, 유럽의 아메리카 진출이 시작된 이래 메소아메리카(중부 아메리카)의 사람들은 대서양 무역 네트워크를 통해 아프로·유라시아의 사람들과 직접 교류하고 마닐라 갤리온을 통해 증류 방법과 기술을 얻었다. 실제로 일부 학자들은 콜럼버스의 교환이 시작되기 전에 타 문화 간의 교류가 이뤄졌을 가능성도 있다고 가정한다. 이러한 학문적 배경을 바탕으로 증류가 멀리 떨어진 곳까지 전파된 예로서 멕시코의 증류주 발전을 살펴보자. 이는 원거리 문화 전파의 특징에 대한 이해를 넓힐 뿐 아니라 전파 규모가 상대적으로 작았던 아프로·유라시아의 전파와 비교하는 데 도움이 될 것이다.

데킬라와 메스칼은 일본의 사케처럼 세계적으로 유명해진 증류주이며, 위스키나 보드카와 견주어도 손색없을 정도로 21세기에 데킬라의 인기가 전 세계로 확산되면서 글로벌 주류 시장에서 확고한 기반을 구축했다. 사람들은 메스칼과 함께 데킬라를 멕시코의 대표적인 증류주로 알고 있으며 종종 두 가지를 혼동하는데, 사실 데킬라는 멕시코산 아가베agave(용설란)[66]를 원재료로 하는 증류주인 메스칼의

66 이것은 일반적으로 '블루 아가베'라고 하며 공식적으로는 아가베 데킬라나로 분류된다. www.pastemagazine.com/articles/2017/04/ask-the-expert-is-mezcal-tequila-is-tequila-mezcal.html 참고.

한 종류다. 아가베에는 수백 종이 있으며 대부분은 멕시코에서만 발견된다. 메스칼은 이러한 종류 중 하나를 사용해서 만드는데, 데킬라는 데킬라라는 도시에서만 특유하게 자라는 푸른 아가베로 만든 메스칼의 한 형태다.[67] '데킬라 메스칼 와인Vino Mezcal Tequila'이라는 용어의 사용은 18세기 초 멕시코에 있던 스페인 귀족으로 데킬라를 최초로 생산한 이들 중 한 명인 페드로 산체스 데 타글레Pedro Sánchez de Tagle라는 사람과 관련이 있다.[68] 데킬라는 19세기 후반에야 이러한 종류의 메스칼에 사용하는 공식 명칭이 되었다.[69] 사우자 데킬라Sauza Tequila의 창립자이자 1884년부터 1885년까지 데킬라 마을의 대표였던 돈 세노비오 사우자Don Cenobio Sauza는 미국을 시작으로 데킬라를 수출하기 시작했다.[70] 이렇게 시작된 데킬라 수출 사업은 멕시코와 미국을 연결하기 위해 새로 건설된 철도 노선 덕분에 활성화되었다.[71] 1893년 데킬라의 한 브랜드가 시카고 품평회에서 상을 받았고, 또 다른 브랜드는 1910년 샌 안토니오 품평회에서 상을 받았다. 그 이후 전 세계적으로 데킬라의 인기가 치솟았다. 1960년대에는 미국의 데킬라 수입

---

67 앤서니 디아스 블루는 일부 역사적 사료에서 이미 1600년에 스페인 사람들이 데킬라를 상업적으로 생산했음을 암시한다고 주장한다. Anthony Dias Blue, *The Complete Book of Spirits: A Guide to Their History, Production, and Enjoyment* (New York: HarperCollins), p. 112.

68 Eric Zolov, *Iconic Mexico: An Encyclopedia from Acapulco to Zócalo*, vol. 2 (Santa Barbara, CA: ABC-CLIO, 2015), p. 592.

69 吉田集而, 「海を渡った蒸溜器: メキシコの蒸溜酒」, 玉村豊男 編, 『焼酎: 東回り西回り』 (東京: 紀伊國屋書店, 1999), p. 218.

70 Dias Blue, *The Complete Book of Spirits*, p. 112.

71 Joanne Weir, *Tequila: A Guide to Types, Flights, Cocktails, and Bites* (Berkeley: Ten Speed Press, 2009), p. 5.

량이 급증했다.[72]

하지만 데킬라가 세계적인 술로 자리매김하기 전의 역사는 어떠했을까? 언제 어떻게 처음 생산하게 되었을까? 학자들은 20세기 초부터 이 주제를 연구하기 시작했다. 1940년대에 헨리 브루만Henry J. Bruman과 같은 학자들은 멕시코 증류주의 기원에 관한 최초의 포괄적인 비교연구에 착수했다. 그들의 연구에 따르면, 멕시코의 아가베 증류 전통은 스페인 식민지 초기로 거슬러 올라가며, 발효주 양조는 훨씬 더 이른 시기부터 시작되었다. 즉, 멕시코 사회에서는 오랫동안 아가베가 술 생산의 원천이었다. 아프로·유라시아의 사회와 마찬가지로 멕시코에서 발효주 증류의 기원과 관련해서는 아직 밝혀지지 않은 부분이 많다.[73] 스페인 정복자들이 마야와 아즈텍 사회가 남긴 한정된 문서 자료를 대부분 없애 버렸기 때문에, 술과 관련하여 유럽인이 오기 전에 기록된 사료는 상대적으로 부족하다. 또한 전근대 시대의 아프로·유라시아로부터 멀리 떨어진 신대륙에서 발전했기 때문에 실마리가 될 만한 외부 문헌도 찾기 어렵다. 그러나 활용 가능한 사료에 대한 비교 검토를 기반으로 여러 학자들은 스페인 사람들이 증류주와 증류 개념을 아메리카에 처음 도입했다고 주장한다. 아메리카 대륙에 도착했을 당시 유럽인들이 증류주를 마셨고, 그 후에도 아메리카 대륙으로 운송하여 소비했다는 사실이 이를 뒷받침해

---

72 데킬라의 일반적인 역사에 대해서는 Ana G. Valenzuela-Zapata and Gary P. Nabhan, *Tequila! A Natural and Cultural History* (Tucson: University of Arizona Press, 2003); Marie Sarita Gaytán, *Tequila! Distilling the Spirit of Mexico* (Stanford, CA: Stanford University Press, 2014) 참고.

73 Ian Williams, *Tequila: A Global History* (London: Reaktion Books, 2015), p. 56.

준다. 스페인 정복 시기 이후에 증류주가 발달했다는 가설부터 이를 반박하는 가설까지 그리고 증류가 콜럼버스 이전 시기에 전파됐다는 것에서부터 고대로부터 독립적으로 부상했을 가능성에 이르기까지 멕시코에서 증류의 출현을 설명하려는 다양한 학문적 가설을 검토해 보자.

브루만에 이어 요시다 슈지吉田集而와 같은 여러 학자들은 스페인 사람들이 오기 전에 멕시코 사람들이 증류주를 생산하거나 소비했을 가능성이 거의 없기 때문에, 멕시코에는 증류가 약 500년 전에 등장했다고 주장했다.[74] 그러나 콜럼버스 이전, 즉 멕시코 원주민들은 유럽과 접촉하기 전에 아가베 식물을 기반으로 두 종류의 발효주를 만들었다. 귀족들이 마신 가장 오래된 발효주는 메스칼을 만들 때와는 완전히 다른 기술을 사용해서 만들었는데, 바로 아가베 꽃 줄기에서 추출한 발효 수액으로 만든 풀케pulque가 그것이다.[75] 신의 선물로 여겨지는 풀케는 종교적 희생 의례, 의약 용도, 용맹함을 찬양하기 위한 축하주로 사용되었다.[76] 두 번째 발효주는 아가베를 가공하여 음식에 사용하는 또 다른 종류로, 일반적으로 메스칼(이 단어는 '요리된 아가베'라는 의미인 'Nahuátl metl ixcalli'에서 파생됨)로 알려져 있다.[77] 풀케가 살아 있는 식물에서 수액을 받아 자연 발효하여 만드는 반면, 이 발

74 吉田集而,「海を渡った蒸溜器: メキシコの蒸溜酒」, p. 174.

75 吉田集而,「海を渡った蒸溜器: メキシコの蒸溜酒」, pp. 176-195.

76 Weir, *Tequila*, p. 3; Bruman, *Alcohol in Ancient Mexico*, pp. 61-64. 풀케에 대한 더 자세한 역사적·기술적 내용은 Bruman, *Alcohol in Ancient Mexico*, pp. 64-82 참고.

77 멕시코의 발효 메스칼 및 기타 원주민 발효주에 대해서는 Bruman, *Alcohol in Ancient Mexico*, pp. 83-98; 吉田集而,「海を渡った蒸溜器:メキシコの蒸溜酒」, pp. 198-203 참고.

효주는 먼저 아가베를 볶고 분쇄하여 알코올을 생산하는 데 필요한 당분을 추출해서 만든다.[78] 이러한 과정은 단 음식을 만들 때에도 일반적으로 행해진다.

풀케 및 메스칼로 알려진 구운 아가베 음료는 곧 식민지 지배자인 스페인 사람들 사이에서 인기를 얻었다. 스페인 사람들은 고향 스페인에서 개발한 증류주를 비롯한 여러 술들을 멕시코로 가져왔을 것이다.[79] 그러나 유럽에서 가져온 물품들이 다 떨어지자,[80] 이를 대체할 수 있는 증류주를 생산하기 위해 토착 자원을 고려하기 시작했다. 누군가가 볶은 아가베 줄기에서 추출한 달콤한 설탕 시럽을 증류주의 원료로 사용할 수 있다는 기발한 아이디어를 생각해 냈다.[81] 여기에 메스칼 와인vino de mescal이라는 이름이 붙여졌고, 결국 도수 높은 술 전체를 나타내는 명칭이 만들어졌다. 이러한 발전 과정을 통해 궁극적으로 메스칼과 데킬라가 증류주로 부상하게 되었다.

당연히 멕시코에서 새로운 증류주를 생산하는 데 사용된 기술이 스페인에서 시작된 것이라고 가정해 볼 수 있다. (스페인이 아니라면 유럽 어디에선가 시작된 것이다.) 그러나 멕시코에서 계속되는 고고학 발굴과 인류학 현장 연구로부터 도출된 두 가지 놀라운 사실은 이러한 가정에 의문을 제기하게 만들었다. 첫째, 이 새로운 증거 덕분에 학

---

78 Williams, *Tequila*, pp. 48-49. 브루만은 또한 풀케와 메스칼을 만드는 데 사용되는 아가베의 크기가 다르다고 지적한다. 풀케용 아가베는 더 크고 육즙이 많은 잎을 가지고 있다. Bruman, *Alcohol in Ancient Mexico*, p. 67.

79 吉田集而, 「海を渡った蒸溜器: メキシコの蒸溜酒」, p. 200.

80 吉田集而, 「海を渡った蒸溜器: メキシコの蒸溜酒」, p. 200.

81 증류한 메스칼에 대해서는 吉田集而, 「海を渡った蒸溜器: メキシコの蒸溜酒」, pp. 206-209 참고.

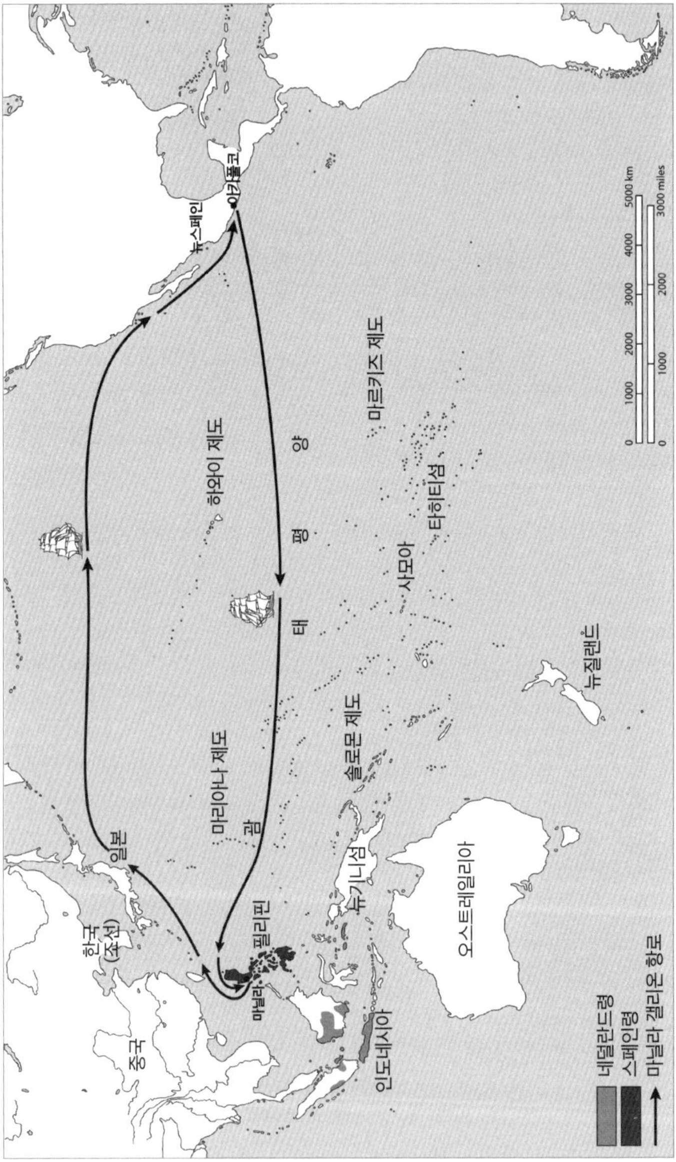

[지도 6.2] 마닐라 갤리온 항로

자들은 구운 아가베를 증류하기 위해 사람들이 유럽식 증류 기술만이 아니라 아시아식 증류 기술도 사용했다는 사실을 발견했다. 기존의 가정을 가장 크게 뒤흔든 발견은 인류학자 칼 룸홀츠Carl Lumholtz가 19세기에 처음 보고한, 우이촐Huichol 부족이 사용한 동아시아형 증류기였다.[82] 룸홀츠에 이어 아나 발렌수엘라-자파타Ana Valenzuela-Zapata의 최신 논문을 포함한 고고학 및 인류학적 연구는 이러한 우이촐 부족이 사용한 증류기를 증명할 추가 증거가 존재할 가능성을 시사한다.[83] 둘째, 이러한 발견에 기초하여 룸홀츠를 시작으로 몇몇 학자들은 유럽과의 접촉 이전에 멕시코에서 동아시아형 증류기를 사용해 증류했을 가능성을 주장했다. 룸홀츠는 심지어 콜럼버스 이전 시기에 중국인과 멕시코인 간의 교류 가능성을 주장했다. 그는 자신의 주장을 뒷받침하는 데 사용한 증류기들을 실제로 공개하지는 못했다. 지난 수십 년 동안의 후속 연구들은 새로운 발견을 기반으로 그가 제기한 가능성을 다시 주장할 수 있게 만들었다.

룸홀츠가 제기한 문제를 비판적으로 검토하기에 앞서 멕시코에서 두 가지 증류 방식을 사용해 증류주를 생산할 수 있었음을 이해해야 한다. 첫째, 멕시코를 식민지배한 스페인 사람들은 구운 아가베를 유럽식 증류 방법으로 증류했고, 이후 원주민에게도 이를 전파했을 것이다. 동시에 다른 스페인 사람들은 마닐라 갤리온 무역을 통해 아시

82 주목해야 할 중요한 점은 아시아식 증류기는 냉각하는 부분에서 유럽의 알렘빅과 차이가 있다는 것이다.

83 Ana G. Valenzuela-Zapata, "East Asian Stills: Distillation Influences in Mezcal Production in Mexico," *Tribute, Trade and Smuggling*, edited by Angela Schottenhammer (Wiesbaden: Harrassowitz Verlag, 2014), pp. 141-151.

아에서 유행한 증류 방법을 필리핀에서 멕시코 서부로 도입했을 가능성도 있는데, 이는 아시아식 증류 기술을 사용하여 메스칼 증류를 더 쉽게 시작한 멕시코인 사이에서 유럽식 증류 방법의 유행과 동시에 퍼졌을 수 있다. 어느 방법으로든, 구운 아가베로 양조한 술이 발효된 형태에서 증류된 술로 변형된 사실에 주목할 필요가 있다.[84] 유럽인들이 마닐라 갤리온선을 통해 필리핀에서 아시아형 증류기를 전파했다는 이 이론은 브루만에 의해 처음 체계적으로 주장되었는데, 브루만은 연구를 통해 17세기 이전의 어느 시점에 증류된 "코코넛 와인vino de cocos"이 멕시코에 도입된 것을 밝힘으로써 콜럼버스 이전 시기에 몽골식 증류 기술이 전파되었다고 주장한 룸홀츠의 이론을 반박했다.[85]

브루만의 영향력 있는 주장은 이를 뒷받침하는 경험적 근거에도 불구하고 해결해야 할 문제들을 제기한다. 그는 멕시코에서 발견된 증류기가 '필리핀식 증류기'라고 주장했지만 이것이 의미하는 바는 설명하지 않았다. 발렌수엘라-자파타는 브루만이 '필리핀식 증류기'의 개념을 사용하여 코코넛 와인 및 그 증류액인 튜바tuba(코코넛 수액 발효물에 대한 타갈로그어)와 그에 관한 이야기를 뭉뚱그려 아메리카 대륙에 전파된 '패키지 지식'으로 설명했다고 주장하면서, 최근에 브

---

84 吉田集而, 「海を渡った蒸溜器: メキシコの蒸溜酒」, p. 226.

85 Bruman, "The Asiatic Origin of the Huichol Still"; Henry J. Bruman, "Some Observations on the Early History of the Coconut in the New World," *Acta Americana* 2 (1944), pp. 200–243; Henry J. Bruman, "Early Coconut Culture in Western Mexico," *Hispanic American Historical Review* 25, no. 2 (1945), pp. 212–223; 吉田集而, 「海を渡った蒸溜器: メキシコの蒸溜酒」, p. 215.

루만 이후로 제기된 새로운 주장들에 대한 재검토에 착수했다. 동일한 주제에 대해 브루만도 별도의 증거를 제시함으로써, 현재 니덤과 그의 프로젝트 팀이 잘 분류한 몽골식 증류기와 중국식 증류기에 대해 논의하는 토론에 참여했다. 발렌수엘라-자파타에 따르면, 콜룽가Colunga와 지줌보Zizumbo의 최근 연구는 확실히 '필리핀 증류기'의 영향을 받았다고 할 수 있는 메스칼 증류의 흔적을 밝힘으로써 브루만의 가설을 뒷받침했다.[86] 그러나 학제간 방법론의 도움을 받은 추가 현장 조사는 멕시코 중서부의 콜리마Colima에서 발굴된 공동묘지 속 '카파차Capacha' 도기들(이중 공간이 있는 병 모양의 용기 및 그릇과 미니어처 컵 유형의 용기를 포함)에 대한 연구를 기반으로 한 새로운 가설, 즉 스페인 사람들이 도착하기 훨씬 이전인 카파차 단계(대략 기원전 1500-기원전 1000)에서 증류가 가능했다는 가설을 이끌어 냈다.[87] 따라서 조지프 니덤 등은 『중국의 과학과 문명』 제5권에 카파차 유물을 소개하면서 이를 기원전 1500년의 것으로 추정했다.[88] 동시에 니덤은 중국의 도기 증류기와 카파차에서 이사벨 켈리Isabel Kelly 박사가 처음 발견한 것 사이의 유사점을 지적하며 고대 멕시코에서 증류가 독립적으로

86 Zizumbo and Colunga, 2007, 2008, cited in Valenzuela-Zapata, "East Asian Stills," p. 141.

87 이 도기들의 컬러 이미지는 Patrick E. McGovern et al., "Pre-Hispanic Distillation? A Biomolecular Archaeological Investigation," *Open Access Journal of Archaeology and Anthropology* 1, no. 2 (2019), p. 2 참고. 맥거번의 가장 최근 연구에서 주장한 내용은 이하의 논의를 참조하라.

88 Needham, Ho, and Lu, *Science and Civilisation in China*, vol. 5, part 4, pp. 109-110, Fig. 1485b; Zizumbo et al., "Distillation in Western Mesoamerica before European Contact," *Economic Botany* 63, no. 4 (2009), pp. 413-426, Valenzuela-Zapata, "East Asian Stills," p. 141에서 재인용.

발전했을 가능성을 시사했다.[89]

그러나 발렌수엘라-자파타는 아시아와 아메리카 대륙이 술로 연결되어 있다는 가설을 논의하기 위해 멕시코의 증류기 형태와 니덤이 정의한 동아시아형 증류기의 기본 모델의 관련성을 강조한다.[90] 수증기를 응결시키는 원리로 만들어진 동아시아식 증류기는 이슬람의 알렘빅 형태로 대체되기 전까지 이 지역 전역에 걸쳐 다양한 형태로 존재했다. 니덤도 누군가가 중국이나 필리핀에서 동아시아형 증류기를 가져왔을 가능성을 제안했고, 심지어 난파된 정크선이 멕시코에 도달했을 가능성을 주장하기도 했다.[91] 브루만은 자신의 박사학위 논문을 바탕으로 2000년에 새로 출간한 저서에서 니덤을 직접적으로 인용하지는 않지만, 태평양 양쪽에서 발견된 증류 기술, 즉 몽골·필리핀·우이촐 증류기를 비교하는 그림을 더함으로써 니덤의 분류법에 대응했다.[92]

이러한 배경에서 발렌수엘라-자파타는 현재까지의 인류학적 연구를 한층 더 발전시킬 새로운 연구 결과들을 자신이 몸담고 있는 현장 연구로부터 가져왔다. 그녀는 민족생물학, 인류학, 역사를 포함하

---

89 Needham, Ho, and Lu, *Science and Civilisation in China*, vol. 5, part 4, p. 110.

90 발렌수엘라-자파타가 간다라형으로 알려진 인도식 증류기에 대해서도 논의했지만, 이들 증류기는 주로 몽골식 또는 중국식 증류기들이다. Valenzuela-Zapata, "East Asian Stills," pp. 143-145.

91 吉田集而, 「海を渡った蒸溜器: メキシコの蒸溜酒」, pp. 215-216. 니덤은 중국에서 온 난파된 정크선이 멕시코에 도달했을 가능성을 언급한다. Needham, Ho, and Lu, *Science and Civilisation in China*, vol. 5, part 4, p. 110.

92 Valenzuela-Zapata, "East Asian Stills," p. 149; Bruman, *Alcohol in Ancient Mexico*, p. 6; 吉田集而, 「海を渡った蒸溜器: メキシコの蒸溜酒」, pp. 211-212.

는 새로운 학제간 접근 방식을 사용하여 멕시코 태평양 연안에서 사용된 동아시아식 증류기에 대한 기존 논의들을 재검토해야 한다고 주장한다. 멕시코 서부 지역의 많은 사람이 당시 불법으로 술을 증류했기 때문에(현재는 메스칼 및 '라킬라Raicilla'는 합법임) 이를 아시아형 증류기와 비교하기 위해 '메스칼 밀주 제조' 관행을 조사하기 시작했다. 그리고 멕시코 서부 할리스코Jalisco에서 현장 조사와 인터뷰를 통해 얻은 경험적 데이터를 통해 현지의 많은 멕시코인이 중국식 증류기로 메스칼을 증류하고 있다는 결론을 내렸다. 눈으로 직접 볼 수는 없었지만, 위라이카(우이촐), 코라 등 토착 문화를 접한 개인들이 촬영한 사진과 묘사를 바탕으로 몽골식 증류기의 존재도 확인할 수 있었다.[93] 발렌수엘라-자파타 등은 멕시코에서 중국 및 몽골 유형의 증류기가 발전한 데에 아시아의 증류기가 미친 영향을 최근 논문에서 확인했다.[94] 그녀는 멕시코의 다양한 동아시아형 증류기를 조사한 결과, 우이촐 부족에서도 룸홀츠가 식별한 몽골식 증류기가 점차 사라지고 대신 더욱 복잡한 특징을 가진 중국식 증류기가 부각되었음을 발견했다. 그녀는 멕시코의 고대 증류와 그에 끼친 아시아 증류의 영향을 설명하기 위해 세 가지 시나리오를 제시하며, 이 지역에 고대의 원조 증류 지식이 일종의 '카파차 유물'로 존재할 가능성이 있지만 현존하는 사료들은 아시아형 증류기들이 스페인 정복 이후 서부 멕시코의

---

93 Valenzuela-Zapata, "East Asian Stills," pp. 148-151.

94 Ana G. Valenzuela-Zapata, Paul D. Buell, María de la Paz Solano-Pérez, and Hyunhee Park, "'Huichol' Stills: A Century of Anthropology-Technology Transfer and Innovation," *Crossroads: Studies on the History of Exchange Relations in the East Asian World* 8 (2013), pp. 157-191.

증류에 영향을 미쳤다는 사실을 시사한다고 결론 내린다.

발렌수엘라-자파타가 "아시아와 아메리카 대륙이 증류주로 연결되어 있다는 가설은 앞으로 더 쓰여야 할 역사의 가설들을 뒷받침한다."라고 주장하는 동안,[95] 맥거번Patrick E. McGovern과 그의 동료들은 이 주제와 관련된 또 다른 가설을 재검토한다. 즉, 전에 니덤이 카파차 도자기 유물의 연대를 기원전 1500년까지 소급하면서 제안한 바로, 고대부터 멕시코에서 증류가 독립적으로 개발됐을 가능성을 재검토하기 시작했다.[96] 맥거번과 그의 동료들은 현대의 첨단 기술에 힘입은 실험적이고 고고학적인 접근 방식이라는 획기적인 방법으로 발굴된 도자기에 생체 분자 고고학 연구를 적용하여 고대 기원 이론을 검증하려고 했다. 고대 도기 용기의 복제품으로 발효주를 증류하고 고대 원본 용기와 복제품의 분자(예: 바이오마크)를 비교함으로써, 이중 공간을 가진 항아리형 용기로 술을 증류할 수는 있지만 이 용기가 실제로 증류에 사용되었다는 흔적이 없다는 것을 발견했다. 현재까지 이 부장품 외에 "알렘빅처럼 생긴 증류기"에 대한 고고학적 발견이 없었기 때문에, 맥거번은 자연의 재료들을 찌거나 달이는 것과 관련해 멕시코 사람들이 가지고 있었던 지식과 고대 중국의 사례에서 확보한 증거들이 유사하다는 점을 바탕으로 멕시코에서 증류기가 독립적으로 발명되었을 것으로 추정할 수 있다고 결론 내렸다. 현재 고고학, 고생물학, 화학 연구에서의 증거 부족으로 좀 더 깊이 있는 가설

95 Ana G. Valenzuela-Zapata, Paul D. Buell, María de la Paz Solano-Pérez, and Hyunhee Park, "'Huichol' Stills-A Century of Anthropology: Technology Transfer and Innovation," p. 180.

96 McGovern et al., "Pre-Hispanic Distillation?," pp. 1-13.

로 나아가기 어렵기 때문에 구체적인 결론을 얻기 위해서는 더 기다려야 한다.[97]

위에서 논의한 모든 주장에는 강점과 약점이 있다. 룸홀츠와 니덤은 스페인 정복 이전에 동아시아의 증류기가 전파되었을 가능성을 제시했지만 구체적인 증거를 제공하지 않았기 때문에 브루만과 요시다와 같은 다른 학자들이 이를 반박했다. 발렌수엘라-자파타, 맥거번 등이 제시한 멕시코 증류주의 기원에 대한 가장 최근의 논의들은 증류가 스페인 정복 이전에 기원했다는 초기 주장(콜럼버스 이전의 전파설 및 독립적 발전설 모두)을 뒷받침하는 몇 가지 새로운 증거를 가져와서 증류주의 기원이라는 이 주제가 앞으로 발견될 새로운 증거를 바탕으로 지속적으로 논의될 것이라고 제안한다. 그런데 새로운 문헌이나 고고학적 증거가 나오기를 기다리는 동안, 멕시코와 한국의 경우를 비교해서 한국과 멕시코에서 각기 이루어진 몽골/중국식 증류 기술 전파 과정을 조명해 볼 수 있다.

룸홀츠를 시작으로 여러 학자들이 주장한 콜럼버스 이전 시기에 '우이촐 증류기'의 전파 가능성을 고려하기는 어렵다. 또한 추가적인 증거 없이 증류가 멕시코에서 독자적으로 발전했다는 것을 확인할 길도 없다. 그러나 콜럼버스 이전에 영향을 미쳤을 가능성에 대한 이 질문은 잠시 차치하고, 중세 동아시아에서 발전한 몽골식 증류기와 중국식 증류기가 모두 13-14세기 몽골 시대에 동아시아 전역에 널리 퍼져 동남아시아를 시작으로 해외로 전파됐기 때문에 1492년 이후에

97 McGovern et al., "Pre-Hispanic Distillation?," p. 11.

[그림 6.1] 멕시코 할리스코 남쪽에서 발견된 나후아 증류기(사진: 아나 발렌수엘라-자파타, 그림: 마리아 데 라 파스 솔라노-페레즈)

아메리카 대륙으로도 전파되었을 가능성은 고려할 수 있다. 즉, 우리는 동아시아형 증류기가 해외로, 특히 동남아시아로 전파된 다음 다시 마닐라 갤리온선을 통해 멕시코로 전파된 시나리오를 상상해 볼 수 있다. 발렌수엘라-자파타와 그녀의 동료들의 연구에 따르면, 멕시코 할리스코의 턱스판(Tuxpan)에서 발견된 일부 증류기들은 한국에서 개발된 증류기 중 (니덤 분류법 속의) 중국식 증류기와 형태 면에서 놀라운 유사성을 보여 준다(그림 6.1 참조, 그림 4.1과 비교할 것).

필자가 별도의 논문에서 주장한 것처럼, 위의 두 증류기는 우연이라고 하기엔 너무나 유사하다.[98] 그들 사이에 직접적인 영향을 주고받았을 가능성은 없지만, 간접적인 연결을 가정해 볼 수 있다. 즉,

98 Valenzuela-Zapata et al., "'Huichol' Stills," pp. 185-186.

13세기부터 한반도로, 16세기부터 멕시코로 전파된 증류기들은 비슷한 과정을 거쳐 두 지역에서 발전해 나갔을 것이다. 4장에서 볼 수 있었듯이, 한반도에서는 니덤이 몽골식이라고 부르는 단순한 증류기가 문헌에 가장 먼저 등장한다. 그 후 더 복잡한 중국식 증류기, 즉 관을 사용하여 증류된 술방울을 솥 밖으로 추출해 내는 증류기가 조선 후기에 주요 형태로 자리 잡았지만, 일부 지역에서는 여전히 원시적인 방식이 사용되었다. 우선 우리는 사용하기 쉽기 때문에 더 원시적인 방식의 증류기가 태평양을 가로질러 필리핀에서 들어왔다고 가정할 수 있다. 그러나 몇 개의 중국식 증류기가 동시에 전해졌고, (한국에서와 같이) 사람들이 이 기술에 익숙해지면서 멕시코에서도 점차 대중화되었을 수 있다.

물론 멕시코에서 증류기가 독립적으로 개발되었을 가능성도 부정할 수 없다. 1장에서 중국과 기타 지역에서 비슷한 사례를 볼 수 있었기 때문이다. 그러나 앞서 논의한 바와 같이, 고대 증류법은 수은과 장미수 증류 등에 제한적으로 사용되었으므로, 증류를 통해 증류주를 만드는 것이 언제 대중화되었는지를 파악하는 것이 더 중요하다. 한국은 증류주가 대중화된 시점을 몽골 시대의 어느 시점으로 특정하도록 돕는 구체적인 증거가 발견되어 비교적 관점에서 좋은 통찰을 제공하고 있다.

한반도에서는 고대부터 발효주를 만드는 오랜 전통이 있었지만, 몽골 시대에 중국으로부터 여러 문화적 아이디어 및 물품들과 함께 증류 아이디어가 전해지기 전까지는 증류주를 만든 흔적을 찾아볼 수 없다. 소주는 한반도에서 증류주로 대중화되면서 현지화되기 시작했다. 맥거번과 그의 동료들이 주장하듯이, 멕시코는 고대에 증류가 독립적으로 시작되었을 가능성이 여전히 열려 있으며, 그와 관련된 추가 증거가 발견되기를 기다리고 있다. 그러나 우리는 오랜 전통 속에서 발효주를 만들어 즐겼고 이미 고대 증류 기술을 보유했을 수도 있는 멕시코 원주민에게 몽골식 및 중국식 증류기와 같은 외부에서 온 새로운 증류 기술이 엄청난 영향을 미쳤을 것임을 인지해야 한다. 어떤 경우든 간에 몽골과 중국의 증류 기술은 의상, 음식, 언어(아카풀코 방언), 유전적 특징(아카풀코 지역에서 보이는 많은 필리핀 유전적 특징에서 알 수 있듯이) 같은 필리핀 및 남중국의 기타 문화적 요소들과 함께 마닐라 갤리온선을 통해 아메리카 대륙으로 이동했다. 13세기와 14세기에 중국과 한국을 오간 몽골 군인들을 비롯해 다양한 직업에 종사하는 사람들이 한반도에 증류주와 그 기술을 가져와 보급했던 것처럼, 스페인 군인과 아시아 이민자들(대부분이 노예였다)도 16세기 동안 인도양 전역에 이미 유통되었던 몽골과 중국의 주류와 증류기를 멕시코로 가져가서 보급시켰고 토착민들은 아시아식 증류 아이디어를 빠르게 받아들였다. 이는 멕시코 원주민들이 새로운 증류 기술과 증류주 제조 방법을 쉽게 수용하여 적용한 것을 보고 기뻐했다는 사실을 스페인 정복자의 기록에서 분명히 알 수 있다.[99] 현지인들은 이를 채택하고 대중화한 후, 곡물 증류에 사용된 아시아의 휴대용 증류기를 아가베 증류에 적용하고, 필요할 때마다 새로운 환경 및 문화 조건에 적응시키는 실험을 시작했다.

이는 또 다른 질문을 제기한다. 동아시아형 증류기가 처음에 어떻

99 이 정보를 제공해 준 아나 발렌수엘라에게 특별한 감사를 표한다.

게 필리핀에 도착했을까? 이와 관련해서는 다양한 시나리오를 고려해 봐야 한다. 몽골인들은 중국과 한반도의 연결을 통해 동아시아형 증류기를 한국, 심지어 일본과 같은 곳으로 전파시켰기 때문에 동아시아형 증류 기술이 중앙아시아를 거쳐서 서쪽으로 확산되었을 가능성이 있고, 이는 이미 몇몇 연구에 의해 입증되었다. 이 기술이 또한 남쪽으로 이동해서 동남아시아로 전파되었을 수 있는데, 이는 아직 입증되지는 않았다. 한반도에는 이 증류 기술의 전파를 증명해 주는 문서가 풍부하기 때문에 한국의 경우를 참고하여 이와 유사한 사례를 유추해 볼 수 있다.

동아시아형 증류기가 동남아시아로 전파되었다는 직접적인 증거는 없지만 역사적 맥락을 바탕으로 가정해 볼 수 있다. 1368년에 몽골이 통치하던 원나라가 멸망하고 명나라가 들어서면서 국제무역에 종사하는 중국 상인들이 새로운 왕조의 해금정책을 피해 동남아시아로 이주했듯이, 이슬람교도를 포함한 많은 외국인도 그러했다. 몽골 시대에 중국에서 발전한 동아시아형 증류 기술도 동남아시아로 다시 전파되었을 가능성이 높다. 이 동아시아형 증류 기술은 1500년부터 스페인 사람들이 운영한 마닐라 갤리온선을 타고 필리핀을 통해 멕시코로 전해져서 멕시코의 발효주 생산에 변화를 가져왔다. 이 과정에서 몽골식과 중국식 증류 방식이 함께 멕시코로 전파되었으며, 더 복잡하고 정교한 중국식 증류기가 시간이 지남에 따라 대중화되었을 가능성이 높다. 앤더슨이 주장했듯이, 중국식 증류기는 19세기 후반에 광둥인들이 멕시코로 많이 이주하면서 훨씬 늦게 전파되었을 가능성도 가정해 볼 수 있다. 광둥 이민자들은 살라디토스(소금에 절인 중국 살구, 광둥어로 숀무이, 한국어로 마이라고 불리며 현재 멕시코의 보편적인 음식이다)를 멕시코로 가져갔고, 그곳에서 찹수이chop suey 및 초우메인 chow mein 같은 음식도 대중화시켰다.

여하튼 증류의 세계사적 발전과 관련된 많은 사료와 연구는 큰 변화의 분수령이 된 두 시점을 제시한다. 하나는 13세기와 14세기의 몽골 시대이고, 다른 하나는 15세기 후반의 유럽 확장이다. 우선, 두 시기 모두 동아시아 사회의 증류 발전에 중요한 변화를 가져왔다. 물론 중국, 한국, 일본의 경우에는 몽골 시대가 중요한 출발점이 된다. 이때 중국에서 증류가 널리 퍼져 한국에 처음 증류주가 전파되었고, 이후 일본에도 도입되면서 동아시아의 술 문화가 크게 변화했다. 그런 다음 유럽 국가들이 동아시아에 진출하면서 이슬람의 알렘빅 기술을 기반으로 발전한 근대 증류법이 동아시아 국가들에 전해졌고, 이후 현지의 증류주 개발에 영향을 미쳤다. 멕시코의 경우는 아프로·유라시아의 변화에 영향을 받아 대규모로 변화한 또 다른 예를 보여 준다. 이곳의 경우에는, 앞서 몽골 시대에 발전한 동아시아의 증류 기술은 동남아시아로도 퍼져 나갔었는데, 이를 유럽인들이 멕시코에 소개하여 그곳에서 더욱 발전한 것이다.

멕시코의 경우에는 한국과 마찬가지로 새로운 형태의 증류 기술이 해외에서 도입된 후 빠르게 대중화되어 사회 전체의 음주 문화에 큰 영향을 미쳤다. 이러한 음주 문화의 변화는 유럽인들이 멕시코 사회에 끼친 많은 주요 변화 중 하나다. 최근 논문에서 마리아 데 라 파스 솔라노-페레즈는 16세기에 작성된 사료들을 토대로 이 견해를 뒷받침한다.[100] 그녀의 연구에 따르면, 콜럼버스 이전 시기의 멕시코 중

100 María de la Paz Solano-Pérez, "The Early Path, from the Sacred to the Profane

부 사회에서는 일반적으로 신과 영적 접촉을 시도하는 의식에서 종종 첨가제를 넣은 발효주를 마셨다. 그녀는 "아주 소수만이 이 의식에 참가할 수 있는 특권을 얻었다."라고 말한다. 솔라노-페레즈는 뉴스페인의 일부가 된 뉴갈리시아(1521-1821년 아메리카가 스페인의 식민지이던 시대에 스페인 제국이 정복한 영토)를 정복한 후 특히 17세기와 18세기 동안 금주 조치가 극심하게 변동적으로 실행되었다고 덧붙였다. 증류주 소비는 정책뿐만 아니라 사회적 행동에도 영향을 미쳤다. 예를 들어, 새로운 증류주의 소비는 뉴갈리시아의 수도인 과달라하라를 개발하는 데 필요한 자금을 모을 기회를 제공했다. 오랜 전통을 가진 발효주는 사라지지 않았지만 증류주의 부상과 함께 점차 쇠퇴해 갔다. 그러나 일부 지역에서는 콜럼버스 이전 시대에 음주가 지녔던 신성한 의미조차 잃어버리게 되었고 불경이 곧 만연해졌다. 솔라노-페레즈는 이렇게 음주가 신성에서 모독으로 변화한 과정을 기록하고 이러한 변화를 촉진하는 사회적 세력을 식별한다. 이러한 현상은 유럽 정복 이후 변화한 음주 문화의 특징이었다.

일부 메스칼 생산의 전통에는 여전히 데킬라의 초기 개발에 영향을 준 아시아식 증류기의 특징이 포함되어 있다. 현재 대부분의 데킬라는 현대화된 기계로 제조되지만 많은 멕시코인은 여전히 전통적인 방법과 증류 기술을 사용하여 증류주를 만들고 있다. 우리는 아프로·유라시아에서의 전근대 증류의 발전과 그 뿌리를 잊지 말아야 한

---

in Fermented Beverages in New Galicia, New Spain (Mexico), Seventeenth to Eighteenth Century," *Crossroads: Studies on the History of Exchange Relations in the East Asian World* 14 (2016), pp. 219-256.

다. 한국과 멕시코의 사례는 세계 증류주의 역사가 직간접적으로 글로벌 역사로 연결되어 있음을 분명히 보여 준다.

결론

이 장에는 한국 소주의 역사와 여러 가지 연관성을 공유한 일본과 멕시코의 증류주 발전 사례를 살펴보았다. 일본의 사례는 직접적인 연결 가능성, 즉 한반도의 소주가 일본 열도로 퍼져 나가면서 직접적인 영향력을 발휘했을 가능성을 보여 준다. 멕시코의 경우는 중국 무역, 필리핀, 마닐라 갤리온선을 통해 한반도와의 간접적인 연결의 형태로 발전했다. 실제로 두 사례는 증류주가 전파된 이후 발전하는 과정에서 유사한 특성을 공유한다. 전근대 아프로·유라시아 증류주의 기원, 전파, 발전에 관한 많은 이론들 가운데, 학자들의 관심을 끌고 있는 일본과 멕시코의 경우에는 풀리지 않는 미스터리가 많이 숨어 있다. 한국의 증류주 발전은 이 연구에서 새로운 비교 지점을 제공하며, 이 책의 다른 장에서 제시된 한국의 사례에 대한 연구 결과는 일본과 멕시코 같은 국가들의 사례를 새로운 시각으로 조명하는 데 도움을 준다.

한국과 일본에서 구할 수 있는 다양한 사료를 비교해 보면 소주는 13세기에 한반도와 제주도에 정착되었고, 이후 일본으로 전파되었다는 구체적인 증거를 볼 수 있다. 물론 증류주와 증류 기술은 술과 책을 포함한 상업품의 무역을 통해서도 중국과 한국에서 일본으로 직접 이동했을 것이다. 몇몇 일본 학자들은 증류주와 증류법이 태국에서 류큐로 직접 전파되었다고 가정한다.[101] 이러한 동남아시아와의 직접적인 연결을 염두에 두고 보면, 유럽인들이 일본으로 가는 길에 동남아시아를 거치면서 증류주를 가져왔는데, 그중 일부는 이슬람 알렘빅 기술을 기반으로 하여 개발된 증류 기술로 유럽에서 생산된 것이었음이 분명하다. 이러한 모든 전파는 몽골 시대 이후에 발생했다. 그러나 일본은 한국의 경우와는 달리 증류주가 들어왔을 때 한국만큼 빨리 전역으로 퍼지지 않았다. 일본에는 이미 체계화된 발효주 산업이 있었기 때문에 증류주에 대한 수요가 낮았다. 대신 증류주는 국가의 후원 덕분에 류큐 제도에서 성장했고, 류큐와 지리적으로 가까운 규슈섬과 추운 날씨 등 사케 양조 과정에 적합한 기후 조건을 갖추지 않은 일부 지역에서 발전했다.[102]

우리는 한국 소주와 메스칼, 데킬라 등 다양한 멕시코 주류와의 관계를 비교적 관점에서뿐만 아니라 소주 및 기타 아시아 증류품과의 간접적인 연결 측면에서 접근할 필요가 있다. 유일하게 직접적인 연결 가능성은 한국의 증류기와 멕시코에서 발견되는 전통적인 증류기를 통해서인데, 이들은 모두 대략 몽골 시대 말에 한국과 동남아시아로 퍼졌고 나중에 마닐라 갤리온선을 통해 아메리카 대륙으로 전파된 동아시아형 증류기의 특성을 지닌다. 여기에는 아시아뿐만 아니라 멕시코에서도 예기치 않게 발견되는 소위 몽골식 증류기도 포함된다. 더 정교한 중국식 증류기가 시간이 지나면서 우세하게 자리매김했다는 사실은 두 곳 모두에서 발견된 사실이며, 이는 세계에서 멀

---

101 酒類総合研究所, 『うまい酒の科学』, pp. 42, 48.

102 Hishinuma, *Sake*, p. 323.

리 떨어진 두 지역에서 증류 발전의 확산이 유사한 경험과 방향으로 발전했음을 시사한다. 이 책에서 우리는 멕시코와 한국에서 다양한 종류의 증류기를 사용하여 발전한 기본적인 전통 증류 기술만을 비교했다. 최근 멕시코에서 진행된 고식물학적 발견과 관련하여 문서로 잘 기록된 한국 소주의 사례를 조사하면서 동시에 원재료의 발효와 후속 증류 과정을 포함한 전체 기술을 심층적으로 연구하면 그 발전 과정을 더 잘 이해할 수 있을 것이다.

현대 일본에서 사케는 증류주보다 더 중요해졌다. 그러나 일본도 20세기 후반에는 증류주 붐이 일어나 한국보다 증류주에 대한 연구가 더 많이 진행되었다. 사케보다 덜 유명하지만, 일본에서 쇼츄도 전 세계적으로 홍보하고 있으며, 오키나와산 아와모리 쇼츄는 전통식으로 증류된 증류주로서 세계적으로 유명하다. 멕시코에서는 유럽인들에 의해 도입된 증류주가 이후 데킬라 산업으로 꾸준히 성장하고 있다. 기본적으로 일본의 쇼츄와 멕시코의 데킬라는 신흥 글로벌 증류주 산업에 합류하고 있는데, 글로벌 증류주 시장도 오랫동안 알려진 서양 증류주들을 넘어 관심을 빠르게 확장하고 있다. 글로벌 증류주 시장은 중국 전통에 뿌리를 둔 중국식 증류주 레시피뿐 아니라 본서에서 소개한 한국의 증류주도 환영하고 있다. 여기에 동남아시아, 중앙아시아, 중동, 지중해의 아락과 아르히 등 소주의 고대 기원을 공유하는 다른 증류주들을 추가할 수 있다.[103] 몽골 시대 이후에

---

103 이 책에서 시도되지 않았지만 앞으로 연구할 가치가 있는 중요한 주제 중 하나로 몽골 시대 이후 중앙아시아, 동남아시아, 중동, 유럽을 포함한 아프리카-유라시아의 다른 지역들에서 지속적으로 빠르게 이루어진 아락의 발전을 들 수 있다.

발전한 동아시아 스타일의 증류주가 몽골 병사, 상인 및 문화 교류의 핵심 매개자를 통해 이 지역의 증류 문화 발전에 영향을 미쳤을 가능성을 짐작할 수 있다.

한국의 사례에 비추어 일본과 멕시코의 경우를 볼 때, 이들은 일반적으로 증류주가 몽골 시대 이후 갑자기 전 세계적으로 퍼졌다는 강력한 증거를 제공하며, 이 가설을 완전히 확인하기 위해 추가 연구가 필요함을 보여 준다. 즉, 몽골 시대에 대중화되어 동서로 확산된 증류주는 하나의 문화 품목이 하나의 교류 시스템을 통해 발전한 다음 더 큰 글로벌 시스템으로 나아간 사례다. 다시 말하면, 고대와 중세 시기에 교류를 통해 중세 아시아 지역의 증류에 영향을 미쳤을 수 있는 서아시아의 알렘빅 전통은 몽골 시대가 끝난 후 아시아형 증류주의 확산으로부터 자극을 받아 동남아시아, 중앙아시아, 중동 및 더 멀리 지중해의 아락주 전통으로 발전했을 수 있다. 알렘빅 증류는 중세 말에 유럽에 영향을 미쳤다. 물론 이에 대한 좀 더 직접적인 연결을 찾아야 하지만, 특정한 연결이 있었다는 사실을 부정하기는 어렵다. 유럽의 증류는 한국과 일본을 포함한 아시아의 현대 산업식 소주/쇼츄 증류에 영향을 미쳤다. 아프로·유라시아의 증류는 증류 기술의 전파가 더 확장되어 가는 과정에서 주로 멕시코를 중심으로 하는 신대륙의 증류주 개발에 영향을 미쳤다. 세계의 여러 사회를 연결하는 현대 증류주의 이동이라는 주제는 앞으로 더 많은 연구가 필요할 것이다. 본서의 연구는 그 작업이 이루어지리라는 기대와 함께 여기서 마무리하고자 한다.

결론

세계 문화 교류 속 소주

SOJU

우리는 지금까지 증류 기술의 발전과 문화 간 교류를 통해 소주가 지역적 수준을 넘어 국가적·세계적으로 발전해 온 풍부한 역사를 탐구했다. 21세기에 들어 소주는 한국을 넘어 세계 시장에 진출하여 성공적으로 브랜드 인지도를 획득했고, 세계적으로 널리 알려진 주류가 되었다. 소주의 전 지구적 확산은 소주의 영향을 경제 영역뿐만 아니라 문화 영역으로 확대시키고 있다.

그렇다면, 지금이야말로 소주란 무엇인가에 대한 답을 내놓기에 적절한 순간이다. 엄밀히 말하면, 세계 시장에서 인기를 끌고 있는 소주는 일제강점기에 도입된 서양의 근대 기술로 한국에서 고안된 레시피에 따라 감자와 타피오카를 바탕으로 물과 향신료, 에탄올을 섞어 만든 공장식 술에 불과하다. 이는 전통 소주와 근본적으로 다르기 때문에 소주가 아니라고 간주할 수도 있다. 그러나 이 책에서 보았듯이, 소주의 역사는 분명히 한국보다 훨씬 더 넓은 지리적 맥락 속에서 발전해 왔기 때문에, 최근의 다양한 브랜드에서 전통 깊은 뿌리를 찾을 수 있지 않을까. 700여 년 전, 몽골인이 탄생시킨 유라시아 제국의 대규모 경제 융합 과정은 증류주의 기호와 기술 전파를 촉진시켰고, 현재 우리가 '소주'라고 이름 붙인 술의 지역적 발전을 가능하게 했다. 한국인들은 취향에 따라 증류주를 만드는 노하우를 개발하여 소주를 만들었고, 소주는 고려 후기부터 조선 시대까지 몇 세기 동안 인기를 얻으며 중요한 민족주로 자리를 잡았다. 이는 곧 20세기 소주의 대량생산과 21세기 세계화의 토대가 되었다.

이는 너무 복잡하고 긴 과정이어서 다시 정리해 볼 필요가 있다. 한국 주류, 즉 소주의 발전과 세계적인 대량 소비 제품으로의 전환은 근본적으로 고대부터 시작된 아프로·유라시아 선역의 증류주 및 증류 기술의 발전과 전파를 바탕으로 한다. 이는 중국, 아랍 및 기타 문화권의 혁신적인 기술을 사용해 만든 샤오쥬우 및 아락 같은 지역 물품, 가까운 고려-몽골 관계로 증류주와 증류 기술이 한반도로 전파된 사실, 수 세기에 걸친 지역 발전의 각 단계, 일제강점기에서 오늘날의 한류까지 대량생산과 세계 시장으로의 이동을 아우른다.

소주의 역사를 탐구하는 궁극적인 목적은 주류의 개발, 특성 또는 제조법에 대한 설명과 이야기에 국한되지 않고 그러한 개발과 제조가 어떻게 역사적으로 가능하게 되었는가를 이해하는 것이다. 이를 위해서는 손에 쥔 몇 가지 단서를 사용하여 가능했던 전파 경로 및 영향력, 넓은 시공간에 걸친 궤적을 알아내기 위한 추리 작업이 필수적으로 요청된다. 이는 전근대 문화사를 집중적으로 연구하는 사람이라면 누구나 맡아야 할 과제다. 이러한 노력 속에서도 사료 부족이라는 한계에 직면하게 되고, 증류주의 전근대 발전에 대한 이해에 불가피한 간극이 있음을 알게 된다. 그럼에도 불구하고 우리는 몇 개의 단편적 사료들을 잘 활용하여 이전의 분석들보다 증류주의 역사를 좀 더 신빙성 있게 재구성하는 노력을 계속해야 한다. 여기에서 비교분석과 같은 추가적인 방법이 도움이 될 수 있다. 이는 (아시아의 모든 지역에서 독자적으로 발전되었을 것 같은) '아락'이라는 명칭을 공유한 다양한 증류주 간의 발전 연관성을 밝히는 데 도움이 되고, 교류를 통해 전근대 한국과 기타 아시아 지역이 연결되어 있었음을 시사하기도 한다. 이 책에서 시도한 바와 같이, 한국을 넘어 아시아에서 멕시코로 비교 접근법을 확장하여, 즉 소주와 아락을 넘어 데킬라에 이르기까지 소주의 초기 역사가 유라시아 서부에서뿐만 아니라 아메리카 대륙의 증류 발전과 더 밀접하게 연결되어 있음을 알 수 있는데, 이로 인해 증류의 세계사를 통합적으로 봐야 할 필요성을 확인할 수 있다.

이 책은 소주처럼 지역적인 문화 요소가 세계사의 큰 흐름과 연결되어 있음을 확인해 주며, 음식이나 과학 및 기술 같은 세부 연구 분야에서 타당성을 검증받은 학제간 연구 방법을 사용하여 양자의 연관성을 이해할 수 있도록 한다. 또한 소주를 비롯해 술을 즐기지 않는 사람도 고대부터 현재까지 다양한 목적으로 중요하게 여겨 온 증류주의 역동적 변화와 복잡한 발전 과정을 관찰함으로써 인문학적 이해를 다방면으로 얻을 수 있다. 이 책의 결론에서는 한국의 문화 요소의 사례를 보면서 세계사에서 문화 교류의 중요성과, 이를 밝혀내기 위해 더 다뤄야 할 문화 간의 비교 및 연결 방법의 이점을 강조하면서, 각 장의 요점을 간단히 재검토할 것이다.

증류의 세계사 다시 쓰기: 문화 간 교류와 비교 분석의 중요성

한국의 다른 술은 말할 것도 없고, 소주는 세계사에서 술의 비교연구를 전문으로 하는 역사가들에게 간과되어 왔기에, 현재까지 서양 언어로 수행된 연구에서 논의되지 못했다. 이 책은 한국 술의 전반적인 역사를 간략히 검토함으로써, 한국 술이 고립되지 않고 고대부터 다른 사회와 교류를 통해 꾸준히 발전해 왔음을 보여 준다. 실제로 몽골제국 시대에 중국에서 부상한 증류주가 한반도에 도입됨으로써 한국 주류 역사에 획기적인 영향을 미쳤다. 이는 13-14세기의 팍스 몽골리카 시기에 규모와 중요성 면에서 절정에 달한 아프로·유라시아 문화 교류의 결과로 증류주와 증류주 생산 기술이 한 사회에서 다른 사회로 상대적으로 빠르게 전파된 상황을 보여 준다. 이 책에서는 역사의 흐름 가운데서 소주라는 특정 문화 상품의 지역 간 연관성을 살펴봄으로써 술의 세계사에 관한 연구에서 중대한 간극을 메우고, 특정 주류의 기원과 확산에 대한 새로운 관점을 제시하는 전에 없던 연구 방향을 취한다.

동시에 증류와 증류주의 확산을 조사하기에 앞서 왜 증류가 고대부터 많은 곳에서 쉽게 발전하지 않았는지를 살펴봐야 했다. 답은 간단하다. 증류주를 만들기 위해 먼저 끓는점의 차이를 적용해 기본 발효주를 다른 내용물과 분리하여 알코올 도수를 높이는 증류 원리를 알아내야 했다. 그로부터 증류 장치 같은 효율적인 방법과 기술을 고안할 수 있었다. 이 발상은 오늘날 알려진 대부분의 과학 이론보다 간단한 듯 보이지만 그럼에도 이를 고안하기 위해서는 과학적·기술적으로 지식을 적절하게 개념화해야 했다. 기원전 3500년경 고대 중국과 메소포타미아를 포함한 세계의 여러 곳에서 물이나 수은을 증류하는 기본적인 방법이 발명되었음을 보여 주는 몇 가지 증거가 있지만, 이와 동일한 증류 방법을 사용해 증류주를 제조했거나 대중화했다는 최초의 증거를 찾기는 쉽지 않다.

증류주의 본격적인 대중화 또는 기술의 전달을 증명하는 최초의 문헌과 고고학 자료가 발견된 시기는 몽골제국의 영향력 아래 고려에서 소주가 부상하기 시작한 13세기와 14세기였다. 몽골인들은 이 대중화에 적합한 증류법으로 생산된 증류주를 기타 문화 요소들과 함께 유라시아의 여러 지역에 대규모로 보급하는 데 중요한 역할을 했다. 유라시아 전역에 걸친 정복 과정에서 몽골인들은 암말과 소의 젖을 발효시켜 만든 쿠미스를 장기간 보존하기 위해 근원지가 각기 다른 두 가지 증류법을 채택했다. 즉, 그중 하나가 샤오죠우를 생산한 중국식 증류 방법이고, 다른 하나가 서아시아, 남아시아, 동남아시아에서 아락을 만든 증류법이다. (흥미롭게도 중국인들은 아락을 '남번 샤오죠우'라고 불렀는데, 이는 해당 증류 기술이 중국 남부로 연결되는 해상 항로를 통해 외국에서 중국으로 전파되었음을 나타낸다.) '아락'이라는 이름의 언어적 뿌리는 서아시아의 증류 전통과 연결될 가능성이 있으며, 이는 증류주의 역사적 기원을 반영한다. 더 살펴보면 아락과 서방 세계에서 발견된 증류 기술 간의 유사점을 발견할 수도 있다. 몽골이 중국을 정복하기 전부터 중국의 일부 지역에서는 중국 샤오죠우와 외국 아락을 모두 마셨다. 그러나 (유라시아 서부의 다른 지역들은 말할 것도 없고) 중국 및 고려 등에 증류주와 증류 기술을 확산시킨 이들은 몽골인이었다. 따라서 증류주가 한반도로 확산된 것은 단순히 중국에서 전파되었다는 점보다 다른 이유로 의미가 있다. 왜냐하면 소주의 전파 과정은 한국과 중국의 단순한 교류를 넘어 유라시아 지역과의 연결에 이르기까지 훨씬 더 복잡한 과정을 시사하기 때문이다. 이처럼 증류 기술이 전파되는 역동적이고 복잡한 과정은 문화 교류가 활발했던 몽골제국의 여러 지역에서 이루어졌다고 보는 것이 합당하다. 그러나 한국은 특히 이 전파를 증명하는 구체적인 사례와 함께 다른 지역으로 증류 기술의 확산 가능한 패턴을 보여 준다. 13세기 고려와 원나라의 직접적인 관계가 형성되기 전에는 한국 사료에서 증류주에 대한 언급을 찾아볼 수 없다. 마침 이 13세기에 증류주가 등장했다는 사실은 몽골 주도하에 이루어진 활발한 한중 교류가 한국에서 새로운 술과 이를 만드는 기술의 부상에 결정적 역할을 했음을 시사한다. 6장에서 다룬 것처럼, 3세기 후 멕시코에서 유사한 증류 방법이 등장하면서 세계사의 다른 지역들에서 유사한 전파 방식이 나타났을 가능성을 제기한다.

몽골인들은 유라시아의 유례없는 대규모 정복으로 다양한 문화 교류를 촉진했으며, 여기에는 음식, 발효주 및 증류주가 포함되었다. 문화 교류 현상으로 소주의 전파를 온전히 이해하려면 3장에서 본 것처럼 몽골제국과 고려의 관계에 대한 긴밀한 분석이 필요하다. 거시적 관점에서 미시적 관점으로 바꿔 보면, 몽골의 중국 및 한반도 정복이 병사, 상인, 지식인의 지속적인 이동을 촉진시켰고, 이는 술뿐만 아니라 책 같은 중요한 상품도 공물 및 상업을 통해 교환되는 교류 형태로 이끌었다. 이는 증류주 생산의 전문 지식 전파와 새로운 술의 빠른 보급에 기여했다. 조선 시대에 쓰인 수많은 문헌에서도 소주에 관한 기록을 찾아볼 수 있다. 당시 소주가 지배층 사이에서 유행했고, 국내 정치나 외교 관계에서 대규모의 공물과 교역품으로 얼마나 자주 사용되었는지 확인할 수 있다. 그 후 소주는 한국 사회 전체로 퍼졌고, 그 보존성 덕분에 여름에 지내는 제사에서 청주를 대신할 수도 있었다. 대량생산을 위한 근대 기술이 도입되면서 소주는 저렴한 가격으로 판매될 수 있었고, 결국 사회 각계각층이 즐겨 마시는 가장 대표적이고 인기 있는 술이 되었으며, 해외에서도 한식에 동반되는 음료로 널리 퍼져 나갔다. 실제로 증류주가 새로운 지역으로 얼마나 빠르게 확산되었고, 어떻게 지역화되었으며, 한국 문화 전체에 중요한 일부이면서 지역 문화를 어떻게 변모시켰는지를 살피는 것은 역사가들에게 어떤 문화·기술 요소의 전파가 한 사회에 미치는 큰 영향력의 유용한 예를 보여 준다. 역사 속에서 오랜 기간에 걸쳐 발전한 (고유한 형태를 유지한) 문화 요소로서, 비교적 단시간에 한 문화권에서 다른 문화권으로 전파된 후 해당 지역에서 빠르게 영향력을 획득한 사례는 많다. 증류주의 확산도 마찬가지다. 세계적 관점에서 본 문화 간 교류의 프리즘을 통해 증류주 발전에 대한 충분한 연구가 이뤄지면, 기술 이전 과정을 더욱 명확히 이해할 수 있을 것이다. 한국 소주의 사례연구인 이 책이 그러한 노력에 기여할 수 있기를 바란다.

조선 왕조의 현존하는 많은 기록은 증류주 발전에 대한 훨씬 더 명확한 그림을 보여 주는데, 새로운 술이 한국에 들어온 후 어떻게 지역화되어 널리 퍼져 갔으며, 지속적으로 발전하다가 현대에 이르러 한국인들의 국민주로 자리잡았다는 사실을 드러낸다. 한국의 문화에 맞추어 소주의 현지화가 이루어졌으며, 역사적 상황 변화는 증류기의 종류, 재료, 제조법, 사용법 등의 기술 변화도 촉발했다. 일제강점기에 서양의 연속식 증류기를 활용한 새로운 증류법이 한국에 도입되었고, 공장식으로 생산된 소주는 1945년 광복 이후에도 계속 발전해 왔다. 달리 말하면, 소주가 세계화에 힘입어 전 지구적으로 소비되는 한국의 증류주로 발전한 과정은 장기간에 걸쳐 이루어진 문화 교류의 결과다. 20세기 초부터 공장 생산 방식으로 나온 소주는 대기업의 신기술 및 조직 시스템에 대한 투자를 바탕으로 지속적으로 발전할 수 있었다. 전통주도 현대 사회에서 살아남기 위해 현대 기술을 도입해 민속주로 부활했다. 21세기 한국의 여러 주류업자들은 세계의 다른 유명 증류주들과 국제 무대에서 경쟁할 수 있을 만큼 자신감을 얻었다. 특히 증류주의 발전을 볼 때 중요한 현상을 확인할 수 있다. 세계사에서 중요한 여러 지역들 간의 인적 교류를 이해하고자 할 때, 이에 수반되는 각종 기술과 문화 요소를 함께 살펴야 한다는 것이다. 이러한 특징은 비교 관점에서 가장 잘 탐구할 수 있다.

좀 더 야심차게, 이 책은 소주와 같은 문화 상품의 발전사가 세계사의 큰 흐름과 어떻게 연결되는지 보여 주려고 했다. 현재까지 이어져 온 다양한 증류주들은 지역마다 다른 방식으로 발전해 왔지만, 여전히 동일한 기원을 공유한다는 많은 증거를 찾아낼 수 있기에 세계사 연구의 중요한 주제가 된다. 마지막 장에서 살펴본 일본과 멕시코의 사례는 교류를 통해 증류 기술의 근거리 및 원거리 이동이 모두 가능할 수 있음을 보여 준다. 증류주가 처음 중국에서 한국으로 그리고 일본으로 전파되었다는 것은 매우 가능성이 높고 쉽게 수긍할 수 있는 시나리오다. 그렇지만 아프로·유라시아에 오랫동안 뿌리를 둔 증류기와 증류 기술이 한국뿐 아니라 당시 이미 진정한 세계적 규모에 도달한 근대 초기의 네트워크를 통해 멕시코까지 전파되었다는 사실을 이해하기는 조금 더 어려울 수 있다.

아메리카 지역으로 전달되었다면, 러시아 보드카 및 (처음에 아락이라고도 불렸던) 기타 유럽 증류주 발전에 아시아식 증류기가 끼친 영향도 고려해야 한다. 아락의 확산 및 발전을 좀 더 면밀하게 살펴보는 데 있어서 이 책에서 다룬 소주의 사례가 유용한 비교 지점이 될 수 있다. 오늘날 아락은 이슬람교의 종교적 제약에도 불구하고 동남아시아, 중앙아시아, 중동을 포함한 아프로·유라시아의 여러 지역에서 중요한 주류로 자리매김하고 있다. 증류주의 교류가 다른 음료에 끼친 영향도 이들 모두의 세계사적 중요성을 이해하는 데 더 나은 통찰을 제공할 것이다.

전통, 전파, 현지화 그리고 혁신

소주 확산의 중요한 특징 중 하나는 기술 전파와 현지화 과정에서 전통과 혁신의 상호작용이 이루어졌다는 것이다. 소주는 새로 도입된 문화 요소가 본래의 형태를 유지하면서 새로운 환경에 적응하고, 시간이 지남에 따라 계속 변화하며 동화되는 과정에서 어떻게 변모할 수 있는지를 보여 준다.

고려 시대의 기록들은 몽골제국과 정치적으로 연결되기 전에 이미 고려인들이 다양한 주류를 개발하는 한편, 중국에서 새로운 많은 술을 계속 들여왔다는 두 가지 사실을 증언한다. 고려 말에 아락과 샤오쥬우 등 증류주가 한반도에 등장해 빠르게 퍼져 고려 사회에 큰 영향을 미쳤다. 샤오쥬우는 증류 방법의 발달에 힘입어 중국에서 처음 개발되었으며, '외국'(중국어 문헌에서는 '남번'이라고 함) 또는 비중국식 증류 방법으로 만들어진 아락은 중국 남부로 연결되는 해상로로 들어온 사람들이 중국에 유입시켰다. 아락과 샤오쬬우는 몽골인들이 증류주 양조장을 장려한 환경 속에 번영을 누리면서 중국에서 인기를 얻고, 서로 영향을 주고받기 시작했다. 몽골인들은 쿠미스를 비롯해 자신들이 즐겨 마시던 발효 음료를 아르히로 증류하기 위해 당시 보급된 증류 방법을 채택했다. 이 아르히는 1330년경에 기록된 몽골 궁정 요리서에 처음 등장했는데, 곧 아프로-유라시아 지역 대부분에서 보편적인 증류주 명칭으로 사용되었고, 오늘날에도 여러 언어로 변형되어 퍼져 나간 것을 볼 수 있다. 동시에 중국 증류업자들은 전통적인 곡물 발효주를 기반으로 만든 증류주 '샤오쬬우'를 발전시켰으며, 다음 왕조인 명청 시대에 종종 '아락'으로도 함께 불렸다.

몽골-원나라 시기에 발달한 증류주가 고려와 원나라의 유례없는 문화 교류를 통해 한반도에 대규모로 전해졌고, 이는 조선 시대로 이어져 현지화 과정을 거치면서 재료, 증류 기술의 혁신과 함께 음주 문화 등 여러 방면에서 많은 변화를 이끌어 냈다. 한국인들은 자신의 지역에서 보편적으로 소비되는 쌀과 보리를 사용해 발효주를 빚고 이를 소주로 만들었으며, 기후적인 조건으로 쌀을 생산하기 어려웠던 제주 지역에서는 보리와 조를 발효시켜 소주를 만들었다. 한국인들은 단순한 몽골식 증류기와 더 복잡한 중국식 증류기의 요소를 모두 포함하는 소줏고리라는 독특한 증류기도 개발했다. 그러나 조선 초기에 솥, 뚜껑, 증류액을 받아 내는 그릇으로만 구성된 더 단순한 형태의 몽골식 증류기를 주로 사용한 것이 당시 증류주가 빠르게 확산되는 데 기여했을 것이다. 초창기에는 간단한 증류기 사용으로 증류주가 널리 보급되었지만, 증류주를 생산하는 이들은 곧 다양한 소재를 사용하여 더 복잡한 소줏고리를 개발했다. 재료, 방법, 기술 면에서 현지화된 한국의 패턴은 고구마로 쇼츄를 만든 일본 가고시마, 아가베로 메스칼과 데킬라를 만든 멕시코 등 증류주 문화가 확산된 다른 지역에서도 찾아볼 수 있다.

증류주 등장 이후 문화적 발전 과정에서 일어난 전통과 혁신의 상호작용에도 주목할 필요가 있다. 양반 집안의 문인들이나 여성들이 쓴 문학 작품과 요리서를 포함한 다양한 종류의 문헌은, 소주 같은 증류주가 새로운 문화 환경으로 전파되어 새로운 주류로 지속적인 발전을 이룬 것에 대한 풍부한 증언을 제공한다. 한국의 증류주 발전은 독특한 문화적 특성을 띠었다. 중국 사회에서는 큰 명절과 축제일 및 기타 대규모 모임에 사용할 증류주를 생산하기 위해 상업적 대량생산 시스템을 발전시켰지만, 조선에서는 소주 생산을 왕실과 가정으로 제한했다. 조선 왕실은 공물, 연회, 의약용으로 소주를 생산했고, 일반 가정은 제사를 포함한 가정의례와 손님 접대를 위해 소주를 준비했다. 그 결과 가양주 문화에서 가정마다 특유한 방법으로 술을 빚게 되면서 소주도 다양하게 발전했다. 그러나 일제가 유럽에서 들여온 현대적인 대규모 증류 생산 기술이 식민지 지배 정책의 일환으로 한국에 도입된 후 휴대용 소줏고리를 이용한 소규모의 소주 제조 전통은 급격히 쇠퇴했다. 이후 20세기의 정치적 격변에도 불구하고, 공장에서 체계적으로 대량생산되고 유통된 소주가 한국 소주 시장을 장악했으며, 새로운 기술 개발 및 다양한 글로벌 문화 요소를 받아들임으로써 소주를 새로운 국가적·세계적 트렌드에 맞춰 대중화시키는 데 성공했다. 소주는 세계화되는 동시에 민속주의 하나로 전통 방식의 증류 소주에 대한 관심도 부활했다.

요컨대 소주의 발전은 새로운 역사·문화적 환경 속에서 혁신을 통해 새로운 전통을 계속 만들어 가는 한 사례다. (학문적으로 이러한 편견은 드문 편이지만) 전통이란 완전히 독창적인 것이며 변화가 전혀 없이 전해져 내려온 것이라고 오해하는 경우가 많다. 사실, 완전히 참신한 전통이란 존재하기 어렵고, 전통은 혁신에서 시작된다. 우리가 이 책에서 살펴본 전근대 증류주들은 아프로·유라시아 전체의 광범위한 맥락에서 발생했던 문화 간 접촉과 교류를 통해 이루어진 여러 기술과 아이디어의 융합을 바탕으로 보완되고 향상되어 왔으며, 이 과정에서 한국의 현대식 소주가 발전했다. 전통의 주요 요소는 혁신을 통해 더 많은 발전 기회를 얻었으며 종종 새로운 문화 요소에서 자극을 받았다. 소주의 발전을 둘러싼 변화가 음식의 문화적 교류 및 기술 전파 과정에서 새로운 문화 요소를 통해 혁신적인 발전을 이룬 것은 놀라운 일이 아니다. 공장에서 대량생산된 산업식 소주로의 발전, 전통 소주의 부활, 한류와 소주의 세계적 수출이 이러한 맥락에서 가능해졌다. 새로운 기술과 아이디어의 끊임없는 교환과 적용이 없었다면 우리가 아는 소주는 만들어질 수 없었을 것이다.

과거, 현재, 그리고 미래: 국가 식품에서 세계 식품까지 그리고 지역 식품으로

왜 우리는 과거를 돌아보고 전통 기술이 어떻게 발전하고 확산되었는지 살펴보는가? 소주의 사례는 우리가 자신을 더 잘 이해하기 위해 현재 시점에서 역사적 변화를 면밀히 조사할 필요성을 깨닫는 데 도움을 준다. 이 책에서는 한국에서 소주가 발전한 역사적 맥락으로 몽골 제국 시대에 복잡한 다문화 교류로 기술 전파 및 확산이 가능했던 환경에 주목한다. 그러나 넓은 지리 영역에서 일어난 이 현상을 충분히 이해하려면 더 깊고 넓게 검토해야 한다. 심도 있는 많은 역사적 연구가 특정 시대 또는 특정 지역이라는 좁은 범위 안에 집중되어 이뤄졌으므로, 우리의 시선을 세계사적 관점으로 확장하는 것이 유용할 것이다. 한 시대나 장소에 초점을 맞춰서는 소주의 진정한 역사적 의의를 깨달을 수 없다. 헤로도토스가 현재의 입장에서 역사에 대해 생각할 것을 제안한 것처럼,[1] 21세기 관점에서 우리는 소주 발전의 역사를 어떻게 재해석할지 숙고해 볼 필요가 있다. 더 넓고 비교적 관점을 적용하는 것은 이미 새로운 해석과 통찰을 제공해 온 세계사에 접근하는 데 유용한 방법이 될 수 있다. 이 책의 사례연구에서 비교연구 방법을 통해 깨달은 바를 다시 검토해 보자.

이제 술은 전 세계의 식품 문화에서 중요한 부분이 되었다. 종교나 사회적 관습 같은 이유로 음주를 규제하는 나라도 있지만, 대부분의 지역에서 술은 일상생활에 중요한 부분을 차지하게 되었다. 술로 파티를 시작하고, 식사와 함께 또는 사회적 교류의 장에서 술을 마시는 것이 일반적이다. 또한 사람들은 의식과 의약 분야에도 증류주를 사용했다. 알코올이 전염병을 억제하는 소독제 역할도 해서, 한국 주류 기업들은 코로나19 팬데믹이 장기화됨에 따라 손 소독제를 생산하는 데 사용할 수 있도록 보유하고 있던 에탄올을 발 빠르게 기증했

1 Herodotus, *The Histories*, translated by Tom Holland (New York: Penguin Books, 2015), p. 5.

다.[2] 실제로 우리는 음식과 술에도 역사와 전통이 있으며, 이를 공부함으로써 과학기술 같은 역사의 다른 측면에서 대해서도 배울 수 있다는 사실을 이해하면서 삶과 역사의 풍부한 면모를 깨닫게 될 것이다. 이 책에서는 소주 같은 증류주가 중세 화학 발전의 일부인 연금술과 관련된 (증류 같은) 과학적 아이디어와 어떻게 연결되는지 살펴보았다. 음식문화는 조리법 및 영양과 관련한 특성 때문에, 미래에는 과학 및 기술과 더 많은 연관성을 갖게 될 것이고 여러 사회 간에 기술 교환이 활발하게 이루어질 것이다. 종종 음식을 비롯한 여러 문화 항목에서 전통적 특징을 계속 고수하는 것을 볼 수 있지만, 전통의 발전 과정을 돌이켜 보면 외부에서 온 새로운 요소가 채택되고 현지화된 경우도 많이 있다. 먹고 마시는 것조차 역사 흐름의 깊은 영향을 받는다는 것을 알게 될 때 역사의 흐름 앞에 우리는 겸손해지지 않을 수 없다.[3]

한국의 소주가 세계 시장에서 입지를 넓히고 있는 것은 분명하지만 그 인기가 얼마나 계속될지 가늠하기는 어렵다. 현재 진행형인 세계화는 전 세계의 식문화에 영향을 미치고 있으며, 음식을 강제로 먹도록 강요할 수는 없기 때문이다. 세계화 시대에도 음식의 성공적인 대중화는 세계인들이 그것을 선택하고 수용하고 변경하고 개발했기에 가능했다. 국가의 정치적 수완만으로 간단히 얻어질 수 있는 것이

2 이정은, 「코로나19 소독? '한국인의 술' 소주가 나섰다」, 『한국일보』 2020년 3월 14일자, www.hankookilbo.com/News/Read/202003131009759474 (접속일: 2020. 4. 9).

3 2014년에 안동소주 박물관에서 안동소주 한 병을 사면서 판매자에게 얼마나 오래 보관할 수 있는지 물었더니, 유통기한은 없고 오래 숙성할수록 더 맛있다는 답변이었다.

아니다. 실제로 음식은 전통주의와 민족주의적 충동을 극복하는 데 기여하는 요소의 하나다. 새로운 수많은 음식이나 음식문화가 전통 문화와 기술에 얼마나 깊이 뿌리내리고 있는지, 실제로 어떤 영향을 받아 만들어졌는지 보는 것은 흥미로운 일이다. 파스타, 김치 등의 민족 음식이 새로운 아이디어를 통해 변모하고 교류를 통해 발전한 것을 볼 수 있다. 소주를 한국의 국민주로 홍보하기 전에 먼저 소주 자체가 국제 교류와 새로운 아이디어를 받아들인 결과였다는 사실을 기억할 필요가 있다. 한국 음식에도 소주의 발전과 비슷한 역동적인 발전이 많았는데, 그중 상당수는 유사한 역사적 과정의 산물이었다. 음식을 통해 다른 문화에 관심을 갖게 되며, 음식을 알아 가는 과정에서 외국 문화에 대한 풍부하고 역동적인 이야기들도 즐길 수 있다.

우리 시대에 잠재해 있는 민족주의라는 함정을 극복하는 좋은 방법은 주영하가 제안한 것처럼, 사람들이 근처의 지역 음식에 관심을 갖게 하는 것이다.[4] 이 책은 이에 더하여, 변화하는 역사적 맥락을 비롯해 아이디어와 기술 교환 같은 관련 요소의 변화가 각 음식문화의 발전에 기여했음을 기억할 것을 제안한다. 이를 바탕으로 우리는 음식이 어떻게 발전해 왔으며, 오늘날의 음식문화가 세계의 다른 많은 문화 요소의 영향 속에 필연적으로 어떻게 변화해 나갈 것인지에 대한 균형 잡힌 이해력을 키울 수 있다. 음식은 소통하고, 상호작용하며, 변형되는 많은 문화 요소 중 하나이며, 이를 통해 우리는 세계사에서 문화 교류의 중요성을 깨달을 수 있다. 이 책을 통해 모든 이들

---

4 주영하, 『차폰·잔폰·짬뽕: 동아시아 음식문화의 역사와 현재』(파주: 사계절, 2014), p. 288.

이 한식을 즐기는 동시에 한국의 문화와 역사, 그리고 한국이 그 일부를 구성하고 있는 세계사에 관심 가질 수 있기를 바란다.

참고문헌

1차 사료

金富軾.『三國史記』(이병도 역주,『삼국사기』, 서울: 을유문화사, 1986).

金綏.『需雲雜方』(김채식 옮김,『수운잡방』, 파주: 글항아리, 2015).

金長生.『沙溪全書』(『사계전서』 전 51권, 서울: 한국고전번역원, 2000).

金宗瑞 外.『高麗史節要』(『고려사절요』, 서울: 아세아문화사, 1972; 노명호 외 교감,『교감 고려사절요』, 서울: 집문당, 2016).

『蒙語類解』(『몽어유해』 영인본, 서울: 서울대학교 규장각한국학연구원, 2006).

徐有榘.『林園經濟志』「鼎俎志」(임원경제연구소 역주,『임원경제지: 정조지』, 서울: 풍석문화재단, 2020).

成海應.『研經齋全集: 外集』卷60, 筆記類(서울: 한국고전번역원, 2005).

안동장씨.『음식디미방』(대구: 경북대학교출판부, 2003).

『原本老乞大』(정광 역,『(譯註)原本老乞大』, 서울: 박문사, 2010; 이육화 역,『原本老乞大新註新譯』, 서울: 신아사, 2015).

柳長源.『常變通攷』(『상변통고』, 서울: 한국고전번역원, 2009).

柳重臨.『增補山林經濟』(『증보산림경제』, 수원: 농촌진흥청, 2003-2004).

李圭景.『五洲衍文長箋散稿』(고전간행회 편,『오주연문장전산고』, 서울: 동국문화사, 1959).

李奎報.『東國李相國集』(민족문화추진회 편역,『국역 동국이상국집』, 서울: 민족문화추진회, 1982; 신단학회 편,『동국이상국집』, 서울: 일조각, 2000).

李奎報.『東明王篇』(박두포 역,『동명왕편』, 서울: 을유문화사, 2000).

李德懋.『靑莊館全書』(민족문화추진회 편,『국역 청장관전서』, 서울: 솔, 1997).

李穡.『牧隱集』(『국역 목은집』, 서울: 민족문화추진회, 2000).

李睟光.『芝峰類說』(『지봉유설』, 서울: 경인문화사, 1970).

李純之·金淡.『七政算內篇』(한영호·이은희·강민정 역주,『칠정산내편 1』, 서울: 한국고전번역원, 2016).

李時珍. 『本草綱目』(행림출판팀 편역, 『국역 본초강목』 1·2·3, 서울: 행림출판사, 1976).
李植. 『澤堂集: 別集』(서울: 한국고전번역원, 1999).
李志恒. 『漂舟錄』.
李荇 外. 『新增東國輿地勝覽』(『신증동국여지승람』 영인본, 서울: 동국문화사, 1958).
全循義. 『山家要錄』(홍기용·윤태순 역. 『산가요록』, 수원: 농촌친흥청, 2004).
張東翼. 『元代麗史資料集錄』(서울: 서울대학교출판부, 1997).
張東翼. 『宋代麗史資料集錄』(서울: 서울대학교출판부, 2000).
丁若鏞. 『茶山詩文集』(『다산시문집』 전 10권, 서울: 민족문화추진회, 1982-1997).
丁若鏞. 『牧民心書』(다산연구회 역주, 『역주 목민심서』, 서울: 창작과비평사, 1978-1985).
『高麗史』(서울: 아세아문화사, 1983).
『朝鮮王朝實錄』.
朝鮮酒造協会. 『朝鮮酒造史』(배상면 편역, 『朝鮮酒造史: 1907-1935』, 서울: 규장각, 1997).
한국학중앙연구원. 『한국민족문화대백과사전』.
許浚. 『東醫寶鑑』(『동의보감』, 서울: 南山堂, 1991; 동의문헌연구실 역주, 『(신증보대역) 동의보감』, 서울: 법인문화사, 2012).
洪萬選. 『山林經濟』(『산림경제』, 서울: 경인문화사, 1976).
黃胤錫. 『頤齋亂藁』(『이재난고』, 성남: 한국정신문화연구원, 1995).

『居家必用事類全集』(東京: 書籍文物流通會, 1973).
『古事記』(山口佳紀·神野志隆光 訳注, 東京: 小学館, 1997).
歐陽修. 『新唐書』(北京: 中华书局, 1975).
金文京·玄幸子·佐藤晴彦. 『老乞大-朝鮮中世の中国語会話読本』(東京: 平凡社, 2002).
段成式. 『酉陽雜俎』(全5巻)(今村与志雄 訳注, 東京: 平凡社, 1980-1981).
劉煦. 『舊唐書』(北京: 中华书局, 1975).
范曄. 『後漢書』(北京: 中华书局, 1982).
寺島良安. 『和漢三才図会』 12(島田勇雄·竹島淳夫·樋口元巳 訳注, 東京: 平凡社, 1989).
司馬遷. 『史記』(北京: 中华书局, 1959).
徐松. 『宋會要輯稿』(北京: 中华书局, 1957).
宋濂. 『元史』(北京: 中华书局, 1976).
『諸蕃志校释』(楊博文 編, 北京: 中华书局, 1996).
王啓興. 『校編全唐詩』(武汉: 湖北省, 2001).
王圻. 『山才圖會』(上海: 上海古籍出版社, 1988).
姚廣孝. 『永樂大典』(北京: 中华书局, 1959).
李燾. 『續資治通鑑長編』(上海: 上海古籍出版社, 1986).

李昉.『太平御覽』21(上海: 上海书店, 1985).
張廷玉.『明史』(北京: 中华书局, 1974).
周去非.『嶺外代答校注』(楊武泉 編, 北京: 中华书局, 1999).
朱肱.『中國の酒書』(中村喬 譯, 東京: 平凡社, 1991).(『酒經』의 일본어 번역본)
朱肱.『酒經』(北京: 中华书局, 2012).
朱翼中.『北山酒經』. 中國基本古籍庫 3.
陳壽.『三國志』(北京: 中华书局, 1973).
翟灝.『通俗编』(臺北: 國泰文化事業有限公司, 1980).
村上唯吉.『朝鮮人の衣食住』(京城: 朝鮮総督府, 1916).
脫脫.『宋史』(北京: 中华书局, 1977).
忽思慧.『飮膳正要』(臺北: 臺灣商務印書館, 1968).

Buell, Paul David, Eugene Newton Anderson, and Charles Perry, trans. 2010. *A Soup for the Qan: Chinese Dietary Medicine of the Mongol Era as Seen in Hu Sihui's Yinshan Zhengyao. Introduction, Translation, Commentary, and Chinese Text*. 2nd edition. Leiden: Brill.

Chong Yagyong. 2010. *Admonitions on Governing the People: Manual for All Administrators*. Translated by Byonghyon Choi. Berkeley: University of California Press.

Herodotus. 2015. *The Histories*. Translated by Tom Holland. Penguin Classics deluxe edition. New York: Penguin Books.

Ibn Qutayba. 1420/1999. *Kitāb al-Ashriba* (Book of Drinks). Edited by Yāsīn Muḥammad al-Sawwās. Damascus: al-Maṭbaʿa al-ʿilmiyya.

Iryŏn (一然). 1972. *Samguk Yusa: Legends and History of the Three Kingdoms of Ancient Korea*. Translated by Tae-Hung Ha and Grafton K. Mintz. Seoul: Yonsei University Press.

Jackson, Peter, trans. 1990. *The Mission of Friar William of Rubruck: His Journey to the Court of the Great Khan Möngke 1253-1255*. London: Hakluyt Society.

Kim Pusik (金富軾). 2011. *The Koguryŏ Annals of the Samguk Sagi*. Translated by Edward J. Shultz and Hugh H. W. Kang. Sŏngnam: The Academy of Korean Studies Press.

Li Shizhen. 2003. *Compendium of Materia Medica: Bencao gangmu*. Translated and annotated by Luo Xiwen. Beijing: Foreign Languages Press.

Nasrallah, Nawal, trans. 2018. *Treasure Trove of Benefits and Variety at the Table: A Fourteenth-Century Egyptian Cookbook*. Leiden and Boston: Brill.

Perry, Charles, ed. and trans. 2017. *Scents and Flavors: A Syrian Cookbook*. New York:

New York University Press.
Polo, Marco. 2016. *The Description of the World.* Translated and annotated by Sharon Kinoshita. Indianapolis: Hackett Publishing Company, Inc.
Sharaf al-Din ʿAlī Yazdī. 1387/2008. *Zafarnama* (Book of Victory, 1424-1428) 2 vols. Tihrān: Kitābkhānah, Mūzih va Markaz-i Asnād-i Majlis-i Shūrā-yi Islāmī.
Sima Qian (司馬遷). 1961. *Records of the Grand Historian of China, Translated from the Shi chi of Ssu-ma Ch'ien, Vol. 2: The Age of Emperor Wu 140 to circa 100 B.C.* Translated by Burton Watson. New York: Columbia University Press.
Xu Jing (徐兢). 2016. *A Chinese Traveler in Medieval Korea: Xu Jing's Illustrated Account of the Xuanhe Embassy to Koryŏ*. Translated, annotated, and with an introduction by Sem Vermeersch. Honolulu: University of Hawaiʻi Press.
Zhao Rugua (趙汝适). 1911. *Chau Ju-Kua: His Work on the Chinese and Arab Trade in the Twelfth and Thirteenth Centuries Entitled Chu-fan-chi (Description of foreign peoples)*. Translated and annotated by Friedrich F. Hirth and W. W. Rockhill. St. Petersburg: Printing Office of the Imperial Academy of Sciences.

2차 사료

강창화. 2000.「제주 법화사지의 고고학적 연구」.『제주도사연구』9: 28-33.
고려대학교 민족문화연구원 국어사전 번역실 편. 2009.『한국어대사전』1. 서울: 고려대학교 민족문화연구원.
고병익. 1970.『東亞交涉史의 研究』. 서울: 서울대학교출판부.
권성훈. 2017.「제주방언 속의 몽골어 차용어」.『동악어문학』70: 53-67.
김경주. 2016.「考古資料로 살펴본 元과 耽羅」.『탐라문화』52: 129-160.
김귀영. 2015.「음식으로 보는 조선 시대」.『수운잡방』. 김채식 역. 파주: 글항아리.
김남일. 2004.『고려말 조선초기의 세계관과 역사의식: 이색(李穡)과 권근(權近)을 중심으로』. 서울: 경인문화사.
김문숙. 2004.「13-14세기 고려복식에 수용된 몽고복식에 관한 연구」.『몽골학』17: 223-246.
김보성. 2012.「19세기 조선 지식인의 일본·유구에 대한 인식 고찰: 오주(五洲) 이규경(李圭景)의『시가점등(詩家點燈)』을 중심으로」.『한문학논집』35: 191-235.
김소영·김혜주. 2009.『사케, 流』. 서울: 알덴테북스.
김영제. 2016.「宋代 中國과 高麗 사이의 海上交易品: 東南아시아 地域과의 比較를 통한 檢

討」.『역사문화연구』 60: 151-189.
김영제. 2019.『고려상인과 동아시아 무역사』. 서울: 푸른역사.
김윤정. 2017.「14세기 고려-원 관계 확장과 고려의 원 복식문화 수용」.『역사학보』 234: 63-112.
김일우. 2016.「몽골 황제 순제(順帝)의 제주 피난궁전 터 탐색」.『몽골학』 46: 27-61.
김창현. 2007.『高麗의 女性과 文化』. 서울: 신서원.
김호동. 2007.『몽골제국과 고려: 쿠빌라이 정권의 탄생과 고려의 정치적 위상』. 서울: 서울대학교출판문화원.
노명호. 2015.「『고려사』와『고려사절요』의 재인식과 한국사학의 과제」.『역사학보』 228: 119-149.
문병훈. 2009.『한국음식, 세계를 향한 도전』. 파주: 이담북스.
박경자. 2010.「貢女 출신 高麗女人들의 삶」.『역사와 담론』 55: 33-64.
박미영. 2016.「아프리카에서도 진로소주 마신다」.『디지털타임스』(2016. 4. 18).
박용운. 2016.『고려 시대 사람들의 의복식 생활』. 파주: 경인문화사.
박정배. 2016.『한식의 탄생』. 서울: 세종서적.
배경화. 1999.「안동소주의 傳來過程에 관한 文獻的 考察」. 안동대학교 석사학위논문.
배영동. 2014.「16-17세기 안동문화권 음식조리서의 등장 배경과 역사적 의의:『수운잡방』과『음식디미방』의 사례」.『남도민속연구』 29: 135-175.
배영환. 2016.「제주방언 속의 몽골 차용어에 대한 연구사적 검토」.『語文論集』 68: 7-36.
백두현. 2003.「국어사에서 본 음식디미방」.『음식디미방』. 대구: 경북대학교출판부.
설배환. 2016.「몽원제국 쿠릴타이(*Quriltai*) 연구」. 서울대학교 박사학위논문.
신동원. 2014.『조선의약생활사』. 파주: 들녘.
신동원. 2015.『동의보감과 동아시아 의학사』. 파주: 들녘.
신형식. 2016.『한국고대사 서술의 정착과정 연구』. 서울: 경인문화사.
오영균. 2018.「『居家必用事類全集』의 저자와 편찬, 그리고 판본: 사대부들의 백과사전」.『조선 지식인이 읽은 요리책』. 성남: 한국학중앙연구원.
오영주. 2009.「동아시아 속의 제주 발효음식문화」.『제주도연구』 32: 157-203.
오영주. 2012.『제주 음식: 문화와 스토리텔링』. 제주시: 하나출판.
오영주. 2017.「제주 증류주 '고소리술'과 오키나와 '아와모리(泡盛)'의 문화비교 시론」. 제주-오키나와학회 창립 심포지엄 발표 논문(2017. 11. 4).
유애령. 1999.「몽고가 고려의 육류 식용에 미친 영향」.『국사관논총』 87: 221-237.
윤은숙. 2010.『몽골제국의 만주 지배사: 옷치긴 왕가의 만주 경영과 이성계의 조선 건국』. 서울: 소나무.
윤용혁. 2016.「제주 삼별초와 몽골·동아시아 세계」.『탐라문화』 52: 105-127.

윤주필. 2011.「『국순전』『국선생전』의 우언적 독해: 가전의 새로운 이해를 위하여」.『한국한문학연구』 47: 303-338.
이강한. 2013.『고려와 원제국의 교역의 역사: 13-14세기 감춰진 교류상의 재구성』. 서울: 창비.
이강한. 2016.『고려의 자기, 원제국과 만나다』. 성남: 한국학중앙연구원출판부.
이개석. 2013.『고려-대원 관계 연구』. 서울: 지식산업사.
이명미. 2016.『13-14세기 고려·몽골 관계 연구: 정동행성승상 부마 고려국왕, 그 복합적 위상에 대한 탐구』. 서울: 혜안.
이상훈. 2014.「우리나라 강화발효주의 전개와 특징: 배경과 특수성에 대한 일고찰」. 서울벤처대학원대학교 석사학위논문.
이상희. 2009.『한국의 술문화』(전 2권). 서울: 선.
이성우. 1982.『조선 시대 조리서의 분석적 연구』. 성남: 한국정신문화연구원.
이성우. 1984.『韓國食品社會史』. 서울: 교문사.
이숙인. 2006.「『주자가례』와 조선 중기의 제례문화: 결속과 배제의 정치학」.『정신문화연구』 29(2): 35-65.
이승한. 2012.『혼혈 왕, 충선왕: 그 경계인의 삶과 시대』. 서울: 푸른역사.
이승한. 2015.『고려왕조의 위기 혹은 세계화 시대』. 서울: 푸른역사.
이용창. 2005.「일제 식민잔재와 친일문제」.『국학연구』 7: 297-328.
이익주. 2013.『이색의 삶과 생각』. 서울: 일조각.
이정은. 2020.「코로나19 소독? '한국인의 술' 소주가 나섰다」.『한국일보』(2020. 3. 14).
이종수. 2016.「13세기 탐라와 원제국의 음식문화 변동 분석」.『아세아연구』 59: 143-179.
이지형. 2015.『소주 이야기: 이슬과 불과 땀의 술』. 파주: 살림.
이진한. 2014.『고려 시대 무역과 바다』. 서울: 경인문화사.
이화선. 2018.『동아시아 술문화사』. 서울: 향음.
이화선·구사회. 2017.「일제강점기 주세령의 실체와 문화적 함의」. 정대영 외,『한국의 술 100년의 과제와 전망』. 서울: 향음.
일본양조협회. 2003.『本格焼酎製造技術(증류식 소주 제조 기술)』. 배상면 편역. 서울: 배상면주류연구소.
장동익. 1994.『高麗後期外交史研究』. 서울: 일조각.
장지현. 1989.『韓國外來酒流入史研究』. 서울: 수학사.
전용훈. 2017.『한국 천문학사』. 파주: 들녘.
정광. 2012.『훈민정음과 파스파 문자』. 서울: 역락.
정구선. 2004.「高麗末 奇皇后 一族의 得勢와 沒落」.『동국사학』 40: 167-185.
정구선. 2014.『조선 왕들, 금주령을 내리다』. 서울: 팬덤북스.

정대영 외. 2017. 『한국의 술 100년의 과제와 전망』. 서울: 향음.
정민. 2007. 『18세기 조선 지식인의 발견』. 서울: 휴머니스트.
정승혜 외. 2011. 『박통사, 원나라 대도를 거닐다』. 서울: 박문사.
정태헌. 2017. 「일제강점기 주조업과 주세정책」. 정대영 외, 『한국의 술 100년의 과제와 전망』. 서울: 향음.
조성기·류기목. 2010. 『소주의 도수 정체성 확립 방안 연구』. 서울: 한국주류연구원.
조원. 2017. 「『飮膳正要』와 大元제국 음식문화의 동아시아 전파」. 『역사학보』 233: 181-209.
조한별. 2015. 「달콤한 과일 소주」. 『온라인 중앙일보』(2015. 9. 20).
주영하. 2000. 『음식전쟁 문화전쟁』. 서울: 사계절.
주영하. 2011. 『음식인문학: 음식으로 본 한국의 역사와 문화』. 서울: 휴머니스트.
주영하. 2013. 『식탁 위의 한국사: 메뉴로 본 20세기 한국 음식문화사』. 서울: 휴머니스트.
주영하. 2013. 『차폰·잔폰·짬뽕: 동아시아 음식문화의 역사와 현재』. 파주: 사계절.
주영하. 2015. 「정도전 스승 이색의 소주 사랑」. 『동아일보』(2015. 6. 22).
주영하. 2018. 『한국인은 왜 이렇게 먹을까: 식사 방식으로 본 한국 음식문화사』. 서울: 휴머니스트.
주영하 편. 2005. 『19세기 조선, 생활과 사유의 변화를 엿보다』. 파주: 돌베개.
최덕경. 2013. 『보농서 역주』. 서울: 세창출판사.
최덕경. 2016. 「元代 농업의 발달과 高麗에 끼친 생활상의 영향」. 『비교민속학』 60: 211-254.
최덕경·이종봉·홍영의. 2017. 『麗·元代의 農政과 農桑輯要』. 서울: 동강출판사.
최한석 외. 2016. 「생명의 물, 증류주!: 우리나라의 전통 소주와 그 친구들」. *RDA Interrobang* 168: 1-20.
하우봉. 2014. 『조선 시대 해양국가와의 교류사』. 서울: 경인문화사.
하우봉. 2016. 『조선 시대 바다를 통한 교류』. 파주: 경인문화사.
한복려. 2003. 「『산가요록』의 분석 고찰을 통해서 본 편찬 연대와 저자」. 『농업사연구』 2(1): 13-29.
한복려. 2003. 「음식사에서 본 음식디미방」. 『음식디미방』. 대구: 경북대학교출판부.
한영호·이은희. 2011. 「麗末鮮初 本國曆 완성의 道程」. 『동방학지』 155: 31-75.
허시명. 2010. 『막걸리, 넌 누구냐?: 색깔 있는 술, 막걸리의 모든 것』. 고양: 예담.
허흥식. 1986. 『高麗佛敎史硏究』. 서울: 일조각.
허흥식. 1994. 『韓國中世佛敎史硏究』. 서울: 일조각.
허흥식. 2011. 『이상향과 보신탕: 역사학자가 쓴 보신탕을 위한 변명』. 서울: 이담북스.
홍영의. 2005. 「술에 울고 웃던 고려인 삶의 빛과 그림자」. 한국역사연구회 편, 『고려 시대 사람들은 어떻게 살았을까 1: 사회·문화 이야기』. 파주: 청년사.

高橋康次郎·辻宏. 1999.「日本の蒸溜酒, 焼酎」. 玉村豊男 編.『焼酎: 東回り西回り』. 東京: 紀伊國屋書店.
高山卓美. 2005.「東南アジア大陸部の蒸溜酒」.『第五回国際酒文化学術研討会論文集』. 東京: 日本醸造協会.
高山卓美. 2007.「『東方見聞録』における酒に関する一考察」.『日本醸造協会誌』102(3): 172-186.
邱轶皓. 2019.『蒙古帝国视野下的元史与东西文化交流』. 上海: 上海古籍出版社.
宮紀子. 2006.『モンゴル時代の出版文化』. 名古屋: 名古屋大学出版会.
吉田集而. 1999.「海を渡った蒸溜器:メキシコの蒸溜酒」. 玉村豊男 編,『焼酎: 東回り西回り』. 東京: 紀伊國屋書店.
杜石然. 1984.『中国科学技术史』. 北京: 科学出版社.
罗丰. 2008.「蒙元时期的酿酒锅与蒸馏乳酒技术」.『考古』450: 66-77.
廖育群·傅芳·郑金生. 1998.『中国科学技术史: 医学卷』. 北京: 科学出版社.
麻井宇介. 1999.「スピリッツの近現代: 連続式蒸溜機はなにをもたらしたか」. 玉村豊男 編,『焼酎: 東回り西回り』. 東京: 紀伊國屋書店.
富永麻子. 2002.『泡盛はおいしい: 沖縄の味を育てる』. 東京: 株式会社岩波書店.
杉山正明. 1982.「クビライ政権と東方三王家」.『東洋学報』54: 257-315.
杉山正明. 1996.『モンゴル帝國の興亡』2. 東京: 講談社.
杉山正明. 1997.『遊牧民から見た世界史-民族も国境もこえて』. 東京: 日本經濟新聞社.
杉山正明. 2004.「クビライと大都: モンゴル型「首都圈」と世界帝都」.『モンゴル帝国と大元ウルス』. 東都: 東都大学学術出版会.
杉山正明. 2004.『モンゴル帝国と大元ウルス』. 東都: 東都大学学術出版会.
石毛直道. 1999.「東ユーラシアの蒸溜酒: 蒸溜器を求めて」. 玉村豊男 編,『焼酎: 東回り西回り』. 東京: 紀伊國屋書店.
小崎道雄. 2005.「東南アジアの酒」.『第五回國際酒文化學術研討會論文集』. 東京: 日本釀造學會.
楊渭生. 1997.『宋麗關係史研究』. 杭州: 杭州大学出版社.
楊印民. 2009.『帝國尚飮, 元代酒業與社會』. 天津: 天津古籍出版社.
玉村豊男 編. 1999.『焼酎: 東回り西回り』. 東京: 紀伊國屋書店.
王赛时. 1994.「中国烧酒名实考辨」.『历史研究』6(3): 73-85.
劉廣定. 2002.『中國科學史論集』. 臺北: 國立臺灣大學出版中心.
柚木学. 2018.『酒造りの歴史』. 東京: 雄山閣.
李争平. 2010.『中国酒』. 北京: 五洲传播出版社.
日本酒造組合中央会. 2006.『日本酒の歴史』. 東京: 日本酒造組合中央会.

傅金泉. 2003.「从李渡遗址看我国白酒史」.『酿酒科技』3: 94-95.

鄭大聲. 1987.『朝鮮の酒』. 東京: 築地書館.

酒類総合研究所. 2007.『うまい酒の科学』. 東京: Softbank Creative.

枝川公一. 1999.「蒸溜酒, 東回り西回り」. 玉村豊男 編,『焼酎: 東回り西回り』. 東京: 紀伊國屋書店.

坂口謹一郎. 2007.『日本の酒』. 東京: 岩波書店.

豊島由香. 2009.「1116年入宋高麗使節の体験: 外交, 文化交流の現場」.『朝鮮学報』210: 1-56.

冯恩学. 2015.「中国烧酒起源新探」.『吉林大学社会科学学报』55(1): 163-170.

何满子. 1991.『醉乡日月: 中国酒文化』. 上海: 上海古籍出版社.

W·ミヒェル·遠藤次郎·中村輝子. 2007.『村上医家史料館蔵の薬箱及びランビキについて』4. 中津: 中津市教育委員会.

Albala, Ken, ed. 2013. *Routledge International Handbook of Food Studies*. London: Routledge.

al-Hassan, Ahmad Y. 2009. "Alcohol and the Distillation of Wine in Arabic Sources from the 8th Century." In *Studies in Al-Kimya': Critical Issues in Latin and Arabic Alchemy and Chemistry*, 283-298. Hildesheim: Georg Olms.

al-Hassani, Salim T. S., ed. 2012. *1001 Inventions: The Enduring Legacy of Muslim Civilization*. Washington, DC: National Geographic.

Allchin, Frank R. 1979. "India: The Ancient Home of Distillation?." *Man*, New Series 14, no. 1: 55-63.

Allsen, Thomas T. 1997. *Commodity and Exchange in the Mongol Empire: A Cultural History of Islamic Textiles*. Cambridge: Cambridge University Press.

Allsen, Thomas T. 2001. *Culture and Conquest in Mongol Eurasia*. Cambridge: Cambridge University Press.

Allsen, Thomas T. 2007. "Ögedei and Alcohol." *Mongolian Studies* 29: 3-12.

Anderson, Eugene N. 1988. *The Food of China*. New Haven: Yale University Press.

Anderson, Eugene N. 2005. *Everyone Eats*. New York: New York University Press.

Anderson, Eugene N. 2014. *Food and Environment in Early and Medieval China*. Philadelphia: University of Pennsylvania Press.

Atwood, Christopher P. 2004. *Encyclopedia of Mongolia and the Mongol Empire*. New York: Facts on File.

Baek, In-hwan, Byung-yo Lee, and Kwang-il Kwon. 2010. "Influence of Oxygen on

Pharmacokinetics of Alcohol." *Alcoholism: Clinical & Experimental Research* 34, no. 5: 834-839.

Batjargal, Batdorj. 2016. "Probiotic Properties of Lactic Acid Bacteria Isolated from Mongolian Fermented Mare's Milk." *Crossroads: Studies on the History of Exchange Relations in the East Asian World* 14: 257-268.

Bayarsaikhan, Dashdondog. 2016. "Drinking Traits and Culture of the Imperial Mongols in the Eyes of Observers and in a Multicultural Context." *Crossroads: Studies on the History of Exchange Relations in the East Asian World* 14: 161-172.

Bearman, P. J. et al., eds. 1954-2005. *The Encyclopaedia of Islam.* 12 vols. 2nd edition. Leiden: Brill.

Berger, Patricia. 1985. *The Art of Wine in East Asia.* San Francisco: Asian Art Museum of San Francisco.

Biran, Michal. 1997. *Qaidu and the Rise of the Independent Mongol State in Central Asia.* Richmond: Curzon.

Biran, Michal. 2004. "The Mongol Transformation: From the Steppe to Eurasian Empire." *Medieval Encounters* 10, nos. 1-3: 339-361.

Bol, Peter K. 2008. *Neo-Confucianism in History.* Cambridge, MA: Harvard University Asia Center, Distributed by Harvard University Press.

Braudel, Fernand. 1981. *Civilization and Capitalism, 15th-18th Century,* vol. 1: *The Structures of Everyday Life: The Limits of the Possible.* Translated from the French and revised by Siân Reynolds. New York: Harper & Row.

Breuker, Remco E. 2010. *Establishing a Pluralist Society in Medieval Korea, 918-1170: History, Ideology and Identity in the Koryŏ Dynasty.* Leiden: Brill.

Breuker, Remco E. 2004. "Koryŏ as an Independent Realm: The Emperor's Clothes?," *Korean Studies* 27: 48-84.

Brinkmann, Stefanie. 2014. "Wine in Hadith: From Intoxication to Sobriety." In *Wine Culture in Iran and Beyond*, edited by Bert G. Fragmer, Ralph Kauz, and Florian Schwarz, 71-135. Vienna: Verlag der Österreichischen Akademie der Wissenschaften.

Brose, Michael C. 2013. "Neo-Confucian Uyghur Semuren in Koryŏ and Chosŏn Korean Society and Politics." In *Eurasian Influences on Yuan China*, edited by Morris Rossabi, 125-158. Singapore: Institute of Southeast Asia Studies.

Brose, Michael C. 2007. *Subjects and Masters: Uyghurs in the Mongol Empire.* Bellingham, WA: Center for East Asian Studies, Western Washington University.

Bruman, Henry J. 1944. "The Asiatic Origin of the Huichol Still." *Geographical Review* 34, no. 3: 418-427.

Bruman, Henry J. 1944. "Some Observations on the Early History of the Coconut in the New World." *Acta Americana* 2: 200-243.

Bruman, Henry J. 1945. "Early Coconut Culture in Western Mexico." *Hispanic American Historical Review* 25, no. 2: 212-223.

Bruman, Henry J. 2000. *Alcohol in Ancient Mexico*. Salt Lake City: University of Utah Press.

Buell, Paul D. 2015. "Mongol Empire and Distillation: Technology and Popularization." An unpublished paper presented at the Science and Technology Transfer workshop held at the Hebrew University of Jerusalem, June 10-11.

Buell, Paul D. 2017. "Korea as Part of the Mongolian World: Patterns and Differences." *International Journal of Eurasian Research* 5, no. 10: 137-146.

Buell, Paul D., and Francesca Fiaschetti. 2018. *Historical Dictionary of the Mongol World Empire and Its Successor States*. 2nd revised and expanded edition. Lanham, MD and Oxford: The Scarecrow Press, Inc.

Buell, Paul D., and Judy Kolbas. 2016. "The Ethos of State and Society in the Early Mongol Empire: Chingiz Khan to Güyük." *Journal of the Royal Asiatic Society* 26, nos. 1-2: 43-64.

Buell, Paul D., and Montserrat de Pablo. 2016. "Distilling of the Volga Kalmucks and Mongols: Two Accounts from the 18th Century by Peter Pallas with Some Modern Comparisons." *Crossroads: Studies on the History of Exchange Relations in the East Asian World* 13: 115-123.

Buell, Paul D., Eugene N. Anderson, Montserrat De Pablo Moya, and Moldir Oskenbay. 2020. *Crossroads of Cuisine: The Eurasian Heartland, the Silk Roads and Food*. Leiden: Brill.

Burns, Eric. 2014. *The Spirits of America: A Social History of Alcohol*. Philadelphia: Temple University Press.

Damerow, Peter. 2012. "Sumerian Beer: The Origins of Brewing Technology in Ancient Mesopotamia." *Cuneiform Digital Library Journal* 22, no. 2: 1-20.

Dangremond, Sam. 2018. "Here's Everything You Need to Know about Soju, the National Drink of South Korea." *Town & Country*, February 8. www.townandcountrymag.com/leisure/drinks/a16752958/soju-korean-liquor (accessed September 25, 2019).

Dardess, John. 1973. *Conquerors and Confucians: Aspects of Political Change in Late Yuan China*. New York: Columbia University Press.

Deuchler, Martina. 1992. *Confucian Transformation of Korea: A Study of Society and Ideology*. Cambridge, MA: Harvard University Press.

Dias Blue, Anthony. 2004. *The Complete Book of Spirits: A Guide to Their History, Production, and Enjoyment*. New York: HarperCollins.

Dott, Brian R. 2020. *The Chile Pepper in China: A Cultural Biography*. New York: Columbia University Press.

Dreisbach, Tom. 2013. "Move over Vodka; Korean Soju's Taking a Shot at America." *NPR News*, September 22. www.npr.org/sections/thesalt/2013/09/22/224522548/move-over-vodka-korean-sojus-taking-a-shot-at-america (accessed May 18, 2016).

Duncan, John B. 2000. *The Origins of the Chosŏn dynasty*. Seattle: University of Washington Press.

El-Asmar, Joseph. 2020. *The Milk of Lions: A History of Alcohol in the Middle East*. London: Gilgamesh Publishing.

The Encyclopædia Britannica: A Dictionary of Arts, Sciences, Literature and General Information. 1910. Vol. 2. 11th edition, New York: The Encyclopaedia Britannica Company.

Floor, Willem. 2014. "The Culture of Wine Drinking in Pre-Mongol Iran." In *Wine Culture in Iran and Beyond*, edited by Bert G. Fragner, Ralph Kauz, and Florian Schwarz, 165-209. Vienna: Verlag der Österreichischen Akademie der Wissenschaften.

Forbes, R. J. 1948. *A Short History of the Art of Distillation*. Leiden: E. J. Brill.

Fouquet, Pierre. 1990. *Histoire de l'alcool*. Paris: Presses universitaires de France.

Fragmer, Bert G., Ralph Kauz, and Florian Schwarz. 2014. "Introduction." In *Wine Culture in Iran and Beyond*, edited by Bert G. Fragmer, Ralph Kauz, and Florian Schwarz, 7-10. Vienna: Verlag der Österreichischen Akademie der Wissenschaften.

Gaytán, Marie Sarita. 2014. *Tequila! Distilling the Spirit of Mexico*. Stanford, CA: Stanford University Press.

Grew, Raymond. 2000. "Food and Global History." In *Food in Global History*, edited by Raymond Grew, 1-32. Boulder, CO: Westview Press.

Grew, Raymond, ed. 2000. *Food in Global History*. Boulder, CO: Westview Press.

Hall, Joshua. 2014. "Soju Makers Aim to Turn Fire Water into Liquid Gold." *Wall Street Journal*, October 17. www.theguardian.com/lifeandstyle/wordofmouth/2013/

dec/02/soju-popular-booze-world-south-korea (accessed December 2, 2018).

Hames, Gina. 2012. *Alcohol in World History*. London: Routledge.

Hansen, Valerie. 2015. *Open Empire: A History of China to 1800*. 2nd edition. New York: Norton.

Harrison, Joel, and Neil Ridley. 2014. *Distilled: From Absinthe & Brandy to Vodka & Whisky, the World's Finest Artisan Spirits Unearthed, Explained & Enjoyed*. London: Mitchell Beazley.

Henthorn, William E. 1963. *Korea: The Mongol Invasions*. Leiden: E. J. Brill.

Hishinuma, Hayato. 2015. *Sake: The History, Stories, and Craft of Japan's Artisanal Breweries*. Singapore: Gatehouse Publishing.

Höllmann, Thomas Ottfried. 2013. *The Land of the Five Flavors: A Cultural History of Chinese Cuisine*. Translated by Karen Margolis. New York: Columbia University Press.

Hook, Glenn D. 2001. *Japan's International Relations: Politics, Economics, and Security*. London: Routledge.

Huang Hsing-tsung. 2000. *Science and Civilisation in China*, vol. 6: *Biology and Biological Technology*, part 5: *Fermentation and Food Science*. Cambridge: Cambridge University Press.

Jansen, Marius B. 2000. *The Making of Modern Japan*. Cambridge, MA: The Belknap Press of Harvard University Press.

Joo, Young-ha. 2016. "Imperialism and Colonialism in the Food Industry in East Asia: Focusing on Instant Ramen." *The Newsletter* (IIAS) 75: 19-20.

Kang, David C. 2012. *East Asia before the West: Five Centuries of Trade and Tribute*. New York: Columbia University Press.

Kieschnick, John. 2003. *Impact of Buddhism on Chinese Material Culture*. Princeton: Princeton University Press.

Kim, Djun Kil. 2014. *The History of Korea*. 2nd edition. Santa Barbara, CA: Greenwood.

Kim, Jinwung. 2012. *A History of Korea: From "Land of the Morning Calm" to States in Conflict*. Bloomington: Indiana University Press.

Kjellgren, Björn. 2004. "Drunken Modernity: Wine in China." *Anthropology of Food* (online) 3 (December): 1-13. http://journals.openedition.org/aof/249 (accessed December 3, 2018).

Kosar, Kevin R. 2010. *Whiskey: A Global History*. London: Reaktion Books.

Kranzberg, Melvin. 1959. "At the Start." *Technology and Culture* 1, no. 1: 1-10.

Kurmann, Joseph A., Jeremija L. Rasic, and Manfred Kroger. 1992. *Encyclopedia of Fermented Fresh Milk Products: An International Inventory of Fermented Milk, Cream, Buttermilk, Whey, and Related Products*. New York: Springer.

Lee, Eun-Jeung. 2012. "Intercultural Encounter, Wolff, Chong, and Ricci." In *Dynamics in the History of Religions between Asia and Europe: Encounters, Notions, and Comparative Perspectives*, edited by Wolkhard Krech and Marion Steinicke, 203-216. Leiden: Brill.

Lee, Jung. 2016. "Mutual Transformation of Colonial and Imperial Botanizing? The Intimate yet Remote Collaboration in Colonial Korea." *Science in Context* 29, no. 2: 179-211.

Lee, Ki-baik. 1984. *A New History of Korea*. Translated by Edward W. Wagner and Edward J. Shultz. Cambridge, MA: Harvard University Press.

Lee, Peter H., ed. 2017. *An Anthology of Traditional Korean Literature*. Honolulu: University of Hawai'i Press.

Lee, Peter H., ed. 2003. *A History of Korean Literature*. Cambridge: Cambridge University Press.

Lee, SunGu. 2011. "The Exemplar Wife: The Life of Lady Chang of Andong in Historical Context." In *Women and Confucianism in Choson Korea: New Perspectives*, edited by Kim Youngmin and Michael J. Pettid, 29-48. Albany: State University of New York Press.

Levey, Martin. 1959. *Chemistry and Chemical Technology in Ancient Mesopotamia*. Amsterdam: Elsevier.

Lewis, James Bryant. 2003. *Frontier Contact between Chosŏn Korea and Tokugawa Japan*. London and New York: RoutledgeCurzon.

Li Liu, Jiajing Wang, and Huifang Liu. 2020. "The Brewing Function of the First Amphorae in the Neolithic Yangshao Culture, North China." *Archaeological and Anthropological Sciences* 12, no. 118: 1-15.

Lim, Jongtae. 2015. "Historiographical Dependency and a Prospect beyond It: EAHSTM's Position in Regard to Ever-Changing Trends of HPS." An unpublished paper presented at the 14th International Conference on the History of Science in East Asia (ICHSEA), the École des hautes études en sciences sociales (EHESS), Paris, France, July 6-10.

Lucia, Salvatore Pablo. 1963. *A History of Wine as Therapy*. Philadelphia: Lippincott.

Luo Feng(罗丰). 2012. "Liquor Still and Milk-Wine Distilling Technology in the

Mongol-Yuan Period." In *Chinese Scholars on Inner Asia*, edited by Xin Luo and Roger Covey, 487-518. Bloomington: Indiana University, Sinor Research Institute for Inner Asian Studies.

McGovern, Patrick E. 2017. *Ancient Brews: Rediscovered and Re-created*. New York: W. W. Norton & Company.

McGovern, Patrick E. 2009. *Uncorking the Past: The Quest for Wine, Beer, and Other Alcoholic Beverages*. Berkeley: University of California Press.

McGovern, Patrick E., Anne P. Underhill, Hui Fang, Fengshi Luan, Gretchen R. Hall, Haiguang Yu, Chen-shan Wang, Fengshu Cai, Zhijun Zhao, and Gary M. Feinman. 2005. "Chemical Identification and Cultural Implications of a Mixed Fermented Beverage from Late Prehistoric China." *Asian Perspectives* 44, no. 2: 249-275.

McGovern, Patrick E., Fabian H. Toro, Gretchen R. Hall, Theodore Davidson, Katharine Prokop Prigge, George Preti, W. Christian Petersen, and Mike Szelewski. 2019. "Pre-Hispanic Distillation? A Biomolecular Archaeological Investigation." *Open Access Journal of Archaeology and Anthropology* 1, no. 2: 1-13.

Marianski, Stanley, and Adam Marianski. 2012. *Sauerkraut, Kimchi, Pickles & Relishes*. Seminole, FL: Bookmagic.

Masson Smith, John, Jr. 2000. "Dietary Decadence and Dynastic Decline in the Mongol Empire." *Journal of Asian History* 34, no. 1: 35-52.

Matthee, Rudi. 2014. "The Ambiguities of Alcohol in Iranian History." In *Wine Culture in Iran and Beyond*, edited by Bert G. Fragmer, Ralph Kauz, and Florian Schwarz, 137-163. Vienna: Verlag der Österreichischen Akademie der Wissenschaften.

Matus, Zahary A. 2017. *Franciscans and the Elixir of Life: Religion and Science in the Later Middle Ages*. Philadelphia: University of Pennsylvania Press.

May, Timothy. 2012. *The Mongol Conquests in World History*. London: Reaktion Books.

Miller, Norman. 2013. "Soju: The Most Popular Booze in the World." *The Guardian* (December 2). www.theguardian.com/lifeandstyle/wordofmouth/2013/dec/02/soju-popular-booze-world-south-korea (accessed December 2, 2018).

Morewood, Samuel. 1838. *A Philosophical and Statistical History of the Inventions and Customs of Ancient and Modern Nations in the Manufacture and Use of Inebriating Liquors*. Dublin: W. Curry Jun. and Company, and W. Carson.

Murphie, Andrew, and John Potts. 2003. *Culture and Technology*. New York: Palgrave Macmillan.

Needham, Joseph. 1970. *Clerks and Craftsmen in China and the West: Lectures and Addresses on the History of Science and Technology*. Cambridge: Cambridge University Press.

Needham, Joseph, and Lu Gwei-djen. 1974. *Science and Civilisation in China*, vol. 5: *Chemistry and Chemical Technology*, part 2: *Spagyrical Discovery and Invention*: Magisteries of Gold and Immortality. Cambridge: Cambridge University Press.

Needham, Joseph, Ho Ping-Yü, and Lu Gwei-djen. 1976. *Science and Civilisation in China*, vol. 5: *Chemistry and Chemical Technology*, part 3: *Spagyrical Discovery and Invention: Historical Survey, from Cinnabar Elixirs to Synthetic Insulin*. Cambridge: Cambridge University Press.

Needham, Joseph, Ho Ping-Yü, and Lu Gwei-djen. 1980. *Science and Civilisation in China*, vol. 5: *Chemistry and Chemical Technology*, part 4: *Spagyrical Discovery and Invention: Apparatus, Theories and Gifts*. Cambridge: Cambridge University Press.

Needham, Joseph, and Wang Ling. 1959. *Science and Civilisation in China*, vol. 3: *Mathematics and the Sciences of the Heavens and Earth*. Cambridge: Cambridge University Press.

Nurin, Tara. 2017. "Sake Sales Soar as Brewers around the World Defy Ancient Japanese Traditions." *Forbes* (February 28). www.forbes.com/sites/taranurin/2017/02/28/u-s-sake-sales-soar-as-brewers-around-the-world-defy-ancient-japanese-traditions/#6fbae005380e (accessed December 30, 2018).

Ohnuki-Tierney, Emiko. 2000. "We Eat Each Other's Food to Nourish Our Body: The Global and the Local as Mutually Constituent Forces." In *Food in Global History*, edited by Raymond Grew, 265-300. Boulder, CO: Westview Press.

Oskenbay, Moldir. 2016. "Fermented Dairy Products in Central Asia: Methods for Making Kazakh Qurt and Their Health Benefits." *Crossroads: Studies on the History of Exchange Relations in the East Asian World* 14: 205-218.

Paper, Jordan D. 1995. *The Spirits Are Drunk: Comparative Approaches to Chinese Religion*. Albany: State University of New York Press.

Park, Hyunhee. 2012. *Mapping the Chinese and Islamic Worlds: Cross-cultural Exchange in Pre-modern Asia*. New York: Cambridge University Press.

Park, Hyunhee. 2016. "The Rise of Soju: The Transfer of Distillation Technology from 'China' to Korea during the Mongol Period (1206-1368)." *Crossroads: Studies on the History of Exchange Relations in the East Asian World* 14, special issue: 173-204.

Peacock, A. C. S., and Sara Nur Yildiz, eds. 2013. *The Seljuks of Anatolia: Court and*

Society in the Medieval Middle East. London: I.B. Tauris.
Perry, Charles. 2006. "The Wine Maqāma by Badīʿ al-Zamān al-Hamadhāni." In *Medieval Arab Cookery: Essays and Translations*, edited and translated by Maxime Rodinson, A. J. Arberry and Charles Perry, 267-272. Totnes: Prospect Books.
Pettid, Michael J. 2008. *Korean Cuisine: An Illustrated History*. London: Reaktion Books.
Pratt, Keith. 1976. "Music as a Factor in Sung-Koryŏ Diplomatic Relations, 1069-1126." *T'oung-pao* 62, nos. 4-5: 199-218.
Ramstedt, Gustaf John. 1949-1953. *Studies in Korean Etymology*. 2 vols. Helsinki: Suomalais-ugrilainen Seura.
Rawski, Evelyn S. 2015. *Early Modern China and Northeast Asia: Cross-border Perspectives*. Cambridge: Cambridge University Press.
Read, Bernard E. 1931-1939. *Chinese Materia Medica*. 3 vols. Peiping: Peking Natural History Bulletin.
"The Return of Arak." *New York Times*. December 15, 2018. www.nytimes.com/2005/01/25/travel/the-return-of-arak.html (accessed December 9, 2018).
Robinson, David M. 2009. *Empire's Twilight: Northeast Asia under the Mongols*. Cambridge, MA: Harvard University Press.
Rodinson, Maxime, A. J. Arberry, and Charles Perry. 2006. *Medieval Arab Cookery: Essays and Translations*. Totnes: Prospect Books.
Rogers, Adam. 2014. *Proof: The Science of Booze*. Boston: Houghton Mifflin Harcourt.
Rogers, Michael C. 1983. "National Consciousness in Medieval Korea." In *China among Equals: The Middle Kingdom and Its Neighbors, 10th-14th Centuries*, edited by Morris Rossabi, 151-172. Berkeley: University of California Press.
Rossabi, Morris. 1981. "Foreigners in China." In *China under Mongol Rule*, edited by John Langlois, 258-295. Princeton: Princeton University Press.
Rossabi, Morris. 1988. *Khubilai Khan: His Life and Times*. Berkeley: University of California Press.
Rossabi, Morris. 2012. *The Mongols: A Very Short Introduction*. Oxford: Oxford University Press.
Rossabi, Morris. 2014. "Alcohol and the Mongols: Myth and Reality." In *Wine Culture in Iran and Beyond*, edited by Bert G. Fragmer, Ralph Kauz, and Florian Schwarz, 211-223. Vienna: Verlag der Österreichischen Akademie der Wissenschaften.
Rossabi, Morris, ed. 1983. *China among Equals: The Middle Kingdom and Its Neighbors, 10th-14th Centuries*. Berkeley: University of California Press.

Salloum, Habeeb, Muna Salloum, and Leila Salloum Elias. 2013. *Scheherazade's Feasts: Foods of the Medieval Arab World*. Philadelphia: University of Pennsylvania Press.

Sansom, Bailey G. 1943. *Japan: A Short Cultural History*. New York: D. Appleton.

Schäfer, Dagmar. 2016. "Introduction." *Crossroads: Studies on the History of Exchange Relations in the East Asian World* 14: 133-142.

Schenkkan, Joshua. 2017. "What Is 'Traditional' Soju? A Spirited Debate." *Serious Eats* (October 3). www.seriouseats.com/2017/10/what-is-traditional-soju-korea-tokki-brandon-hill.html (accessed October 2, 2018).

Schottenhammer, Angela. 2016. "Distillation and Distilleries in Mongol Yuan China." *Crossroads: Studies on the History of Exchange Relations in the East Asian World* 14: 143-160.

Schurmann, Herbert Franz. 1956. *Economic Structure of the Yuan Dynasty: Translation of Chapters 93 and 94 of the Yuan shih*. Harvard Yenching Institute Studies, 16. Cambridge, MA: Harvard University.

Schurz, William L. 1959. *The Manila Galleon*. New York: Dutton.

Seijas, Tatiana. 2014. *Asian Slaves in Colonial Mexico: From Chinos to Indians*. New York: Cambridge University Press.

Seijas, Tatiana. 2017. "Indios Chinos in Eighteenth-Century Mexico." In *To Be Indio in Colonial Spanish America*, edited by Mónica Díaz, 123-141. Albuquerque: University of New Mexico Press.

Sen, Colleen Taylor. 2009. *Curry: A Global History*. London: Reaktion Books.

Serruys, Henry. 1958. "Remains of Mongol Customs in China during the Early Ming Period." *Monumenta Serica* 17: 475-524.

Serventi, Silvano, and Françoise Sabban. 2002. *Pasta: The Story of a Universal Food*. Translated by Antony Shugaar. New York: Columbia University Press.

Seth, Michael J. 2011. *A History of Korea: From Antiquity to the Present*. Lanham, MD: Rowman & Littlefield Publishers.

Setton, Mark. 1997. *Chong Yagyong: Korea's Challenge to Orthodox Neo-Confucianism*. New York: State University of New York Press.

Shea, Eiren. 2020. *Mongol Court Dress, Identity Formation, and Global Exchange*. New York: Routledge.

Shelach-Lavi, Gideon. 2015. *The Archaeology of Early China: From Prehistory to the Han Dynasty*. New York: Cambridge University Press.

Shin, Michael D., ed. 2014. *Korean History in Maps: From Prehistory to the Twenty-First*

Century. Cambridge: Cambridge University Press.

Shultz, Edward J. 2000. *Generals and Scholars: Military Rule in Medieval Korea*. Honolulu: University of Hawai'i Press.

Slack, Edward R., Jr. 2009. "The Chinos in New Spain: A Corrective Lens for a Distorted Image." *Journal of World History* 20, no. 1: 35-67.

Solano-Pérez, María de la Paz. 2016. "The Early Path, from the Sacred to the Profane in Fermented Beverages in New Galicia, New Spain (Mexico), Seventeenth to Eighteenth Century." *Crossroads: Studies on the History of Exchange Relations in the East Asian World* 14: 219-256.

Sørensen, Henrick. 1993. "Lamaism in Korea during the Late Koryo Dynasty." *Korea Journal* 33, no. 3: 67-81.

Valenzuela-Zapata, Ana G. 2014. "East Asian Stills: Distillation Influences in Mezcal Production in Mexico." In *Tribute, Trade and Smuggling*, edited by Angela Schottenhammer, 141-151. Wiesbaden: Harrassowitz Verlag.

Valenzuela-Zapata, Ana G., and Gary P. Nabhan. 2003. *Tequila! A Natural and Cultural History*. Tucson: University of Arizona Press.

Valenzuela-Zapata, Ana G., A. Regalado, and M. Mizoguchi. 2008. "Influencia asiatica en la Produceción de mezcal en la Costa de Jalisco: El caso de la raicilla." *México y la Cuenca del Pacífico* 11, no. 32: 81-116.

Valenzuela-Zapata, Ana G., Paul D. Buell, María de la Paz Solano-Pérez, and Hyunhee Park. 2013. "'Huichol' Stills: A Century of Anthropology-Technology Transfer and Innovation." *Crossroads: Studies on the History of Exchange Relations in the East Asian World* 8: 157-191.

Vermeersch, Sem. 2008. *The Power of the Buddhas: The Ideological and Institutional Role of Buddhism during the Koryŏ Dynasty, 918-1392*. Cambridge, MA: Harvard University Asia Center.

Waley-Cohen, Joanna. 1999. *The Sextants of Beijing: Global Currents in Chinese History*. New York: W. W. Norton & Company.

Walton, Mylie K. 1977. "The Evolution and Localization of Mezcal and Tequila in Mexico." *Revista Geografica del Institute Panamericano de Geografia Historia* 85: 113-132.

Wang, Q. Edward. 2003. "Encountering the World: China and Its Other(s) in Historical Narratives, 1949-1989." *Journal of World History* 14, no. 3: 327-358.

Wang, Q. Edward. 2015. *Chopsticks: A Cultural and Culinary History*. Cambridge:

Cambridge University Press.

Weir, Joanne. 2009. *Tequila: A Guide to Types, Flights, Cocktails, and Bites*. Berkeley: Ten Speed Press.

Wilkinson, Endymion Porter. 2000. *Chinese History: A Manual*. 2nd edition. Cambridge, MA: Harvard University Press.

Wilkinson, Endymion Porter. 2015. *Chinese History: A Manual*. 4th edition. Cambridge, MA: Harvard University Press.

Williams, Ian. 2015. *Tequila: A Global History*. London: Reaktion Books.

Wu, Jiang, and Lucille Chia, eds. 2016. *Spreading Buddha's Word in East Asia: The Formation and Transformation of the Chinese Buddhist Canon*. New York: Columbia University Press.

Yildiz, Sara Nur. 2006. "Mongol Rule in Tirteenth-Century Seljuk Anatolia: The Politics of Conquest and History Writing, 1243-1282." PhD dissertation, University of Chicago.

Zizumbo-Villarreal, Daniel, Fernando González-Zozaya, Angeles Olay-Barrientos, Laura Almendros-López, Patricia Flores-Pérez, and Patricia Colunga-GarcíaMarín. 2009. "Distillation in Western Mesoamerica before European Contact." *Economic Botany* 63, no. 4: 413-426.

Zizumbo-Villarreal, Daniel, and Patricia Colunga-GarcíaMarín. 2007. "La introducción de la destilación y el origen de los mezcales en el occidente de México." In *En lo ancestral hay futuro: del tequila, los mezcales y otros agaves*, edited by P. Colunga-GarcíaMarín, A. Larqué Saavedra, L. Eguiarte and D. Zizumbo-Villarreal, 85-112 Mexico: CICY.

Zizumbo-Villarreal, Daniel, and Patricia Colunga-GarcíaMarín. 2008. "Early Coconut Distillation and the Origins of Mezcal and Tequila Spirits in West-Central Mexico." *Genetic Resources and Crop Evolution* 55, no. 4: 493-510.

Zolov, Eric. 2015. *Iconic Mexico: An Encyclopedia from Acapulco to Zócalo*, vol. 2. Santa Barbara, CA: ABC-CLIO.

찾아보기

ㅇ